# 山区高速公路关键工点施工控制及安全预警技术研究

杨志华　段　军 ◎ 著

杨　林 ◎ 审

西南交通大学出版社

·成　都·

图书在版编目（ＣＩＰ）数据

山区高速公路关键工点施工控制及安全预警技术研究 /
杨志华，段军著. —成都：西南交通大学出版社，
2020.8
ISBN 978-7-5643-7458-7

Ⅰ. ①山… Ⅱ. ①杨… ②段… Ⅲ. ①山区道路 – 高
速公路 – 道路施工 – 质量管理 – 云南②山区道路 – 高速公
路 – 道路施工 – 安全管理 – 云南 Ⅳ. ①U415.1

中国版本图书馆 CIP 数据核字（2020）第 096022 号

Shanqu Gaosu Gonglu Guanjian Gongdian Shigong Kongzhi ji Anquan Yujing Jishu Yanjiu

## 山区高速公路关键工点施工控制及安全预警技术研究

杨志华　段　军　著

| | |
|---|---|
| 责 任 编 辑 | 杨　勇 |
| 封 面 设 计 | GT 工作室 |
| | 西南交通大学出版社 |
| 出 版 发 行 | （四川省成都市金牛区二环路北一段 111 号 |
| | 西南交通大学创新大厦 21 楼） |
| 发行部电话 | 028-87600564　028-87600533 |
| 邮 政 编 码 | 610031 |
| 网　　　址 | http://www.xnjdcbs.com |
| 印　　　刷 | 四川煤田地质制图印刷厂 |
| 成 品 尺 寸 | 170 mm × 230 mm |
| 印　　　张 | 24 |
| 字　　　数 | 357 千 |
| 版　　　次 | 2020 年 8 月第 1 版 |
| 印　　　次 | 2020 年 8 月第 1 次 |
| 书　　　号 | ISBN 978-7-5643-7458-7 |
| 定　　　价 | 98.00 元 |

# 参编人员 》》》

王　宾　　代绍海　　杨希文　　王忠伟　　念培红

王甲贤　　熊　勇　　方义明　　闻乃军　　张家颖

刘　波　　张良翰　　周轶峰　　段　瑜　　贾述顶

余平军　　牟春海　　李晓龙　　赵宝才　　马鑫云

黄灿荣　　何汝苗　　涂　雄　　邱挎琼　　杨锐槐

金　飞

# 前言

　　近年来，我国高速公路建设发展讯速，高速公路是国民经济与人们生活的重要基础设施，其建设对促进国民经济发展、交通便利化、物流、资源开发和投资吸引力具有重大的影响和积极作用。随着我国高速公路里程的不断增加，山区公路建设已成为我国公路建设的主战场。

　　云南省属于典型的高原多山地貌，修筑山区高速公路不可避免地进行深挖高填与隧道施工，由此形成路堑、路堤边坡以及隧道边仰坡，这些填挖施工破坏岩土体原有的平衡，因此在施工过程中极易诱发坍塌、滑坡等工程事故；在运营阶段受降雨、地下水、外部荷载等自然因素的影响也容易导致边坡垮塌等地质灾害的发生，对公路交通基础设施危害极大。岩土体的失稳破坏，都是从渐变到突变的发展过程。应用适当的监测手段，掌握其变形运动特征及相关影响指标的定量演化过程，捕捉工程事故与灾害前兆特征信息，就能有根据地判断工程事故与灾害险情的发生，做到提前预防，合理决策。因此，运用光纤光栅技术，研究高速公路隧道洞口段、顺层边坡段、高填方路段施工阶段的实时监控预警技术，能够为保证这些关键工程的施工质量和施工安全提供技术支撑；同时进一步开发运营阶段的山区高速公路远程实时监控预警技术，为高速公路运营期的灾害预警及防治提供支撑。

保施高速公路投资开发有限公司基于保（山）施（甸）高速公路的施工安全管控实践与科学研究，组织编写了《山区高速公路关键工点施工控制及安全预警技术研究》一书。全书的编写紧扣山区高速公路工程施工安全管控的关键技术问题展开，具有很强的实用性，对于提高山区高速公路施工安全管控技术水平具有较强的应用价值和现实指导意义。

著　者
2020 年 3 月

目录 →

## 第 1 章

**山区高速公路的特点**

## 1.1　山区的工程地质特征

　　山区地质病害致灾因素可归纳为特殊类土、地质作用、灾害地质、人类活动四个方面。特殊类土是指对公路工程产生危害、具有特殊岩土体结构和工程地质特性等的公路地质体。地质作用为易形成公路地质病害的岩溶、断裂构造、不稳定斜坡等地质环境条件或工程地质条件的活动性构造、岩溶岩蚀作用等地质作用产物、特殊地质构造、地质体结构。灾害地质为公路建设已经面临需处置的既存的或即将构成公路地质病害的现状滑坡、崩塌、泥石流等地质隐患。人类活动为公路路线通过或直接展布于其上的人类工程活动形成的采空区、不稳定边坡等。

### 1.1.1　山区病害致灾因素鉴别

　　山区病害致灾因素的正确鉴别是防治地质病害诱发的基础。山区地质病害致灾因素的识别，需正确把握致灾因素划分标志（表1-1）。

表 1-1　山区地质病害致灾因素识别标志简表

| 类　　型 | | 属　　性 | 判别标志 | 成　　因 |
|---|---|---|---|---|
| 特殊类土 | 软土 | 在静水或缓慢流水环境中沉积而成的、天然含水量大、压缩性高、承载力低、透水性差的一种软塑到流塑状态的饱和黏性土层 | 一般具有触变性、流变性、高压缩性、低强度、低透水性和不均匀性。另外，软土还具有一定的结构性 | 1. 滨海沉积<br>2. 湖泊沉积<br>3. 河滩沉积<br>4. 谷地沉积<br>5. 泥炭沼泽 |

| 类　　型 | | 属　　性 | 判别标志 | 成　　因 |
|---|---|---|---|---|
| 特殊类土 | 膨胀土 | 土中黏土矿物成分主要由亲水性矿物组成，同时具有吸水显著膨胀软化和失水收缩硬裂两种变形特性，且具有湿胀干缩往复变形的高塑性黏性土 | 1.现场判别（土颗粒细腻、常出现浅层滑坡和地裂、周围构筑物开裂、地形平缓无明显自然陡坎等）；<br>2.指标判别按土体与水相互作用所呈现的水理性质指标（塑性指数、液限、自由膨胀率、膨胀力等）等进行判别 | 1. 湖相沉积<br>2. 冲积<br>3. 残积、坡积<br>4. 洪积<br>5. 冰水沉积 |
| | 红层软岩 | "红层软岩"泛指形成于侏罗系、白垩系与第三系泥岩、砂岩泥岩、粉砂岩、砂岩、砾岩等软硬相间的层状岩体，外观上以红色、棕红色、砖红色为显著特征，为内陆碎屑沉积建造，碎屑物质成分变化大，以泥质胶结为主，也有钙质及铁质胶结，系软质岩石 | 根据其矿物成分和化学成分的组成规律进行判别 | 形成于侏罗系、白垩系与第三系的泥岩、砂岩泥岩、粉砂岩、砂岩、砾岩等软硬相间的层状岩体 |
| 地质作用 | 岩溶 | 在石灰岩等可溶性岩石分布地区，岩石长时间受到水的化学溶蚀和机械作用，形成溶洞、溶沟、裂隙、暗河、石芽、石笋、石钟乳等地面及地下的奇特景观，这种由于水对可溶性岩作用的演变，以及由此产生的特殊地貌形态和水文地质现象 | 石牙、石笋、漏斗、溶蚀洼地、坡立谷、溶蚀平原、落水洞、竖井、溶洞、暗河、天生桥、土洞、地下湖等 | 可溶性岩层由于流水的长期化学作用和机械作用 |
| | 断裂构造 | 岩体受构造应力作用发生变形，当变形达到一定程度后，使岩体的连续性和完整性遭到破坏，产生各种大小不一的断裂，称为断裂构造。包括断层和裂隙 | 破碎带标志、断层面标志、构造标志、地层岩相标志、地貌水文标志和线状排列的侵入体硅化、矿化现象 | 构造应力作用。裂隙和断层（活断层） |

| 类　型 | | 属　性 | 判　别　标　志 | 成　因 |
|---|---|---|---|---|
| 灾害地质 | 不稳定斜坡 | 自然横坡在 15°左右、工程地质和水文地质环境较差，有潜在滑移可能，在受荷载作用下易引发地质和工程病害的自然边坡 | 坡体上方长期有水的影响（泉眼、水田、水库等），土体长期处于潮湿饱水状态，坡度在 15°左右的自然边坡 | 软弱土层和水的影响。外荷载作用改变其平衡状态 |
| | 滑坡 | 斜坡上大量土体和岩体在重力作用下，沿一定的滑动面（或带）整体向下滑动的现象 | 可根据地形地物标志、地层构造标志、水文地质标志等综合进行分析识别 | 按其主滑面类型分为同生面滑坡、接触面滑坡、层面滑坡和构造面滑坡。按其力学特征分为牵引式滑坡和推移式滑坡 |
| | 崩塌 | 在陡峻的斜坡上，巨大岩块在重力作用下，突然而猛烈地向下倾倒、翻滚、崩落的现象 | 高度大于 30 m、坡度大于 45°且上缓下陡的凸坡或凹凸不平的陡峻斜坡；由坚硬性（脆或软硬）互层的陡峻斜坡；以及岩层的不利构造和产状组合等构造条件 | 地形条件、岩性条件、构造条件、其他自然因素等 |
| | 岩堆 | 岩石山坡在各种物理、化学作用下失稳，产生塌滑、剥落，形成大小不一的岩石碎块、岩屑，在自然力的作用下，搬运、堆积物体 | 地质构造作用强烈、气候干旱、风化严重的山区和高山峡谷地区。岩性软弱易风化的岩层分布区和破碎的花岗岩、石灰岩等组成的山坡坡角区等，多有岩堆出现 | 岩性和局部地形、地质构造、气候环境条件等。分为正在发育、趋于稳定和稳定等三种岩堆 |
| | 泥石流 | 在暴雨、冰雪融水等水源作用下，发生在山区沟谷中含有大量泥沙石块的特殊洪流 | 地质不良、地形陡峻，有明显的汇水补给、固体物质补给、流通渠道和堆积环境等。沟槽不对称、不固定、沟槽堆积的石块有尖角且无方向性和无明显层面等 | 1. 按其固体物质组成，分为泥流、泥石流、水石流；<br>2. 按其流体性质分为黏性和稀性泥石流 |
| | 地面沉降 | 由于水对地表下岩土体的溶蚀作用或人类活动引发的地表塌陷现象，以及构造物对地基承载力过大引发的地面沉陷现象 | 沉陷周围较显著，道路凹陷明显等 | 水的因素、岩土体支撑条件改变、人类活动等 |

| 类 型 | | 属 性 | 判别标志 | 成 因 |
|---|---|---|---|---|
| 人类活动 | 采空区 | 地下固体矿床开采后的空间及其围岩失稳而产生位移、开裂、破碎垮落,直到上覆岩层整体下沉、弯曲所引起的地表变形和破坏的地区或范围 | 1. 小型采空区:地表塌陷或开裂,裂缝呈上宽下窄且无显著位移。 2. 大型采空区地表凹地、地面下沉、地面倾斜等。 3. 矿产地的活动遗迹 | 人类活动导致岩土体支撑条件的改变 |
| | 人工边坡 | 由人类公路工程活动开挖的岩土体边坡,统称为人工边坡。一般指公路路面以上的坡面 | 新增坡度普遍陡于自然坡面,坡体普遍呈现分台等人工痕迹和防护工程、排水工程等人工痕迹 | 岩土体条件、水环境的改变和突变,较大的临空面等 |
| | 人工填土 | 由人类公路工程活动在地表上填筑土石形成公路路基,统称为公路工程人工填土或路基填筑。为减少工程量,往往形成路面以下的填筑边坡 | 高出于地表带型构筑物,坡面具一定的规律性,一般坡面为1:1.5,坡面进行了一定的人工绿化和美化 | 地基承载力不足引发的路基崩溃、路面开裂、构造物外倾、路面变形、填土速度过快引发的路基破坏等 |

## 1.1.2 山区地质病害致灾因素的工程危害

山区地质病害致灾因素的致灾环境条件识别及工程致灾特性的预见是山区建设地质病害防治措施选择的基础(表 1-2)。

表 1-2 山区地质病害致灾因素工程危害简表

| 类 型 | | 致灾环境条件 | 致灾工程特性 | 致灾公路工程危害性 |
|---|---|---|---|---|
| 特殊类土 | 软土 | 水力作用、工程扰动、地震作用、外力影响等 | 天然含水量、天然孔隙比、直剪内摩擦角、十字板剪切强度、静力触探锥尖阻力、压缩系数 | 路基沉降与不均匀沉降、路基变形、路面开裂、构造物倾斜、基础承载力不足引起桥梁变形破坏、隧道变形等 |
| | 膨胀土 | 水环境改变导致土力学性能改变 | 胀缩性、崩解性、多裂隙性、超固结性、风化特性、强度衰减性 | 路基变形、构造物变形和开裂破坏、路面变形破坏、路基边坡失稳、隧道变形等 |
| | 红层软岩 | 水环境的改变影响土力学性能 | 透水性弱、亲水性强、浸水后岩体强度软化、失水后易崩解,岩块饱和单轴抗压强度低(小于 30 MPa),岩体层面之间抗剪强度低,特别是层面之间含水后易产生层间滑动 | 一般不能直接用作路基填料、引起构造物地基承载力变化、路基变形、路面开裂和沉陷、构造物破坏、隧道变形等 |

| 类型 | | 致灾环境条件 | 致灾工程特性 | 致灾公路工程危害性 |
|---|---|---|---|---|
| 地质作用 | 岩溶 | 水环境改变、隐蔽性岩溶对工程的影响 | 岩石的可溶性、岩石的透水性、水的溶蚀性、水的流动性 | 路基沉陷、桥梁基础安全、隐蔽性岩溶对隧道安全的影响、岩溶水对隧道的影响等 |
| | 断裂构造 | 水文地质复杂、节理裂隙发育、岩石破碎、风化严重等 | 断层的力学性质、位置、产状、发展阶段、水文地质特征等，影响公路建设的规模和采取的工程技术对策以及工程造价 | 避让大断层破碎带需增加工程造价，公路建设易引起坍塌、隧道洞顶塌落等 |
| 灾害地质 | 不稳定斜坡 | 地质环境和水环境，有潜在滑动面。外荷载影响等 | 有滑移的可能性，排水条件较差。受路基土方等外荷载作用，极易引发路基滑移 | 路基滑移、构造物变位、严重时影响桥梁安全和下方的隧道安全 |
| | 滑坡 | 地形地貌及气候环境、地层岩性、地质构造、水、工程活动等外力因素等 | 滑坡变形速度较快、破坏性强、冲击力巨大 | 滑坡是山区公路的主要病害之一。堵塞河道、摧毁公路、影响路基稳定和安全、隧道变形、桥梁变位等 |
| | 崩塌 | 地形地貌、气候环境、地层岩性、地质构造、水、工程活动等外力因素等 | 滑坡变形速度差异较大、破坏性强、冲击力巨大 | 滑坡是山区公路的主要病害之一。堵塞河道、摧毁公路、影响路基稳定和安全、隧道变形、桥梁变位等 |
| | 岩堆 | 地表水和地下水的影响、工程活动等外力影响 | 浸水后易局部或整体滑移；向外的层间节理，在外力作用不易产生沉降滑动；结构松散、孔隙之间不均，稳定性差 | 路基变形、边坡的稳定问题、地表水和地下水等排导设施破坏、桥梁基础稳定 |
| | 泥石流 | 地形条件下、水文气象要素、地质条件(固体物质的补给)人类活动及植物覆盖 | 暴发突然、地区性特点很强，属于区域性的工程地质现象、暴发频率差异较大 | 淤埋公路、堵塞江河、掩埋公路、冲毁桥梁和涵洞、大石块撞击桥梁、冲刷桥梁基础、冲毁公路等 |
| | 地面沉降 | 塌陷后的填充环境及稳定性，导致对策措施难以确定 | 稳定性不易测定，导致构造变形、路面凹陷、桥头跳车等病害 | 路面沉陷、路基开裂、构造物变形或破坏等 |

| 类　型 | 致灾环境条件 | 致灾工程特性 | 致灾公路工程危害性 |
|---|---|---|---|
| 人类活动 | 采空区 | 填充环境和走向、范围、规模、稳定与发展趋势、变形大小等难以调查清楚，导致对策措施难以确定 | 隐蔽性、无规律性。导致地表塌陷、开裂、地表凹地等地基稳定性问题 | 路基沉陷、桥梁基础安全、隧道安全、构造物变形破坏等 |
| | 人工边坡 | 坡面地质环境与工程技术对策不协调，气候环境、水环境的改变及其他诱发因素 | 新增坡面临空面，易诱发牵引式滑坡、崩塌、碎落等边坡病害（边坡失稳） | 阻断公路、砸毁路面、破坏公路构筑物、污染路面等 |
| | 人工填土 | 地质环境和水环境、填土速度、填筑材料 | 在自然地面上堆载，易诱发推移式滑坡，当地基承载力较低时，易产生路基失稳及路面开裂等病害 | 路基下坡面失稳、构造物外倾、路面变形、开裂、崩溃等 |

## 1.2　山区高速公路施工安全生产的特点

### 1.2.1　工作环境

（1）施工流动性大，施工环境变化频繁。山区高速公路工程的流水施工作业，使得作业人员经常更换工作地点和环境。高速公路工程的作业场所和工作内容是动态的、不断变化的，工作环境包含着危险源，而相应的安全防护设施往往是同步于甚至落后于施工过程（结构施工中）的。随着工程进展，作业人员所面对的工作环境、作业条件、施工技术等不断发生变化，由于环境变化频繁，施工作业人员容易在适应新环境的过程中，受到环境中的不利条件影响，使得危险概率增大，给施工企业带来很大的安全风险。

（2）施工项目具有临时性和一次性的特征决定了高速公路工程的安全问题不断变化。施工项目中的结构物、设备、机械、机具、材料乃至人员，都表现出很强的临时性，很难按照同一图纸、同一施工工艺、同一生产设备进行重复生产，导致无法彻底辨识和了解施工中的全部危险源，展开系统的防范和控制。而且，许多施工过程都是在临时设施上进行的，如脚手架、模板等，增加了施工的危险性。

（3）高速公路施工的高能耗、施工作业的高强度，施工现场的扰动因素（噪声、热量、光线、有害气体和尘土等），以及作业人员长时间高强度的作业等，都是工人经常面对的不利工作环境和负荷情况。

（4）施工作业中露天作业量大，时间长，其间受温度、气候条件影响大，易受风、雨和雷电等恶劣自然环境的影响，从而导致施工危险性增大。

（5）施工项目工序多，变化大，环境影响因素突出。施工项目从基础施工到上部结构施工各阶段，工程内容迥异，工序和施工方法也不相同，作业环境也随时改变。其中隐藏的危险源众多，原因各异，导致危险源的辨识困难，危险隐患增加。

（6）施工项目高处作业多。在山区高速公路施工过程中，高处作业多，同时受到恶劣自然环境的影响，在防护不当时，极易发生高处坠落等安全事故。

（7）施工作业面狭窄，存在交叉作业多等危险隐患。山区高速公路施工场地狭窄，使施工场地与施工要求的矛盾日益突出。由于进度需要和实际施工条件制约，经常需要多工种、多班组在同一作业面内展开施工作业，在有限的场地集中大量的人力、建筑材料、机械设备进行立体交叉作业，起重机械使用增多，龙门架、井字架亦普遍推广，流水交叉作业大量增加，导致危险源在有限时空内高度集中。在工期紧迫时，安全防护措施不到位，造成机械伤害和物体打击等伤亡事故增多。

（8）劳动对象体积、规模大，劳动工具粗笨，施工作业者劳动强度高，手工劳动多，作业人员易产生工作疲劳、注意力分散，从而导致误操作和事故发生。

（9）作业人员的操作过程复杂程度高。山区高速公路施工项目工艺繁多，施工条件复杂。作业人员在进行施工作业时，还需密切注意周围环境变化，随时进行施工协调，导致劳动复杂性程度增大，一旦发生疏忽容易造成事故。

（10）人机混合作业，容易产生机械伤害。施工机械设备在项目施工过程中普遍使用，但从使用条件来看，许多施工机械设备和人员混合作业，导致事故隐患集中，危险性增大。

### 1.2.2　组织结构

（1）施工企业与项目部分离，使安全措施不能得到充分的落实。一个施工企业往往同时承担多个项目的施工作业，企业与项目部通常是分离状态。这种分离使得安全管理工作更多的由项目部承担。但是，由于项目的临时性和市场竞争的日趋激烈，经济压力也相应增大，公司的安全措施被忽视，并不能在项目上得到充分的落实。

（2）多个建设主体的存在及其关系的复杂性决定了安全管理的难度较大。高速公路工程建设的责任单位有建设、勘察、设计、监理、施工等诸多单位。施工现场安全主要由施工企业负责，实行总承包的，主要由总包单位负责，分包单位向总承包单位负责。由于多级分包体制的存在，承包商安全管理的力度会随着管理层等级的增加而衰减。具体施工过程中遇到的安全问题，由于调动资源的权限不同，很难及时得到解决。施工企业的队伍和人员流动性较大，使得现场的工作人员经常发生变化，而且施工人员属于不同的分包单位，有着不同的安全管理措施和安全管理。

### 1.2.3　管理方式

（1）目标（结果）导向对施工企业形成一定的压力。

高速公路工程施工中的管理主要是一种目标导向的管理，只要结果（产品）不求过程（安全），而安全管理恰恰体现在过程上。项目具有明确的目标（质和量）和资源限制（时间、成本），再加上分包的出现，这些使得施工企业承受较大的压力。

（2）施工作业的非标准化使施工现场危险因素增多。

施工企业生产过程技术含量低、劳动和资本密集。工人散布工地从事多个工位和任务的工作，施工现场劳动对象和劳动条件千变万化，很难一一规范所有操作行为。低技术含量决定了从业人员的素质相对普遍较低。而工人与施工单位间的短期雇佣关系，造成施工作业培训不足，使得违章操作的现象时有发生，这使不安全行为成为重要的事故发生隐患。而管理和控制只能更多地依赖监督和经验。

### 1.2.4　作业人员

（1）工人工作的自主性强。

工作环境的变化、管理的目标导向以及作业的非标准化，使得从事高速公路施工的作业人员在工作中相对于其他行业的劳动者有更大的自主性，即事故预防更多地依赖对工人的管理和安全培训。然而，工人与雇主间的短期雇佣关系，使雇主对通过工人培训获得安全效益缺乏信心，使工人培训被忽视或压缩，加大了工伤事故率。

（2）工人的素质相对较低。

从事山区高速公路施工的大多数工人来自农村，受到的教育培训较少，相对素质较低，安全意识较差，安全观念淡薄，从而使得安全事故发生的可能性增加。综上所述，山区高速公路施工安全生产的特点决定了安全生产管理的难度较大，在施工过程中，项目处于复杂多变的环境条件下，且自身作业活动多样、施工条件多变，导致系统整体包含的危险源集中，危险性特点多样，表现为安全事故的多发性。安全生产工作需要从系统的角度整合各方面的资源来有效地控制安全事故的发生。同时，这些特点也决定了安全事故发生于具体的施工作业活动中，有效地进行安全生产行为管理，即为控制安全事故的发生，采取有效的工作步骤和序列，是施工企业降低安全事故发生概率，提高安全管理水平的最直接有效的方法。

## 1.3　山区高速公路关键施工点

### 1.3.1　高填方路基关键施工点

长期的公路建设过程中并没有对高填方的稳定性问题形成相对统一的分析方法，由于理论的缺失，且相对于低边坡而言，高边坡的变形破坏机理更加复杂，因此高填方路堤的变形和稳定性问题在高等级公路建设过程中显得十分突出。高等级公路对路面的平整性有着比普通公路更高的标准，山区地层岩性与地基坡体结构条件复杂多变，填筑在斜坡地基上的路堤由于坡体填筑厚度不同，若施工质量没有很好地控制，往往容易出现路堤的不均匀沉降，不均匀沉降发展到路面引起路面开裂。高填方路堤的破坏导致公路建设及养护期间花费大量的资源与财力，运营期出现失稳破坏，不但使正常交通受到影响，也将使周边环境遭到破坏，影响生态平衡。高填方路堤边坡的变形与稳定性问题一直属于山区修建高速公路不可回避的问题之一。

高填方路堤边坡因受地质条件、施工方法、支护等因素的影响，地质体具有随机性与多变性的特点，时空变异性强。前期地质勘查与钻探很难获得所有高填方路基足够而全面的地质资料，所有在此基础上进行的初步设计与技术设计等存在诸多不确定性，加上施工方法、技术设备等方面的综合影响。且由于高填方路堤填筑面积与土石方量大，对设计有着严格的要求，在实际工程中路堤的变形问题相比稳定性问题来得更为重要，路堤变形超过设计要求值时路堤可能仍维持在设计要求的稳定范围内，但变形值已影响到公路的使用性能。

### 1.3.2　顺层边坡关键施工点

在修建和运营中的高速公路边坡垮塌事故中，顺层边坡垮塌是比较突出的一类。顺层岩质高边坡在地质构造中包含各式各样的结构面，而结构面也是导致顺层岩质边坡失稳和变形的重要控制因素之一。结构面的强度参数往往与上下部岩体差距很大，这也是边坡产生变形的主要因素，尤其在岩层倾角较缓且含有软弱夹层时，软弱夹层对整个边坡的稳定性起着至关重要的作用。在实际的工程项目建设中，公路建设中常常将层面倾向与边坡倾向接近的边坡视为顺层岩质边坡。

在对顺层岩质边坡稳定性计算时，需要对岩质边坡的岩体岩性、走向与线路关系、不利结构面在岩土体的位置、地下水发育情况、岩层薄厚程度、岩层倾角的大小，以及开挖方式的选择等诸多影响因素进行考虑。因此，顺层岩质边坡的稳定性的评价及加固方案设计，一直成为高速公路路基专业设计的难点。

在过去高速公路建设中，遇到了大量的顺层岩质高边坡垮塌事故，如：十襄高速公路 100 多千米中高度大于 40 m 的就有 43 处，滑坡导致工程处治费用增加了将近 1 亿元；京珠高速公路韶关段，有将近 90 处高边坡，在施工过程中及通车后，由于产生滑坡和变形，加固的费用总共超过 8 亿元，云南元磨高速公路总共里程 147 km，高于 30 m 的高边坡就有 400 多处，出现病害段落占到了所有高边坡段落长度总和的一半，处治费用高达 6 亿元；重庆梁万高速公路总共里程 62 km，其中有 20 km 路段通过砂岩泥岩互层路段，因此产生了很多顺层滑坡，在施工期间绝大多数的高边坡开挖后都出现了变形，增加的加固费用达 2 亿元；沪蓉西高速公路从宜昌至利川，总共 330 km，该段线路有将近 30 km 路段穿越软岩地区，在工程建设中多处边坡发生失稳破坏，其中朝阳服务区更是导致了 1.2 km 整体滑动，迫使当地整个村庄搬迁，这一事件造成了巨大的经济损失，更是造成了严重的工期延误；云南普宣高速公路起点有长达 4 km 的顺层岩质边坡，其中有一段高达 80 m 的边坡，最后成为高速公路建设中的控制性工程，加固费用达 1 亿元。

设计方案中如果对边坡变形认识不足、考虑因素不全，当设计方案中采用的加固措施不适当时，往往会导致很多次级灾害，如挡墙失效，由于下滑力过大导致抗滑桩失效倾斜，由于过高考虑岩层的黏聚力导致锚索张拉不到设计值，这样既造成了较大的经济损失又耽误了工期。反之，如果设计过于保守，夸大下滑力，也会造成材料的浪费和经济损失。从已建的高速公路资料统计来看，顺层岩质边坡出现变形或者滑塌大多具有滞后性，一方面是因为在边坡开挖过程中没有进行及时的防护，另一方面是由于前期工作勘察工作量不足，在工后服务中不重视开挖岩层的变化，还有就是在边坡开挖中遇到极端天气，如暴雨入渗、地震等因素，迅速改变了边坡的应力平衡状态，产生滑坡，这些都势必会造成人员生命安全危害和经济损失。

### 1.3.3 隧道洞口段关键施工点

在隧道洞口段，由于埋深浅，围岩一般较软弱破碎。这类围岩强度较低、胶结程度差、孔隙率高、岩体结构破碎、节理裂隙发育、受风化影响显著，故自稳能力差、易受施工扰动，在隧道开挖后围岩变形量大、变形速率快且持续时间长，如果稍微处理不当，则极易发生大变形甚至塌方等工程事故。这些事故不仅严重影响施工安全，同时还存在影响施工进度、治理难度高、费用高等问题，为工程建设带来极大的不便。随着我国的隧道系统不断完善，如海底隧道、长大隧道、越江隧道的完成，说明隧道工程建设已具有了较高的技术水准，但软弱破碎围岩隧道塌方等事故还是时有发生，因此，如何完善隧道建造技术，达到有效控制软弱破碎隧道围岩变形是隧道工程建设的重要课题之一。

在公路隧道建设中，目前新奥法施工仍然在得到广泛应用。该方法以岩体力学特征、岩体变形特征以及莫尔-库仑屈服准则为依据，利用围岩的自承能力，并从时间和空间效应上考虑隧道开挖对围岩变形的影响，其支护结构主要由锚杆和喷射混凝土组成，使支护结构形成封闭环，从而达到抑制围岩变形和松弛的目的。若隧道穿过软弱破碎岩层等地质条件较差的岩层时，可能还需要进行超前支护或预先加固地层，以保证支护的及时性和有效性。

隧道开挖必然会对周围岩体产生扰动，导致隧道周围岩层发生变形和位移，并打破围岩的原始平衡状态，软弱破碎围岩隧道开挖则更是如此。软弱破碎围岩失稳破坏一般以大变形为主，当隧道开挖软弱破碎围岩变形和位移超过其容许限制时，则可能会危及工程质量和安全性，更会严重影响人民的生命财产安全与工程施工进度，而这些事故也和工程设计与施工密不可分。由此可以看出，研究软弱破碎隧道开挖围岩变形特征以及施工方法的必要性。

# 第 2 章 保施高速公路施工概述

## 2.1 工程简介

省高网 S41 维（西）永（德）高速公路保山至施甸段（以下简称"本项目"）是规划的省高网 S41 维西至永德高速公路的重要路段，也是杭州至瑞丽高速公路（G56）的纵向连接线。项目起点接杭瑞高速，通过杭瑞高速转换可连接保山市绕城高速及昌保高速，止点与规划维永高速施甸至永德段顺接。其功能：第一是落实国家"一带一路"倡议的需要；第二是适应云南省建设"一区一兵一中心"发展战略的需要；第三是改善云南省路网结构、提升公路服务能力的需要；第四是促进区域社会经济发展、开发矿产及旅游资源的需要；第五是完善救援通道、增强抗灾救灾能力的需要；第六是促进民族团结、维护边疆稳定、增强国防交通战略的需要。规划图如图 2-1 所示。

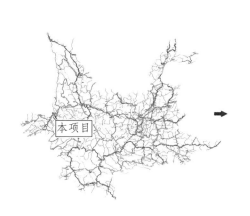

图 2-1 保山至施甸段规划图

保施高速公路路线起点位于保山市隆阳区辛街乡大官市村东侧，设置大官市立交与已建杭瑞高速相接，经由旺镇、仁和镇、施甸县城等地，路线止点位于施甸县城东侧莽中寨附近，止点桩号 K33+310，近期接施甸至卡斯公路，远期接规划施甸至链子桥高速公路，路线全长 33.492 km（综合里程）。如图 2-2、图 2-3。

主要控制点：大官市（起点）、由旺镇、仁和镇、施甸县城、莽中寨（止点）。

图 2-2　起点接线方案图

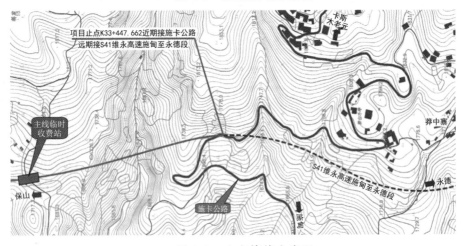

图 2-3　止点接线方案图

### 2.1.1 相关方案

**1. 本项目与云维水泥厂石灰石矿区关系**

本项目热水塘至兵斗寨段路线从两个云维石灰石矿区之间通过，隧道段与矿区最小间距为 140 m，桥梁段与矿区最小间距为 200 m。距离矿区距离满足《中华人民共和国公路法》中第五章第四十七条"在大中型公路桥梁和渡口周围二百米、公路隧道上方和洞口外一百米范围内，以及在公路两侧一定距离内，不得挖砂、采石、取土、倾倒废弃物，不得进行爆破作业及其他危及公路、公路桥梁、公路隧道、公路渡口安全的活动"的相关规定。矿区相关单位在开采过程中，应严格按照公路法等相关法律法规的规定，对爆破等作业进行严格控制，避免对高速公路工程及行车等安全造成影响，如图 2-4。

图 2-4　本项目路线与云维石灰石矿区位置关系图

本项目热水塘至兵斗寨段路线方案已由本项目业主与相关单位签订了同意本项目通过的协议。

**2. 本项目与中缅油气管道关系**

本项目于 K1+805～K3+990 段设置小官市隧道穿越山峰，小官市隧道于 K3+150 与中缅油气管道交叉，高速公路下穿油气管道（高速公路设计标高 1 945.74 m，油气管道标高约 2 054 m，高差约 108 m），高差满足相关规范规定。

本项目下穿中缅油气管道段路线方案已由本项目业主与相关单位签订了同意本项目通过的协议。

### 3. 本项目起点与 G56 杭瑞高速接线情况

本项目起点接线方案在工程可行性研究报告阶段已进行了多方案深入比选研究，初步设计、施工图设计起点接线方案在工程可行性研究报告研究结论的基础上开展。

在本项目工程可行性研究报告中，共拟订了 4 个起点接线方案，分别对应 K 线、A 线、B 线、C 线四个方案。其中：起点接线方案一位于隆阳区辛街乡大官市村东侧，与已建杭瑞高速相接，该方案对应的路线方案为 K 线；起点接线方案二位于隆阳区辛街乡老吴寨村西北侧，与规划的昌保高速相接，该方案对应的路线方案为 A 线；起点接线方案三位于隆阳区蒲缥镇杨三寨村东侧，与已建杭瑞高速相接，该方案对应的路线方案为 B 线；起点接线方案四位于隆阳区蒲缥镇辛家山西侧，与已建杭瑞高速相接，该方案对应的路线方案为 C 线，如图 2-5。

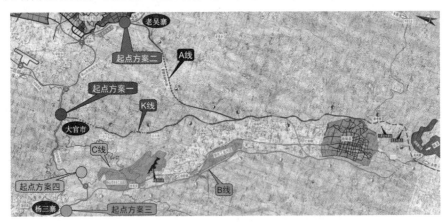

图 2-5　工可报告起点接线方案比较图

A 线方案与规划的昌保高速相接，可以将保山规划工贸园区与施甸县进行快速连接，两条未通车的高速公路相接，施工干扰较小，但两条高速公路需同步实施才能发挥本项目的功能。虽然 A 线方案建设里程稍短，但需设置 1 座 5.81 km 特长隧道，总体工程规模较大，工程造价及后期运营养护成本均较高。

B 线方案虽然工程规模稍小，工程造价略省，但是施工干扰较大，保山至施甸的行车距离较长，绕行较严重，不符合本项目作为 S41 维（西）永（德）高速公路中的一段的功能。同时 B 线方案占用土地数量较大，特别是占用良田较多，房屋及电力、电信线等拆迁工程规模也较大，B 线方案与地方路网规划不相符，与规划的保山市水长工业园区、华兴工业片区存在一定的干扰。

C 线方案纵面指标较好，同时也无须废除现有的大官市立交，虽然该方案建设里程较短，但桥隧工程规模较人，工程造价较高，起点位置杭瑞高速平纵指标较低，不能满足设置立交的要求，接线立交匝道需设置隧道，立交工程规模较大。C 线方案保山至施甸的行车距离较长，绕行较严重。

K 线方案与已通车杭瑞高速相接，需废除杭瑞高速大官市立交，K 线方案的实施不受其他项目实施进度的影响，且 K 线方案可以将保山市主城区与施甸县城进行快速连接。作为 S41 维（西）永（德）高速公路中的一段，K 线方案更加顺直，K 线方案无须设置特长隧道，总体工程规模较小，工程造价及后期运营养护成本均较低。K 线方案主要占用坡地或低产田地，拆迁工程规模也较小。

结合路线方案综合比选，本项目工程可行性研究报告最终确定 K 线方案为本项目推荐方案。对应的起点接线方案为方案一，即方案一为本项目的起点接线方案，如图 2-6。

本项目初步设计、施工图设计起点接线方案在工程可行性研究报告研究结论的基础上开展，即本项目起点位于保山市隆阳区辛街乡大官市村东侧，设置大官市立交与已建杭瑞高速相接。受村庄、地形条件、杭瑞高速大官市隧道等的限制，需拆除杭瑞高速现有大官市半互通落地立交，且大官市立交主要功能为满足施甸县城车辆经 S229 线上下 G56 杭瑞高速的需要，保施高速建成后，施甸县城车辆将直接通过保施高速与 G56 进行交通转换，少量的大官市村附近车辆可通过国道 320 线转换之后由既有汉庄立交或蒲缥立交上下高速公路，因此，根据工程可行性研究报告、初步设计、施工图设计等多阶段论证研究，按照工程可行性研究报告批复、初步设计批复及施工图设计审查意见等的精神，需拆除既有大官市半互通立交，改造为高接高的大官市枢纽立交。另外，保山市绕城高速于黑泥田村附近设置黑泥田立交与杭瑞高速相接，黑泥田立交中心与本项目大官市立交中心间距为 2.8 km，大官市立交通过设置辅助车道与黑泥田立交加减速车道连通，形成复合式立交。

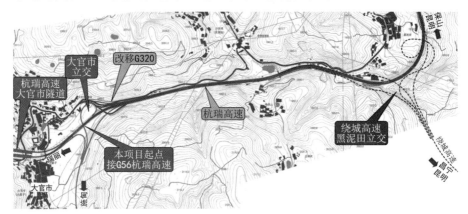

图 2-6　项目起点位置图

4. 本项目止点临时收费站及临时平交口设置情况

本项目止点位于施甸县城东侧莽中寨附近，近期接施甸至卡斯公路，远期接规划施甸至链子桥高速公路。施甸至链子桥高速公路目前处于工程可行性研究报告编制阶段，鉴于其实施时间与本项目不同步，考虑在本项目止点附近 K33+265.11 处设置临时收费站，为了尽量避免产生废置工程，在满足交通量通行的前提下，收费站总宽度利用标准路基宽度进行布设。另外，路线止点通过设置临时平交口与施卡公路进行连接，待施甸至链子桥高速公路实施，高速公路贯通后，将对施卡公路进行改移，与高速公路形成分离式交叉。临时收费站和临时平交口在实施过程中，需根据施甸至链子桥高速公路实施进度确定具体建设方案，如两条高速公路能够同步通车，可将临时收费站和临时平交口取消。

### 2.1.2　任务依据

（1）《S41 维（西）永（德）高速公路保山至施甸段工程可行性研究报告》及《S41 维（西）永（德）高速公路保山至施甸段两阶段初步设计》。

（2）《云南省发展和改革委员会关于保山至施甸高速公路可行性研究报告的批复》（云发改基础〔2016〕1503 号）。

（3）《云南省交通运输厅关于保山至施甸高速公路初步设计的批复》（云交基建〔2016〕917 号）。

（4）本项目勘察设计合同。

（5）建设部建标〔2002〕99 号《关于发布〈工程建设标准强制性条文〉（公路工程部分）的通知》。

（6）现行部颁标准、规范及规程等。

（7）《公路工程建设项目设计文件编制办法》《公路工程基本建设项目概预算编制办法》《施工图设计图表示例》等。

（8）本项目有关文件、函件、会议纪要等。

（9）本项目前期相关的资料图表和批复意见（水土保持、环境影响评价、压覆矿产资源评估、地质灾害危险性评估、地震场地安全性评价、社会稳定风险评估报告、文物调查、林业、土地预审等）。

### 2.1.3　测设经过

2016 年 10 月通过公开招标，最终确定本项目勘察设计由云南省交通规划设计研究院承担。

（1）按照合同文件的要求，云南省交通规划设计研究院接受任务后立即制定了详细的工作大纲，编制了《项目技术指导书》《勘察设计要点》等。

（2）为做好本项目的勘察设计工作，项目业主多次组织相关部门领导和专家认真听取我院设计方案汇报，为勘察设计提出了很好的建设性意见和建议。

（3）2016年10月下旬完成本项目初步设计（送审文件）。

（4）2016年10月29—30日，云南省交通运输厅组织对本项目初步设计进行审查，我院根据审查意见进行修改完善，完成初步设计，于2016年12月上报初步设计补充资料。

（5）2016年12月28日，云南省交通运输厅对本项目初步设计进行了批复。

（6）本项目施工图勘察设计在认真研究初步设计路线、路基路面、桥涵、隧道、交叉等各专业方案及设计资料的基础上，结合初步设计批复及审查意见进行。

（7）在施工图勘察设计过程中，我院多次与项目业主、沿线各级政府及相关部门进行沟通，对相关建议和意见进行了充分研究。

（8）2017年3月，完成本项目施工图设计（送审文件）。

（9）2017年3月26—27日省交通运输厅组织对本项目施工图设计文件进行审查，我院根据审查意见进行修改完善，于2017年6月完成施工图设计最终资料。

整个勘察设计过程得到了云南省交通运输厅、项目业主、沿线各级政府的大力支持和帮助，他们对本项目勘察设计提出了许多宝贵意见。

## 2.1.4  技术标准、技术指标

根据本项目工程可行性研究报告、两阶段初步设计和中华人民共和国行业标准《公路工程技术标准》（JTG B01—2014），结合本项目在路网中的功能、地位及沿线国民经济和社会经济发展的需要，本项目主线按双向四车道高速公路标准建设，设计速度 80 km/h、路基宽度 25.5 m，由旺立交联络线按双向两车道二级公路标准建设，设计速度 60 km/h、路基宽度 10.0 m，施甸立交联络线按双向四车道一级公路标准建设，设计速度 60 km/h、路基宽度 20.0 m。主要技术指标如表 2-1。

表 2-1　主要技术指标表

| 序号 | 指标名称 | | 单位 | 主线 | 联络线 | |
|---|---|---|---|---|---|---|
| | | | | | 一级公路 | 二级公路 |
| 1 | 公路等级 | | | 高速公路 | 级公路 | 二级公路 |
| 2 | 设计速度 | | km/h | 80 | 60 | 60 |
| 3 | 路基宽度 | | m | 25.5 | 20.0 | 10.0 |
| 4 | 中间带（含左侧路缘带） | | m | 3 | 3 | — |
| 5 | 行车道宽 | | m | 4×3.75 | 4×3.5 | 2×3.5 |
| 6 | 硬路肩 | | m | 2×3.0 | 2×0.75 | 2×0.75 |
| 7 | 土路肩宽 | | m | 2×0.75 | 2×0.75 | 2×0.75 |
| 8 | 圆曲线最小半径 | 最大超高8% | m | 250 | 125 | 125 |
| 9 | 竖曲线最小半径 | 凸型 | m | 3 000 | 1 400 | 1 400 |
| | | 凹型 | | 2 000 | 1 000 | 1 000 |
| 10 | 最大纵坡 | | % | 5 | 6 | 6 |
| 11 | 最小坡长 | | m | 200 | 150 | 150 |
| 12 | 停车视距 | | m | 110 | 75 | 75 |
| 13 | 设计洪水频率 | | | 特大桥 1/300 其他桥涵及路基 1/100 | | 特大、大、中桥 1/100 其他桥涵及路基 1/50 |
| 14 | 汽车荷载等级 | | | 公路-Ⅰ级 | | |

## 2.1.5　合同段划分情况及主要工程内容

根据业主意见，结合工程情况，本项目按 1 个土建施工合同段进行设计，见表 2-2。

表 2-2　土建施工合同段划分表

| 合同段编号 | 起止里程 | 长度/km | 备注 |
|---|---|---|---|
| 1 合同段 | K0+000 ～ K33+447.662 | 33.492 | 里程含大官市立交主线投影长度 |

本项目的重点工程为大官市立交、由旺立交、施甸立交、小官市隧道、小官市隧道等。

## 2.2 工程概况

### 2.2.1 路线起讫点、中间控制点、全长

路线起于保山市隆阳区辛街乡大官市村东侧，设置大官市立交与已建杭瑞高速相接。路线总体由北向南展布：经小官市村东侧，设置小官市隧道（左幅长 2 175 m、右幅长 2 185 m）；路线经龙洞村东侧，设置热水塘 1、2、3 号隧道（左幅分别长 410、530、570 m，右幅分别长 405、595、555 m）；出隧道后路线经兵斗寨，由旺镇东侧、银川东侧，于 K19+331.581 设置由旺立交及联络线与 S229 连接，方便由旺镇、水长乡、水长工业园区、华兴工业片区上下高速公路，之后经保场村东侧，设置保场隧道（左幅长 903.57 m，右幅长 820 m）；出隧道后路线经仁和镇东侧，于 K26+838.969 设置施甸立交及联络线与 S229 连接，方便施甸县、仁和镇及附近村庄上下高速公路，之后路线沿施甸县城东侧布设，设置小官市隧道（左幅长 1 235 m，右幅长 1 207 m）；出隧道后路线经小田坝，于 K31+530 设置施甸服务区，路线止于施甸县城东侧莽中寨附近，止点桩号为 K33+447.662，近期接施（甸）卡（斯）公路，远期接规划施甸县至链子桥高速公路。路线全长 33.492 km（综合里程）。

主要控制点：大官市（起点）、由旺镇、仁和镇、施甸县城、莽中寨（止点）。

### 2.2.2 沿线主要城镇、河流、公路、铁路

本项目路线所经区域分属保山市隆阳区辛街乡和施甸县水长乡、由旺镇、仁和镇、甸阳镇。

区域内主要河流有东河、施甸河，属怒江水系。

区域内公路主要有已建的 G56 杭瑞高速、在建保山市绕城高速、拟

建昌保高速、维永高速施甸至永德段、沿边高速、G320、S229、S232、施（甸）卡（斯）公路、沿线地方道路及施甸县城市道路等。

区域内有在建的大瑞铁路，但距离本项目较远，与本项目无干扰。

### 2.2.3　技术标准及桥隧工程概况

本项目的技术标准：主线采用高速公路标准进行建设，设计速度 80 km/h，路基宽度为 25.5 m；由旺立交联络线采用二级公路标准进行建设，设计速度 60 km/h，路基宽度为 10.0 m；施甸立交联络线采用二级公路标准进行建设，设计速度 60 km/h，路基宽度为 20.0 m。

桥涵设计荷载等级为公路-I 级。

特大桥设计泄水频率为 1/300，大、中、小桥及其他构造物设计洪水频率为 1/100。

本项目主线全长 33.492 km（综合里程），另同步建设由旺、施甸立交联络线分别长 2.091 km、4.397 km；主线全线共设桥梁 11 154.61 m/35 座（桥长按双幅计列，含立交区主线桥，下同），均为大桥；共设隧道 5 795.285 m/6 座（隧道长度按整幅计，下同），其中，长隧道 3 401 m/2 座，中隧道 1 986.785 m/3 座，短隧道 407.5 m/1 座；桥隧总长 16.949 km，桥隧比 50.61%；设置 3 座互通式立交，分别为大官市、由旺、施甸立交，其中大官市立交为本项目与 G56 杭瑞高速连接的枢纽立交，由旺、施甸立交为一般互通式立交。

## 2.3　初步设计批复意见执行情况

根据云交基建〔2016〕917 号《云南省交通运输厅关于保山至施甸高速公路初步设计的批复》，主要执行情况如下。

### 2.3.1　建设规模及技术标准

（1）本项目主线全长 33.492 km（综合里程），另同步建设由旺、施甸立交联络线分别长 2.091 km、4.397 km，全线设置 3 座互通式立交，分别为大官市、由旺、施甸立交，建设规模符合初步设计批复要求。

（2）本项目主线采用高速公路标准进行建设，设计速度 80 km/h，路基宽度为 25.5 m；由旺立交联络线采用二级公路标准进行建设，设计速度 60 km/h，路基宽度为 10.0 m；施甸立交联络线采用二级公路标准进行建设，设计速度 60 km/h，路基宽度为 20.0 m。汽车荷载等级均为公路-I 级。技术标准均符合初步设计批复要求。

## 2.3.2　路　线

（1）本项目的施工图设计路线起止点及主要控制点符合初步设计批复要求。

（2）本项目的施工图设计路线方案符合初步设计批复要求。另根据初步设计批复意见，对热水塘段、保场段路线方案进行优化调整。

① 热水塘段路线方案优化。

根据初设批复意见，结合本项目与云维水泥厂石灰石矿区的关系，施工图设计阶段对热水塘段路线方案进行调整，采用初步设计补充资料及批复意见中的 A 线方案。如图 2-7。

图 2-7　热水塘段优化示意图

初步设计推荐方案平面更加顺直，桥梁、隧道长度均较短，工程造价较省，但与云维水泥厂石灰石矿区距离稍近。

结合初设批复及相关部门意见，施工图设计调整后的方案虽然平面指标稍低，但平纵面线形均匀连续，桥梁、隧道长度均有所增加，工程造价也稍高，但是距离云维水泥厂石灰石矿区的距离较远，满足公路工程相关规定，如表 2-3。

表 2-3 热水塘段优化工程数量对比表

| 项目 | 单位 | 施工图设计 | 初步设计 | 施设—初设 |
|---|---|---|---|---|
| 起止桩号 | | K7+800 ~ K11+915 | K7+800 ~ K11+700 | |
| 路线长度 | km | 4.115 | 3.9 | 0.215 |
| 最小半径 | m | 715 | 760 | |
| 最大纵坡 | % | 3.8 | 4.0 | |
| 路基路面 | km | 1.352 5 | 1.822 5 | −0.47 |
| 桥梁总长 | m/座 | 1 220/2 | 820/4 | 400/−2 |
| 隧道总长 | m/座 | 1 542.5/3 | 1 257.5/2 | 285/1 |
| 桥隧比 | % | 67.13 | 53.27 | 13.86 |
| 工程造价 | 亿元 | 5.77 | 4.93 | 0.84 |

② 保场段路线方案优化。

结合地形地质情况，施工图设计阶段对保场段路线方案进行优化调整，尽量减小工程规模，如图 2-8。

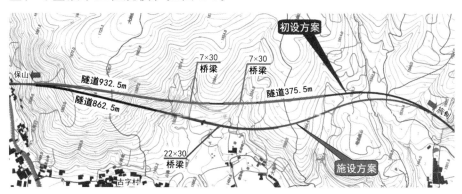

图 2-8 保场段优化示意图

初步设计推荐方案平面更加顺直，桥梁墩高也较矮，但是连续设置保场1号、2号两个隧道，工程规模稍大，造价也较高。

施工图设计优化调整后的路线方案桥梁长度稍长，但是取消了保场2号隧道，较大程度降低工程规模，造价也较低，如表2-4。

表2-4 保场段优化工程数量对比表

| 项目 | 单位 | 施工图设计 | 初步设计 | 施设—初设 |
|------|------|-----------|----------|-----------|
| 起止桩号 | | K23+510～<br>K26+235 | K23+400～<br>K26+100 | |
| 路线长度 | km | 2.725 | 2.7 | 0.025 |
| 最小半径 | m | 755 | 890 | |
| 最大纵坡 | % | 1.55 | 0.6 | |
| 路基路面 | km | 1.192 5 | 0.952 | 0.240 5 |
| 桥梁总长 | m/座 | 670/1 | 440/2 | 230/−1 |
| 隧道总长 | m/座 | 862.5/1 | 1 308/2 | −445.5/−1 |
| 桥隧比 | % | 56.24 | 64.74 | −8.5 |
| 工程造价 | 亿元 | 3.51 | 3.97 | −0.46 |

（3）根据初步设计批复要求，施工图设计阶段严格按照原交通部《关于在公路建设中实行最严格的耕地保护制度的若干意见》，进一步优化了路线平纵面设计，合理控制工程规模，保护环境，节约用地。

### 2.3.3 路基路面

1. 路基一般设计

（1）路基横断面形式、组合设计参数和一般路基设计原则均按初步设计批复要求进行采用。

（2）根据初步设计批复要求，施工图设计阶段结合工程地质详勘资料，进一步深化了特殊路基工点设计，确保不良地质路基安全稳定。

（3）根据初步设计批复要求，施工图设计阶段进一步细化了高填深挖路基处治方案，加强了陡坡高边坡的稳定性验算分析，优化了支护设计，确保路基稳定。

（4）根据初步设计批复要求，施工图设计阶段加强了路基土石方的调配利用，严格控制弃方，尽量利用弃渣，减少对环境的影响，并合理选择取、弃土场位置，进一步优化弃土场设计，加强取、弃土场工程地质勘察及防护、排水、复耕设计，确保弃土场安全。

（5）根据初步设计批复要求，施工图设计路基边坡采用植物防护为主、圬工防护为辅的设计方案。并结合地形条件和工程地质情况，择优选择防护形式，确保结构安全和路基稳定。

### 2. 路面工程

路面工程设计符合初步设计批复要求，并根据实测轴载及预测轴次进一步验算了路面厚度和结构强度。

### 3. 排水工程

根据初步设计批复要求，施工图设计阶段结合区域气候特征和坡面径流特点，进一步优化综合排水设计。

## 2.3.4 隧 道

施工图设计隧道设置及结构设计方案均符合初步设计批复意见的要求。在加强工程地质、水文勘察的基础上，结合路线优化，进一步优化隧道平纵面线形、洞口位置、洞门形式、衬砌结构、防排水及抗震设计等，确保隧道施工和运营安全。

（1）根据初步设计批复意见要求，施工图设计阶段加强了工程地质勘察，查明隧道不良地质发育情况，优化了隧道处治方案。

（2）根据初步设计批复意见要求，施工图设计阶段根据工程地质和水文勘察资料，进一步优化了隧道防排水设计，保证隧道防排水系统通畅，同时减少对自然环境的影响。

（3）根据初步设计批复要求，施工图设计阶段深化了超前地质预报、监控测量方案，加强了穿越不良地质地段的措施设计，完善了应急预案。

（4）根据初步设计批复要求，施工图设计阶段进一步加强了隧道通风、照明、供配电、监控、消防、救援及应急联动控制方案的协同设计，提高隧道运营安全性，合理节能。

### 2.3.5 路线交叉

施工图设计路线交叉设计均采用初步设计批复意见要求的推荐方案。同时进一步优化了立交平纵线形，完善匝道分、合流段的线形过渡，加强平交口渠化设计，提高服务水平和行车安全性。

（1）根据初步设计批复意见要求，施工图设计阶段大官市立交采用单喇叭 A 型方案，与初步设计推荐方案一致，并进一步优化立交匝道布设，增大了匝 A 减速车道起点与杭瑞高速大官市隧道洞口的距离，满足规范规定，同时加强交通安全设施设计，保证行车安全。

（2）根据初步设计批复意见要求，施工图设计阶段由旺立交采用单喇叭 A 型方案，与初步设计推荐方案一致，并进一步优化了立交方案设计，减少挖方。施工图设计阶段根据沿线地形地质情况及地方政府意见，将服务区移至 K31+530 处，与各立交间距均满足规范要求。

（3）根据初步设计批复意见要求，施工图设计阶段施甸立交采用单喇叭 B 型方案，与初步设计推荐方案一致，施甸—保山方向交通量较大，且匝道较长，已根据批复意见要求采用双车道匝道。

## 2.4 工程与水文地质条件

### 2.4.1 地形地貌

路线区域群山连绵，山脉、沟谷和凹地相互交错，路线起点至 K16 段展布于保山盆地与施甸盆地之间的群山间，K16 至止点段沿施甸盆地东侧边缘展线，山区路段存在集中升、降坡，地形对路线克服高差影响较大。区内山脉走向受构造影响多呈近南北走向，由于河流、洪水溯源侵蚀较严重，沿施甸盆地边缘山体东西向的"V"形冲沟发育。区内海拔最高点 2 074 m（老白坟山），海拔最低点 1 470 m（施甸盆地）。路线区域地貌形态主要有溶蚀侵蚀洼地地貌、溶蚀侵蚀低中山地貌、溶蚀断块山地貌和构造溶蚀湖积盆地地貌四种。

### 2.4.2　气候、气象

本项目属中亚热带为主体的低纬山地季风气候，雨量充沛，干湿季节分明，气候温和潮湿。多年平均降雨量 944.5 mm，雨季主要集中于 5—10 月。年平均蒸发量 1 665.1 mm，最高极值 2 010.5 mm，最低 1 405.3 mm。区域丰富的降雨量是地下水补给的主要来源，并因季节的变化，致伸地下水也随季节有明显的动态变化。年平均气温 17.6 ℃，年平均最高气温 32 ℃ 年，年平均最低气温 – 3.2 ℃，最热月份为 6—8 月，最冷月份为 11、12 月及次年 1、2 月。气候垂直分带明显，处于不同海拔高度的地区差异甚大，河谷地区颇为炎热，终年无霜；高山地区则较寒冷，冬末春初，常有短暂积雪。

### 2.4.3　河流水系

项目区属怒江水系，区域内主要河流是东河和施甸河，其中 K3+200 之前属于东河流域内，K3+200 以后属于施甸河流域。东河为怒江支流波罗河上游，自北向南流经保山盆地；施甸河发源于施甸盆地南侧高山区，自南而北流经盆地，至由旺镇拐弯向西南流入怒江，盆地河道经人工整修取直，纵坡较小，雨季流量较大，枯季断流。

项目区域山间沟谷底部多有流水，部分被筑坝拦蓄径流成水库，区内主要水库有红岩水库、水长水库、鱼洞水库、浪田坝水库、银川水库、老马水库、蒋家寨水库等。

### 2.4.4　工程地质条件

本项目区域内出露的地层主要有第四系全新统（$Q_4$），泥盆系上统大寨门组（$D_3d$）、泥盆系中统何寨元组（$D_2hy$）、泥盆系下统（$D_1$）、志留系上统（$S_3$）、志留系中统上仁和桥组（$S_2r$）、志留系下统下仁和桥组（$S_1r$）、奥陶系上统上蒲缥组（$O_3p$）、奥陶系下统岩箐组（$O_1y$）、寒武系保山组上段（$\in_3b^2$）。

## 1. 新生界

（1）人工素填土（$Q_4^{ml}$）：灰色、褐灰色，稍密，成分以强—中风化灰岩碎石、块石混红黏土为主。主要分布于线路与各乡村道路交叉处路基，一般厚 3 ~ 5 m。

（2）滑坡堆积层（$Q_4^{del}$）：主要由残坡积含碎石黏性土和强风化页岩、灰岩组成。其中 K8+000 ~ K8+050 滑坡体一般厚 3 ~ 5 m，现处于稳定状态，同时线路路基填方一侧空间足够容纳滑坡潜在滑坡堆积物，可不予处理。K13+660 ~ K13+720 滑坡体厚约 4 m，同时线路右侧山体，岩体极易破碎，开挖施工极有可能引起工程滑坡，建议对线路右侧坡体采用较强的支护手段如抗滑桩进行支挡，路基内的滑坡体清除后，采用适当的填料分层碾压填筑，加强路基上方的截排水设计。

（3）崩积层（$Q_4^{col}$）：主要分布于 K29+600 ~ K29+670 右 20 m 近南北向延伸的山崖前，主要由强风化灰岩碎石、块石组成，块石直径一般为 0.1 ~ 0.5 m，个别超过 1.0 m，稍密，厚 5.0 ~ 10.0 m。线路处于该岩堆体上方，岩堆体对线路无影响。

（4）第四系冲洪积层（$Q_4^{al+pl}$）：岩性以褐色、褐黄色、褐灰色可塑—硬塑、局部呈软塑黏土、粉质黏土为主，局部夹稍密砂土和碎石。主要分布于山间沟谷及盆地内，一般厚 5.0 ~ 20.0 m。该层总体上可作路基持力层，但有软土分布的局部地段若以填方形通过时需进行软基处理。

（5）第四系冲湖积层（$Q_4^{al+l}$）：岩性以灰黑色、蓝灰色可塑—硬塑、局部呈软塑淤泥质黏土、有机质土、黏土为主，局部夹稍密砂土和碎石。主要分布于施甸盆地内，一般厚 5.0 ~ 20.0 m。该层如以路基形式通过时建议进行地基处理。

（6）第四系残坡积粉质黏土（$Q_4^{el+dl}$）：褐色、褐黄色，硬塑，混较多强风化下伏基岩角砾。主要分布于由泥灰岩、灰岩和页岩组成的山丘地带，一般厚 2.0 ~ 3.0 m，对路线影响较小。

（7）第四系残坡积膨胀土（$Q_4^{el+dl}$）：褐黄色、褐灰色，硬塑，混少量强风化粉砂岩角砾。主要覆盖于上页岩、泥岩之上，一般厚 2.0～3.0 m，该层具膨胀性，自由膨胀率 30%～42%，属弱膨胀土，对路基及边坡稳定性不利，以其作路基持力层时需超挖用碎石换填，开挖路堑形成的边坡需加强防护。

（8）第四系残坡积红黏土（$Q_4^{el+dl}$）：红色，稍湿，硬塑，混少量强风化碳酸盐岩小角砾。土的结构呈致密状，为高液限黏土且具有弱膨胀性。主要分布于由碳酸盐岩组成的山丘地带，一般厚 1.0～3.0 m、局部厚达 5.0 m 以上。因其具有弱膨胀性，开放路堑时应适当放缓边坡并加强防护；作为路基持力层时应适当超挖用碎石换填。因其为高液限土，挖方弃土不能直接用作路堤填料。

2. 古生界

（1）泥盆系上统大寨门组（$D_3d$）：岩性以灰岩为主，区域厚一般为 65～200 m。其中灰岩呈浅灰色，晶粒结构，中层状构造，强风化带厚一般为 10～15 m，岩石节理裂隙较发育，岩体较破碎。该类岩体力学强度较高，对边坡稳定性有利。

（2）泥盆系中统何寨元组（$D_2hy$）：岩性以深灰色灰岩为主，区域厚一般为 360～563 m。其中灰岩呈深灰色，晶粒结构，厚层状构造，强风化带厚一般为 10～15 m，岩石节理裂隙较发育，岩体较破碎，岩溶小孔隙较发育，但未见规模较大的岩溶洞隙。该类岩体力学强度较高，对边坡稳定性有利。

（3）泥盆系下统（$D_1$）：岩性以深灰色夹白色条带灰岩、灰黄色页岩、灰色泥灰岩、粉砂岩为主，区域厚一般为 107～280 m。其中：灰岩呈深灰色，晶粒结构，厚层状构造，强风化带厚一般为 10～15 m，岩石节理裂隙较发育，岩体较破碎，岩溶小孔隙较发育，偶见直径 1.0～2.0 m 的岩溶洞隙；岩体力学强度较高，对边坡稳定性有利。页岩呈灰黄色，泥质结构，薄层构造，具遇水软化日晒易裂的特性，强风化带厚约 30 m，岩石节理裂隙较发育，岩体较破碎。该类岩体开挖时易发生滑塌，路堑开挖时应采用适当坡比放坡，并加强边坡防护设计。泥灰岩呈紫红色，泥质结构，中厚层状构造，强风化带厚一般为 15～20 m，岩石节理裂隙较发育，岩体较破碎，岩溶小孔隙较发育，但局部见规模较大的岩溶洞隙；岩体力学强度较高，对边坡稳定性有利。粉砂岩呈灰黄色，主要矿物成分以长石、石英为主，泥质胶结，细粒结构，中厚层状构造，强风化带厚一般为 20~25 m，岩石节理裂隙较发育，岩体较破碎。岩石节理裂隙较发育，岩体破碎，岩质较软，路堑开挖时应采用适当坡比放边坡，并加强边坡防护设计。

（4）志留系上统（S₃）：岩性以紫红色泥灰岩和灰黄色灰岩为主，区域厚大于 150 m。其中：灰岩呈灰黄色，晶粒结构，厚层状构造，强风化带厚一般为 10~15 m，岩石节理裂隙较发育，岩体较破碎，岩溶小孔隙较发育，但未见规模较大的岩溶洞隙；岩体力学强度较高，对边坡稳定性有利。泥灰岩呈紫红色，泥质结构，中厚层状构造，强风化带厚一般为 15~20 m，岩石节理裂隙较发育，岩体较破碎，岩溶小孔隙较发育，但局部见规模较大的岩溶洞隙；岩体力学强度较高，对边坡稳定性有利。

（5）志留系中统上仁和桥组（S₂r）：岩性以灰黄色页岩、灰色灰岩和深灰色泥灰岩为主，区域厚一般为 60~139 m。其中：灰岩呈灰色，致密结构，厚层状构造，强风化带厚一般为 10~15 m，岩石节理裂隙较发育，岩体较破碎，岩溶小孔隙较发育，但未见规模较大的岩溶洞隙；岩体力学强度较高，对边坡稳定性有利。页岩呈灰黄色，泥质结构，薄层构造，具遇水软化日晒易裂的特性，强风化带厚约 30 m，岩石节理裂隙较发育，岩体较破碎。该类岩体开挖时易发生滑塌，路堑开挖时应采用适当坡比放边坡，并加强边坡防护设计。泥灰岩呈深灰色，泥质结构，中厚层状构造，强风化带厚一般为 15~20 m，岩石节理裂隙较发育，岩体较破碎，岩溶小孔隙较发育，但局部见规模较大的岩溶洞隙；岩体力学强度较高，对边坡稳定性有利。

（6）志留系下统下仁和桥组（S₁r）：以紫褐色页岩与粉砂岩互层为主，区域厚一般为 20~145 m。页岩与粉砂岩互层呈紫褐色，泥质结构，薄层状构造，强风化带厚一般为 20~25 m，岩石节理裂隙发育，岩体破碎。其中页岩具弱膨胀性，主要分布于 K33+100~K33+310。段内下伏页岩及其上残坡积黏性土具弱膨胀性，现有二级路旁低矮边坡已多见浅层溜滑，对路基和边坡稳定性不利。以其作路基持力层时，需超挖换填处理，段内开挖路堑形成的人工边坡应加强防护。

（7）奥陶系上统上蒲缥组（O₃p）：岩性以深灰色灰岩、灰黄色页岩、紫红色泥灰岩为主，区域厚一般为 50 ~ 632 m。其中灰岩呈深灰色，致密结构，厚层状构造，强风化带厚一般为 10 ~ 15 m，岩石节理裂隙较发育，岩体较破碎，岩溶小孔隙较发育，但未见规模较大的岩溶洞隙；岩体力学强度较高，对边坡稳定性有利。页岩呈灰黄色，泥质结构，薄层构造，具遇水软化日晒易裂的特性，强风化带厚约 30 m，岩石节理裂隙较发育，岩体较破碎。该类岩体开挖时易发生滑塌，路堑开挖时应适当坡比放边坡，并加强边坡防护设计。泥灰岩呈紫红色，致密结构，中厚层状构造，强风化带厚一般为 15 ~ 20 m，岩石节理裂隙较发育，岩体较破碎，岩溶小孔隙较发育，但局部见规模较大的岩溶洞隙；岩体力学强度较高，对边坡稳定性有利。

（8）奥陶系下统岩脊组（O₁y）：岩性以灰色灰岩、灰黄色页岩为主，区域厚大于 450 m。其中灰岩呈灰色，致密结构，厚层状构造，强风化带厚一般为 10 ~ 15 m，岩石节理裂隙较发育，岩体较破碎，岩溶小孔隙较发育，但未见规模较大的岩溶洞隙；岩体力学强度较高，对边坡稳定性有利。页岩呈灰黄色，泥质结构，薄层构造，具遇水软化日晒易裂的特性，强风化带厚约 30 m，岩石节理裂隙较发育，岩体较破碎。该类岩体开挖时易发生滑塌，路堑开挖时应以适当坡比放边坡，并加强边坡防护设计。

（9）寒武系保山组上段（∈₃b²）：岩性以深灰色灰岩、灰黄色页岩、粉砂岩为主，区域厚一般为 303 ~ 800 m。灰岩呈深灰色，致密结构，厚层状构造，强风化带厚一般为 10 ~ 15 m，岩石节理裂隙较发育，岩体较破碎，岩溶小孔隙较发育，但未见规模较大的岩溶洞隙；岩体力学强度较高，对边坡稳定性有利。页岩呈灰黄色，泥质结构，薄层构造，具遇水软化日晒易裂的特性，强风化带厚约 30 m，岩石节理裂隙较发育，岩体较破碎。该类岩体开挖时易发生滑塌，路堑开挖时应适当坡比放边坡，并加强边坡防护设计。粉砂岩呈灰黄色，主要矿物成分以长石、石英为主，泥质胶结，细粒结构，中厚层状构造，强风化带厚一般为 20 ~ 25 m，岩石节理裂隙较发育，岩体较破碎。岩石节理裂隙较发育，岩体破碎，岩质较软，路堑开挖时应适当坡比放边坡，并加强边坡防护设计。

### 2.4.5　水文地质条件

根据地形地貌、地层结构及地下水赋存条件，区域地下水类型可划分为松散岩类孔隙水、基岩裂隙水和岩溶水三类。

（1）松散岩类孔隙水：主要分布于山间凹地和冲沟内第四系冲洪积层孔隙中，富水性弱，地形低洼地段地下水位埋藏较浅，对填方路基稳定性有影响，应加强截排水设计。

（2）基岩裂隙水：主要分布于泥盆系下统（$D_1$）、志留系中统上仁和桥组（$S_2r$）、志留系下统下仁和桥组（$S_1r$）、奥陶系下统岩箐组（$O_1y$）和寒武系保山组上段（$\in_3b^2$）页岩和粉砂岩裂隙中，富水性弱，山坡上地下水位埋深一般在 20.0 m 以上，对填方路基影响较小，但对深挖路堑的人工边坡、路基有影响，应加强排水设计。在沟谷局部地段出露于地表，对路基稳定性不利。

（3）岩溶水：主要赋存于泥盆系上统大寨门组（$D_3d$）、泥盆系中统何寨元组（$D_2hy$）、泥盆系下统（$D_1$）、志留系上统（$S_3$）、志留系中统上仁和桥组（$S_2r$）、志留系下统下仁和桥组（$S_1r$）、奥陶系上统上蒲缥组（$O_3p$）、奥陶系下统岩箐组（$O_1y$）和寒武系保山组上段（$\in_3b^2$）的碳酸盐岩节理裂隙及岩溶孔隙中。多呈管道式径流、排泄，富水性中等。山坡上地下水位埋深一般在 20.0 m 以上，对填方路基影响较小，但对深挖路堑的人工边坡、路基和隧道有影响，应加强排水设计。

### 2.4.6　地质构造

路线区域处于青藏滇印尼巨形歹字形构造体系中段与经向构造体系相复合部位，这两类构成了本区的基本构造格架。零星的纬向构造体系的构造形迹对后期构造运动的制约作用，路线走廊带内构造主要有大硚子断层（F29）、平沟断层（F28）、王家山断层（F27）、搬家寨断层（F9）和松坡头向斜（55）。

### 2.4.7 地 震

区内新构造运动迹象丰富多姿，其表现为挽近时期地壳运动的不断升降，致使地势反差强度和地貌景观差异。主要表现为地壳间歇性和不均匀升降运动以及新构造运动的褶皱、断裂活动。近代地震较频繁，发生多次大于 5 级以上的破坏性地震，常发生在"歹"字形构造和经向构造复合部位，属构造强化地带，尤其是主干断裂继承性活动更为强烈。本项目西部与腾冲—泸水、龙陵强震带相毗邻，东部受耳马—澜沧江地震带波及。

路线所经区域地震动峰值加速度为 0.2g，地震动反应谱特征周期为 0.45 s，相应的地震基本烈度为Ⅷ度。

### 2.4.8 不良地质及特殊性岩土

区域不良地质主要有地下暗河、滑坡、不稳定斜坡、崩塌与岩堆、土源性深切冲沟等，位于由旺立交联络线局部路段有软土分布，止点段页岩具有弱膨胀性，在碳酸盐岩分布地段有红黏土分布。

（1）岩溶：区域内碳酸盐岩分布较广，据地质调查基岩露头偶见小溶孔、溶隙，地表岩溶石芽、沟槽较发育，局部地段基岩呈半裸露，上覆残坡积红黏土厚度不均，对一般路基持力层而言属不均匀地基土，石芽需超挖换填。

（2）K7+770 ~ K13+500 地下暗河：据工程地质调绘地下暗河自 K7+770 进入山体，与 K13+500 大寨村北侧流出，流程长 5 730 m，入口地表高程 1 811.7 m，出口地表高程 1 590.5 m，高程降差 221.2 m，平均坡降 3.8%，流量 44.03 L/s，据保山幅 1∶20 万区域水文地质图，线路于 K9+600 ~ K10+200 段与地下暗河交叉，经过地质调查及初步估算，暗河流通顶板高程低于段内隧道洞体底板高程，因此隧道穿越暗河的可能较小；段内桥梁桩基深度宜低于估算暗河流通洞体底板，确保避免落桩的风险。段内隧道建议加强地质预报，避免涌水事故；段内桥梁灰岩段桩基建议适当加深，使桩底标高低于估算暗河流通洞体底板，避免落桩的风险。

（3）滑坡：

K8+000～K8+050 古滑坡：据工程地质调绘该滑坡位于一条自东南向西北延断层崖坡面上，地形坡度一般为 35°～45°。滑坡体主要由残坡积硬塑状含砾粉质黏土和强风化灰岩组成，滑坡体厚一般为 3～10 m；滑动带为岩土接合面；滑床为上统保山组上段（$\in_3b^2$）中风化灰岩。滑坡是在洪水冲刷侵蚀和大气降雨综合作用下形成的。该滑坡主滑方向约 52°，属推移式滑坡，现处于稳定状态。滑坡滑动方向最大长度约 50 m，沿路线最大宽度约 50 m，平均厚约 4 m，面积约 2 500 $m^2$，体积约 10 000 $m^3$，为小型古滑坡。该滑坡现处于稳定状态，滑坡坡脚为乡村道路填方，高速以填方型式从乡村道路下方通过，对滑坡稳定有利，同时线路路基填方一侧空间足够容纳滑坡潜在滑坡堆积物，可不予处理。

K13+670～K13+720 古滑坡：据工程地质调绘，该处滑坡岩体受断层影响，岩体极为破碎，据其上树木大小，滑动时间大于 10 年，滑坡后侧基岩面裸露，周边冲沟发育，周界较清楚。滑坡体主要由残坡积硬塑状含砾粉质黏土和强风化页岩组成，滑体厚一般为 3～10 m；滑动带为软弱结构面；滑床为奥陶系下统岩箐组（$O_1y$）强—中风化泥质页岩。滑坡是在洪水冲刷侵蚀和大气降雨综合作用下形成的。该滑坡主滑方向约 218°，属错落式滑坡，现处于稳定状态。滑坡滑动方向最大长度约 40 m，沿路线最大宽度约 50 m，平均厚约 4 m，面积约 2 000 $m^2$，体积约 8 000 $m^3$，为小型古滑坡。该滑坡现处于稳定状态，线路以浅挖低填路基形式通过，对滑坡稳定不利，同时线路右侧山体，岩体极为破碎，开挖施工极有可能引起工程滑坡，建议对线路右侧坡体采用较强的支护手段如抗滑桩进行支挡，路基内的滑坡体清除后，采用适当的填料分层碾压填筑，加强路基上方的截排水设计。

（4）崩塌与岩堆：

K20+870～K20+950 不稳定斜坡：据工程地质调绘，坡体由泥盆系上统（$D_1$）页岩、泥质粉砂岩互层组成，岩体破碎，岩质软弱，遇水易软化，坡体较陡，坡度为 40°～50°。坡体易沿软弱结构滑动。线路以桥梁形式跨越坡面，建议小里程桥台宜采用桩基础，基础宜深入潜在滑动面以下一定深度。

K29+600～K29+670 崩塌：K29+600～K29+670 右 20 m 为一个近南北向延伸的山崖，一般长 50～70 m、高 10～15 m，近直立。崖体由志留系中统（$S_2r$）强—中风化灰岩组成，岩石节理裂隙发育，岩体较破碎，过去曾发生过小型崩塌。崩塌的发生主要是岩体不利组合结构导致的，崖前有岩堆分布，崩落方向长约 15 m、最大宽约 30 m、厚 5～10 m，岩堆体顶面坡度约 25°。岩堆体主要由强—中风化灰岩块石混硬塑状黏土，块石直径 0.5～2.0 m，最大直径达 1.0 m，稍密状，目前处于稳定状态。岩堆体后断层崖现总体稳定。线路以桥梁形式跨越崩塌山体上方，对大里程桥台不利。该段路线以桥梁形式通过，崩塌体对桥梁桥台长远安全运营不利，建议以垂直产状方向在桥头右侧采用预应力锚索进行锚定，防止崩塌体的进一步发展。同理推测岩体的组合结构面对衔接的深挖路堑左侧坡面稳定不利，建议适当加强支护衔接路堑左侧坡面。

（5）土源性深切冲沟：K6+200～K7+300 段内发育多条土源性深切冲沟，沟内多为硬塑—坚硬状的灰黄色粉质黏土，最深达 8～10 m，宽 5～8 m，段内土质极易流失，极端气候下有较大山洪水。建议加强段内的地表截排水设计，防止极端降水工况下路基冲刷及校核涵洞的设计过水能力。

（6）K13+400～K13+600 段其上有残坡积（$Q_4^{el+dl}$）红黏土分布，红黏土属高液限黏土且具弱膨胀性。以其作路基持力层时需超挖用换填处治，开挖路堑形成的边坡应加强防护，挖方形成的弃土不可直接作路基填料。

（7）由旺立交 LK1+700～LK1+900 段路线位于施甸盆地内，地势平坦开阔，地表现为种植莲藕的泥塘，据挖探揭露厚度一般为 1.5～2.0 m 的流塑状淤泥质黏土，下为灰褐色可塑—硬塑状冲湖积有机质土，软土对立交联络线路基影响较大，如处置不当会发生路堤失稳或不均匀沉降等问题，建议采用抛石挤淤方法进行地基处理。K21+560～K21+620 段线路采用桥梁形式跨越冲沟，冲沟底部据钻孔揭露有 5～8 m 的灰黑色有机质土，呈软塑—可塑状态，由于采用桥梁形式跨越可不予处理；桥梁桩基深度应穿越软土层后进入下伏稳定基岩一定深度。

## 2.5 沿线筑路材料、水、电等建设条件及其与公路建设的关系

### 2.5.1 筑路材料

路线所经区域灰岩、泥灰岩出露广泛，石质坚硬，石料储量丰富。填料可采用全—强风化泥质粉砂岩、页岩及中风化灰岩、泥灰岩。

#### 1. 土 料

1）隧道出渣

隧道围岩以灰岩和泥灰岩为主，可用于路堤填料。

2）深挖段弃方

K11+980～K12+260、K13+660～K14+040、K18+740～K19+200、K33+310～K33+300 等路基挖方段浅部为第四系全新统残坡积粉质黏土及全—强风化页岩，厚度接近 30 m，土料基本满足路堤填料要求。

#### 2. 石 料

沿线石料较为丰富，可供开采石料场沿线有分布，多为灰岩，中厚层状，岩质坚硬，施工过程中可直接取用作为支挡、桥涵构造物和路面基层材料。

1）隆阳区永恒碎石场

该料场位于保山市隆阳区三角山村西北侧，从本项目起点沿乡道 Y215 向北到三角山村即至，全程约 3.5 km，为水泥路面，交通较便利。料场石料为寒武系保山组下段（$\in_3 b^1$）浅灰、灰白色中风化厚层状灰岩，岩体较完整，岩质坚硬，现已开采。该料场产量大，石料较优。经取样测试后得：碎石压碎值=10.3%，岩石饱和单轴抗压强度 = 72 MPa。

2）施甸县水长乡兵斗崖子坡石场

位于水长乡兵斗村北侧，料场位于本线路 K10+700 旁，可以直接上

线,道路为施工便道,交通较便利。料场石料为寒武系保山组上段($\in_3b^2$)浅灰、灰白色中厚层状灰岩。呈中风化,岩体较完整,岩质坚硬。现已开采,该料场产能较大,运距较短,经取样测试后得:碎石压碎值=18.3%,岩石饱和单轴抗压强度 = 58 MPa。

3)施甸县由旺镇常村石水牛采石场

位于由旺镇高家田村下南侧 600 m,从本项目 K17+320 沿乡村道路向东 700 m 处即到,为水泥路面,交通较便利。料场石料为志留系中统上仁和桥组($S_2r$)浅灰、灰色中厚层状灰岩,现已开采,岩体较完整,岩质坚硬。现已开采,该料场产能较大,运距较短。经取样测试后得:碎石压碎值 = 13.2%,岩石饱和单轴抗压强度 = 66 MPa。

4)施甸县仁和邹家山石场

位于保场东侧 1 km 处 M31 县道旁,从本项目 K21+180 沿 M31 县道向东行驶 1.8 km 即至,道路为沥青路面,交通较便利。料场出露系泥盆系大寨门组($D_3d$),灰色中厚层状灰岩,现已开采,岩体较完整,岩质坚硬。现已开采,该料场产能较大,运距较短。经取样测试后得:碎石压碎值 = 15.5%,岩石饱和单轴抗压强度 = 62 MPa。

### 3. 路面防滑料

路面防滑料可开采由旺镇坡脚村坡脚山玄武岩,从 K10+500 沿 039 乡道向南行驶 3.3 km,位于施甸县由旺镇坡脚村坡脚山 039 乡道旁,现有兵斗采石场对面山体,地表出露中风化石炭系上统卧牛寺组玄武岩($C_3w$),岩体呈致密块状,岩质坚硬,岩体较完整。经取样测试后得:压碎值 = 9.8%,洛杉矶磨耗损失 = 6.0%,磨光值 PSV = 62%。

### 4. 砂 料

路线附近无天然砂料场,仅有机轧砂料场,本项目圬工砌体用砂考虑采用上述石料场生产的机轧砂;高强度混凝土建议采用商品混凝土,若自己搅拌则需从潞江坝购买天然河砂。

### 2.5.2 沥青、木材、钢材和水泥

本项目建设所需建筑材料数量大，建议业主采用招标方式，选择信誉好、质量可靠的生产厂家和厂商购买沥青、木材、钢材和水泥。

### 2.5.3 水、电及道路运输条件

本项目沿线地表水丰富，施工用水可就近取河流、水库、沟渠水，水源较丰富、水质好，工程可直接取用。

沿线电力多为农用电，工程用电需架设临时输电线路，少部分特殊工程考虑自发电方可满足施工。

沿线工程施工运输条件较好，局部地段需修少量便道即可保证筑路材料，机具设备和主副食的运输。

## 2.6 生态环境状况

### 2.6.1 公路建设与周围环境和自然景观相协调情况

本项目在建设和营运阶段必将对周围环境产生一定的影响，因此在本工程的勘察、设计、施工、运营阶段都必须做好环境保护工作。在主体工程定测阶段，对拟建工程沿线自然环境、气候状况、植被及水土流失状况等做了调查和分析，就沿线的管理生活服务区的水、电供应、污水排放和废弃物处置等与沿线供水、供电、环保等部门进行了联系和磋商，并就沿线绿化、环保等事项与沿线园林绿化等部门和单位进行了联系，询问了适栽植物的品种和价格。

本项目在设计过程中主要考虑了以下几点环保措施：

（1）遵循"不破坏就是最大的保护"的原则，按少剥、少切、少砍、少盖、多恢复的思路进行布设。坚持环保选线、地质选线、安全选线，紧贴自然、顺应地形，指标灵活，均衡连续，土石填挖基本平衡，适当增加中小桥比列，避免大挖大填，达到安全和保护自然的目的；线形设

计尽量与周围环境相协调，避免影响环境。

（2）在有条件的地方路基防护以植物防护为主，中央分隔带、路基填挖方等有绿化条件的用地、互通式立交及收费站范围设绿化带以美化环境。

（3）注意排水系统的设计，合理布设桥涵、通道、立交等构造物，尽量减少对原有水系及道路的影响；对服务区、收费站等位置设置污水处理系统。在跨越敏感水体的桥面设置污水收集装置，桥头设置缓冲池、沉淀池。

（4）对取、弃土场进行合理布设，并进行绿化处理；横向施工便道合理布设与设计，并作为永久性工程方便当地人民群众生产生活。

（5）设计中加强取（弃）土场地的排水、防护、绿化工程。取（弃）土作业完成后及时采用以种植乔木和灌木为主、植草辅助的方式来恢复取（弃）土场的植被，或造田与退耕还林。在取（弃）土前，充分重视腐殖土的保护，任何永久或临时用地，都不得填埋或碾压腐殖土，应揭除地表草皮和腐殖土集中堆放,在主体工程完成后重新用于绿化或复垦。

## 2.6.2　其他注意事项

根据本项目特点及工期要求，总的原则是：先桥隧、构造物后路基填筑施工。最后是路面施工。

（1）隧道施工：施工准备→洞口与明洞工程→特殊地质地段施工与地质预报→洞身开挖→洞身衬砌→监控量测→防水与排水→风水电作业及通风防尘。

（2）桥梁施工：桩基础、明挖基础→承台→墩台→盖梁→主梁→桥面系。

（3）路基填筑：基底处理→填路基土→填台背土。

（4）路基施工：路基填挖过程中做好防护及排水措施，路基施工在坡面上时，应特别做好雨季的防排水工作，保证不受降水的影响。

（5）路面施工：底基层→基层→面层。

# 第3章　高填方路基的特点及处治措施

## 3.1　高填方路堤的定义与断面形式

### 3.1.1　设计依据高填方路堤的定义

高填方路堤主要是指填筑高度高于一般的低矮路堤的填方路基。目前来看，在现有的公路规范里面没有对高填方路堤进行一个明确而规范的说明。所以，到底多高的路堤可以称为高填方路堤仍然是一个不太清晰的概念。《公路工程软土路堤设计与施工技术规范》认为：当路堤的填筑材料性能较差，不考虑填料是何种类型的同时，只要当填筑高度不低于 6 m 时，我们就将该路堤定义为高填方路堤。国内还有一些学者认为，当填筑材料分别为碎石、粗砂、中砂等时，填筑的高度如果大于 12 m，或者填筑高度大于 20 m 填料为其他填筑材料的路堤可将其命名为高填方路堤。在比较良好的路堤条件情况下，将填筑高度大于 6 m 的软土路堤，或者是路堤填筑高度大于 12 m 的公路路堤，视作高填方路堤。

### 3.1.2　高填方路堤断面形式

高填方路堤因受到所处地形条件的影响，所以其断面出现了不同的形式。根据路堤与地基的位置关系，将高填方路堤的断面形式划分为：倾斜边坡半填半挖高填方路堤、倾斜边坡高填方路堤以及一般高填方路堤（以下简称高路堤）。断面形式如图 3-1 所示。

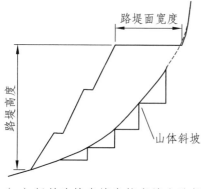

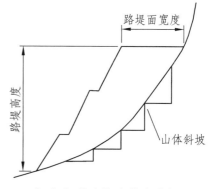

（a）倾斜边坡半填半挖高填方路堤　　　　（b）倾斜边坡高填方路堤

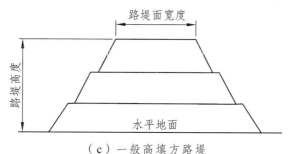

（c）一般高填方路堤

图 3-1　高填方路堤断面形式

从路堤断面形式上可以看出，对于（a）（b）两种形式的路堤，由于路堤填筑材料与构成山体的岩石性能上的差异，容易引起路堤的不均匀沉降，从而导致路堤失稳破坏，发生滑坡，路面开裂。

## 3.2　高填方路基的特点

### 3.2.1　路基的作用、特点与性能

路基是经过开挖或填筑而形成的土工建筑物，其主要作用是满足轨道的铺设、承受轨道和列车产生的荷载、提供列车运营的必要条件。公路路基是路面的基础，它承受着本身土体的自重和路面结构的重量，同时还承受由路面传递下来的行车荷载，所以路基是公路的承重主体。在

纵断面上，路基必须保证线路需要的高程；在平面上，路基与桥梁、隧道连接组成完整贯通的线路。

路基工程的主要内容包括路基本体工程、路基防护工程、路基排水工程、路基支挡和加固工程以及由于修筑路基可能引起的改河、改沟等配套工程。

路基工程有这样一些特点：① 材料复杂。路基工程主要以土为材料，其力学性质具有极大的不确定性，土的成因、成分、颗粒大小、级配、结构不同，其力学性质就会明显不同，在计算路基变形和稳定性析中所用的参数就会不同。因此能否正确确定土的应力应变关系和计算参数，能否正确预报路基的变形是路基设计计算的关键。② 路基受环境影响大。路基完全暴露在大自然中，很容易受到气候、水和四季温度变化的影响。如：膨胀土路基干缩湿胀会引起边坡破坏；北方地区路基受寒冷气候的影响会引起冻胀；黄泛区粉土路基经常由于雨水的影响而遭受潜蚀破坏；西北一些地区的路基容易受到风蚀、沙埋等。③ 路基同时承受动、静荷载的作用。路基上的轨道或路面结构以及附属结构物产生静荷载，运行的列车或车辆产生动荷载。动荷载是产生路基病害的重要原因。

为了保证公路最大限度地满足车辆运行的要求，提高车速、增强安全性和舒适性，降低运输成本和延长线路使用年限，要求路基具有下述一系列基本性能。

### 1. 承载能力

行驶在轨道或路面上的车辆，通过车轮把荷载传给轨道或路面，由轨道或路面传给路基，在路基内部产生应力、应变及位移。如果路基结构整体或某一组成部分的强度或抗变形能力不足以抵抗这些应力、应变及位移，则轨道或路面结构会出现沉陷，表面会出现不平顺，使路况恶化，服务水平下降。因此，要求路基结构具有与行车荷载相适应的承载能力。结构承载能力包括强度与刚度两方面。路基结构层应具有足够的刚度，使得在车轮荷载作用下不发生过量的变形，保证不发生不平顺病害。

## 2. 稳定性

在天然地表面建造的路基结构物改变了自然的平衡，在达到新的平衡状态之前，路基结构物处于一种暂时的不稳定状态。新建的路基结构露在大气之中，经常受到大气温度、降水与湿度变化的影响，结构物的物理、力学性质将随之发生变化，处于另外一种不稳定状态。路基结构能否经受这种不稳定状态而保持工程设计所要求的几何形态及物理力学性质，称为路基结构的稳定性。

在地表上开挖或填筑路基，必然会改变原地面地层结构的受力状态。原来处于稳定状态的地层结构，有可能由于填挖筑路而引起不平衡，导致路基失稳。如在软土地层上修筑高路堤，或者在岩质或土质山坡上开挖深路堑时，有可能由软土层承载能力不足，或者由于坡体失去支承，而出现路堤沉落或坡体坍塌破坏。路线如选在不稳定的地层上，则填筑或开挖路基会引发滑坡或坍塌等病害出现。因此在选线、勘测、设计、施工中应密切注意，并采取必要的工程措施，以确保路基有足够的稳定性。

大气降水使得路基结构内部的湿度状态发生变化，低洼地带路基排水不良，长期积水，会使得矮路堤软化，失去承载能力。山坡路基，有时因排水不良，会引发滑坡或边坡滑塌。因此，防水、排水是确保路基稳定的重要方面。

在严重冰冻地区，低温引起路基的不稳定是多方面的，低温会引起路基收缩裂缝；地下水源丰富的地区，低温会引起冻胀，路基上面的路面结构也随之发生断裂。春天融冻季节，在交通繁重的路段，有时引发翻浆，使路基路面发生严重的破坏。

## 3. 耐久性

路基工程投资昂贵，从规划、设计、施工至建成通车需要较长的时间，对于这样的大型工程都应有较长的使用年限，一般的道路、铁道工程使用年限至少数十年，因此路基工程应具有耐久的性能。路基的稳定性可能在长期经受自然因素的侵袭后逐年削弱，因此，提高路基的耐久性，保持其强度、刚度、几何形态经久不衰，除了精心设计、精心施工、精选材料之外，要把长年的养护、维修工作放在重要的位置。

### 3.2.2　高填方路基的特点与填方路基沉降模式

20 世纪 80 年代以来，我国交通基础设施重点建设得到加强，公路建设有了飞速的发展，以高速公路为标志的高等级公路从无到有，进入一个新的建设时期。根据原交通部规划，到 2010 年，公路总里程要达到 210 万至 230 万千米，全面建成"五纵七横"国道主干线，目前人口在 20 万以上的城市高速公路连接率达到 90%，高速公路总里程达到 5 万千米。路基作为公路工程的主要组成部分，是路面的基础。路基的好坏对于道路的使用品质、车辆行车安全、道路的修建和运营等都有着至关重要的作用。因此，近十年来相关人员在路基的设计理论和施工方法、填筑材料和施工工艺、边坡稳定、养护技术和管理等方面做了大量的研究工作并积累了一定的经验，从而提高了路基工程的理论水平和技术水平。

随着高速公路迅速发展，越来越多的高填方路基出现在公路建设中，主要的原因有如下两个方面：一方面，大量的高速公路需要建在平原区，由于相当部分的通道采用下穿式，从而导致了路基的提高；另一方面，在山岭重丘区由于受到公路的平、纵、横、线形所限制，而采用高路基设计。因此，在高速公路建设中，高填方路基已成为一种常见结构形式。但是对于高填方路基的沉降和稳定问题却是个有待研究的难题，现行公路有关规范也很少涉及高填方路基的稳定性问题，在已建和在建的高等级公路的高填方路基都出现了不同程度的破坏，比如已经建好的成渝高速公路、成雅高速公路、柳桂高速公路，以及在建的成南高速公路、梁万高速公路等。可以这样认为，在山区高等级公路的建设工程中都遇到了高填方路基的破坏问题，这导致了在公路建设和养护期间需要花费大量的人力物力进行处治，在公路的运营期间还会严重阻碍交通并且破坏环境景观和生态平衡，给国家和人民经济造成巨大的损失。因此高填方路基的沉降和稳定性问题已经成为制约和阻碍高等级公路进一步发展的主要因素之一，受到人们的普遍关注。

高填方路基的特点集中体现在一个"高"上，也就是填筑高度很高，目前还没一个明确的概念来定义什么是高填方路基。一般认为，以碎石、粗砂和中砂作为填料的路基的极限高度为 12 m，以其他材料作为填筑的路基极限高度为 20 m。高填方路基与一般路基相比，具有以下特点：① 填筑高度大，必须对边坡的稳定性进行验算，要求路基本身具有足够的整体强度和稳定性；② 路基的填筑面积和土石方工程量很大，难以保证其填筑压实的质量，后期沉降和稳定性的问题很多，对压实机具和压实遍数的要求很高；③ 路基本身累计沉降大，对路基单位填筑高度的工后沉降要求更为严格；④ 高填方路基稳定性需进行专门分析和验证。因此在公路工程中高填方路基一般是最受重视的分项工作之一，路基本身的填料和边坡稳定性等问题都需要在量测出相应参数后进行设计和验算，在施工中如果没有相关施工经验还需进行施工监测。

高填方在设计施工中较一般填方难度大，面临许多技术难题。如山区斜坡沟壑地带高填方路基的稳定问题，由于填方高、荷载大、土基中附加应力大而导致原土基沉降大的问题，由于高填方填筑体的自重应力引起的填筑体自身的压缩沉降问题，山区高填方大块石土石混填料的填筑方法、填筑质量控制等问题，都是公路建设中需要解决的技术难题。其中最主要的问题是路基本身及地基的沉降。影响填方路基沉降的因素很多，如荷载大小、土的性质、土层分布及土的应力历史等。大量的调查研究表明，路基沉降是多方面因素综合作用的结果，归纳起来，填方路基沉降模式有以下几种：① 填方路基土体压实度不足，路基土体的先期固结压力小于自重应力，路基土体将在自重作用下，继续沉降，直至先期固结压力等于自重应力沉降才完成。② 地基土体中存在饱和软土层时，由于渗透固结和次固结需要一个较长时间，在公路通车后的一个较长时间内，沉降会持续进行。地基由于处理不当会导致不均匀沉降，引起路面病害。③ 路基刚度差异，在车辆等动态荷载作用下，路面结构内可能造成不利的较大附加应力，导致路面破坏。刚度较小的路基也可能因车载作用发生明显沉降。④ 地下水的动态变化，将引起土体容重、孔隙水压力等的变化，尤其是负孔隙水压力，可能对土体产生较大的附加压力。这些附加压力，能造成填土的附加沉降。路基及其地基中的地下水主要补给来源有三种类型，即地下水侧向补给、降雨补给、地表水侧向补给。其动态变化及潜蚀作用影响到土体中的有效应力分布、土体的结构特征和土体强度，从而导致路基的不均匀沉降。⑤ 物质成分不均，回填物的物质组成和性质差异，可能引起不均匀沉降，导致路面的局部开裂或沉陷。⑥ 填土路基的侧向变形也是路基产生不均匀沉降的原因。有效地限制侧向变形，可以减少不均匀沉降。⑦ 路基填高加载也会导致地基破坏。⑧ 路基边坡是否稳定也会产生破坏。如此众多的影响因素将导致高填方路基产生较大的最终沉降量及较复杂的不均匀路基沉降，从而会影响路面结构层的整体刚度，进而影响路面的使用寿命；此外，高填方路基的沉降变形往往不是瞬时全部完成，其中部分变形在公路通车相当长的一段时间内还将继续发展，这将导致纵横断面的变化而影响行车质量。同时随着车辆的改进，公路等级提高，公路行车速度越来越快，由于路基变形沉降的影响，形成的安全问题越来越受到重视，因此，开展高填方路基的沉降影响因素及预防对策研究，有着重要的理论意义及明显的经济效益和社会效益。

### 3.2.3 高填方路堤的施工注意事项

高填方路堤不同于普通路堤，根本原因是其填筑高度大于普通路堤，所以高填方路堤与普通路堤本质上有很大的不同。高填方路堤主要有以下特点：填筑高度大、自重大、填筑材料性能千差万别。针对高填方路堤的特点，在设计施工时应当谨记以下几点：

（1）高填方路堤填筑高度大，所以在施工前必须对其进行稳定性验算，保证路堤整体的稳定性。为保证其在填筑过程中良好的稳定性，所以路堤填筑面积较大。

（2）高填方路堤自重大的原因主要是因为其填筑时所需的土石方量庞大，导致了地基土产生很大的沉降变形，为保证施工的顺利进行，在填筑过程中，必须保持对地基的沉降变形的观测，控制其总沉降量和沉降速率。

（3）高填方路堤填筑材料性能的千差万别，是影响路基工程工后沉降的一个重要因素。对于普通的低矮路堤而言，路堤的固结沉降几乎与路堤的施工同时完成。然而，对于高填方路堤而言，受到压实技术、填筑材料等因素的影响，其沉降达到稳定可能需要很长一段时间，甚至是几十年才能完成。要想成功解决高填方路堤问题，有两大技术难点需要克服：其一，施工期间的稳定性控制；其二，路堤的工后沉降问题。所以对于不同类型的高填方路堤，为控制其工后沉降，选择正确的压实工艺显得尤为重要。

### 3.2.4　高填方路堤沉降的流变特征

随着我国高速公路逐步向多丘、多山的中西部地区延伸，出现了越来越多的高填方路堤，填方高度也不断被刷新，一些已建和在建的高填方路堤项目，如图 3-2。

（a）

（c）

（c）

（d）

（e）

（f）

图 3-2　部分已建和在建的高填方路堤项目

　　流变现象主要表现为材料在应力、应变、温度、湿度、辐射等条件下，其与时间因素有关的变形、流动和破坏现象，这一现象在人们的日常生活中也很常见。例如，悬挂着的铅棒，在重力的作用下，会随着时间的增长而不断伸长，这反映了金属材料不但具有弹性、塑性，而且具有黏性；又如黏土地基上挡土墙的位移、边坡稳定性、桥台因蠕动而变形，码头、建筑物基础等不均匀沉降，还有世界著名的比萨斜塔历经几百年的倾斜变形，这些都是非常典型的岩土流变现象。高填方路堤由于填筑量大，工后沉降时间长，流变变形非常明显，为了弄清其变形规律，在很多高填方路堤项目都有较为系统的变形监测试验研究，这为开展本课题的研究打下了坚实的基础，本书特选择其中几处典型的高填方路堤观测数据归纳如下：

　　（1）软基路段上的高填方路堤沉降。高填方路段位于穿越地形起伏较大的地段，最大填土高度超过 10 m，填方段地基表层为素填土层，下部以冲洪积地层和残积地层为主，基岩岩性为粉砂质泥岩或泥质砂岩，观测断面测点 1#、2#和 3#以及水平位移测斜管布置如图 3-3，其中K239+600 处的沉降变形规律如图 3-4，可以发现在沉降过程中呈"S"形变化。

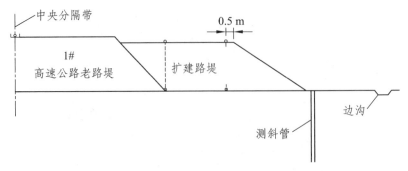

图 3-3 观测断面测点布置示意图

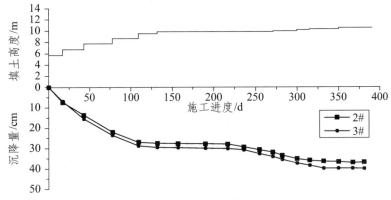

图 3-4 软基路段上的高填方路堤研究路段现场实测沉降曲线

（2）高填石路堤沉降。高填石路堤地基多为软石岩类，工程水文地质条件复杂，观测数据取自 K239+600 处，路堤采用碎石和块石作为填筑材料，路堤最大填筑高度为 38.0 m，从图 3-3 中可发现填石路堤自身变形较大，这与填石材料有直接关系，其骨料颗粒的压碎及孔隙变形很突出。

## 3.3 高填方路基的常见病害及沉降机理

### 3.3.1 高填方路基的常见病害

按照经验，当路堤用碎石、中、粗砂作为填料时，其极限填筑高度为 12 m，而除此以外的材料作为填筑材料时，路堤极限高度为 20 m。按照《公路路基施工技术规范》（JTG F10—2006）规定：水稻田、常年积水区的高填方边坡，是指细粒土填筑的路堤边坡高度大于 6 m；其他地方的高填方路堤边坡，是指填土或填石路堤边坡高度超过 20 m 的填方路堤边坡。根据《公路路基设计规范》（JTG D30—2015），高填方路堤是指路堤填筑高度超过 20 m 的路堤，对于高填方涵洞路基，填土不仅是荷载的施加者，又是荷载的承受者。其物理力学性质、变形特征直接影响着涵洞所受荷载的大小；而涵洞的变形同时受到其下地基刚度和结构物刚度相对比值的影响。因此，在涵洞结构分析时，应考虑各部分彼此之间的相互作用和相互影响，把涵洞体周围一定范围内的填土体、基础及地基连同涵洞结构本身一起进行充分考虑。

高填方路段涵洞受力复杂，加之设计和施工技术相对落后，导致高填方路段涵洞病害时有发生。根据各地区不同等级公路的观测，发现大多数混凝土圆管涵洞在使用 3 个月至 2 年后即出现不同程度病害，其中约 8%的涵洞需进行中、大修或改建，涵洞的破损数量远高于桥梁，在洪水期间其水毁面达 70%以上，是公路水毁的多发之处和重点部位。发生破坏的原因是涵洞与桩基的刚度较其两侧填土及淤泥地基的刚度大得多，从而在涵洞顶引起极大的沉降差与附加应力，使涵洞顶土压力远远超过计算值。可见，涵洞顶土压力准确的计算与地基处理效果是高填方路段涵洞设计和施工中所面临的最为重要的技术问题。

### 3.3.2　填料压实度不足对沉降的影响

大量的调查表明，高路堤的流变沉降是多方面因素综合作用的结果，归纳起来主要有：① 填料压实度不足；② 施工速率和方式对沉降的影响；③ 路堤填筑高度；④ 地基中存在软弱土层；⑤ 地基承载力不足；⑥ 地形条件对沉降的影响。其中对于一般高填方路堤前 3 项因素导致的沉降占主导地位，而对于存在不良地质段的高填方路堤往往后 3 项因素导致的沉降更大，只能通过对地基加固处理后才能实现对路堤沉降的控制。下面主要针对引起高路堤流变沉降的前 3 个因素作进一步探讨。

对于填方路堤，不论填料是土夹石、石夹土还是土石混填，要想把填料压实，就得想办法将土粒之间的孔隙减小、孔隙比减小、填料的密度增大。其结果是，在荷载的作用下路堤沉降量减少，填料的强度得到提高，透水性降低，力学性质得到改善，这也直接影响路堤流变变形的参数确定。所以在道路、铁道、堤防、填海造田等的填方工程及重力坝的筑造等工程中，填方的压实都是一个重要的课题。路堤填筑时，影响填料压实度的因素有：① 天气太干燥或遇到连续雨水天气都可能导致对填方土体的最优含水率控制不力；② 一些暗埋式构造物处，因构造物长度限制使路基边缘不能超宽碾压，致使路基边缘压实度不够；③ 有些超车道与行车道拼接段不是同步施工，且拼接处理不好；④ 考虑到施工安全和进度，压力或压力作用时间不足；⑤ 当路堤施工到一定高度以后，路基边缘土体往往存在压实度不足的问题。

### 3.3.3　填料的压实机理

压实研究最初是针对黏性土的压实，黏性土的压实主要靠颗粒及其吸着水膜的弯曲、畸变及颗粒的重新排列来完成；无黏性土和碎石的压实主要靠颗粒重新排列和颗粒接触点局部破碎来完成。土石料压实的起源虽可远溯至战国时期，据我国《管子·度地》中记载，战国时期，修筑黄河堤防的民工使用的工具中有筑（相当于现代的夯），但直到20世纪30年代才逐步建立了压实理论。当时大型土坝的出现，促进了压实理论和技术的迅速发展，填方压实质量的控制技术也有很大的提高。美国加州公路处最早研制了击实仪，并在1929年确定了用击实仪来求填土的最佳含水率和最大干密度。

在外力作用下土的压实机理可以用结合水膜润滑及电化学性质等理论来解释，一般认为：① 对于黏性土，含水率较低时，由于土粒表面的结合水膜较薄，土粒间距较小，粒间电作用力就以引力占优势，土粒相对位移阻力大，在击实功能作用下，比较难以克服这种阻力，因此压实效果就差。随着土中含水率增加，结合水膜增厚，土粒间间距也逐渐增大，这时斥力增加而引力相对减小，压实功能比较容易克服粒间引力而使土粒相互位移，趋于密实，压实效果好。当土中含水率继续增加时，虽然使粒间引力减小，但土中会出现自由水，击实时空隙中过多的水分不易立即排出，势必阻止土粒的靠拢。同时排不出去的气体以封闭气泡的形式存在于土体内部，击实时气泡暂时减少，很大一部分击实功能由孔隙气承担，转化为孔隙压力，土粒之间所受的力小，击实仅能导致土粒更高程度的定向排列，而土体几乎不发生体积变化，所以压实效果反而下降。当现场土的天然含水率比最优含水率小的时候，施工时可以边洒水边碾压，并尽量控制填土含水率在最佳含水率的附近压实，但当现场的天然含水率比最佳含水率大很多的时候，因为没有那样的大型干燥机，在现场要使填土干燥实际上是比较困难的，因此在公路路基施工规范中，施工控制含水率偏离最佳含水率的限制规定为 ±2%。② 对于无黏性土，它与黏性土的击实性质存在很大差异。当含水率为零时，干密度值较大，稍增大含水率，干密度反而减小，直至压实曲线上出现干密度值最小的谷点，此后随含水率增加，干密度增加，压实曲线出现双峰值，这是无黏性粗粒土的特征。主要原因是：无黏性粗粒土的颗粒较粗，颗粒间联结力趋于零，当含水率很小时，在外力作用下，大小颗粒之间易于充填，形成较高密度，当稍增加含水率后，在颗粒表面形成一层薄膜水，水分子产生似黏结力，不易压实，干密度较小；随着含水率继续增加，水膜增厚，水分子引力逐渐减小，以至消失，同时在颗粒间起到润滑作用，减小了摩阻力，可以达到较高密度值。因此无黏性土压实时没有最优含水率，一般在完全干燥或饱和时都可以获得较大干密度。在实际施工过程中，当填料为干燥状态时，干密度较大，不需加水，当处于潮湿状态时，需要加水改变接近谷底含水率的不利状态，增加压实效果。

### 3.3.4　高填方路堤主要破坏形态

高填方路堤的破坏主要表现在路堤失稳和不均匀沉降而引起的路面破坏，其主要外观表现为裂缝。而路面结构的损坏有多种表现形式，可以统称为路面病害。主要表现在填挖交界带、半填半挖交界带。高填方路堤的不均匀沉降不但会导致路基本身的损坏，还会因路基顶面的不平整在路面结构内产生附加应力，附加应力本身或与车载等共同作用，将导致路面结构的损坏。此外，路基边坡失稳是路基特定部位不均匀沉降发展到一定程度之后的破坏形式。在施工和通车初期路堤失稳的情况时有发生。

### 1. 路基裂缝

路基裂缝是指由路基内部发展而成的裂缝。填土裂缝的类型可以从不同的方面加以分类。按部位可以分为堤面裂缝和内部裂缝；按走向可以分为横向裂缝、纵向裂缝和龟裂缝。按成因可以分为变形裂缝、滑坡裂缝和振动裂缝等。其中，对路堤影响最大、出现频率最多的是变形裂缝，如图 3-5。

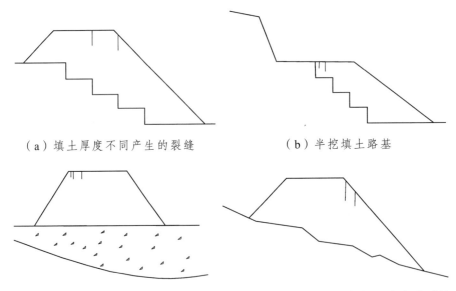

（a）填土厚度不同产生的裂缝　　　　（b）半挖填土路基

（c）地基土层厚度差异产生的裂缝　（d）路堤一侧水平应变较大产生的裂缝

图 3-5　高填方路堤纵向变形裂缝

根据裂缝走向与路线走向的交叉关系，高路堤裂缝大致可分为横向裂缝和纵向裂缝。如图 3-6、图 3-7。

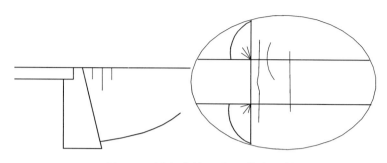

图 3-6 桥台背填土中的横向裂缝图

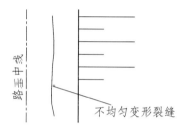

图 3-7 纵向裂缝平面发展示意图

路基裂缝一般与路基及地基的不均匀沉降及变形有关，根据其产生的原因可将纵向裂缝分为变形稳定性失稳产生的不均匀变形裂缝，以及强度稳定性失稳产生的整体滑动裂缝两大类。

产生高路堤纵向不均匀变形裂缝的内在因素是路堤填土变形稳定性较差，外在因素是路堤自重较大及动荷载的影响。这类裂缝平面分布近似一直线，平行于路基纵轴线，且相对集中在车辆荷载集中的行车道附近或路基排水不畅的区域，该种裂缝通常垂直向下发展，如图 3-8。

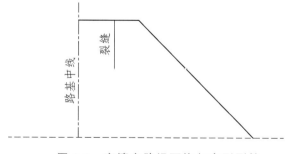

图 3-8 高填方路堤不均匀变形裂缝

滑动裂缝是由高路堤边坡整体滑动失稳产生的，该种裂缝的平面形态呈现为在两端或一端向路缘方向发展，裂缝深度开展形态呈现为向下伸延同时弯向路基边缘的弧形，如图3-9。

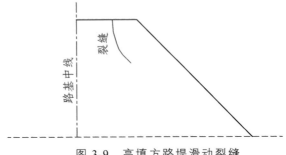

图 3-9　高填方路堤滑动裂缝

### 2. 路基整体下沉

路基沉陷是指路基表面在垂直方向上产生较大的沉落，如图3-10所示。路基沉陷有两种情况，一是路基填土本身的压缩、固结沉降，二是由于路基下部天然地基承载力不足，在路基自重作用下产生沉陷或向两侧挤出而造成的，如图3-10。高填方路堤下沉主要有堤身下沉与地基下陷两种类型，不均匀沉降将造成局部路段的破坏，影响公路交通。

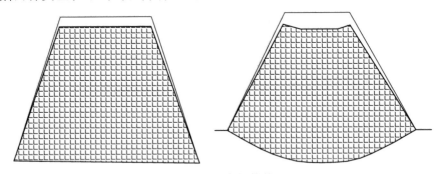

图 3-10　路基整体下沉

由于高填方路堤的整体沉降，在已经投入运营的高等级公路上，在桥涵等构造物顶部明显凸起于前后路面的现象并不鲜见。尤其是处于软土地基上的高填方路堤段，这种现象较为普遍。其特点是无桥涵等构造物段的路面平顺完好，桥头及涵洞前后的路面无局部凹陷，在桥涵和高路堤结合部以及高填深挖路堤结合部路面间有较为明显的错台凸起，并在一定的时间范围内，凸起的高度有不断增大的趋势，严重威胁着道路的安全。

### 3. 路基边坡失稳

路基边坡滑塌是最常见的路基病害，主要是由路基稳定性不足引起的。路堤边坡过陡、压实不足、边坡坡脚被水淘空是路堤边坡滑坡的主要原因。高填方路堤修筑技术还不完备，缺乏相应的设计与施工规范。在参照已有土质路基设计和施工规范基础上，更多的是靠设计和施工人员按照自己的经验来进行的，这些都给路基安全稳定性带来很大隐患（如图 3-11）。

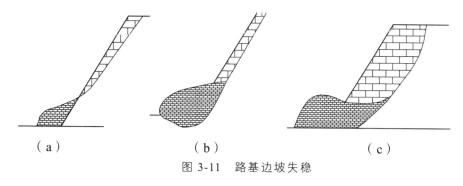

（a）　　　　　　　（b）　　　　　　　（c）

图 3-11　路基边坡失稳

## 3.4　高填方路堤软弱土的处治措施

### 3.4.1　形成与分布

场区高填方段主要位于元山子沟和设计沟，软弱土层也主要集中于这两条沟谷底部的低洼地段，由元山子组（$Q_3^{yeol}$）和对河寺组（$Q_1$）构成。

元山子组（$Q_3^{yeol}$）呈盖状覆于整个元山子沟和设计沟地区，一般厚度 1～2 m，局部厚 5～6 m，岩性主要为黄灰色粉土，属风成黄土，镜下显示大孔隙结构，可压缩性大，加之地下水长期浸泡，力学强度低，构成了研究区的上软弱土层。

对河寺组（$Q_1$）分布于元山子沟和设计沟的沟底及两侧低洼地带，残存厚度一般 2~3 m，最厚可达 10 m。岩性主要为黄褐色—黄灰色，局部为灰绿色、黑灰色含腐殖质的卵砾石质粉质黏土和粉质黏土，局部夹磨圆度很差的卵砾石层，属冲洪积物。由于该组地层所处地势低洼，土体长期受地下水浸泡呈软塑到可塑状态，力学强度低，可压缩性大，构成了研究区的下软弱土层。虽然上、下软弱土层在岩性上有所差异，但从地基处理的角度看，两者完全可以归并。

### 3.4.2 物理力学性质

通过试验直接确定的物理性质指标有：土的天然密度 $\rho$、颗粒密度 $G$、含水率 $w$、液限 $w_L$ 塑限 $w_p$，再根据上述指标计算出干密度 $\rho_d$、孔隙比 $e$ 和液性指数 $I$ 等（见表 3-1）。

分析表中数据，粉土的含水率 21.9%，一般低于粉质黏土，呈潮湿—稍湿状态，而粉质黏土在天然条件下含水率变化不大，介于 22.5%~25.2%，大大低于前述软土含水率，呈软塑和可塑状态。孔隙比主要取决于土体状态，介于 0.58~0.70，天然密度为 1.85~1.95 g/cm³，干密度为 1.52~1.59 g/cm³。液性指数为 0.45~0.65。

表 3-1　软弱土的物理性质指标

| 土体名称 | 状态 | 含水率 $w$/% | 天然密度 $\rho$/（g/cm³） | 干密度 $\rho_d$/（g/cm³） | 孔隙比 $e$ | 液性指数 $I_L$ |
|---|---|---|---|---|---|---|
| 粉土 | 疏松 | 21.9 | 1.85 | 1.52 | 0.62 | 0.51 |
| 粉质黏土 | 软塑 | 24.5 | 1.9 | 1.53 | 0.62 | 0.58 |
| | 可塑 | 25.2 | 1.95 | 1.56 | 0.70 | 0.48 |
| 含砾卵石粉质黏土 | 软塑 | 22.5 | 1.9 | 1.55 | 0.58 | 0.65 |
| | 可塑 | 22.8 | 1.95 | 1.59 | 0.64 | 0.45 |

## 1. 压缩性

表 3-2 为不同方法所获得的软弱土压缩性指标。从中可知粉土压缩系数 $a_{1-2}$ 为 0.14,属中等压缩性土层;粉质黏土压缩系数 $a_{1-2}$ 介于 0.22 ~ 0.38,亦属中等压缩性土层。

表 3-2　软弱土的可压缩性指标

| 土体名称 | 状态 | 室内土工试验 | | | 荷载试验 | | 标贯试验 | | 综合取值 | |
|---|---|---|---|---|---|---|---|---|---|---|
| | | $E_{a1-2}$ /MPa | $E_0$ /MPa | $a_{1-2}$ /MPa$^{-1}$ | $E_{a1-2}$ /MPa | $E_0$ /MPa | $E_{a1-2}$ /MPa | $E_0$ /MPa | $E_{a1-2}$ /MPa | $E_0$ /MPa |
| 粉　土 | 疏松 | 8.8 | 6.5 | 0.14 | 11.4 | 8.4 | 9.4 | 7.0 | 11.0 | 8.0 |
| 粉质黏土 | 软塑 | 7.3 | 4.7 | 0.22 | | | 8.5 | 5.5 | 8.0 | 5.2 |
| | 可塑 | | | 0.38 | 11.6 | 8.6 | 11.4 | 8.4 | 12.0 | 9.0 |
| 含砾卵石粉质黏土 | 软塑 | | | 0.22 | 9.8 | 6.4 | | | 8.0 | 5.2 |
| | 可塑 | 12.2 | 9.0 | 0.27 | | | 13.1 | 9.7 | 12.0 | 9.0 |

## 2. 抗剪强度

表 3-3 为不同方法所获得的软弱土抗剪强度指标。从中可知,室内土工试验所得软弱土的内聚力 $C$ 为 10 ~ 20 kPa,内摩擦角 $\varphi$ 为 16° ~ 20.8°,且粉土的抗剪强度参数较粉质黏土低。由标准贯入击数确定的内聚力 $C$ 为 31 ~ 59 kPa,内摩擦角 $\varphi$ 为 18.5° ~ 22.2°,对比室内土工试验成果可以看出,根据标准贯入击数确定的内聚力要高于室内快剪试验的内聚力,但两种试验所得的内摩擦角比较接近。

表 3-3　软弱土的抗剪强度指标

| 土体名称 | 状态 | 室内土工试验 | | 标贯试验 | | 综合取值 | |
|---|---|---|---|---|---|---|---|
| | | $C$ /kPa | $\varphi$ /(°) | $C$ /kPa | $\varphi$ /(°) | $C$ /kPa | $\varphi$ /(°) |
| 粉土 | 疏松 | 15 | 16.7 | 48 | 21 | 35.0 | 16.0 |
| 粉质黏土 | 软塑 | 12.1 | 16.0 | 31.0 | 19.3 | 25.0 | 18.0 |
| | 可塑 | 17.9 | 19.7 | 54.0 | 21.7 | 55.0 | 21.0 |
| 含砾卵石粉质黏土 | 软塑 | 18.8 | 17.6 | 40 | 18.5 | 35.0 | 18.0 |
| | 可塑 | 18 | 20.8 | 59.0 | 22.2 | 55.0 | 21.0 |

### 3. 承载力

表 3-4 为不同方法所获得的软弱土承载力标准值。从中可知，室内土工试验、现场载荷试验、标准贯入击数试验和重型动力触探所确定的承载力标准值基本一致，其大小主要取决于土体状态，这表明要提高软弱土地基承载力的有效方法就是尽可能降低土体含水率。

表 3-4　软弱土承载力标准值

| 土体名称 | 状态 | 室内土工试验/kPa | 荷载试验/kPa | 标贯试验/kPa | 重型动力触探试验/kPa | 综合取值/kPa |
|---|---|---|---|---|---|---|
| 粉　土 | 疏松 | 171 | 135 | 172 | 150 | 140 |
| 粉质黏土 | 软塑 | | 137 | 125 | 160 | 125 |
| | 可塑 | 246 | | 210 | 267 | 210 |
| 含砾卵石粉质黏土 | 软塑 | | 158 | 127 | 174 | 125 |
| | 可塑 | 262 | | 237 | 272 | 210 |

### 4. 击实性

表 3-5 为软弱土的击实性指标。从中可知，重型击实可使粉质黏土试样的干密度 $P_s$ 大于 $1.86 \text{ g/cm}^3$，与此相对应的最佳含水量 $w$ 为 $11.5\% \sim 12.5\%$，孔隙比小于 0.46，经击实后试样压缩系数小于 $0.15 \text{ MPa}^{-1}$，表明软弱土在定击实功作用下能被有效击实加密。

表 3-5　软弱土的击实性

| 土体名称 | 最佳含水量 $w/\%$ | 最大干密度 $\rho_d / (\text{g/cm}^3)$ | 孔隙比 $e$ | 压缩系数 $a_{1\text{-}2}/\text{MPa}^{-1}$ |
|---|---|---|---|---|
| 粉　土 | 13.8 | 1.94 | 0.44 | 0.11 |
| 粉质黏土 | 11.5 | 1.88 | 0.45 | 0.14 |
| 含砾卵石粉质黏土 | 12.5 | 1.86 | 0.46 | |

## 3.4.3　置换强夯

针对场区软弱土层分布情况和工程特点，软基处理采取了置换强夯、碎石桩、换填和碾压四种经济合理的地基处理方案（见表 3-6），下面分别阐述。

表 3-6　软弱层厚度分区与地基处理方案

| 分区 | 相对软弱层厚度 | 处理方法 |
|---|---|---|
| A 区 | $h \geqslant 10.0$ m | 挖土 + 碎石桩 |
| B 区 | $7.0$ m$\leqslant h < 10.0$ m | 挖土 + 3 000 kN·m 强夯 |
| C 区 | $5.0$ m $\leqslant h < 7.0$ m | 3 000 kN·m 强夯 |
| D 区 | $3.0$ m $\leqslant h < 5.0$ m | 3 000 kN·m 强夯（少击数） |
| E 区 | $h < 3.0$ m | 挖土 + 碾压 |
| F 区 | | 换填 |

## 1. 垫层料特性

置换强夯的垫层料为砂砾石土，其中砾粒占 60.6%，砂粒占 17.0%，粉粒占 14.4%，卵粒占 8.0%，不均匀系数 500，曲率系数 8.0。

## 2. 参数设计与试验

试验区位于元山子沟沟口阴坡地段，宽 22～25 m，长 30～35 m。按试验要求清除地表植物土后进行第一次土工测试，然后按表 3-7 进行置换强夯施工：铺筑第一层砂砾石垫层料后进行第一遍点夯，间隔 7～10 d 再铺筑第二层砂砾石垫层料进行第二遍点夯，间隔 4 d 后进行满夯，满夯后 15 d 进行第二次土工测试，满夯后 30 d 再进行第三次土工测试。

表 3-7　置换强夯参数

| 分区与软弱土厚度/m | 挖土厚度/m | 夯击遍数 | 单击夯能/kJ | 每遍夯点间距/m | 夯点布置 | 单点击数/击 | 垫层厚度/m |
|---|---|---|---|---|---|---|---|
| B 区<br>（7.0～10.0） | 3.0 | 第一遍点夯 | 3 000 | 5.0 | 正方形 | 18～20 | 1.0 |
| | | 第二遍点夯 | 3 000 | 5.0 | 正方形 | 15～17 | 1.0 |
| | | 满夯 | 800 | $d/4$ 搭接 | 搭接型 | 4～6 | 0 |
| C 区<br>（5.0～7.0） | 0 | 第一遍点夯 | 3 000 | 5.0 | 正方形 | 18～20 | 1.0 |
| | | 第二遍点夯 | 3 000 | 5.0 | 正方形 | 15～17 | 1.0 |
| | | 满夯 | 800 | $d/4$ 搭接 | 搭接型 | 4～6 | 0 |
| D 区<br>（3.0～5.0） | 0 | 第一遍点夯 | 3 000 | 5.0 | 正方形 | 12～14 | 1.0 |
| | | 第二遍点夯 | 3 000 | 5.0 | 正方形 | 10～12 | 1.0 |
| | | 满夯 | 800 | $d/4$ 搭接 | 搭接型 | 4～6 | 0 |

第一遍点夯累积夯沉量（A5，A6）的收敛速度较慢，整个累积夯沉曲线不具明显的平稳段，A6夯点的夯击次数达18击时，单击夯沉量仍为16.3 cm，累积夯沉量已达227.1 cm，夯坑周围最大隆起量为12.8 cm，表明地基土已发生较大流动变形，不宜继续夯击。第二遍点夯累积夯沉量（B10、B13）的收敛速度较快，累积夯沉曲线的后半部具有比较明显的平稳段，B13夯点夯击次数大于13击时，单击夯沉量显著减小，累积夯沉曲线具明显的平稳段。在1~4 m范围内，地基土体波速显著提高，u波夯前平均波速501 m/s，夯后885 m/s，最大值1 022 m/s，波夯前平均波速188 m/s，夯后423 m/s，最大值514 m/s，表明浅表部地层得到显著夯实加固，但4 m以下地层的波速夯后增加不大，表明深度大于4 m的地基土的夯实加固效果较弱，这与动力触探结果完全相吻合。

### 3.4.4　碎石桩

#### 1. 参数设计与试验

碎石桩试验（T5）位于元山子沟沟谷底部较平缓部位，面积15 m×15 m。按试验要求清除地表植物土后再清除2 m软土，然后按表3-8进行碎石桩施工，工后15 d进行土工测试，工后30 d进行静载荷试验。

表3-8　碎石桩参数

| 分区 | 桩径/m | 桩长/m | 桩距/m | 排距/m | 布置形式 | 置换率/% |
|---|---|---|---|---|---|---|
| A区 | 0.5 | 10~12 | 1.4 | 1.2 | 三角形 | 12.0 |

#### 2. 加固效果检测

碎石桩处理前和处理后桩间土的触探曲线基本重合，仅局部有一定的差异，表明碎石桩对桩间土的挤密加固作用较小。其原因一方面是试验区土体本身比较密实，力学性质较好，另一方面是试验碎石桩的置换率较低。但碎石桩处理高填方体软基的重要作用在于，碎石桩为后续高填方体加载过程中软基孔隙水迅速排出提供了良好通道，并且碎石桩承载力较高，所形成的复合地基具较高的承载力（见表 3-9）。

表 3-9　T5 碎石桩复合地基承载力　　　　单位：kPa

| T5HZ1 荷载试验点 | | | T5HZ2 荷载试验点 | | |
|---|---|---|---|---|---|
| 桩间土 | 桩身 | 复合地基 | 桩间土 | 桩身 | 复合地基 |
| 217 | 632 | 267 | 217 | 575 | 260 |

### 3. 换填与碾压

场区工程工期紧迫，为减小高填方地基沉降变形和提高填筑体稳定性，针对元山子沟道槽区和设计沟坡脚软弱土层厚度大于 10 m 的部位进行了换填处理。回填料为砂砾石土，从下向上逐层回填并进行振动碾压，铺层厚度一般为 0.3 ~ 0.6 m，底层压实度为 85% ~ 90%，上部层位压实度可达 98%，当回填厚度达到 4 m 时进行强夯加固。

## 3.5　填料碾压夯实

### 3.5.1　典型砂砾石料的颗粒特性

场区填方的砂砾石料主要呈红色、灰白色，由卵砾、砂和粉质黏土组成，卵砾圆度好，主要为灰岩。颗粒级配大部分砂砾石料超大颗粒（粒径 $d>60$ mm）含量较少，粗粒料（粒径 $d>5$ mm）含量一般为 35% ~ 85%，黏粒（粒径 $d<0.074$ mm）含量小于 25%，颗粒级配连续。

### 3.5.2　砂砾石料粗粒含量与最大干密度

影响砂砾石土料碾压特性的最主要因素是土料的自身性质和颗粒级配等内在因素，粗粒料（粒径 $d>5$ mm）含量是反映土体性质和颗粒组成的重要指标。图中显示，在砂砾石料的压实过程中存在最佳粗粒料含量，即干密度先是随粗粒料含量增加而增加，当粗粒料含量增至某一值时，干密度达到最大值，此后，干密度反而随粗粒料含量的增大而减小。

其主要原因是：细粒料由于比表面积和孔隙率较大而干密度较小，因而干密度随粗粒料含量增加而增加，且随着粗粒料含量增加，粗颗粒逐渐形成骨架，细粒料充填其中，干密度不断增大；当粗粒料含量达到最佳粗粒料含量时，粗颗粒形成完整骨架，细粒料又能填满骨架孔隙，干密度取得最大值；当粗粒料含量大于最佳粗粒料含量时，细粒料不能填满骨架孔隙，填料呈架空状态，干密度反而减小。

图 3-11 中砂砾石料的粗粒料含量与最大干密度关系可用式（3-1）拟合，对粗粒料（粒径 $d>5$ mm）百分含量求导后可得：最佳粗粒料含量为 71.5%，相应的最大干密度为 2.42 g/cm³。同理，对于粗粒料（粒径 $d>5$ mm）百分含量为 35% ~ 85% 的砂砾石料，其最大干密度可达 2.28 ~ 2.42 g/cm³。

$$\left.\begin{aligned} \rho_{d\max} &= -0.000\,1P_5^2 + 0.014\,3P_5 + 1.906\,3 \\ R^2 &= 0.95 \end{aligned}\right\} \qquad (3\text{-}1)$$

式中：$\rho_{d\max}$ 为最大干密度；$P_5$ 为粗粒料（粒径 $d>5$ mm）百分含量。

### 3.5.3　砂砾石料粗粒含量与最佳含水量

碾压作用使土体中大小颗粒紧密排列和相互填充，但如果土体中含水量过少，则由于水分子在土颗粒表面形成了一层水化膜，颗粒移动不仅要克服摩阻力，还要克服水分子的结合力，因而不易压实；如果土体中的含水量过多，则因为水是不可压缩的，它会占据颗粒间的空隙而不能有效压实；含水量适中时颗粒间的水化膜较厚，水分子的结合力减小或消失，且能在土颗粒间起润滑作用，使颗粒易于移动和相互充填，使土体压实达最大密度，这个含水量就是最佳含水量，各种土类碾压效果的优劣都与最佳含水量有关。从粗粒料含量与最佳含水量关系曲线图可知，砂砾石料的最佳含水量随着粗粒料百分含量的增加而减少。这种关系可用式（3-2）拟合，对于粗粒料（粒径 $d>5$ mm）百分含量为 35% ~ 85%的砂砾石料，根据式（3-2）可得最佳含水量为 5.9% ~ 7.0%。

$$\left.\begin{array}{l} w_0 = 0.000\,21P_5^2 - 0.240\,5P_5 + 12.814 \\ R^2 = 0.88 \end{array}\right\} \qquad (3\text{-}2)$$

### 3.5.4　压实方法与压实度

由于地质条件的千变万化和气候条件的限制，在实际施工碾压过程中，砂砾石填料的含水量往往高于或低于最佳含水量，为此应对不同含水量的砂砾石料进行试验，确定不同碾压方法所能取得的压实度，以便合理调配填料和顺利施工。本次填筑碾压所用机械为全液压牵引式振动压路机，轮径 1.5 m，宽 2.0 m，自重 22 t，激振力 89 t，碾压速率为 2 ~ 3 km/h，所得结果如下。

#### 1. 压实度

表 3-10 分析可知，砂砾石填料含水量对压实度的影响要大于松铺厚度的影响。当含水量接近最佳含水量时，松铺厚度为 80 cm，碾压 6 ~ 8 遍后，压实度可达 97%；当填料含水量大于最佳含水量 8 个百分点时，即使松铺厚度为 50 cm，碾压 8 遍后压实度也只能达到 90%。因此，对于砂砾石填料，应根据工程需要，结合填料本身含水量的具体情况确定合适的松铺厚度。

表 3-10　各砂砾石填料层的含水量

| 松铺厚度/cm | 40 | 50 | 60 | 70 | 80 |
|---|---|---|---|---|---|
| 含水量 $w$/% | 7.0 | 14.2 | 10.4 | 9.8 | 6.4 |
| 最佳含水量 $w_0$/% | 5.9 | 6.2 | 6.5 | 6.1 | 6.1 |
| $w - w_0$/% | 1.1 | 8.0 | 4.2 | 3.7 | 0.2 |

#### 2. 砂砾石料含水量与压实度

试验中砂砾石料松铺厚度为 60 cm，显然，随着碾压遍数的增高，压实度有较大提高，且含水量与压实度关系曲线也逐渐舒展平缓，说明含水量对压实度的影响随碾压遍数提高而逐渐减弱。碾压 4 遍的关系曲线可用式（3-3）拟合，碾压 6 遍的关系曲线可用式（3-4）拟合，通过两式可得不同压实度所对应的砂砾石料含水量范围（大于最佳含水量的百分点）如表 3-11 所示。当砂砾石料含水量低于最佳含水量 1.6 个百分点或高于 2.1 个百分点时，碾压 4 遍后压实度不能达到 95%，碾压 6 遍后可达到 95%，但当含水量低于最佳含水量 7 个百分点或高于 6.1 个百分点时，碾压 6 遍后压实度也不能达到 95%。

$$\left.\begin{array}{l} D = -0.252\,8(w-w_0)^2 + 0.141(w-w_0) + 95.842 \\ R^2 = 0.87 \end{array}\right\} \quad （3\text{-}3）$$

$$\left.\begin{array}{l} D = -0.084\,5(w-w_0)^2 - 0.066\,8(w-w_0) + 98.572 \\ R^2 = 0.81 \end{array}\right\} \quad （3\text{-}4）$$

式中：$D$ 为压实度；$w$ 为砂砾石料含水量；$w_0$ 为砂砾石料最佳含水量。

表 3-11　不同压实度区砂砾石料含水量

| 压实度 | | 98 区 | 95 区 | 93 区 | 90 区 |
|---|---|---|---|---|---|
| 碾压遍数 | 4 | — | －1.6～2.1 | －3.1～3.6 | －4.5～5.1 |
| | 6 | －3.0～2.2 | －7.0～6.1 | －7.0～7.7 | －7.0～10.0 |

# 第 4 章　高填方路基边坡稳定性分析

## 4.1　研究背景、意义、现状与方法

### 4.1.1　研究背景

　　边坡的稳定性问题也是岩土工程学科中最古老的研究课题之一。当前，我国高等级公路建设逐渐由发达地区转向落后地区，由平原转入山区，西部高等级公路通车里程不断增多。伴随着高速公路进入山区，西部山区或库区地形地质复杂带来的问题也逐步显现：山区坡陡山高、地形起伏大，高速公路布线难度也较大，导致山区高速公路桥隧比例高、桥墩高达上百米、公路填挖量大（高达 80 余米的挖方或填方边坡屡见不鲜）、巨大的填挖高度带来巨大的占地面积及巨大的土石方工程工程量，进而导致高速公路每千米造价屡屡攀高。一般而言，山区高等级公路深沟路段一般采取桥梁方式跨越，而高山路段一般采取隧道方式穿越，这就是山区常见的桥接隧、隧接桥的现象，这容易导致棘手的土石方平衡问题：由于桥跨路段不能消耗弃土，隧道洞渣就不能用于填筑路堤，大量过剩的隧道洞渣则必须寻找弃土场，而山区起伏不平的地形也很难找到合适的弃土场，即使找到弃土场，又将对库区水系、V 形冲沟带来不利影响。这些都对当代土木工程师提出了考验。因此，当高等级公路跨越冲沟时，如果存在隧道洞渣废方，以超高填方路堤替代桥跨结构无疑也是一种解决方案，这与设置桥梁的方案相比较而言，既经济又环保：消除了挖方废方，减少了弃土场，保护了原始植被和耕地。这种情况在已建的成渝高速公路、成雅高速公路、西攀高速公路、达陕高速公路、成南高速公路和柳桂高速公路上均有运用。但是，已建成的多条高速公路的超高路堤已经发现了不同程度的破坏。既然高速公路建设中出现了

如此大量的超高路堤，由此而产生的超高路堤稳定性问题也变得十分突出，成为了建设、施工和科研等单位需要破解的难题之一。

山区高速公路的地形更加复杂，冲沟发育，沟深壁陡，很多呈"V"字形。在这些地方填筑的填方路堤高度一般属于高路堤，一般的高填方都在 20 m 以上，少数地方填方高度达到 40 m，甚至更高。这种超高路堤填筑体积巨大，就更容易发生路基病害，超高路堤边坡的稳定性也更差，超高路堤对其支护结构物的土压力也较大。作为西部三峡库区的超高填方，往往紧临长江或长江支流，路堤受到长江流域水位的变幅影响很大，这对超高路基的整体稳定性有很多影响。

山区冲沟地段超高路堤的边坡失稳这类问题严重影响到高等级公路交通的正常运行，严重时会造成交通事故，并造成巨大经济损失。因此，综合考虑巴东组地质、冲沟地形条件、多级边坡车辆荷载的作用、长江变幅水位等因素，对超高路基的稳定性研究具有极大技术价值、能有力保障社会经济效益。

## 4.1.2 研究意义

随着我国修建的高填方路基数量增多，高填方路基的稳定性问题也日益备受关注，对于普通高填方路堤的稳定性，前人已经做了较多的研究，制定了相应的施工规范与设计规范，但是对于在山区 V 形冲沟，采用巴东组地质条件多级边坡车辆荷载及变幅水位作用下的超高路堤，在国内研究甚少。在我国颁发的《公路路基设计规范》，简单介绍了高边坡路堤以及陡坡路堤的稳定性计算，将高边坡路堤、陡边坡路堤的稳定性计算分为路堤本身的稳定性、路堤与地基的整体稳定性、路堤沿斜坡接触面或软弱带滑动面的稳定性三种情况，还简单介绍了其稳定性计算公式，但其提法过于笼统，对边坡上面承受多级边坡车辆荷载作用及变幅水位作用更是缺乏系统论述。

山区地形陡峻、沟壑起伏，路线需要克服的高差集中，与平原区公路选线相比，展线难度要大得多。在特殊情况下，等级较低的公路或者立交匝道只能采用回头曲线的形式来展线，所谓回头曲线就是指山区公路为克服高差在同一坡面上回头展线时采用的一种特殊曲线类型，回头曲线路线偏角一般较大，接近或超过180°，在山区路线选线时不得已才采用这种特殊线形。山区公路路线回头展线地点的确定或高速公路立交匝道的位置选择有时受地形限制很大，河沟地段也是一种较理想的选择位置。路线跨沟回头或者匝道过沟连接上下线道路时，将可能出现在同一填方区布设两条或两条以上的道路，这样，路堤在同一断面将会受到来自不同标高上边坡的汽车荷载的作用（或者称之为承受多级荷载的作用），本书所指的多级边坡荷载就是指位于同一边坡上的不同标高位置的路基车辆荷载。多级边坡车辆荷载作用下的路堤稳定性问题和单级车辆荷载作用下的路堤问题是有区别的：单一边坡路堤稳定用极限平衡法分析时，车辆荷载通常可以换算成当量土柱高，即以相等压力的土层厚度来代替单级车辆荷载被计入滑动力部分，作为路堤不稳定因素进行分析；而在多级边坡路基折线路堤边坡稳定分析时，多级荷载的每一级荷载既是下一层道路的滑动力荷载，又可能是上一层道路的抗滑力因素。这样，路堤失稳时，破裂面有可能出现在多级边坡的任意两个护坡道之间，这给路堤边坡的稳定性分析带来了不确定性，给试算带来巨大的工作量，因此，多级边坡车辆荷载作用下的路堤边坡稳定性研究显得非常有必要。

### 4.1.3　研究现状与方法

边坡稳定分析是岩土工程中的重要研究课题之一。其中，极限平衡法是最早提出也是最被广泛应用的一种方法，长期的工程实践证明了极限平衡法对土坡稳定分析是有效且相对可靠的。土坡稳定分析时采用圆弧滑动面首次由瑞典学者彼特森（Petterson，1916）提出，此后费仑纽斯（Fellenius）于 1927 年首次提出二维极限平衡法，即建立在 Mohr Coulomb 屈服准则与静力平衡的基础上的。由于稳定分析本身就是个超静定的问题，为了使问题得到简化各个分析方法都做不同的假设，这些不同的假设对计算结果及精度有不同的影响。

普通边坡超过 12 m，即可视为高边坡。至于超高边坡，国内规范没有定义本课题中研究的填方路堤高度达到 83 m，并且采用巴东组地质公路隧道洞渣填筑而成，洞渣的压实效果远比砂性土填料差，且路堤边坡上布设了多级车辆荷载作用，同时该边坡受到长江变幅水位的涨落影响，这种超高路堤边坡稳定性的研究课题国内尚很少报道。考虑多级边坡车辆荷载作用模式、变幅水位涨落及降雨入渗等因素的超高边坡稳定性影响国内外均较少研究。

目前，对路堤稳定性研究的方法主要有极限平衡法、极限分析法、有限元数值分析法以及三维边坡稳定性分析方法。

### 1. 极限平衡法

极限平衡法是以莫尔-库仑的抗剪强度理论为基础，将有滑动趋势范围内的边坡土体沿某一滑动面切成若干竖条或斜条土条，对土条进行受力分析，直接对某些多余未知量做出假定，使方程式的数量和未知数相等，建立整个滑动土体的力或力矩平衡方程，并以此为基础确定边坡的稳定安全系数。该法假定滑动土体是理想的刚塑性体，不考虑土的应力-应变关系，假定沿滑动面上各点的强度发挥程度与抗剪强度折减安全系数相同，其安全系数与滑动体所在区域的变形特点和区域外的地质情况、受力条件等无关。由于极限平衡方法模型简单，计算公式简捷，可解决多种形状滑动面的滑动问题，且能给出工程易于接受的稳定性指标，因此在工程中得到广泛的应用。

20 世纪 20 年代以前，对于土坡稳定和土压力的计算，一律只讨论土体的内摩擦角，并假定滑动面为平面。1773 年法国工程师库仑（Culomb）和 1857 年英国学者朗肯（Rankine）分别提出的土压力理论，就是这些时期的代表。1916 年，彼德森（Pettersson）和胡二顿（Hultin）根据大量观测论证了某些土体（特别是有黏结力的土体）在发生滑动失稳破坏时，其滑动面是与圆柱面接近的曲面。在此基础上，彼德森提出了圆弧滑动分析法。此法初创时，仍只计算了土的摩擦力，并不考虑土体内部土条间的相互作用力，这就是最初的瑞典圆弧法。20 世纪 30—40 年代是瑞典圆弧法逐渐完善的时期。瑞典学者费仑纽斯（Fellenius）将最初的圆弧法推广到兼有摩擦力和黏结力的土体稳定分析中去，并初步研究了最危险滑弧的位置的变化规律。瑞典圆弧法假定土坡稳定为平面应变问题，滑动面为圆弧面，计算中不考虑土条内各土条间的相互作用力，抗滑稳定安全系数是用滑弧上的全部抗滑力矩和滑动力矩之比来定义的；瑞典条分法在岩土工程中得到了广泛应用，该方法被著名土力学学者太沙基（Terzaghi）誉为现今岩土工程中的一个里程碑，由于该方法具有理论基础简单、计算方便的优点，故仍被许多现场工程师习惯采用。

由于瑞典条分法是将土坡稳定设想为平面应变问题，滑动面被简化为圆弧面，为考虑滑动土体内部各土条间的相互作用力，抗滑稳定安全系数用滑弧上的全部抗滑力矩与滑动力矩之比来定义。一般说来，安全系数较实际情况偏低，偏于保守。20 世纪 40 年代以后，不少学者致力于改进瑞典圆弧法：一方面，不少学者致力于探索最危险滑弧的位置，制作图表和曲线，以减少工作量，如泰勒（Taylor）、毕肖普（Bishop）、拉姆里和包罗斯等，通过一些特殊情况的研究，揭示了最危险滑弧圆心位置的一些变化规律；另一方面，有不少人研究滑裂面的形状。1941 年太沙基（Terzaghi）就提出，土体破坏时的滑动面比较接近对数螺旋线。

在 20 世纪 50—60 年代，人们的研究主要集中在两个方面：其一，在计算中如何考虑滑动土体内部土条间的相互摩擦力；其二，研究如何在任意形状的滑坡面进行应用。经过这个阶段的研究，土质边坡的稳定分析的理论和方法趋于完善。1954 年，简布（Janbu）提出了普遍条分法的计算理论，将原先的圆弧法推广到任意滑动面的情况。简布还假定了土条间推力的作用位置，合理地解决了条分法存在的问题。在 1955 年，毕肖普提出了土坡稳定安全系数的概念：$k = \tau f / \tau$。式中：$\tau f$ 为沿整个滑动面的平均抗剪强度，$\tau$ 为滑动面上的平均剪应力。极限平衡法进一步得到了完善。

1965 年摩根斯坦（Morgenstern）和普赖斯（Price）提出了多余未知函数的合理要求，假定条间剪力 $X$ 和条间法向力 $E$ 之间存在一定的函数关系[$X = \lambda f(x) E$]，从而可使分析的结果更趋合理，成为著名的摩根斯坦-普赖斯（Morgenstern-Price）法。后来，在考虑土条间相互作用力的前提下，尽量使土条力函数简单，便于计算（特别是手算）工作的实施，出现了斯宾塞（Spencer）法、萨尔玛（Sarma）法、Low 和 Karafiath 法和美国陆军工程师团法等。1992 年 Euoki 考虑在滑楔间的界面上引入局部强度发挥度，运用滑块离散格式提出了广义极限平衡法。1995 年栾茂田根据极限平衡原理，将土体稳定分析的滑动楔体模型加以改进，建立了能合理考虑土体破坏机制的更一般滑楔分析技术，将所改进的分析方法，应用于地基承载力求解中。1997 年朱大勇模拟最优控制理论提出了边坡临界滑动场的概念，并提出了模拟临界滑动场的数值方法，1999 年又提出了边坡全局临界滑动场理论。总之，目前的极限平衡法以条分法应用较多。它是把整个土体作为刚体考虑，然后再把土体分条，以极限平衡理论为基础进行分析，不同之处在于相邻土条间的内力的假定，其比较情况见表 4-1。

表 4-1　各种平衡法对比

| 计算方法 | 所满足平衡条件 | | | | 计算手段 | |
|---|---|---|---|---|---|---|
| | 整体力矩 | 土条力矩 | 垂直力 | 水平力 | 手算 | 电算 |
| 简单分条法 | 满足 | 不满足 | 不满足 | 不满足 | 可行 | 可行 |
| 斯宾塞法 | 满足 | 不满足 | 不满足 | 满足 | 可行 | 可行 |
| 萨尔玛法 | 满足 | 满足 | 满足 | 满足 | 不可行 | 可行 |
| 简布法 | 满足 | 满足 | 满足 | 满足 | 可行 | 可行 |
| 摩根斯坦-普赖斯法 | 满足 | 不满足 | 满足 | 满足 | 可行 | 可行 |
| 不平衡推理传递法 | 不满足 | 不满足 | 满足 | 满足 | 不可行 | 可行 |

## 2. 极限分析法

极限分析法（又叫能量法），它是运用塑性力学中的上、下限定理求解边坡稳定的问题。上限定理即能量法，通常需要假设一个滑动面，并将滑动土体分成若干刚性块，然后构建一个协调位移场，根据虚功原理求解滑体处于极限状态时的极限荷载、临界坡高或稳定系数。一般假设的滑移面为对数螺旋线或直线。下限定理的应用是有限的，因为很难找到合适的静力许可的应力分布，只有极少数情况下可用应力柱方法构造这种平衡静力场，获取下限解。因此，上限定理的使用情况较多。能量法的最大软肋是将土体假定为理想的刚塑性体，因此土体的非线性应力应变无法考虑。

1970 年 Fang 和 Hirst 首先将塑性力学理论应用于土质边坡的稳定性研究。它的理论基础是塑性力学的塑性位势理论，最大优点在于计算中考虑了土料的应力与应变的关系，计算比较简单，而且物理概念清晰。1977 年 Karal 提出了土坡稳定分析的能量法，1983 年 Baker 和 Frydman 提出了土体非线形失稳破坏的塑性极限分析上限解法，1995 年 Michalowsk 提出了塑性极限分析动力法，都是对塑性极限分析理论的丰富和发展。70 年代以后，我国的一些学者在土坡稳定分析方法的某些方面的研究也作出了重大贡献。如潘家铮提出了滑坡极限分析的两大原理 —— 极大值原理和极小值原理，即：滑坡体如有可能沿许多滑动面滑动，则失稳时它将沿抗力最小的那一个滑面破坏（极小值原理）；滑坡体的滑面确定时，则滑面上的反力及滑坡体内力皆能自行调整，以发挥最大的抗滑能力（极大值原理）。它采用了屈服准则的概念，并考虑了土的应力-应变关系的相应流动规律，以刚塑性体为基础，解决了极限平衡法不满足协调变形的缺陷。

1978 年，张天宝通过按瑞典法建立的简单土坡稳定系数函数的数值分析，方捷耶夫的扁形面积等经验方法更为准确的方法。1980 年，张天宝和阎中华两人进一步阐明了复合土坡最危险滑弧面分布的多极值规律。1981 年，孙君实利用模糊数学工具，建立了土坡稳定安全系数的模糊函数和模糊约束条件，提出了安全系数的模糊解集和最小模糊解集概念，使长期来人们在解土坡问题时在土条侧作用力问题上的随意性从此得到克服，使条分法成为一种独立的极限分析数学方法；孙君实在土坡稳定分析的理论和方法方面进行了全面的研究，深刻地揭示了土坡稳定问题的力学原理，推动了土坡理论的深入发展。1983 年，欧阳仲春、陈祖煜也在塑性极限分析法方面进行了较为深入的研究。

1985 年，张天宝在索可洛夫斯基的极限稳定边坡原理的基础上，进一步提出了"等 $k$ 边坡"的概念，建立了利用现行边坡稳定分析原理求解工程实用合理边坡的计算方法和程序。1986 年又论述了产生黏性土土压力时的合理滑面形状，提出了求解黏性土土压力的圆弧滑面整体平衡法。王恭先、徐邦栋分别在 1988 年和 1998 年结合我国滑坡发生的实际情况进行了长期的研究，提出了滑坡稳定性判断的理论和方法。该方法是通过分析滑坡体的不同发育阶段和不同滑带土的强度特征，结合滑坡的状态，利用各种方法确定滑带土参数的上、下界限法，同时还给出了抗剪强度参数选择中应考虑的基本因素，该方法在实际滑坡工程中得到了较为广泛的应用和推广。

1997年李国英与沈珠江等从极限分析下限的角度，引入数学规划的概念寻求问题的下限解。1999年，马崇武认为岩土边坡的失稳破坏并不是瞬间便发生整体破坏，而是一个由局部破坏并且扩展以至形成滑面的渐进过程，根据这个理念，他进一步提出了滑坡渐进破坏的演化模型。

3. 现有的极限平衡法分类

（1）考虑所有平衡条件。即水平法向、垂直方向力的平衡和对任意点的力矩平衡。属于此类的方法有：斯宾塞法、摩根斯坦-普赖斯法和萨尔玛法。

（2）考虑垂直法向力的平衡和力矩平衡。简化毕肖普法属于此类方法。

（3）考虑水平方向力和垂直方向力的平衡。属于此类的方法有：简化简布法、陆军工程师团法和不平衡推力法。

（4）仅考虑力矩平。瑞典法属于此类。

## 4.2 有限元强度折减法的原理、优点与超高边坡失稳的判据

### 4.2.1 安全系数的定义

两种方法可以导致边坡达到极限破坏状态，即：增量加载和折减强度。传统边坡稳定分析中的安全系数是一个比值，假定一滑动面，根据力学的平衡来计算边坡安全系数，它等于滑动面以上土体条块的抗滑力与下滑力的比值。

$$K = \frac{\int_0^l (c + \sigma_{\mathrm{n}} \tan \varphi) \mathrm{d}l}{\int_0^l \tau \mathrm{d}l} \qquad (4-1)$$

式中　$K$ —— 安全系数；

　　　$\tau$ —— 滑动面上各点的实际强度。

将式子（4-1）两边同时除以 $k$，上述公式变为

$$I = \frac{\int_0^l \left( \dfrac{c}{k} + \sigma_{\mathrm{n}} \dfrac{\tan \varphi}{k} \right) \mathrm{d}l}{\int_0^l \tau \mathrm{d}l} = \frac{\int_0^l (c' + \sigma_{\mathrm{n}} \tan \varphi') \mathrm{d}l}{\int_0^l \tau \mathrm{d}l} \qquad (4-2)$$

其中：

$$c' = \frac{c}{k}, \quad \tan \varphi' = \frac{\tan \varphi}{k} \qquad (4-3)$$

式（4-1）的左边等于 $I$，表示滑坡体达到极限平衡状态，这意味着当代表强度的黏聚力和摩擦角被折减为 $1/K$ 后，边坡最终到达破坏。这个系数 $K$ 就是有限元强度折减法中求解的安全系数，其实也就是强度折减系数。

## 4.2.2　有限元强度折减法的原理

有限元强度折减法是在理想的弹塑性有限元计算中将边坡岩土体的抗剪强度参数：黏聚力 $c$ 和内摩擦角 $\varphi$ 按照安全系数的定义同时除以一个系数 $k$，得到一组新的 $c'$、$\varphi'$ 值，然后作为一组新的参数输入，再一次试算，如此循环。当计算不收敛时，所对应的 $k$ 被称为坡体的安全系数，此时边坡达到极限状态，将会发生剪切破坏，同时可以得到边坡的滑动面。其中 $c'$、$\varphi'$ 为

$$c' = \frac{c}{k} \quad \varphi' = \arctan\left( \frac{\tan \varphi}{k} \right) \qquad (4-4)$$

### 4.2.3　有限元强度折减法的优点

有限元强度折减分析法既具备了数值分析方法适应性广的优点，也具备了极限平衡法简单直观、实用性强的特点，目前被广大岩土工程师们广泛应用。

（1）不需要假定滑面的形状和位置，也无须进行条分。只需要由程序自动计算出滑坡面与强度贮备安全系数。

（2）能够考虑"应力-应变"关系。

（3）具有数值分析法的各种优点，适应性强。能够对各种岩土工程进行计算，不受工程的几何形状、边界条件等的约束。

（4）它考虑了土体的非线性弹塑性特点，并考虑了变形对应力的影响。

（5）能够考虑岩土体与支护结构的共同作用，并模拟施工过程和渐进破坏过程。

### 4.2.4　有限元强度折减法中超高边坡失稳的判据

采用强度折减有限元方法分析超高边坡稳定性时，如何判断边坡是否达到极限平衡状态，十分关键。这种有限元失稳判据的选取，没有获得共识，常见的失稳判据主要有下列三种。

#### 1. 特征点位移发生突变

边坡失稳最直观的表现就是边坡体内位移场的突变。首先建立边坡体内特征点处的水平位移或竖向位移与强度折减系数之间的函数关系曲线，这个曲线出现的拐点就是作为超高边坡处于临界破坏状态的判据。

#### 2. 有限元计算的收敛性

非线性有限元计算中，在给定的求解迭代次数和收敛标准内一直不能收敛，这时就作为超高边坡达到的临界破坏状态的判据。如 Ugai 认为迭代上限以 500 次为限，残差位移的收敛标准为 $10^5$，国内学者赵尚毅、张鲁渝等人也采用过迭代计算是否收敛作为边坡失稳判据。

### 3. 广义剪应变或塑性应变的贯通

超高边坡的破坏过程总是伴随着塑性应变区域、广义剪应变区域等等的发生、发展直到贯通的。该失稳判据认为，当超高边坡体内的塑性应变或广义剪应变达到某一值或其他的分布基本贯通时，此时边坡达到极限破坏状态，以此作为超高边坡达到的临界破坏状态的判据，此时相对应的折减系数即可作为边坡的安全系数。Matsui 在模拟填方边坡时，以剪应变超过 15% 作为边坡失稳的判据。连镇营等利用数学手段绘制边坡内广义剪应变分布图，若某一幅值广义剪应变的区域在边坡中出现了相互贯通，则意味边坡已经失稳破坏。刘祚秋等在某供水改造工程中边坡分析时，提出了以某一幅值的总等效塑性应变区从坡脚到坡顶贯通时为边坡破坏的判据。

中国工程院院士郑颖人等人对超高边坡失稳的判据做了详细的研究。研究结果认为边坡破坏的特征是边坡失去稳定，滑体滑出，滑体由稳定静止状态变为运动状态，同时产生很大的位移和塑性应变，且此位移和塑性应变不再是一个定值，而是处于无限塑性流动状态。边坡塑性区从坡角到坡顶贯通并不一定意味着边坡整体破坏，塑性区贯通是破坏的必要但不充分条件，还需要分析塑性应变是否具备继续发展的边界条件。通过有限元强度折减，边坡如果达到破坏状态，滑动面上的位移将产生突变，产生很大的塑性流动，有限元程序无法从有限元方程组中找到一个既能满足静力平衡又能满足应力-应变关系和强度准则的解。此时，不管是从力的收敛标准，还是从位移的收敛标准来判断，有限元计算都不收敛。研究表明，塑性区的贯通并不一定代表超高边坡产生破坏，塑性区的贯通是破坏的必要条件，但不是充分条件。边坡土体的破坏标志应该是部分土体出现无限移动，此时有限元计算中塑性应变或位移出现突变；与此同时有限元计算发生不收敛的现象。因此，采用有限元计算是否收敛作为超高边坡失稳的判据是比较合理的。

## 4.3 填方路基边坡荷载

### 4.3.1 边坡车辆荷载的处理方式及其效果分析

通常，车辆荷载的处理首先是换算成标准车辆轴载，对于轴载的处理有两种方式：其一是把车辆荷载换算成当量土柱高，也就是说用一定厚度的土层来代替车辆荷载，根据两者对边坡产生的相等压力相等来计算图层的厚度；其二就是把车辆荷载折算为均布荷载，把这个均布荷载直接作用在边坡上来分析。本书是要分析多级边坡车辆荷载对超高路堤边坡的稳定性影响，尤其是车辆荷载位于边坡护坡道的时候对边坡稳定性的影响。假设采用上述第一种方式处理车辆荷载，换算成当量土柱高，就等效于把护坡道上面的边坡的高度降低，把护坡道下面的边坡的高度升高，所起到的作用就相当于该变边坡的坡高，反而对上边坡的稳定性有利。但直观地讲，边坡上车辆荷载的作用不一定对上边坡的稳定性是有利的，这是同于改变边坡的高度的。究竟这上述两种车辆荷载处理方式对边坡稳定性的影响差异有多大，采用哪种处理方式更接近于事物本身，本书将首先通过分析对这个问题进行研究。

### 4.3.2 未加车辆荷载时超高边坡的稳定性

为了对比不同的施加车辆荷载方式对边坡的稳定性影响，找出更加合理的施加车辆荷载的方式，本书首先分析边坡在没有任何车辆荷载下的稳定性和安全系数。分别采用极限平衡法中的瑞典条分法、毕肖普法、斯宾塞法、简布法等多种方法对该边坡的稳定性进行分析。分析时计算出上边坡、下边坡及整体边坡的三个安全系数。虽然不同方法计算出来的安全系数有一些差异，但总体是符合实际情况的。计算得到的安全系数结果见表 4-2。

表 4-2　边坡安全系数结果

| 方法 | 瑞典条分法 | 毕肖普法 | 斯宾塞法 | 简布法 | 摩根斯坦-普赖斯法 |
|---|---|---|---|---|---|
| 整体 | 1.509 | 1.558 | 1.556 | 1.503 | 1.557 |
| 上边坡 | 1.085 | 1.143 | 1.135 | 1.077 | 1.133 |
| 下边坡 | 1.333 | 1.373 | 1.369 | 1.328 | 1.368 |

### 4.3.3　边坡车辆荷载等效为当量土柱及其效果分析

本节分析边坡车辆荷载等效为当量土柱高度时边坡的稳定情况。按照《公路工程技术标准》(JTGB 01—2003)关于车辆荷载的参数取值，认为路基宽度范围均有荷载。采用上述方式Ⅰ把车辆荷载换算为当量土柱高时，换算土柱高度的计算公式为

$$h_0 = \frac{NQ}{LB\gamma} = \frac{2 \times 550}{13 \times 5.5 \times 21.5} \qquad (4\text{-}5)$$

式中　$h_0$——当量土柱高（m）；

　　　$Q$——每辆车的总重（kN）；

　　　$L$——前后轴距加轮胎着地长度（m）；

　　　$B$——横行分布车辆轮胎外缘之间的距离（m）；

　　　$\gamma$——土的容重（kN/m³）。

$$B = Nb + (N-1)d \qquad (4\text{-}6)$$

式中　$b$——每辆车轮胎外缘之间的距离（m）；

　　　$d$——相邻两车辆之间的净距（m）。

假设坡顶的车道还是边坡护坡道上的公路车道，均按双车道公路处理，也就是说荷载的横向分布系数取2。根据公式（4-6）可以算出 $B$ 等于 5.5 m。汽车荷载采用"公路-Ⅰ级"，车重取 550 kN，前后轴距加轮胎着地长度等于 13 m。根据公式（4-5）可得

$$h_0 = \frac{NQ}{LB\gamma} = \frac{2 \times 550}{13 \times 5.5 \times 21.5} = 0.72 \text{（m）} \qquad (4\text{-}7)$$

也就是说汽车荷载等同于 0.72 m 的土柱作用力。将得出的 0.72 m 的土柱高度分别布置在边坡的坡顶及边坡的护坡道上。在分析时，汽车荷载可能出现在坡顶和护坡道两个位置，这就出现三种组合：车辆荷载只布置在坡顶处、车辆荷载只布置在护坡道处、坡顶和护坡道处都布置车辆荷载。车辆荷载只布置在坡顶时的计算结果见表 4-3；车辆荷载只布置在护坡道处时的计算结果见表 4-4；坡顶和护坡道处都布置车辆荷载时有车辆荷载的计算结果见表 4-5。

表 4-3　车辆荷载只布置在坡顶处的安全系数

| 方法 | 瑞典条分法 | 毕肖普法 | 斯宾塞法 | 简布法 | 摩根斯坦-普赖斯法 |
|---|---|---|---|---|---|
| 整体 | 1.397 | 1.518 | 1.521 | 1.408 | 1.523 |
| 上边坡 | 1.073 | 1.13 | 1.121 | 1.064 | 1.121 |
| 下边坡 | 1.333 | 1.373 | 1.369 | 1.328 | 1.368 |

当车辆荷载只布置在护坡道上时，分别采用极限平衡法中的瑞典条分法、毕肖普法、斯宾塞法、简布法等多种方法对该边坡的稳定性进行分析，计算出上边坡、下边坡及整体边坡的三个安全系数。

表 4-4　车辆荷载只布置在护坡道上的安全系数

| 方法 | 瑞典条分法 | 毕肖普法 | 斯宾塞法 | 简布法 | 摩根斯坦-普赖斯法 |
|---|---|---|---|---|---|
| 整体 | 1.494 | 1.543 | 1.542 | 1.492 | 1.543 |
| 上边坡 | 1.103 | 1.162 | 1.152 | 1.096 | 1.152 |
| 下边坡 | 1.325 | 1.367 | 1.362 | 1.322 | 1.362 |

当护坡道与边坡顶部都布置了车辆荷载时，分别采用极限平衡法中的瑞典条分法、毕肖普法、斯宾塞法、简布法等多种方法对该边坡的稳定性进行分析，计算出上边坡、下边坡及整体边坡的三个安全系数。

表 4-5　两个位置同时布置了车辆荷载时的安全系数

| 方法 | 瑞典条分法 | 毕肖普法 | 斯宾塞法 | 简布法 | 摩根斯坦-普赖斯法 |
|---|---|---|---|---|---|
| 整体 | 1.498 | 1.535 | 1.533 | 1.482 | 1.533 |
| 上边坡 | 1.088 | 1.145 | 1.137 | 1.082 | 1.135 |
| 下边坡 | 1.327 | 1.366 | 1.363 | 1.322 | 1.361 |

### 4.3.4　边坡车辆荷载等效为均布荷载及其效果分析

本节讨论将边坡荷载等效为均布荷载时的作用效果。计算公式为

$$q = \gamma h_0 = \frac{NQ}{LB} \tag{4-8}$$

式中 $q$——均布荷载（kPa）；

其他字母的含义同公式（4-5）。

均布荷载的布置也有三种情形：将荷载只布置在坡顶时，分别采用极限平衡法中的瑞典条分法、毕肖普法、斯宾塞法、简布法等多种方法对该边坡的稳定性进行分析，计算出上边坡、下边坡及整体边坡的三个安全系数，计算结果汇总如表 4-6；将荷载只布置在护坡道上时，同样得到汇总后的安全系数见表 4-7；在护坡道和边坡顶部同时布置了均布荷载时，其安全系数计算结果汇总如表 4-8。

表 4-6　车辆荷载只布置在坡顶时的安全系数

| 方法 | 瑞典条分法 | 毕肖普法 | 斯宾塞法 | 简布法 | 摩根斯坦-普赖斯法 |
|---|---|---|---|---|---|
| 整体 | 1.363 | 1.502 | 1.304 | 1.377 | 1.506 |
| 上边坡 | 1.055 | 1.117 | 1.108 | 1.048 | 1.106 |
| 下边坡 | 1.333 | 1.373 | 1.368 | 1.328 | 1.368 |

只有护坡道上布置了车辆荷载时，分别采用极限平衡法中的瑞典条分法、毕肖普法、斯宾塞法、简布法等多种方法对该边坡的稳定性进行分析，计算出上边坡、下边坡及整体边坡的三个安全系数。

表 4-7　车辆荷载只布置在护坡道上时的安全系数

| 方法 | 瑞典条分法 | 毕肖普法 | 斯宾塞法 | 简布法 | 摩根斯坦-普赖斯法 |
|---|---|---|---|---|---|
| 整体 | 1.494 | 1.546 | 1.542 | 1.492 | 1.541 |
| 上边坡 | 1.085 | 1.145 | 1.136 | 1.079 | 1.133 |
| 下边坡 | 1.316 | 1.358 | 1.356 | 1.315 | 1.355 |

当护坡道与边坡顶部都布置了车辆荷载时，分别采用极限平衡法中的瑞典条分法、毕肖普法、斯宾塞法、简布法等多种方法对该边坡的稳定性进行分析，计算出上边坡、下边坡及整体边坡的三个安全系数。

表 4-8　两个位置都布置了车辆荷载时的安全系数

| 方法 | 瑞典条分法 | 毕肖普法 | 斯宾塞法 | 简布法 | 摩根斯坦-普赖斯法 |
|---|---|---|---|---|---|
| 整体 | 1.486 | 1.535 | 1.533 | 1.48 | 1.534 |
| 上边坡 | 1.055 | 1.115 | 1.107 | 1.048 | 1.107 |
| 下边坡 | 1.316 | 1.358 | 1.356 | 1.311 | 1.357 |

这里 $\lambda^t$ 为待定的参数,用式(4-8)中的 $g^t$,通过偏微分法计算后,此式变成:

$$\left.\begin{aligned} e_1^p &= 0 \\ e_2^p &= 0 \\ e_3^p &= -\lambda^t \end{aligned}\right\} \qquad (4\text{-}9)$$

重复上述相似推理得到:

$$\left.\begin{aligned} \sigma_1^N &= \sigma_1^I + \lambda^t \alpha_2 \\ \sigma_2^N &= \sigma_2^I + \lambda^t \alpha_2 \\ \sigma_3^N &= \sigma_3^I + \lambda^t \alpha_2 \end{aligned}\right\} \qquad (4\text{-}10)$$

其中:$\lambda^t = \dfrac{f^t(\sigma_3^i)}{\sigma_3}$

在大多数情况下,针对斜坡地基上填方路堤在外荷载作用下的稳定与变形需要考虑其接触面的相对滑动、脱离、接触以及周期性的闭合和张开。接触面采用 Interface 模型,接触单元具有摩擦角、内聚力、膨胀角、法向刚度、剪切刚度及拉伸力等性质。

计算参数确定岩土体力学参数的选取 —— 只是岩土力学界和工程地质界的重要研究内容之一,数值计算分析的准确性取决于本构模型选取的正确性和岩土体力学参数取值的可靠性。

## 4.4　斜坡地基上填方路堤破坏机理分析

### 4.4.1　数值模拟

1. 计算程序编写

在 FLAC 数值计算软件中,没有对岩土体结构的极限承载力计算提供直接的算法，需要加载计算程序来实现。

FLAC 模型计算极限荷载的原理：通过编制的 FISH 子程序，控制逐级加载，载荷增量为 5 kPa，每次加载后，迭代计算至预定的精度后，再进入下一个载荷步。当模型出现过度变形或不能再进行稳定的数值计算时，确定模型为破坏，此时在路基上施加的荷载即为极限荷载，上述过程都是通过该子程序按伺服过程控制的。

### 2. 数值计算模型

模型并非实体，它只是真实世界的简化。因为真实世界过于复杂，人们不能完全了解，而对相对简单的模型分析可以增加对真实世界的了解程度。数值分析的成功与否不仅取决于模型的选取，还取决于计算参数的选取。因此采用简单的能反映主要影响因素的模型即可，采用复杂的模型只会得不偿失。由于目前山区斜坡地基上高填方路堤真实的三维变形破坏资料的缺乏以及三维数值分析的复杂性，因此本书所采用的计算模型为二维的平面应变模型。模型中左右两侧边界采用法向约束，底边边界对其水平与垂直方向进行约束，坡面与路堤坡面为自由面，在斜坡地基与填方路堤之间设置接触面。

另外在计算过程中需要做如下假定：

（1）假定路堤一次性填筑，计算过程中不考虑路堤分层填筑，即在设定的时间内填筑到设定的路堤高度。

（2）本书旨在研究路堤的各项参数对路堤本身和地基的影响，利用 FLAC 建模时不考虑初始变形，最后所得出的变形图中包含了路基在自重作用下产生的变形。

（3）数值分析时，采用总应力分析方法，忽略地下水对路堤的影响，只考虑土单元所承受的应力（总应力）在平面应变下对路堤的作用。

### 3. 计算分析工况

不同的斜坡地基坡度、不同填方路堤高度、不同填方路堤宽度、不同路堤边坡坡度、不同斜坡地基与填方路堤接触条件等均对路堤的极限承载力、变形与破坏产生影响。在岩质斜坡地基上，由于斜坡地基上三角形路堤的变形与破坏机理比较简单，在顶面均布荷载作用下主要沿斜坡地基与填方路堤接触面破坏，因此本章主要研究岩质斜坡地基上梯形路堤在不同几何条件下其破坏模式及其极限承载力、变形与破坏，并分析挖台阶对其极限承载力、变形与破坏的影响。为了便于分析计算，针对接触面接触条件不同，归纳为表 4-9 ~ 表 4-11 的几种工况。

表 4-9　不同路基几何条件下破坏模式计算工况表

| 对应计算图式 | 地基坡度<br>1：$m$ | 高度/宽度 | 填方高度<br>$H$/m | 路基宽度<br>$D$/m | 路堤边坡坡度 |
|---|---|---|---|---|---|
| 图 4-1 | 1：3.0 | 1：1.5 | 20 | 30 | 1：1.75 |
| | | 1：1.75 | 20 | 35 | 1：1.75 |
| | | 1：2 | 20 | 40 | 1：1.75 |
| | 1：2.5 | 1：1 | 20 | 20 | 1：1.75 |
| | | 1：1.25 | 20 | 25 | 1：1.75 |
| | | 1：1.5 | 20 | 30 | 1：1.75 |
| | 1：2.0 | 1.5：1 | 20 | 13.3 | 1：1.75 |
| | | 1.25：1 | 20 | 16 | 1：1.75 |
| | | 1：1 | 20 | 20 | 1：1.75 |
| | 1：1.75 | 2：1 | 24 | 12 | 1：1.75 |
| | | 1.75：1 | 24 | 13.7 | 1：1.75 |
| | | 1.5：1 | 24 | 16 | 1：1.75 |

表 4-10　不同影响因素下极限承载力计算工况表

| 对应计算图式 | 地基坡度<br>1：$m$ | 填方高度<br>$H$/m | 路基宽度<br>$D$/m | 路堤边坡坡度<br>1：$n$ |
|---|---|---|---|---|
| 图 4-1 | 1：3、1：1.25<br>1：2、1：1.75<br>1：1.15 | 16、18、20、<br>22、24 | 10、14、18、<br>22、24 | 1：1.75、1：5、<br>1：3、1：1.25、<br>1：1 |

表 4-11　挖台阶影响计算工况表

| 台阶形式<br>（宽度/m） | 地基坡度<br>$1:m$ | 填方高度<br>$H/m$ | 路基宽度<br>$D/m$ | 路堤边坡坡度<br>$1:n$ |
|---|---|---|---|---|
| 2.0 | $1:3$ | 16 | 24 | $1:1.75$ |
| | $1:2.5$ | 16 | 20 | $1:1.75$ |
| 1.0 | $1:3$ | 16 | 24 | $1:1.75$ |
| | $1:2.5$ | 16 | 20 | $1:1.75$ |
| 0.5 | $1:3$ | 16 | 24 | $1:1.75$ |
| | $1:2.5$ | 16 | 20 | $1:1.75$ |
| | $1:3$ | 16 | 24 | $1:1.75$ |
| | $1:2.5$ | 16 | 20 | $1:1.75$ |

## 4.4.2　不同几何条件下路堤破坏模式

　　岩质斜坡路堤的破坏模式主要分为整体破坏（沿接触面破坏）与局部破坏（路堤内部破坏），而局部破坏又可细分为对弧型滑动破坏与折线型滑动破坏。通过对表 4-8 的各种工况进行计算，得出岩质斜坡地基上填方路堤破坏模式主要包括沿接触面破坏、沿圆弧型滑动面破坏及沿折线型滑动面破坏，其破坏模式跟斜坡坡度与高宽比有关。在路堤顶部均布荷载作用下，针对红砂岩岩质斜坡地基上填方路堤的破坏模式跟斜坡坡度及路堤高度与路堤顶部宽度比关系如表 4-12 所示。

　　由表 4-13 可得出岩质斜坡地基上填方路堤整体滑动与局部滑动破坏的界限区域，对数值计算下不同斜坡地基坡度下破坏界限区域的高宽比取平均值，如表 4-13 所示。

表 4-12　不同几何条件下路堤破坏模式表

| 地基坡度<br>$1:m$ | 高度/宽度 | 填方高度<br>$H/m$ | 路基宽度<br>$D/m$ | 路堤边坡坡度<br>$1:n$ | 破坏模式 |
|---|---|---|---|---|---|
| 1：3.0 | $1:1.5$ | 20 | 30 | $1:1.75$ | 整体破坏 |
| | $1:1.75$ | 20 | 35 | $1:1.75$ | 整体破坏 |
| | $1:2$ | 20 | 40 | $1:1.75$ | 局部破坏 |
| | $1:1$ | 20 | 20 | $1:1.75$ | 整体破坏 |

| 地基坡度 1：m | 高度/宽度 | 填方高度 H/m | 路基宽度 D/m | 路堤边坡坡度 1：n | 破坏模式 |
|---|---|---|---|---|---|
| 1：2.5 | 1：1.25 | 20 | 25 | 1：1.75 | 整体破坏 |
| | 1：1.5 | 20 | 30 | 1：1.75 | 局部破坏 |
| 1：2.0 | 1.5：1 | 20 | 13.3 | 1：1.75 | 整体破坏 |
| | 1.25：1 | 20 | 16 | 1：1.75 | 整体破坏 |
| | 1：1 | 20 | 20 | 1：1.75 | 局部破坏 |
| 1：1.75 | 2：1 | 24 | 12 | 1：1.75 | 整体破坏 |
| | 1.75：1 | 24 | 13.7 | 1：1.75 | 整体破坏 |
| | 1.5：1 | 24 | 16 | 1：1.75 | 局部破坏 |

表 4-13　不同几何条件下路堤破坏模式界限表

| 地基坡度 1：m | 高度/宽度 | 填方高度 H/m | 路基宽度 D/m | 路堤边坡坡度 1：n | 破坏模式 | 破坏界限（高/宽） |
|---|---|---|---|---|---|---|
| 1：3.0 | 1：1.75 | 20 | 35 | 1：1.75 | 整体破坏 | 1：1.87 |
| | 1：2 | 20 | 40 | 1：1.75 | 局部破坏 | |
| 1：2.5 | 1：1.5 | 20 | 20 | 1：1.75 | 整体破坏 | 1：1.36 |
| | 1：1.25 | 20 | 25 | 1：1.75 | 整体破坏 | |
| 1：2.0 | 1.25：1 | 20 | 16 | 1：1.75 | 整体破坏 | 1.125：1 |
| | 1：1 | 20 | 20 | 1：1.75 | 局部破坏 | |
| 1：1.75 | 1.75：1 | 24 | 13.7 | 1：1.75 | 整体破坏 | 1.625：1 |
| | 1.5：1 | 24 | 16 | 1：1.75 | 局部破坏 | |

### 4.4.3　斜坡地基上填方路堤极限承载力影响因素

运用 FLAC 数值计算软件对第 4.4.1 节的各种工况进行计算，得出斜坡坡度、路堤高度、路堤顶面宽度及路堤边坡坡度对岩质斜坡地基上填方路堤极限承载力的影响。

#### 1. 斜坡坡度的影响

保持 $D$（24 m）、$H$（18 m）和 $n = 1.75$ 均一定，由图 4-1 可知，斜

坡坡度 $1:m$ 中 $m$ 的取值范围为：$0<m\leqslant\dfrac{D+NH}{H}$。拟 $m$ 分别取 1.5、1.75、2.0、2.5、3.0，得到 $m$ 取不同值时路堤极限承载力大小及破坏模式见表 4-14。

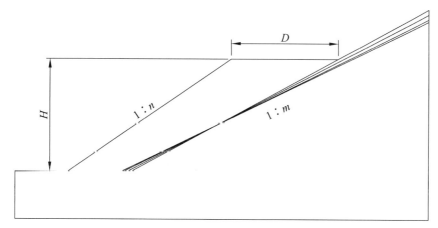

图 4-1　斜坡地基坡度变化图

根据表 4-14 可以绘出斜坡地基上填方路堤极限承载力随 $m$ 变化曲线图，见图 4-2。

表 4-14　不同 $m$ 时的极限承载力

| $m$ | 1.5 | 1.75 | 2.0 | 2.5 | 3.0 |
|---|---|---|---|---|---|
| 极限承载力/kPa | 275 | 275 | 270 | 265 | 70 |
| 破坏模式 | 局部破坏 | 局部破坏 | 局部破坏 | 局部破坏 | 整体破坏 |

由图 4-2 可知：在保持 $D$（24 m）、$H$（18 m）和 $n=1.75$ 均一定，只改变斜坡坡度的情况下（坡度由 1∶1.5～1∶3.0），当岩质斜坡地基上填方路堤破坏模式为局部破坏时，极限承载力的大小随斜坡坡度变化而变化不大；当斜坡坡度变化是路堤沿接触面破坏（整体破坏）时，极限承载力变化急剧增大；当斜坡坡度为 1∶2.5 时，极限承载力大小为 265 kPa；而当斜坡坡度变为 1∶3 时，极限承载力大小变为 70 kPa；变化率为 73.58%。

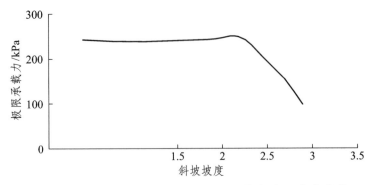

图 4-2　斜坡地基上填方路堤极限承载力随 $m$ 变化曲线图

### 2. 填土高度的影响

保持 $D(20\ \mathrm{m})$、$m = 2.0$ 和 $n = 1.75$ 均一定,路堤高度 $H$ 分别取 16 m、18 m、20 m、22 m、24 m。得到 $H$ 取不同值时路堤极限承载力大小,具体见表 4-15。

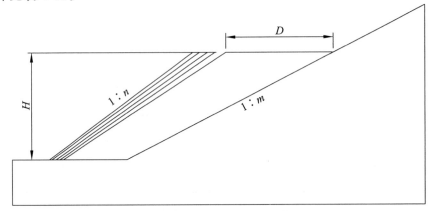

图 4-3　斜坡地基上填方路堤高度变化图

根据表 4-15 可以绘出如图 4-3 的斜坡地基上填方路堤极限承载力随 $H$ 变化曲线图。

表 4-15　不同 $H$ 时的极限承载力

| $H$ | 16 | 18 | 20 | 22 | 24 |
|---|---|---|---|---|---|
| 极限承载力/kPa | 275 | 270 | 265 | 260 | 245 |
| 破坏模式 | 局部破坏 | 局部破坏 | 局部破坏 | 局部破坏 | 局部破坏 |

由图可知，在保持 $D$（20 m）、$m=2.0$ 和 $n=1.75$ 均一定，只改变路堤填土高度的且其破坏模式均为局部破坏（路堤内部破坏）的情况下，斜坡地基上填方路堤极限承载力的大小随路堤高度的增加而减小，当填方路堤高度为 16 m 时，极限承载力大小为 275 kPa，而当填方路堤高度变为 24 m 时，极限承载力大小变为 245 kPa，变化率为 10.9%。

### 3. 填土宽度的影响

保持 $H=20$ m、$m=2.0$ 和 $n=1.75$ 均一定，路堤宽度 $D$ 分别为：10 m、14 m、18 m、22 m、26 m。见图 4-4 得到 $D$ 取不同值时路堤极限承载力大小，具体见表 4-16。

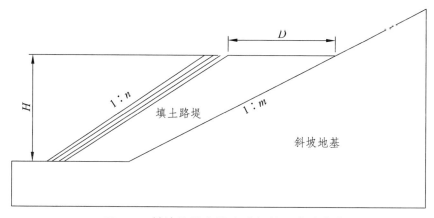

图 4-4　斜坡地基上填方路堤填土宽度变化图

根据表 4-15 可以绘出如图 4-4 的斜坡地基上填方路堤极限承载力随 $D$ 变化曲线图。

表 4-16　不同 $D$ 时的极限承载力

| $D$ | 10 | 14 | 18 | 22 | 26 |
|---|---|---|---|---|---|
| 极限承载力/kPa | 80 | 165 | 265 | 270 | 275 |
| 破坏模式 | 整体破坏 | 整体破坏 | 局部破坏 | 局部破坏 | 局部破坏 |

### 4. 路堤边坡坡度的影响

《公路路基设计规范》中对斜坡地基上填筑填方路堤常采取挖台阶的

工程处理措施，台阶的宽度通常设置为 2 m，挖台阶主要目的在于增大接触面的粗糙度，进而增加其摩擦阻力。当斜坡地基上填方路堤不沿接触面滑动时，其效果并不显著；当斜坡地基上填方路堤沿接触面滑动时，台阶的宽度对其稳定性的影响如何，尚需要进一步的研究。对相应工况进行计算，得出其失稳时剪应变增量。

通过计算得出不同台阶宽度下岩质斜坡地基上填方路堤极限承载力变化趋势，在不同斜坡坡度下，岩质斜坡地基上填方路堤极限承载力随台阶宽度的加大而增加，挖台阶与不挖台阶对其极限承载力的影响较大，而台阶的宽度则对其极限承载力影响不明显。综合考虑岩质斜坡路堤的稳定性与经济因素，拟采用的合理台阶宽度为 1 m。

### 4.4.4 小　结

为了揭示岩质斜坡路堤的破坏机理并对其稳定性做出准确评价以及为该类路堤的稳定性评价提供可资借鉴的方法，本章主要采用 FLAC 数值计算软件对岩质斜坡地基上填方路堤的变形与破坏机理进行研究，在运用数值计算与应用统计的基础上得出了以下结论：

（1）对不同工况进行计算，获得了破坏模式与斜坡坡度、高宽比之间的关系，并得到了整体破坏与局部破坏的判别标准。

（2）对局部破坏的破坏面形式分析，在局部破坏情况下，根据路堤高度、填筑面宽度、路堤边坡坡度以及填土物理力学性质得出了圆弧型滑动与折线型滑动的判别条件。

（3）分析了失稳状态下，不同破坏模式的路堤内部应力、路堤表面位移，得出了不同破坏模式下的路堤变形与应力变化规律。

（4）针对不同斜坡地基坡度、不同填方路堤高度、不同路堤宽度、不同路堤边坡坡度的岩质斜坡路堤极限承载力进行计算分析，得出了各个因素变化对其极限承载力的影响。

（5）对斜坡地基上设置不同形式台阶对岩质斜坡地基上填方路堤破坏模式与极限承载力大小进行分析，揭示了台阶的形式对其稳定性影响，并提出了合理选择台阶形式的建议。

填料是路基施工的主要材料，是指用以填筑路堤本体和基底换填的土料，包括经筛选或按一定要求掺和加工的土料，是路基工程关注的重要课题之一。填料来源的选择、填料优劣的判定和填筑质量的控制等问题均关系到路基工程的强度、刚度、耐久性和稳定性。同时，取土场填料的分布、运距等也是关系到路基工程造价的重要经济指标。本章就填料组别的划分（即优劣的判定）和施工过程中填筑质量控制指标体系进行详细的介绍。

## 5.1 填料的压实机理

对于填方路堤，不论填料是土夹石、石夹土还是土石混填，要想把填料压实，就得想办法将土粒之间的孔隙减小、孔隙比减小、填料的密度增大。其结果是，在荷载的作用下路堤沉降量减少，填料的强度得到提高，透水性降低，力学性质得到改善，这也直接影响路堤流变变形的参数确定。所以在道路、铁道、堤防、填海造田等的填方工程及重力坝的筑造等工程中，填方的压实都是一个重要的课题。路堤填筑时，影响填料压实度的因素有：① 天气太干燥或遇到连续雨水天气都可能导致对填方土体的最优含水率控制不力；② 一些暗埋式构造物处，因构造物长度限制使路基边缘不能超宽碾压，致使路基边缘压实度不够；③ 有些超车道与行车道拼接段不是同步施工，且拼接处理不好；④ 考虑到施工安全和进度，压力或压力作用时间不足；⑤ 当路堤施工到一定高度以后，路基边缘土体往往存在压实度不足的问题。

压实研究最初是针对黏性土的压实，黏性土的压实主要靠颗粒及其吸着水膜的弯曲、畸变及颗粒的重新排列来完成；无黏性土和碎石的压实主要靠颗粒重新排列和颗粒接触点局部破碎来完成。土石料压实的起源虽可远溯至战国时期，据我国《管子·度地》中记载，战国时期，修筑黄河堤防的民工使用的工具中有筑（相当于现代的夯）。但直到 20 世纪 30 年代才逐步建立了压实理论。由于当时大型土坝的出现，促进了压实理论和技术的迅速发展，填方压实质量的控制技术也有很大的提高。美国加州公路处最早研制了击实仪，并在 1929 年确定了用击实仪来求填土的最佳含水率 $w_{opi}$ 和最大干密度 $\rho_{dmax}$。1933 年美国加州供水局工程师 Proctor 发表了"土的击实基本原理"，总结了道路工程和洛杉矶市修筑土石坝的经验，提出了标准击实仪及室内试验方法，推动了填土压实质量控制技术的研究与发展。在外力作用下土的压实机理可以用结合水膜润滑及电化学性质等理论来解释，一般认为：

（1）对于黏性土，含水率较低时，由于土粒表面的结合水膜较薄，土粒间距较小，粒间电作用力就以引力占优势，土粒相对位移阻力大，在击实功能作用下，比较难以克服这种阻力，因此压实效果就差。随着土中含水率增加，结合水膜增厚，土粒间间距也逐渐增大，这时斥力增加而引力相对减小，压实功能比较容易克服粒间引力而使土粒相互位移，趋于密实，压实效果好。当土中含水率继续增加时，虽然使粒间引力减小，但土中会出现自由水，击实时空隙中过多的水分不易立即排出，势必阻止土粒的靠拢，同时排不出去的气体以封闭气泡的形式存在于土体内部，击实时气泡暂时减少，很大一部分击实功能由孔隙气承担，转化为孔隙压力，粒间所受的力小，击实仅能导致土粒更高程度的定向排列，而土体几乎不发生体积变化，所以压实效果反而下降。当现场土的天然含水率比最优含水率小的时候，施工时可以边洒水边碾压，并尽量控制填土含水率在最佳含水率的附近压实，但当现场的天然含水率比最佳含水率大很多的时候，因为没有那样的大型干燥机，在现场要使填土干燥实际上是比较困难的，因此在公路路基施工规范中，施工控制含水率偏离最佳含水率的限制规定为 ±2%。

（2）对于无黏性土，它与黏性土的击实性质存在很大差异。当含水率为零时，干密度值较大，稍增大含水率，干密度反而减小，直至压实曲线上出现干密度值最小的谷点，此后随含水率增加，干密度增加，压实曲线出现双峰值，这是无黏性粗粒土独有的特征。主要原因是：无黏性粗粒土的颗粒较粗，颗粒间黏结力趋于零，当含水率很小时，在外力作用下，大小颗粒之间易于充填，形成较高密度；当稍增加含水率后，在颗粒表面形成一层薄膜水，水分子产生似黏结力，不易压实，干密度较小；随着含水率继续增加，水膜增厚，水分子引力逐渐减小，以至消失，同时在颗粒间起到润滑作用，减小了摩阻力，可以达到较高密度值。因此无黏性土压实时没有最优含水率，一般在完全干燥或饱和时都可以获得较大干密度。在实际施工过程中，当填料为干燥状态时，干密度较大，不需加水；当处于潮湿状态时，需要加水改变接近谷底含水率的不利状态，增加压实效果。

## 5.2 路基填料

### 5.2.1 填料组别

填料的力学性质的好坏直接影响到路基的变形与稳定，一些工程性质不稳定或者容易受环境影响的土填入路基会引起路基的病害，导致路基失稳或产生超标的变形。如：膨胀土填筑的路基容易受水的影响而产生膨胀或收缩，长期的胀缩变化会使土体发生松动、变形增加甚至失去稳定性；冻胀敏感性土填筑的路基会在冬季降温后产生冻胀，影响线路的正常运营。好的填料应该不受环境影响，具有可压实性、较强的抗剪强度、较小的压缩性、良好的水稳性和抗冻性，压实后能够尽快稳定，不产生变形。所以路基填料的正确选择，是路基填筑质量的重要保证。

为了指导路基填料的设计，《公路路基设计规范》（JTG D30—2015）对路基填料进行了分组，共分为 A、B、C、D、E 五组，其中 A 组为优质填料，B 组为良好填料，C 组为可用填料，D 组为限制使用填料，E 组有机土为禁止使用的填料。

A 组：级配良好的碎石、含土碎石，级配良好的粗圆砾、粗角砾、细圆砾、细角砾，级配良好的含土粗圆砾、含土粗角砾、含土细圆砾、含土细角砾，级配良好的砾砂、粗砂、中砂、含土砾砂、含土粗砂、含土中砂、含土细砂。

B 组：级配不好的碎石、含土碎石，细粒含量 15% ~ 30% 的土质碎石，级配不好的粗圆砾、粗角砾、细圆砾、细角砾，级配不好的含土粗圆砾、含土粗角砾、含土细圆砾、含土细角砾，细粒含量 15% ~ 30% 的土质粗圆砾、土质粗角砾、土质细圆砾、土质细角砾，级配良好的细砂，级配不好的砾砂、粗砂、中砂，细粒含量大于 15% 的含土砾砂、含土粗砂、含土中砂。

C 组：细粒含量大于 30% 的土质碎石，级配不好的细砂，含土细砂，粉砂，低液限粉土、粉质黏土、黏土。

D 组：高液限粉土、粉质黏土、黏土。

E 组：如有机土。

根据以上分析，判定路基填料的优劣问题实际上就转化为对路基填料组别的划分问题。

## 5.2.2 填料组别的判定

填料组别的划分分为两个步骤（表 5-1，表 5-2）。

### 1. 一级定名

通过相关土工试验，按粒组范围将土分为 3 组，即粒径大于 50 mm 为巨粒组，0.075 ~ 50 mm 为粗粒组，粒径小于 0.075 mm 的为细粒组。巨粒土主要是块石类土和碎石类土；粗粒土主要包括砾石类和各种砂类土；细粒土主要是各种黏性土和粉土以及有机土。在每个大组中用"粒径累积法"将试样按粒组由大到小进行重量累积，当累积到某一粒组，其重量超过总重量的 50% 或自定的某一界限时，就以该粒组定名，即完成一级定名。

### 2. 二级定名

在一级定名的基础上，对巨粒土和粗粒土，根据颗粒分析试验结果确定其分类类别，并考虑其细粒土含量、颗粒形状、抗风化能力和级配情况等确定其组别，完成巨粒土和粗粒土的二级定名；对细粒土，根据液塑限试验结果，结合塑性图判别其分类和组别，根据土的塑性指数 $I_p$ 和液限含水率 $w_L$，完成二级定名。在二级定名的基础上将各类土划归为对应的 A、B、C、D、E 五个组别。

根据土质类型和渗水性可以分为渗水性土和非渗水性土。A、B 组填料中细颗粒含量小于 10%、渗透系数大于 $10^{-3}$ cm/s 的巨粒土、粗粒土（细砂除外）为渗水性土，其余为非渗水性土。

表 5-1  细粒土填料分组表

| 一级定名 | | | 一级定名 | | 填料分组 |
| --- | --- | --- | --- | --- | --- |
| | | | 液限含水率 | 名称 | |
| 细粒土 | 粉土 | | $I_p \leq 10$，且粒径大于 0.075 mm 颗粒的质量不超过全部质量的 50% 土 | $w_L<40\%$ | 低液限土 | C |
| | | | | $w_L \geq 40\%$ | 高液限土 | D |
| | 黏性土 | 粉质黏土 | $10<I_p \leq 17$ | $w_L<40\%$ | 低液限土 | C |
| | | | | $w_L \geq 40\%$ | 高液限土 | D |
| | | 黏土 | $I_p>17$ | $w_L<40\%$ | 低液限土 | C |
| | | | | $w_L \geq 40\%$ | 高液限土 | D |
| | 有机土 | | | 有机质含量大于 5% | | E |

注：1. 液限含水率试验采用圆锥仪法，圆锥仪总质量为 75 g，入土深度 10 mm。

2. A 线方程中的 $w_L$ 按去掉%符号后的数值进行计算。

表 5-2  粗粒土填料分组表

| 一级定名 | | | | 二级定名 | | | 填料分组 |
| --- | --- | --- | --- | --- | --- | --- | --- |
| 类别 | 名称 | | 说明 | 细粒含量 | 颗粒级配 | 名称 | |
| 巨粒土 | 碎石类土 | 块石类 块石土 | 粒径大于 200 mm 颗粒的质量超过总质量的 50%（不易风化，尖棱状为主） | — | — | 硬块石 | A |

| 一级定名 | | | 二级定名 | | | 填料分组 |
|---|---|---|---|---|---|---|
| 类别 | 名称 | 说明 | 细粒含量 | 颗粒级配 | 名称 | |
| 巨粒土　碎石类土　块石类 | 块石土 | 粒径大于200 mm颗粒的质量超过总质量的50%（易风化，尖棱状为主） | — | — | $R_c$>15 MPa 的不易风化软块石 | A |
| | | | — | — | $R_c$≤15 MPa 的不易风化软块石 | B |
| | | | — | — | 易风化的软块石 | C |
| | | | — | — | 风化的软块石 | D |
| | 漂石土 | 粒径大于200 mm颗粒的质量超过总质量的50%（浑圆或圆棱状为主） | 5%~15% | 良好 | 级配好的漂石 | A |
| | | | 5%~15% | 不良 | 级配不好的漂石 | B |
| | | | 5%~15% | 良好 | 级配好的含土漂石 | A |
| | | | 5%~15% | 不良 | 级配不好的含土漂石 | B |
| | | | 15%~30% | — | 土质漂石 | B |
| | | | >30% | — | 土质漂石 | C |
| 碎石类 | 卵石土 | 粒径大于50 mm颗粒的质量超过总质量的50%（浑圆或圆棱状为主） | <5% | 良好 | 级配好的卵石 | A |
| | | | <5% | 不良 | 级配不好的卵石 | B |
| | | | 5%~15% | 良好 | 级配好的含土卵石 | A |
| | | | 5%~15% | 不良 | 级配不好的含土卵石 | B |
| | | | 15%~30% | — | 土质卵石 | B |
| | | | >30% | — | 土质卵石 | C |
| | 碎石土 | 粒径大于50 mm颗粒的质量超过总质量的50%（尖棱状为主） | <5% | 良好 | 级配好的碎石 | A |
| | | | <5% | 不良 | 级配不好的碎石 | B |
| | | | 5%~15% | 良好 | 级配好的含土碎石 | A |
| | | | 5%~15% | 不良 | 级配不好的含土碎石 | B |
| | | | 15%~30% | — | 土质碎石 | B |
| | | | >30% | — | 土质碎石 | C |

| 一级定名 | | | 二级定名 | | | 填料分组 |
|---|---|---|---|---|---|---|
| 类别 | 名称 | 说明 | 细粒含量 | 颗粒级配 | 名称 | |
| 粗粒土 碎石类土 砾石类 粗砾土 | 粗圆砾土 | 粒径大于20 mm颗粒的质量超过总质量的50%（浑圆或圆棱状为主） | <5% | 良好 | 级配好的粗圆砾 | A |
| | | | | 不良 | 级配不好的粗圆砾 | B |
| | | | 5%~15% | 良好 | 级配好的含土粗圆砾 | A |
| | | | | 不良 | 级配不好的含土粗圆砾 | B |
| | | | 15%~30% | — | 土质粗圆砾 | B |
| | | | >30% | — | 土质粗圆砾 | C |
| | 粗角砾土 | 粒径大于20 mm颗粒的质量超过总质量的50%（尖棱状为主） | <5% | 良好 | 级配好的粗角砾 | A |
| | | | | 不良 | 级配不好的粗角砾 | B |
| | | | 5%~15% | 良好 | 级配好的含土粗角砾 | A |
| | | | | 不良 | 级配不好的含土粗角砾 | B |
| | | | 15%~30% | — | 土质粗角砾 | B |
| | | | >30% | — | 土质粗角砾 | C |
| 细砾土 | 细圆砾土 | 粒径大于2 mm颗粒的质量超过总质量的50%（浑圆或圆棱状为主） | <5% | 良好 | 级配好的细圆砾 | A |
| | | | | 不良 | 级配不好的细圆砾 | B |
| | | | 5%~15% | 良好 | 级配好的含土细圆砾 | A |
| | | | | 不良 | 级配不好的含土细圆砾 | B |
| | | | 15%~30% | — | 土质细圆砾 | B |
| | | | >30% | — | 土质细圆砾 | C |
| | 细角砾土 | 粒径大于2 mm颗粒的质量超过总质量的50%（尖棱状为主） | <5% | 良好 | 级配好的细角砾 | A |
| | | | | 不良 | 级配不好的细角砾 | B |
| | | | 5%~15% | 良好 | 级配好的含土细角砾 | A |
| | | | | 不良 | 级配不好的含土细角砾 | B |
| | | | 15%~30% | — | 土质细角砾 | B |
| | | | >30% | — | 土质细角砾 | C |

| 一级定名 | | | 二级定名 | | | 填料分组 |
|---|---|---|---|---|---|---|
| 类别 | 名称 | 说明 | 细粒含量 | 颗粒级配 | 名称 | |
| 粗粒土 | 砂类土 | 砾砂　粒径大于2 mm颗粒的质量占总质量的25%～50% | <5% | 良好 | 级配好的砾砂 | A |
| | | | | 不良 | 级配不好的砾砂 | B |
| | | | 5%～15% | 良好 | 级配好的含土砾砂 | A |
| | | | | 不良 | 级配不好的含土砾砂 | B |
| | | | >15% | — | 土质砾砂 | B |
| | | 粗砂　粒径大于0.5 mm颗粒的质量超过总质量的50% | <5% | 良好 | 级配好的粗砂 | A |
| | | | | 不良 | 级配不好的粗砂 | B |
| | | | 5%～15% | 良好 | 级配好的含土粗砂 | A |
| | | | | 不良 | 级配不好的含土粗砂 | B |
| | | | >15% | — | 土质砂 | B |
| | | 中砂　粒径大于0.25 mm颗粒的质量超过总质量50% | <5% | 良好 | 级配好的中砂 | A |
| | | | | 不良 | 级配不好的中砂 | B |
| | | | 5%～15% | 良好 | 级配好的含土中砂 | A |
| | | | | 不良 | 级配不好的含土中砂 | B |
| | | | >15% | — | 土质砂 | B |
| | | 细砂　粒径大于0.075 mm颗粒的质量超过总质量85% | <5% | 良好 | 级配好的中砂 | B |
| | | | | 不良 | 级配不好的中砂 | C |
| | | | | — | 含土的细砂 | C |
| | | 粉砂　粒径大于0.075 mm颗粒的质量超过总质量50% | — | — | 粉砂 | C |

注：（1）颗粒级配分为良好（$C_u \geq 5$，并且 $C_u = 1 \sim 3$）和不良（$C_u < 5$，或 $C_u \neq 1 \sim 3$），其中不均匀系数 $C_u = \dfrac{d_{50}}{d_{10}}$，曲率系数 $C_c = \dfrac{d_{30}^2}{d_{10} \times d_{50}}$，$d_{10}$、$d_{30}$、$d_{50}$ 分别为颗粒级配曲线上相应于 10%、30%、50% 含量的粒径。

（2）硬块石的单轴饱和抗压强度 $R_c > 30$ MPa，软块石的单轴抗压强度 $R_c \leq 30$ MPa。

（3）细粒含量指细粒（$d \leq 0.075$ mm）的质量占总质量的百分数。

### 5.2.3 填料的选用

#### 1. 一般基床填料的规定

Ⅰ级公路基床表层应选用 A 组填料（砂类土除外）填筑基床，当缺乏 A 组填料时，通过经济比选后可以选用级配碎石或级配砂砾石。Ⅱ级公路应选用 A 组填料，其次为 B 组填料。对不符合要求的填料，应采取土质改良或加固措施。填料的颗粒粒径不得大于 150 mm。

Ⅰ级公路基床底层应选用 A、B 组填料，否则应采取土质改良或加固措施。Ⅱ级公路可采用 A、B、C 组填料作为基床底层填料。当采用 C 组且年平均降雨量大于 500 mm 时，填料塑性指数不得大于 12，液限不得大于 32%，否则应采取土质改良或加固措施。底层填料粒径不应大于 200 mm，或不超过摊铺厚度的 2/3。

路堤基床以下部位宜选 A、B、C 组填料。当选择 D 组填料时应采取加固或土质改良。路堤浸水部分的填料应采用渗水土填料。使用不同填料填筑路基时，应分层填筑每一水平层全宽且以同一种填料填筑。当渗水土填在非渗水土上时，非渗水土顶面应向两侧设 4%的 "人" 字排水坡；当上、下两层填料的颗粒大小悬殊时，应在分界面上设厚度不小于 30 cm 的垫层。填料的最大粒径不宜大于 300 mm 或摊铺厚度的 2/3。

高度小于 2.5m（小于基床标准厚度）的低路堤，基床表层范围内的天然地基土的土质和天然密实度要达到规范对基床表层填料和压实质量的要求。基床底层范围内天然地基的承载力要足够，Ⅰ级公路不小于 180 kPa，或者静力触探比贯入阻力 $P_s$ 不小于 1.5 MPa，Ⅱ级公路不小于 150 kPa，或者 $P_s$ 不小于 1.2 MPa。

#### 2. 高速公路填料的选用

1）基床表层

从日、法、德三国和我国以前进行的少量基床强化的试验研究来看，基床表层使用的材料大致有以下几类：级配砂砾石、级配碎石、级配矿物颗粒材料（高炉炉渣）和各种结合料（如石灰、水泥等）的稳定土。级配矿物颗粒材料，特别是水硬性的级配高炉炉渣是很好的基床表层材料，主要成分是 CaO、SiO$_2$、Al$_2$O$_3$，其成分与水泥的成分相似。施工后很长时间内会继续硬化，承载能力相应提高，这显然是非常有用的。这种材料的无侧限强度在 1 200 kPa 以上，弹性模量在 300 MPa 以上。但也有一些不利的地方，它必须以炼铁厂为中心进行再加工，对矿渣碎石的品质要求高，否则水硬性的特点就得不到发挥。矿渣碎石对施工工艺要求严格，使用不当时，其含有的 CaS、CaO 还会污染环境。这种材料在日本已大量使用，欧洲也有少量使用，我国公路还很少用。从我国现有的施工条件来看，采用这类材料难度较大。我国高速公路路基基床表层填料采用级配砂砾石和级配碎石。

（1）级配砂砾石

各种砂砾石是欧洲基床表层普遍使用的材料，我国公路上也已大量使用。它是用粒径大小不同的粗、细砾石集料和砂各占一定比例的混合而成的填料，其颗粒组成符合密实级配要求，其中包括一部分塑性指数较高的黏土填充孔隙并起黏结作用，经压实后形成密实结构。其强度的形成是靠集料间的摩擦力和细粒土的黏结力。公路部门的经验表明，只要保证组成材料的质量，使混合料具有良好级配，并控制好细粒土的含水量及塑性指数，在施工过程中将混合料搅拌均匀，在最佳含水量下压实，并达到要求的压实度，就能形成较高的力学强度和一定的水稳性。

作为高速公路路基基床表层材料的级配砂砾石的颗粒粒径、级配应符合表 5-3 要求。级配曲线应接近圆滑，某种尺寸的粒径不应过多或过少。为了提高承载能力，还要求颗粒中扁平及细长颗粒含量不超过 20%，黏土团及有机物含量不超过 2%。形状不合格的颗粒含量过多时，应掺入部分合格的材料。为了防止道砟嵌入或基床底层填料进入基床表层，级配砂砾石与上部道床及下部填土之间应满足太沙基（terzaghi）反滤准则，即 $D_{15} < 4d_{85}$（$D_{15}$ 为粗粒土级配曲线上相应于 15% 含量的粒径，$d_{85}$ 为细粒土级配曲线上相应于 85% 含量的粒径）。当与基床底层填料之间不能满足该要求时，基床表层应采用颗粒级配不同的两层结构，或在基床底层表面铺设土工合成材料。粒径小于 0.5 mm 的细集料的液限应小于 28%，其塑性指数应小于 5。

表 5-3　级配砂砾石筛孔质量百分比

| 级配编号 | 通过筛孔质量百分率/% | | | | | | | | |
|---|---|---|---|---|---|---|---|---|---|
| | 50 | 40 | 30 | 20 | 10 | 5 | 2 | 0.5 | 0.075 |
| 1 | 100 | 90 ~ 100 | | 55 ~ 85 | 45 ~ 70 | 30 ~ 55 | 15 ~ 35 | 10 ~ 20 | 4 ~ 10 |
| 2 | | 100 | 90 ~ 100 | 75 ~ 95 | 50 ~ 70 | 30 ~ 55 | 15 ~ 35 | 10 ~ 20 | 4 ~ 10 |
| 3 | | | 100 | 80 ~ 100 | 50 ~ 80 | 30 ~ 50 | 15 ~ 30 | 10 ~ 20 | 2 ~ 8 |

（2）级配碎石

级配碎石是我国高等级公路上普遍采用的用作路基基层的填料，它是由粒径大小不同的粗、细碎石集料和石屑各占一定比例的混合料，并且其颗粒组成符合密实级配要求。级配碎石可由未筛分碎石和石屑组配成。未筛分碎石是指控制最大粒径（仅过一个规定筛孔的筛）后，由碎石机轧制的未经筛分的碎石料。它的理论粒径组成为 0 ~ 50 mm，并且具有较好的级配，可直接用作高速基床表层填料。石屑是指实际颗粒组成常为 0 ~ 10 mm 的筛余料，并具有良好的级配。级配碎石的颗粒粒径、级配范围和材料性能应符合现行《公路路基设计规范》（JTG D30—2015）规定，并且在变形、强度等方面应满足高速公路路基基床表层的有关技术条件。为了防止道砟嵌入或基床底层填料进入基床表层，级配碎石与上部道床及下部填土之间应满足 $D_{15} < 4d_{85}$。当与基床底层填料之间不能满足该要求时，基床表层应采用颗粒级配不同的两层结构，或在基床底层表面铺设土工合成材料。

2）基床底层

高速公路路基基床底层填料只能用 A、B 组填料或改良土。

3）基床以下路堤填料要求

高速基床以下路堤填料应满足下列三个基本要求：① 在列车和路堤自重荷载作用下，路堤能长期保持稳定；② 路堤本体的压缩沉降能很快完成；③ 其力学特性不会受其他因素（水、温度、地震）影响而发生不利于路堤稳定的变化。因此，只要土质经过处理后能满足上述要求，就可以用作基床以下路堤填料。

对于高速公路而言，使用的填料应该是最好的。这样既可以减少工后沉降，又可以有较高的安全储备以保证路堤的稳定，并保证不产生病害。因此，首先应采用现行《公路路基设计规范》（JTG D30—2015）所要求的优质材料。实际观测表明，采用优质级配良好的粗颗粒可以大大减少路基的工后沉降。然而，由于线路很长，通过地段的地质条件变化复杂，都使用优质填料的可能性不大。特别是京沪线，调查表明，优质填料 A 组缺乏，B 组填料和 C 组块石、碎石、砾石类填料也不多，否则就需要远运。这样长的线路必然需要大量的路堤填料，为了解决这一难题，显然要扩大可用填料范围，即 C 组填料细粒土经改良后也可以作为高速基床以下路堤填料。其实，缺乏优质填料不仅在我国，在世界各国都存在这个问题。因此，各国都在满足基本要求的前提下，努力使可用作填料的范围扩大。法国就曾在东南线的高路堤中试验使用含水量较高的黏土，其直接的目的是降低造价。

目前，世界主要高速公路国家对路堤填料有如下规定：

法国高速公路禁用 QS0 级土，包括有机质土、淤泥占 15%以上的疏松潮湿土质、触变性土，含可溶物质（如岩盐、石膏等）类土，含有害于环境的物体类土（如工业垃圾、矿物和有机质土的混合物）。

日本禁用 D2 组土，包括含有机质土的砂性土（SO）、有机质黏性土（OL）、有机质黏性土（OH）、有机质火山灰土（OV）、纤维质高有机土（Pt）、淤泥（Mk）。路堤下部填料除 D2 组土及下述土原则上不能使用外，其他均可经过改良后使用：① 膨润土、高岭土、温泉变质土等膨胀性土（岩）；② 会吸水膨胀风化严重的蛇纹岩、泥岩；③ 含大量有机质的高压缩性土；④ 冻土。

德国公路禁用富含动植物残留物的有机质土（OH，OK）、泥炭土（HN，HZ）和淤泥（F）。

由这些国家的有关规定可以看出，除性质不稳定，随时间或受各种因素影响其力学性质会发生显著变化的土外，包括含有一定数量有机质的土（OU，OT），易风化软岩，液限含水量高于 80%的火山灰质黏性土

（VH1，VH2），都可以经过一定处理后作为填料使用。因此，可作为填料的土类还是比较多的，但都需要经过改良处理以后才能使用。

## 5.3 填筑质量控制指标体系

在路基的填筑过程中，路基的压实度与路基土工结构的承载能力、抗变形能力、对气候环境的适应能力等性能密切相关，因此，为了提高路基土工结构的使用性能和长期稳定性，均须对其碾压密度进行有效控制。

此外，路基土工结构的密实程度还与线路上部结构的使用寿命或维修工作量之间存在所谓的"指数"关系有关，对于无砟轨道结构更是如此，这也使得人们对路基的压实及压实标准问题更加关注。控制路基填土的压实质量，传统的方法是所谓的"密度检测法"。采用标准击实试验来确定细粒土的最大干容重 $\gamma_d$ 和最佳含水量 $w_{opt}$，或采用相对密度试验来确定粗粒土的最大孔隙比 $e_{max}$（最小干容重 $\rho_{min}$）和最小孔隙比 $e_{min}$（最大干容重 $\rho_{max}$），然后再以细粒土的压实系数 $K$ 和粗粒土的相对密度 $D_r$ 作为路基设计及施工控制的填土压实质量指标。

自 20 世纪 70 年代以来，一些经济发达和技术先进的国家，为了更有效地对高稳定性要求路基的压实质量进行控制，开始采用强度和变形指标作为路基填土质量的控制参数，即所谓的"抗力检测法"。其中，美国采用的 CBR 标准、德国和法国等欧洲国家采用的静态变形模量 $E_{V2}$（含 $E_{V1}$）标准、日本采用的地基系数 $K_{30}$ 标准等最具代表性。

自 20 世纪 80 年代开始，为了解决 $K_{30}$ 和 $E_{V2}$ 等检测指标存在的问题，在 $K$、$K_{30}$、$E_{V2}$ 等基础上，欧美日等国开发研制了平板载荷动态变形模量 $E_{vd}$。增加反映车辆荷载作用特点的 $E_{vd}$ 标准，使路基的压实标准更全面和符合实际，已成为高速公路路基压实质量控制标准的发展方向。

综上历史发展历程，形成了与目前公路等级相适应的公路路基填筑指标体系。目前公路路基填筑质量控制指标体系由 6 个指标构成，分别为压实系数（$K$）、地基系数（$K_{30}$）、孔隙率（$n$）、相对密度（$D_r$）、动态变形模量（$E_{Vd}$）、变形模量（$E_{V2}$）。

### 5.3.1 各指标的内涵

1. 压实系数 $K$

$\gamma_d$ 为现场填筑路堤土的干密度，压实系数 $K$ 用 $\gamma_d$ 与室内击实试验的最大干密度 $\gamma_{dmax}$ 之比表示，见式（5-1）：

$$K = \frac{\gamma_d}{\gamma_{dmax}} \qquad\qquad (5\text{-}1)$$

随着压实系数 $K$ 的提高，土的强度提高、受力后土的变形量减小，边坡稳定性好，细粒土的渗透系数降低，可以防御水的浸蚀等优点。为此，压实系数 $K$ 是各种路基压实标准中最基础的检测标准。压实系数 $K$ 只表达了土体自身的相对压实情况。

2. 地基系数 $K_{30}$

（1）地基系数 $K_{30}$ 是表示土体表面在平面压力作用下产生的可压缩性的大小。它用直径为 300 mm 的刚性承载板进行静压平板载荷试验，取第一次加载测得的应力-位移（$\sigma\text{-}s$）曲线上 $s$ 为 1.25 mm 所对应的荷载 $\sigma_s$，按 $K_{30} = \sigma_s/1.25$ 计算得出，单位为 MPa/m。

（2）$K_{30}$ 平板载荷试验的适用条件和要求对平板载荷试验测试值大小的影响因素很多，包括填料的性质、级配、压实系数、含水率、碾压工艺、最大干密度、最佳含水量、试验操作方法及测试面平整度等。为了规范试验过程，提出了平板载荷试验的适用条件和要求。

① $K_{30}$ 平板载荷试验适用于粒径不大于载荷板直径 1/4 的各类土和土石混合填料。

由于 $K_{30}$ 的荷载板直径只有 300 mm，因此对所填路基土的颗粒粒径和级配有一定的限值，否则颗粒粒径过大，级配不均匀，$K_{30}$ 的测试结果就会存在较大的误差，难以真实反映路基的压实情况。根据秦沈客运专线的经验，$K_{30}$ 适用于均匀地基土（如粗、细粒土）地基系数的检测，对于拌和较均匀的级配碎石也是符合测试要求的,而对于颗粒不均匀的碎石土,其$K_{30}$检测就难以得出准确可靠的测试结果。

② $K_{30}$平板载荷试验的测试有效深度范围为 400~500 mm。

由于$K_{30}$平板载荷试验成果所反映的是压板下大约1.5倍压板直径深度范围内地基土的性状,因此要想真实全面地反映更深土层的情况,还需结合其他的检测手段进行综合评定。

③ 对于水分挥发快的均粒砂、表面结硬壳、软化或因其他原因表层扰动的土,平板载荷试验应置于扰动带以下进行。

影响$K_{30}$测试结果的因素很多,但含水量变化是造成$K_{30}$测试结果偶然误差的主要因素,也就是说 $K_{30}$ 测试结果具有时效性。一般来说,控制在最佳含水量附近施工,路基压实系数较高,路基质量好,基床表面刚度较大,$K_{30}$测试结果较高。但是由于受季节及天气气温变化的影响,其水分的蒸发程度不同,含水量差别较大,因而含水量为一变量。实践证明:碾压完毕后,路基含水量大时,$K_{30}$测试结果就小;含水量小时,$K_{30}$ 测试结果就高。由于击实土处于不饱和状态,含水量对其力学性质的影响很大。这就造成 $K_{30}$ 测试结果因含水量变化而离散性大、重复性差。为此,现场测试应消除土体含水量变化的影响。

④ 对于粗、细粒均质土,宜在压实后 2~4 h 内进行。

在进行 $K_{30}$ 测试时,发现不同时间的 $K_{30}$ 测试结果差别较大,尤其对级配碎石来讲更为明显。这是由于不同的检测时间,其路基的含水量及板结强度不同。若在碾压完毕后 2~3 d 再进行 $K_{30}$ 测试,虽然 $K_{30}$ 测试结果提高了,满足了 $K_{30}$ 的设计要求,但这样做会造成 $K_{30}$ 测试结果无可比性,不可信。因此,为了检测路基填筑质量而进行的 $K_{30}$ 试验,只有在碾压完毕的一定时限内进行测试才有意义。

⑤ 测试面必须是平整无坑洞的地面。对于粗粒土或混合料造成的表面凸凹不平,应铺设一层 2~3 mm 的干燥中砂或石膏腻子。此外,测试面必须远离震源,以保持测试精度。细粒土(粉砂、黏土)只有在压实的条件下才可进行检测。在不确定的情况下,要对地面不同深度进行检测,地面以下最深至 $d$($d$ = 承载板直径)。

⑥ 雨天或风力大于 5 级的天气,不得进行试验。

### 3. 孔隙率 $n$

孔隙率为土体中空隙体积与土总体积之比,以百分率表示。孔隙率越小表明土越密实,在秦沈客运专线设计暂行规定中开始使用土的孔隙率 $n$(%)作为路基填筑质量控制指标。

### 4. 相对密度 $D_r$

相对密度按照式(5-2)计算:

$$D_r = \frac{e_{max} - e}{e_{max} - e_{min}} \tag{5-2}$$

式中:$e_{max}$、$e_{min}$ 分别为填料的最大孔隙比和最小孔隙比,分别在试验中取最大的干密度和最小的干密度计算得出;$e$ 为填料压实后取样测其干密度后求出的孔隙比。据此式(5-2)可以写成式(5-3):

$$D_r = \frac{(\rho_d - \rho_{min})\rho_{d\,max}}{(\rho_{max} - \rho_{min})\rho_d} \tag{5-3}$$

### 5. 动态变形模量 $E_{Vd}$

1)概　念

动态变形模量 $E_{Vd}$(Dynamic Modulus of Deformation)是指土体在一定大小的竖向冲击力 $F_s$ 和冲击时间 $t_s$ 作用下抵抗变形能力的参数。它由平板压力公式 $E_{Vd}=1.5 \times r \times \sigma/s$ 计算得出。其中:$E_{Vd}$ 为动态变形模量(MPa);$r$ 为圆形刚性荷载板的半径(mm);$\sigma$ 为荷载板下的最大冲击动应力,它是通过在刚性基础上由最大冲击力 $F_s=7.07$ kN 且冲击时间 $t_s=18$ ms 时标定得到的,即 $\sigma = 0.1$ MPa;$s$ 为实测荷载板下沉幅值,即荷载板的沉陷值(mm);1.5 为荷载板形状影响系数。实测结果采用公式 $E_{Vd} = 22.5/s$ 计算。

2)适用范围、特点与应用前景

适用于粒径不大于荷载板直径 1/4 的各类土、土石混合填料、非胶结路面基层及改良土,测试有效深度范围为 400 ~ 500 mm。广泛适用于铁路、公路、机场、城市交通、港口、码头及工业与民用建筑的地基施工质量监控测试。也能适用于场地狭小的困难地段的检测，如路桥（涵）过渡段及路肩的检测。

（1）$E_{Vd}$检测特点

$E_{Vd}$动态变形模量测试仪的原理是模拟高速列车对路基产生的动应力进行动载测试，能够反映土体的实际受力情况。其荷载板下的最大动应力$\sigma = 0.1$ MPa，与高速公路设计中的土的动应力相符合。它特别适合于受动荷载作用的铁路、公路、机场及工业建筑的地基质量监控测试；测试速度快，检测一点只需 2 ~ 3 min。在检测数量不变的情况下，可以缩短检测时间，不影响施工进度；在相同的检测时间内，可以增加检测数量，使测试数据更具有代表性；施工中可以随时跟踪检测，发现问题及时处理，真正实现施工过程中的质量监控；操作简便、自动化程度高、大幅度减轻劳动强度。避免了 $K_{30}$ 人工读表、记录、绘图、计算产生的误判和误差；全自动数据处理系统，数据液晶显示且现场打印输出波形及结果，确保测试结果的准确、客观；$E_{Vd}$动态变形模量测试仪的体积小、质量轻、便于携带、安装及拆卸方便。仪器总质量不超过 35 kg，最大单件质量不超过 15 kg，不需要额外的加载设备；仪器测试地点转移迅速、方便；适用范围广，它除了可适用的土壤种类范围与 $K_{30}$ 相同外，还特别适应于施工场地狭窄的困难地段，如路基与桥（涵）过渡段、路肩等部位的检测，检测费用低；一个人用 2 ~ 3 min 便可以完成检测全过程，且不需要 $K_{30}$ 检测用的加载车辆，节省了台班费和人工费；$E_{Vd}$动态变形模量测试仪的设计以人为本，是环保型产品，避免了核辐射对人体的危害以及废气对环境的污染；$E_{Vd}$动态变形模量测试仪不仅可用于施工单位的自检，还适合于监理单位监理工程师的现场抽检，有利于施工质量的监督与保证。

（2）在既有线提速改造的工程应用中，$E_{Vd}$动态变形模量测试仪的优势

① 时间优势 —— 检测速度快。

既有线在不间断运营的情况下，行车密度大，$K_{30}$检测一点需要 30 ~ 50 min，而 $E_{Vd}$ 只需 2 ~ 3 min。

② 仪器优势 —— 小型、便携。

既有线道砟已存在，检测 $E_{vd}$ 只需扒开直径 30 cm 的面积即可，而 $K_{30}$ 基准杆还需要较大的地方，加载装置也需要较大的空间。

③ 经济优势 —— 检测费用低。

$E_{vd}$ 检测中不需要额外的大吨位加载装置，避免了台班费用，操作只需 1 个人即可，减少了人工费用。

④ 安全优势 —— 易于快速撤离。

既有线在不间断运营的情况下，行车密度大，$E_{vd}$ 仪器质量轻，一个人就可以提起并快速撤离。

综上所述，动态变形模量 $E_{vd}$ 标准的采用，可真正实现试验方法的大幅度简化、减轻试验人员的劳动强度、提高检测效率，试验结果将更符合实际，更准确、客观，它的应用将使我国路基施工质量监控和检测技术达到国际先进水平。随着我国公路行业有关 $E_{vd}$ 的标准和规范的颁布与实施，也将会对其他建筑领域，如公路、机场、水利、工业与民用建筑等，产生影响，因此，动态变形模量 $E_{vd}$ 标准将具有广阔的应用前景。

### 6. 变形模量 $E_{V2}$

由平板荷载试验第二次加载测得的土体变形模量称为 $E_{V2}$。无砟轨道客运专线的路基填筑质量控制指标增加了 $E_{V2}$ 的要求，其试验也属于平板载荷试验，在圆形载荷板上分级施加静荷载，测试荷载强度与沉降变形的关系，由此计算地基的变形模量。该试验方法与地基系数 $E_{30}$ 试验相似，它们的主要差别在于操作步骤与数据整理和计算方法的不同。

变形模量计算的理论基础是弹性半空间体上圆形局部荷载的公式：

$$E_0 = 0.79(1 - \mu^2)d\sigma / s \qquad (5\text{-}4)$$

式中：$d$ 为载荷板直径。取 $\mu$ 为 0.21，并采用增量式：

$$E_V = 1.5r\Delta\sigma / \Delta s \qquad (5\text{-}5)$$

式中：$r$ 为载荷板半径。计算 $0.3\sigma_{max} \sim 0.7\sigma_{max}$ 的割线。为了有效地利用测试记录的数据，减小误差采用对试验数据作二次回归：

$$s = a_0 + a_1\sigma + a_2\sigma^2 \qquad (5\text{-}6)$$

利用式（5-7）计算：

$$E_V = 1.5r\frac{1}{a_1 + a_2\sigma_{max}}$$
（5-7）

在公路路基填筑施工质量检测中，一般情况下采用直径 300 mm 的载荷板。

### 5.3.2　填筑质量控制指标选用

目前的普通公路路基规范采用了 $K$、$D_r$、$K_{30}$、$n$ 等多指标来控制路基压实质量，实现了细粒土用 $K$ 和 $K_{30}$、砂类土用 $D_r$ 和 $K_{30}$、砾碎块石类土采用 $K_{30}$ 和 $n$ 双指标控制的技术标准。

1998—2003 年，京沪、秦沈及 200 km/h 客货共线公路路基压实标准采用了细粒土用 $K$ 和 $K_{30}$、粗粒土（含级配碎石和碎石土）用 $n$ 和 $K_{30}$ 的双指标控制。

2004 年以来，客运专线有砟轨道路基压实标准增加了动态变形模量 $E$ 的指标，即：在基床部分，细粒土用 $K$、$K_{30}$、$E_{Vd}$，粗粒土（含级配碎石和碎石土）用 $n$、$K_{30}$、$E_{Vd}$ 等三指标进行控制。基床以下路堤仍采用双指标控制。

无砟轨道的设计，基于消化引进国外先进技术的原则，路基压实标准又增加了变形模量 $E_{V2}$ 的指标，即：在基床部分，细粒土用 $K$、$E_{30}$、$E_{Vd}$、$E_{V2}$，粗粒土（含级配碎石和碎石土）用 $n$、$K_{30}$、$E_{Vd}$、$E_{V2}$ 等四指标进行控制。基床以下路堤，细粒土用 $K$、$E_{30}$、$E_{V2}$，粗粒土（含级配碎石和碎石土）用 $n$、$K_{30}$、$E_{V2}$ 三项指标控制。

## 5.4　路基施工要点与施工质量控制

公路的路基不论是路堤还是路堑，都是由广义的土修建的，这个广义土包含日常的土、砂砾和岩石，因此路基工程施工实质上是土方工程施工。公路路基工程的目的是在完成后的土方构筑物——路堤或路堑上能铺筑良好的路面，该路面在通车使用期间能保持良好的平整性。作为路基材料的土具有复杂的性质。因此，担任路基工程的工地技术人员必须预先对土的基本性质、现场的土调查结果具有充分知识。施工中取用土的试验大致分为：土的种类鉴别，土的液塑限测定，土的最大干密度和最佳含水量测定，土的湿密度和土的含水量测定，地基的承载力测定。因此，要求路基施工中，必须摸清现场的水文、地质情况，保证路基具有足够的整体强度和稳定性。

### 5.4.1　测量放线工作

#### 1. 恢复定线测量

在地面上进行中线测量前，应由设计部门办理交桩手续。转角点桩及方向桩应在线外设拴点，并作点志标记。直线部分每隔 500 ~ 1 000 m 应加设方向桩。

复核水准基点；沿中线作水平测量以复核地面标高及原有水准基点标高时，如发现水准基点有疑问，除及时向设计单位查询外，可采用两个水准点为一环进行闭合测量，先确定两点的高程差。看两水准点的闭合差是否在 $12\sqrt{K}$ mm 以内（$K$ 为两点间水平距离，以 km 计）。根据施工要求，城区道路每隔 200 ~ 300 m 设一临时水准点。

#### 2. 填挖方施工测量

每一地段开工前应根据设计图纸放线，测设中心桩、边线桩、主要构筑物位置桩。施工中应经常检查各测量标志，对遗失或位置移动者随时补钉校正。

### 5.4.2　路基施工

#### 1. 一般规定

（1）路基土方作业，须熟悉图纸，按规定切实做好路基排水和路基处理以及边坡防护工作，确保路基的强度和稳定。并注意路肩或人行道的压实工作。

（2）挖方、不填不挖段的路基，均须压实至规定密实度。填方必须按规定厚度分层压实。

（3）路基土原地面以上的庄稼、草皮、树根应清除干净，原地面以下的墓穴、井洞、管沟应分层加以妥善处理。

## 2. 路基挖填土作业

（1）路基挖方作业，必须按设计横断面整幅开挖，不得乱挖和超挖，槽底必须预留碾压沉降量。

（2）挖方基底以下 80 cm 范围以内的树根应清除，重新填土夯实。

（3）填土路基不得使用腐殖土、生活垃圾土、淤泥、冻土块和盐渍土，不得含草和树根等杂物。超过 10 cm 粒径的土块应打碎使用。

（4）填土的地面横坡 1 : 10 ~ 1 : 5 的要将地面翻松后填土。陡于 1 : 5 时，应做成台阶形，台阶宽不小于 1.0 m，横坡向里，台阶高以 30 cm 为宜。

（5）分层压实的摊铺厚度一般为：羊足碾不大于 30 cm，压路机和电动打夯机不大于 30 cm，人工打夯不大于 20 cm。

（6）碾压工作应自路边向中央进行，一般碾轮每次重叠 15 ~ 20 cm。应碾压 5 ~ 8 遍，至无显著轮迹且达到要求密实度时为止。

（7）一般可将路堤填土两侧各加宽 50 cm，碾压成活后再削坡至设计宽度。

（8）在填土碾压过程中，应按标准规定检验土的含水量和压实度，并按要求做好试验记录。

## 3. 路基整修及翻浆处理

（1）路基填挖工程接近设计标高时，应对道路中线位置和横、纵断面路基顶面高程及路基顶面中线两侧宽度按设计要求进行竣工测量，修改不符要求项目。

（2）挖方路基其顶面高程达到设计标高时，需进行碾压，使其压实度符合设计要求。当土干时，要洒水，使其含水量接近该土的最佳含水量时上碾，如有路肩部分，也视同路基一样碾压。

（3）填土边坡，不得有亏坡现象。填土路肩，压路机无法压实时，应用人工夯具夯实。

（4）如有边沟，通过修整挖除土方后，要求边坡、沟底纵坡符合设计要求，做到边直坡平。

（5）道路路基的土体，如因含水量过大，在车行、碾压时发生颤动或表面裂纹时，一律要进行翻浆处理，处理方法为：

① 局部翻浆的，要挖出换填含水量适宜的土，或将原土进行晾晒，当含水量适宜时，再回填碾压。或在含水量大的土中掺拌干石灰粉，以便降低其含水量并加固土体。

② 如因地下水位较高，土的湿度过大，可全部掺拌干石灰粉，即以石灰土处理路基顶层土，如仍不行，可采用路基下设盲沟降低地下水位的办法。或设隔离层，以隔断毛细水的上升。透水性隔离层有粒料、土工织物。不透水隔离层有沥青类材料、石灰粉煤灰砂砾、水泥砂砾及各种类型的土工膜等。

### 4. 填筑压实中的几个特殊处理

（1）桥涵附近的填土，应特别仔细地压实，以免桥头与路基连接处发生不均匀沉降。涵管顶上 50 cm 以下的填土可用人工夯实至要求的密实度，以避免重碾破坏涵管。

（2）机动车车行道下的管、涵、雨水支管等结构物的埋深较浅，回填土压实度达不到规定的数值时，可用石灰土或砂砾对管沟胸腔、管顶、检查井及雨水口周围进行处理。对管顶距路床面小于 30 cm 的雨水支管，则采用水泥混凝土进行 350°包封。

## 5.4.3 路床整修及碾压

在路基填、挖方施工至接近路基顶面设计高程时，为了给路面各结构层的铺筑提供一个坚实、平整，符合设计纵、横坡度要求的工作面，就需要进行路床整修工作。

路床整修的内容是：

（1）确定路床的纵向中心线、路床宽度和路床的横坡度。

① 路基的填挖方作业中，常易因道路轴线的偏差，造成路堤（或路堑）轴线偏移。在路床施工时，核定的纵向道路中心线与原路基实际中心线的偏离，形成路床宽度达不到设计宽度的现象。为了保障路面结构有足够宽度，必须在路床整修中解决这一问题。

② 为了确保路面的厚度符合要求，横坡度也符合要求的最终目的，必须按设计横坡修整路床顶面。

（2）为达到设计要求的路床土基的弹性模量值，路床顶面以下深30 cm 的土层必须达到国家有关规范、规程、标准要求的压实度。有关的各种标准见表 5-4。

表 5-4　路床或路基压实度标准表

| 项　目 | | 市政土路床压实度/% | | | 公路土路基压实度/% | | |
|---|---|---|---|---|---|---|---|
| | | 行业标准 | | 北京市标准 | 项目 | 标准（重型击实） | |
| Δ 压实度（深度 0～30 cm） | 快速路和主干路 | 轻型击实 | 98 | 重型击实 95 | 零填及路堑压实度（0～30 cm） | 高速、一级路 | 95 |
| | | 重型击实 | 95 | | | 其他公路 | 93 |
| | 次干路 | 轻型击实 | 95 | 轻型击实 98 | 路堤压实度 | 0～80 cm 高速、一级路 | 95 |
| | | 重型击实 | 93 | 重型击实 93 | | 其他公路 | 93 |
| | 支路 | 轻型击实 | 92 | 轻型击实 95 | | 80～150 cm 高速、一级路 | 93 |
| | | 重型击实 | 90 | 重型击实 90 | | 其他公路 | 90 |

注：行业标准指建设部标准《市政道路工程质量检验评定标准》（CJJ1—1990）。

北京市标准指《市政道路工程质量检验标准》（DBJ01-11—1995）。

公路标准指交通运输部标准《公路工程质量检验评定标准》（JTJ071—1990）。

（3）为保证路面结构厚度均匀，需对路床表面的平整度提出要求；为保证路面中线高程符合设计，需对路床面中线高程在修整中进行控制。

### 5.4.4　特殊路基施工要点

特殊路基施工要点是指路基穿过杂填土、水网水田、软土、沙漠、黄土、多年冻土等地区时，路基施工的要点。

#### 1. 杂填土路基

1）对杂填土的技术处理

杂填土是指房渣土、工业废渣、生活垃圾等类型填土。

（1）对于房渣土，要查明其堆积年代、物质成分、均匀性、密实程度、压缩性和分化程度等。房渣土用于填方时，不应含有腐木之类有机物，烧失量不应大于 5%，最大粒径不应大于 100 mm。

（2）工业废渣填筑路基时，应对废渣的稳定性适用粒径和对地下水质污染程度进行试验研究，经技术鉴定后方可使用；生活垃圾不得作为填筑路基材料。当道路穿过生活垃圾堆积年数长久的地段，只有通过试验，证明其已充分分解稳定时，才可不进行换土。

2）杂填土路基的处理措施

（1）片石表面挤实法

该法适用于非冰冻地区，地下水位较低（约在地面以下大于 1.0 m），含软土较少和厚度不大的房渣土。可用 200～300 mm 长的片石，尖端向下，密排夯入土中（从疏到密），以便提高表层土的密实度，达到设计承载能力。

（2）重锤夯实法

该法适用于处理地下水位深在 0.8 m 以上的稍湿的各种黏性上、砂土、湿陷性黄土和房渣土，不适于含水量大的软弱土层。该法是用 7 t 以上的夯板（或夯锤），吊车吊起 8 m 高自由落下，强夯填土的方法。

（3）振动压实法

该法适用于处理地下水位离振实面不小于 0.5 m，含水量较少的黏性土的房渣土、工业废渣填筑。采用振动压路机自重吨位在 10 t 以上的，洒水、分层碾压达要求密实度。

对于新填房渣土、炉渣及级配较好的稳定冶炼废渣，可先用推土机碾压整平数遍后，用 15 t 以上静力压路机或 10 t 以上静重的振动压路机碾压至要求密实度。

## 2. 水网、水田地区路基

（1）施工前做好排水、排淤工作：

① 在水田内填筑路堤，必须先在距坡脚至少有 3 m 处开挖足够深度的排水沟，排除路基范围内的积水，再清除基底杂草和淤泥。在坡脚处筑起 50 cm 高的田埂，以阻挡路基填土掉入沟内。排水沟的最小纵坡应为 0.5% ~ 1%。

② 当地下水位高，路基不可能提高到最小填土高度时，必须设置砂砾垫层、隔离层或盲沟，以便隔绝毛细水上升至路基。

③ 跨越水田的路基，应设有足够的灌溉涵管，以适应农田灌溉的要求。

（2）路堤填土，一般不用含有腐殖质的淤泥，宜使用透水性良好的土。如必须使用当地淤泥，应晒干、打碎，分层填筑，碾压密实。

（3）跨越水田的路堑，必须在坡顶上筑起拦水的田埂。田埂须认真夯实，以防田间积水渗入路堑。

（4）妥善安排施工时间，在少雨季节施工，逐段推进，防止全线拉开和施工程序前后倒置。

## 3. 软土地区路基

软土具有含水量大、抗剪强度低、承载能力低的特性，在这种地区修建路基易出现压缩沉降、滑陷、坍塌等问题。

1）路基施工一般要求

（1）根据地形情况将地表水排除，保持基底干燥。最好在有利季节施工。

（2）原则上用渗水性良好的土填筑。然后再分层夯填一般土，每层填土厚不大于 30 cm。

（3）填筑路堤的土，应在坡脚 20 m 外挖取或远运。

（4）路基基底可采用换填渗水性土、抛石挤淤、设砂垫层、设置砂井、摊铺土工布等方法，进行基底加固。

2）几种有效的软土路基处理方法

（1）设置白灰粗砂桩法

适于粉砂土质，含水量大，地下水位在地面下 0.5 m 的软土地区修筑路基的处理。处理方法是：造孔径 0.15～0.3 m 的孔，孔深 1.0～1.5 m，间距 0.5～0.8 m，孔按梅花形摆排。成孔后，用筛选生石灰块加水泥，与粗砂拌匀、填充，再用木棍捣实。当生石灰遇地下水消解后，填充料体积膨胀，起到挤密土基的作用，提高路基承载力。

（2）石灰、水泥稳定碎石法

适用于苇塘、稻田、藕池等厚度小于 3 m 的泥沼地区修筑路基的处理。处理方法：排水、清淤、清除草根植被后，先将石灰与水泥按 3∶1 混合，然后将碎石与石灰、水泥按 2∶8 比例拌和均匀，摊铺、压实、养护。

（3）铺设土工布法

处理方法：

① 在路面设计标高以下 1.2 m 处铺设两层土工布，下层土工布横向铺设，上层沿路中线纵向铺设，土工布间搭接 0.3 m。

② 土工布上先铺中、粗砂厚 5 cm，其上摊铺厚 30 cm 石灰碎石土，碾压密实即可。

## 4. 沙漠地区路基

其施工要点是：

（1）路基施工前，对沿路线原有植物、灌木丛及覆盖物不得任意破坏。施工前应准备充分的防护材料，施工中应集中力量完成一段，防护一段。

（2）在有风及干燥季节，对填筑路堤当日不能完工的地段，坡面及坡肩应加以覆盖；对开挖路堑，应从一开始就随挖随用平铺式栅栏或草席、芦苇等护好坡肩，周围用小木桩固定或用大石块（混凝土预制块）压住。

（3）在地形较开阔的风沙流地段，宜将路基两侧 30～50 m 范围内的小沙滩、弃土、小土丘等可能引起积沙的阻碍物，均予以清除摊平，并使路基边缘高于两侧地面不小于 0.3 m，以利流沙顺利通过。

（4）路基施工，宜在少风季节或雨季进行。当用细砂或粉砂填筑路堤时，仍应分层沉实，有条件的应适当洒水沉实。

（5）筑路的主要控制桩及护桩、水准基点桩、路基边桩等均应设有明显的较高的标志，并妥善保护，防止被沙掩埋。

### 5. 黄土地区路基

路基施工要点是：

（1）用黄土填筑路堤时，若基底无不良地质现象或地下水活动时，只需做好基底的夯实和两侧排水，可不做其他处理。在基底有水或地下水位较高的地段，如不能设法排干时，必须设置毛细水隔离层，或采取其他疏干和降低地下水位的措施。

（2）黄土路堤的压实要求与一般黏土相同。压实黄土的最佳含水量，一般应根据试验确定。

（3）黄土路堑边坡，应严格按设计坡度开挖，如设计为陡坡时，施工中不可放缓，以免引起边坡冲刷。当路堑挖到接近设计标高时，应预留一部分土方，经洒水后用重碾碾压，以保证路基面有足够的强度。预留度应按密实度要求经试验确定。

（4）黄土地区，特别应注意加强路基排水，将水迅速引离到路基范围之外。黄土地区的边沟、截水沟、排水沟，均应采取加固及防止渗漏等措施。为防止路面水冲刷高路堤的边坡，可在路基边缘设置护墙、拦水埂或加固边沟，将水引至路堑边沟，再排出路基范围。

### 6. 多年冻土地区路基

（1）多年冻土地区的路基，根据路基热理变化规律和热流平衡的原理，其施工必须严格注意保护冻土，即使路基施工后仍处于热流稳定状态。因此路基应尽量采用路堤形式。施工时间以 5 月—10 月为宜。

（2）冻土保温措施与施工要点：

① 对富冰冻土、饱冰冻土、含土冰层的路段，必须严格按照保护冻土的原则施工。

② 加强路基侧向保护，注重路基排水。

③ 冻土泥沼地段的路堤应考虑预加沉落度。不论何类泥沼，为保温，均不挖换土。路堤基底应设置毛细水隔离层，其厚度宜在路堤沉落后至少高出水面 0.5 m。

④ 在地下水较发育的地段，开挖路堑时，如基底换填，基底及边坡均应铺设保温层。其路基应避免设置截水沟、排水沟，宜修筑挡水埝。当必须修建排水沟时，宜在路堑边坡坡顶 10 m 以外。排水沟至路堤坡脚或保温护道坡脚的距离，不应小于 5 m。

⑤ 含水量较高的细颗粒土，路堑边坡坡高以 1 : 1.5 ~ 1 : 2 为宜。

## 5.4.5　公路路基工程施工质量控制

### 1. 审核、熟悉图纸，掌握质量标准，确定施工方法

熟悉图纸中的尺寸、高程、中心线和地质情况等特殊部位构造。掌握相关的质量标准，确定工作段的划分和各部位施工方案。

### 2. 路基基槽开挖前应做好技术准备工作

（1）根据路基平面图，定出路基位置，设置标准桩，标出路基控制线、弯道曲线半径和地坪标高、路基间高程。

（2）做好路基排水措施，严禁路基基槽内的积水。

（3）路基开挖前，应摸清工程地质、水文地质、地下埋设物、管线、排水设施、洞穴等情况，并应根据季节气候情况，合理考虑施工方法与施工技术措施，确保基槽质量。

（4）了解路基土物理力学性质指标，如土的容重、含水率、塑性指数、压缩模数和抗剪强度等，以确定路基土的承载力及沉降量。

### 3. 测量仪器的校正

施工使用测量的经纬仪、水准仪和钢尺、弹簧秤均应进行校正，测量操作应符合规定，误差应在规定范围内。

### 4. 放 线

定位放线，首先要根据建筑红线，按设计要求的坐标、高程确定出路基的实际轴线位置；确定标高和断面尺寸，做出"永久性"标高水准桩，钉龙门板并引出路基断面尺寸线。为了便于复核和检查，应在轴线延长线上（2 m 以外）设置轴线控制桩，也叫引桩，要加以保护。引桩不仅是确定道路位置、标高、坐标的依据，同时还是附属构筑物定位线和工程质量评定的依据。

### 5. 路基土质的鉴定

（1）应根据地质勘探文件，核定基槽的土层构造，确定路基土的允许承载力。土的坚硬程度是否一致，含水率是否有异常现象。

（2）地基土容许承载力复核。路基容许承载力必须满足设计要求。土壤试验的检验方法主要有钎探、贯入仪检查、触探测定等复核方法。实际持力层土壤测定的数据，与要求控制数据对照检查。

## 6.1  高填方变形监测技术

随着科技的发展，监测技术发生了日新月异的变化，同时由现代工程的特点（工程量大，重要性、复杂性及特殊性），也确定了监测技术的重要性。工程原位监测是确保工程施工安全的重要措施，也是信息化设计和施工的前提。监测技术在工程建设过程中起着极其重要的"眼睛"作用。

### 6.1.1  高填方变形监测目的

高填方路基的主要特点：地质条件复杂，高海拔、高地震带，高填方、高土石方量和快速加载，且高填方体底部常分布有不同厚度的软弱土层。因而填筑体稳定性和变形（沉降与差异沉降）两大工程地质问题是高填方路基建设中首先要解决的问题。目前，室内研究主要有数值分析和物理模拟两种，但因高填方地基的复杂性及特殊性，均需要原位监测资料做技术支撑。并且，要在时间上和空间上对上述问题做出准确判断，实时了解和掌握高填方稳定状况，必须依赖于高填方路基建设中及竣工后的原位监测资料。通过高填方地基的原位监测研究，可达到以下目的：

（1）实时了解、评价高填方体变形发展过程和填筑体的稳定性状，确保填筑施工顺利进行。

（2）掌握高填方体沉降变形规律，预测高填方体剩余沉降量和差异沉降量，为高填方路基道面工程设计、决策和施工提供第一手技术资料。

（3）通过变形监测结果，检验高填方体设计方案与施工质量，对高填方路基建设积累实践资料和经验。

## 6.1.2 高填方变形监测系统设计

作为工程监测手段的现场监测，规划是否合理，不仅决定了监测能否顺利进行，而且决定了监测结果能否反馈于工程的设计与施工，为推动设计理论和方法的进步提供依据。因此，合理、周密的监测方案的设计是现场监测的关键。

现场监测方案设计的主要内容：① 监测项目的确定，监测手段、仪表和工具的选择；② 施测部位和测点布置的确定；③ 施测计划的确定，包括施测频率的确定。

针对高填方地基变形与稳定问题，监测项目主要包括：深部分层沉降监测、道面沉降监测、深部位移监测、坡面位移监测、土压力和孔隙水压力监测、坡脚部位地下水位监测和盲沟出水量监测，以及坡体形态的巡视观察等。

在变形监测系统布设中，对监测点布置主要考虑：① 能反映整个变形体的变形情况等；② 变形较大部位；③ 工程重点地段及地质条件较差部位；④ 利于观测，对于基准点布设则首选稳定地段并便于对监测点施测的地方。

### 1. 深部水平位移监测

深部水平位移采用数字直读式伺服加速度测斜仪，测量填筑体内部水平位移，以便分析研究填筑体的稳定性状。

### 2. 分层沉降监测

高填方地基分层沉降监测包括原地基固结沉降监测和填筑体压密变形监测，监测的重点是地质条件变化区。因高填方地基的工后沉降包括一定的原地基固结沉降和填筑体压密变形两部分，要准确地预测高填方地基的工后剩余沉降和差异沉降，必须把握原地基的固结沉降和填筑体的压密变形过程。因此，需对包括原地基在内的高填方地基沉降变形进行监测。

深部分层沉降监测采用电磁式沉降仪，为提高效率节省经费，一般采用在测斜管（特制的管，即内带"十"字导槽的高强度 PVC 管）上套沉降环的方法测量。原地基中分层沉降环采用挖坑埋设，埋设深度 1~2 m，填筑体内则随填筑高度增加而逐步接管埋设，每 10 m 左右埋设一个分层沉降环。

### 3. 坡面位移监测

在高填方体施工加载过程中，填筑体常发生一定量的鼓胀变形，并在整个坡面上表现出一定量的水平位移和竖向位移，坡面位移矢量的大小，直接反映出高填方体在填筑施工过程中的稳定状况。因此需对填筑体坡面位移监测和深部位移监测进行高精度实时的监测，以保证填筑施工顺利进行。

填筑体坡面位移监测的重点是填筑体坡脚、坡中和坡顶。监测内容包括测点的水平位移和竖向位移，一般采用精度全站仪监测。对高填方体而言，监测点一般布设在坡脚重点部位和马道，根据精度要求，还可在马道与马道之间的坡面上增加适量监测点，坡面位移监测基准点一般以观测墩形式埋置于稳定地段（如稳定山脊上）。

### 4. 道面沉降监测

道面沉降监测结果是高填方地基变形监测的核心内容，也是工后沉降和差异沉降计算的主要数据。利用道面沉降监测结果，结合分层沉降监测结果，可预测工后总沉降量，并可计算工后剩余沉降和差异沉降，为道面工程的设计和施工提供基础资料。

高填方填筑体填筑到设计标高后埋设道面沉降监测点，一般采用水准仪和铟钢尺测量。水准监测点个数及其间距应根据工程中道面尺寸、工程填筑情况及监测精度而确定。一般在道路中心线和两侧道肩上都要埋设监测点，以监测道路最大沉降和差异沉降。

### 5. 填筑体内土压力和孔隙水压力监测

土压力一般采用埋入式土压力计进行测量，孔隙水压力一般采用钢弦式孔隙水压力计进行测量，土压力和孔隙水压力监测点的个数因工程不同而不同。

6. 地下水位和盲沟出水量监测

地下水、坡体饱水情况和地下水渗流场特性是影响高填方地基稳定性的重要因素之一，有时甚至是确定性因素。一方面，地下水的变化往往会引起高填方边坡变形加剧，稳定性降低；另一方面，高填方地基的异常变形或失稳往往使地下水性态发生变化。因而高填方地基地下水特征监测，不仅为分析高填方地基稳定性提供基础数据，还为研究高填方地基沉降变形提供基础资料。

综合考虑工程水文地质条件，高填方地下水位监测主要在坡脚部位进行，采取小口径水位观测孔（$\phi \leqslant 50$）和大口径降水井（$\phi \geqslant 500$）观测。盲沟排水量监测一般是在工程盲沟沟口位置挖坑设置水槽观测。

### 6.1.3 变形监测精度与周期

合理确定观测精度是变形与稳定性监测中非常重要的环节。若观测精度过低，位移量往往被观测误差所掩盖，监测结果不能如实反映高填方地基变形与稳定性状；若精度要求过高，则监测费用过大，造成不必要的浪费。

变形与稳定性监测周期的确定实际是一个时间离散化问题，观测周期长短主要取决于变形值的大小、速度及观测目的。对于变形大、速度快的变形体，观测周期较短，反之可适当延长观测周期。对同一个变形体在不同情况下也应调整观测精度和周期。对于高填方地基变形监测精度和周期，目前尚无规范可循，但可借鉴滑坡监测有关规范所做的精度要求。《混凝土大坝安全监测技术规范》（SDJ335—89）规定滑坡监测位移量中误差 $\leqslant \pm 3$ mm；《水利水电工程施工测量规范》（SL52—93）规定滑坡监测位移量中误差 $\leqslant \pm 3 \sim 5$ mm；《工程测量规范》（GB 50025—93）规定重大滑坡监测位移量中误差 $\leqslant \pm 3 \sim 6$ mm。

高填方地基变形与稳定性状是一个动态过程，在施工期，由于连续的填方加载，坡面位移发展较快，位移量大，且观测易受施工影响，因而要适当缩短观测周期（3 天一测），观测精度可适当降低（位移量中误差 ≤ ±3 ~ 5 mm）。施工结束后，位移速率减缓，则应适当延长观测周期（5 天一测或更长）而提高观测精度（位移量中误差 ≤ ±3 mm），工后道面沉降监测可按 GB 12879—91 国家二等水准测量规范进行。

## 6.2　监测原理

### 6.2.1　深部位移监测

1. 深部水平位移监测

1）原　理

测斜仪的测试工作原理是根据摆锤受重力影响为基础，测定以垂线为基准的弧角变化。图 6-1 为测斜仪工作原理图。从图 6-1 中可见，测头由导轮导持，用电缆牵引，在预先埋在岩（土）体内的测斜管中滑动，其滑动方向由测斜管内的导槽控制。

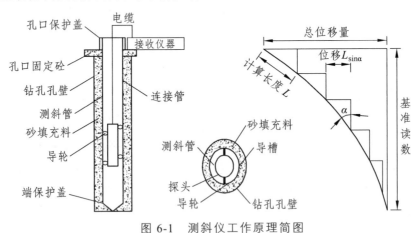

图 6-1　测斜仪工作原理简图

当岩（土）体发生变位时，测斜管也随之变位，若将测头在测斜管内自下而上逐段测量，就可以测到每一测量深度的倾角（$\theta_i$），由于每一段测量间距（$L$）是固定不变的，所以测到了每一深度内的倾角变化，也就得到了它的水平位移增量（$\Delta d_i$），即：

$$\Delta d_i = L \sin \theta_i \qquad (6\text{-}1)$$

若把每段的水平位移增量自下而上逐段累加（$\sum \Delta d_i$），便可得到孔口的总位移（$D$）：

$$D = \sum_{i=1}^{n} L \sin \theta_i \qquad (6\text{-}2)$$

根据全孔测量结果，便可描绘出钻孔轴线各点的位移全貌，从而确定岩（土）体内部发生变位的部位以及它们的大小和方向。

伺服加速度计式测斜仪的测头内装有伺服加速度计，伺服加速度计通常由敏感质量（惯性质量）、换能器、伺服放大器和力矩器四部分组成。这种形式的仪器的测斜是通过侧头内加速计测量重力矢量 $g$ 在传感器轴线垂直面上的分量大小来实现的，加速度计敏感轴在水平面内时，矢量 $g$ 在敏感轴上的投影为零；当加速度计敏感轴与水平面存在一个倾角（$\theta_i$）时，这时加速度计输出一个电压（$U_1$）。

$$U_1 = K_0 + K_1 g \sin \theta_i \qquad (6\text{-}3)$$

式中：$K_0$ 为加速度计偏值；$K_1$ 为加速度计标度因素。

为了消除 $K_0$ 的影响，需要将测头调转 $180°$，再在同一点进行第二次测量，此时又得到一个电压信号（$U_2$）：

$$U_2 = K_0 - K_1 g \sin \theta_i \qquad (6\text{-}4)$$

两式相减得：

$$U_1 - U_2 = 2K_1 g \sin \theta_i \qquad (6\text{-}5)$$

$$\sin \theta_i = \frac{U_1 - U_2}{2K_1 g} \qquad (6\text{-}6)$$

$$\Delta d_i = \frac{U_1 - U_2}{2K_1 g} L \qquad (6\text{-}7)$$

$$\Delta d_i = 100(U_1 - U_2) \, \text{mm}/V \qquad (6\text{-}8)$$

由于采用 4.5 位数字电压表显示，表头的最小读数为 $10^{-4}V$，即仪器的最小读数为 0.01 mm。

2）埋设与观测要点

（1）导线的埋设

① 首先用钻探工具钻成适合口径的孔，然后将导管放入孔内。导管连接部分应防止污泥进入，导管与钻孔壁之间用砂填充。

② 连接导管时，应将槽对准，使纵向的扭曲减少到最低程度。放入导管时，应注意十字形槽口对准所测的水平位移。

③ 为了消除土的变形对导管产生负摩擦的影响，除使导管接头处相对移动外，还可在管外涂润滑剂等。

④ 应尽量将导管底埋入硬层，作为固定端。否则导管顶端应校正。

⑤ 管子埋好后，需停留一段时间，使钻孔中的填土密实，贴近导管。

（2）测定方法

① 将测头的感应方向对准水平位移方向的导槽，放至导管的最底部。

② 将电缆线与接收指示器连接，打开开关。

③ 指示器读数稳定后，提升电缆线到欲测位置。每次应保证在同一位置进行测读。

④ 将测头提升至管口处，旋转 180°，再按上述步骤进行测量，这样可消除测斜仪上的固有误差。

## 2. 竖直位移监测

1）原　理

分层沉降仪是通过电感探测装置，根据电磁频率的变化来观测埋设在土体中不同深度内的磁环确切位置，再由其所在位置深度变化来计算出地层不同标高处的沉降变化情况。

分层沉降仪由两部分组成：一是地面接收仪器：测头、测量电缆、接收系统和绕线盘；二是埋入地下材料部分：分层沉降管（通常由波纹状塑料管或 PVC 管制成）、接头、封盖及沉降磁环等。常用分层沉降仪的主要技术指标见表 6-1 所示。

表 6-1　常用分层沉降仪的主要技术指标

| 型　　号 | FC-50 | CJY80 |
|---|---|---|
| 读数精度 / mm | ±1.0 | ±1.0 |
| 深度测量范围 | 50、100 | 50、100 |
| 探头尺寸 / mm | $\phi48×190$ | $\phi28×160$ |
| 电　　源 | 4F45-2 型直流 6 V | 9 V 层叠式电池 |
| 质量/kg | <10 | 5 |

2）方　法

测量时，拧松绕线盘后面的止紧螺丝，让绕线盘转动自由后，按下电源开关，手持电缆，将测头放入沉降管中，缓慢向下移动。当测头穿过土层中的磁环时，接收系统的蜂鸣器便会发出连续不断的蜂鸣声，此时读出测量电缆在管口处的深度数值，像这样由上而下地测量到孔底，称为进程读数。当从该沉降管内收回测量电缆时，测头也会通过土层中的磁环，接收系统的蜂鸣器再次发声处蜂鸣声，此时需读出测量电缆在管口处的深度读数，如此测量到孔口，称为回程测读。磁环在土层中的实际深度 $S_i$，可用下式计算：

$$S_i = \frac{J_i + H_i}{2} \qquad (6\text{-}9)$$

式中　$i$ —— 孔中测度时点数，即土层中磁环的序号；

　　　$S_i$ —— $i$ 测点孔口的实际深度；

　　　$J_i$ —— $i$ 测点在进程测读时距孔口的深度；

　　　$H_i$ —— $i$ 测点在回程测读时距孔口的深度。

若是在噪声较大的环境中测量，蜂鸣声不能听清时，可以用峰值指示。只要把仪器面板上的选择开关拨至电压挡即可，测量方法同上。

## 6.2.2　土应力监测

地基中应力测试，是测定土体在受力情况下的土压力，计算出地基应力分布规律，推算出土体强度随时间变化的规律，控制施工速度。土压力计是测定土压力的一种专门仪器。

## 1. 土压力计的基本要求

（1）必须有足够的强度和耐久性。土压力计一经埋入土体中，就要进行长期的观测，如果发生故障就不能检修。因此，要求土压力计能够抵抗各种因素的作用，如土的压力、水压力、温度变化、土的电解作用等。

（2）能够灵敏、准确地反映土压力的变化，并具有再现性。

（3）加压、减压时线性好。

（4）应力集中的影响要小，要有合理的结构形式，即受压板的有效直径 $D$ 与板中心变形 $\delta$ 之比要大。根据美国水道试验站的研究，$D/\delta$ 的下限，对土中土压力计为 2 000，对接触式土压力计为 1 000。

（5）对温度变化影响要稳定。

（6）整个测量过程，土压力和二次仪表均应稳定可靠。

## 2. 土压力计的结构类型

按使用要求来分，有土中土压力计和接触式压力计两种。

按原理结构来分，有液压式、气压平衡式、电气式（包括差动电阻式、电阻应变式、电感式等）、钢弦式。目前国内常用的是差动电阻式和钢弦式。

1）差动电阻式土压力计

差动电阻式土压力计又称卡尔逊仪，由测头部分和测量部分两部分组成。测头部分包括外力作用的感应部分（膜盒）和电转换部件（电阻式应变计）；测量部分是指示器（比例电桥）。

2）钢弦式土压力计

钢弦式土压力计，由承受土压力的膜盒和压力传感器组成。压力传感器是一根张拉的钢弦，一端固定在薄膜的中心上，另一端固定在支承框架上。土压力作用于膜盒上，膜盒变形，使膜盒中液体介质产生压力，液体介质将压力传递到传感器薄膜上，薄膜中心产生扰度$\delta$，钢弦长度发生变化，自振频率$f$随之发生变化。测定钢弦频率，换算出土压力值，常见的土压力盒参数见表6-2所示。

表6-2　常用土压力计技术指标

| 型号 | 工作原理 | 量程/kPa | 外形尺寸<br>/（mm×mm） | 主要用途 |
|------|----------|----------|----------|----------|
| JXY-1 | 钢弦式、单膜 | 0～6 000 | 114×28 | 结构边界土压力 |
| GJZ | 膜盒式接管+钢弦 | 400～2 000 | 200（300）×8 | 土中土压力 |
| GJM | 膜盒式接管+钢弦 | 400～2 000 | — | 接触面土压力 |
| YIR-30 | 电阻应变式 | 200～3 000 | — | 地基土压力 |
| YUB | 差动电阻式固定膜 | 200～1 600 | — | 地基土压力 |
| BTY | 电感调频型单、双膜 | 50～5 000 | — | 边界、土中土压力 |

## 6.2.3　土工格栅加筋效果监测

随着土工加筋技术的发展，土工格栅在土建工程建设中得到了广泛的应用，特别在高填方路堤、高边坡和路基拓宽工程中起到加筋、防水、隔离以及路面防裂等重要作用。某边坡的检测仪器布置如图6-2所示。

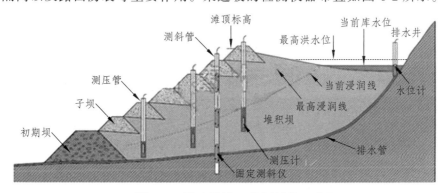

图6-2　某边坡设置的测斜仪示意图

土工格栅应用于高填方路基的作用主要是提高填筑体的整体稳定性，改善土石填料各部分应力特性，减小差异沉降，主要体现以下三方面：① 减小土石结合部分的水平应力，充分发挥土体的抗剪强度，加强填料的相互约束，提高填筑体的整体稳定性。② 均化差异沉降。土工格栅的加筋作用提高了填筑体整体性，使更多范围土体参与承受荷载和抵抗变形。③ 通过土工格栅与填料的相互作用，约束填筑体的侧向变形，减小高填方边沿土体滑动破坏的可能，提高填筑体的稳定性。

## 6.3 人工神经网络模型

### 6.3.1 多层网络的 BP 算法

神经网络的工作原理是通过训练样本学习到隐含在样本中的内在规律，从而对下一输入数据（与训练样本具相同统计分布特征样本）做出正确反应。神经网络学习算法有：误差反向传播（Back Propagation）学习、Hebb 联想学习 Widrow-Hoff 学习、Kohonen 学习和竞争学习等，但目前应用最多的仍是误差反向传播学习及其各种改进算法。

多层网络的 BP 算法是 LMS（Least Mean Square）算法的推广，其学习输入是一个网络正确行为样本的集合：$\{p,t\}_1,\{p,t\}_2,\cdots,\{p,t\}_n$。

$p$ 是网络输入，$t$ 是对应的目标输出。每输入一个样本，便将网络输出与目标输出相比较，算法将不断调整网络参数以使输出均方差最小化，即：

$$F(x) = E[e^{\mathrm{T}}e] = E[(t-a)^{\mathrm{T}}(t-a)] \qquad (6\text{-}10)$$

而在实际计算过程中，一般采用近似均方差。

$$F(x) = e^{\mathrm{T}}e = (t-a)^{\mathrm{T}}(t-a) \qquad (6\text{-}11)$$

调整网络参数（BP 算法）的算法如下。

1. 通过网络将输入向前传播

$$a^0 = p \qquad (6\text{-}12)$$

$$a^{m+1} = f^{m+1}(n^{m+1}) = f^{m+1}(W^{m+1}a^m + b^{m+1}) \; (m = 0,1,\cdots,M-1) \qquad (6\text{-}13)$$

$$a = a^M \qquad\qquad (6\text{-}14)$$

式中：右上标表示层号，$a^{m+1}$、$f^{m+1}$、$W^{m+1}$ 和 $b^{m+1}$ 分别是 $m+1$ 层网络输出、传递函数、权值和偏置值。

2. 通过网络将敏感性反向传播

$$A^M = -2F^M(n^M)(t-a) \qquad\qquad (6\text{-}15)$$

$$A^m = F^m(n^m)(W^{m+1})^{\mathrm{T}} A^{m+1} \quad (m = M-1, M-2, \cdots 2, 1) \qquad (6\text{-}16)$$

式中：$A^m$ 为 $m$ 层的敏感性，且

$$F^m(n^m) = \begin{bmatrix} (f^m n_1^m) & \cdots & 0 \\ 0 & \cdots & 0 \\ 0 & \cdots & (f^m n_m^m) \end{bmatrix}$$

式中：$f^m(n_j^m) = \dfrac{\partial f^m(n_j^m)}{\partial n_j^m}$

3. 使用近似的最速下降法更新权值和偏置值

$$\Delta W^m(k) = \gamma \Delta W^m(k-1) - (1-\gamma)\alpha A^m (a^{m-1})^{\mathrm{T}} \qquad (6\text{-}17)$$

$$\Delta b^m(k) = \gamma \Delta b^m(k-1) - (1-\gamma)\alpha A^m \qquad\qquad (6\text{-}18)$$

$$W^m(k+1) = W^m(k) + \Delta W^m(k) \qquad\qquad (6\text{-}19)$$

$$b^m(k+1) = b^m(k) + \Delta b^m(k) \qquad\qquad (6\text{-}20)$$

式中：$\gamma$ 是动量系数；$\alpha$ 是学习率，满足

$$0 \leqslant \gamma < 1, \quad 0 \leqslant \alpha < 1$$

用更新的权值和偏置值重新计算输出直到近似均方差足小。

### 6.3.2  高填方地基工后沉降 BP 模型

高填方地基工后沉降变形系统中包括了众多因素，这些因素在工程

实践中不可能每个都进行观测获取，若只取其中几项以进行高填方地基工后沉降预测，所得结果不可避免地具片面性。因而在建立高填方地基工后沉降预测 BP 神经网络模型时，从系统原则出发，由高填方地基各个部位沉降变形监测时序构成预测模型。由于高填方地基的高度复杂性和非线性，模型采用 1 个输入层、2 个隐层和 1 个输出层，2 个隐层单元传递函数均采用 sigmoid 函数（6-21），输出层单元传递函数采用线性函数（6-22）。保施高速 K18+850 段高填方填筑体各段竣工时间不一，沉降变形监测点埋设与观测分 6 条线路进行，所以预测模型也以对应观测线路建立 6 个。以道面沉降观测时间作为网络输入，相应的观测数据作为网络输出构成学习样本。如保施高速 K18+850 段学习样本为 2016 年 10 月 23 日—2017 年 2 月 16 日的 15 次观测数据，网络训练好后输出值与学习样本最大误差<0.006。对 C15 监测点在 2017 年 3 月 16 日沉降量预测为 22.66 cm，而 2017 年 3 月 16 日的实际观测值为 21.99 cm，误差为 3.5%。由此可见，BP 模型对工后沉降预测具有较高精度（表 6-3）。

$$a^m = f^m(n^m) = \frac{1}{[1+\exp(-n^m)]} \qquad (6\text{-}21)$$

$$a^3 = f^3(n^3) = n^3 \qquad (6\text{-}22)$$

表 6-3　高填方地基工后沉降变形 BP 神经网络预测模型

| 线　　　路 | 输入层单元数 $S^0$ | 第一隐层单元数 $S^1$ | 第二隐层单元数 $S^2$ | 输出层单元数 $S^3$ |
|---|---|---|---|---|
| 保施高速 K18+850 段 | 1 | 10 | 10 | 8 |
| 保施高速 K18+850 段 | 1 | 6 | 6 | 8 |
| 保施高速 K18+850 段 | 1 | 9 | 9 | 8 |
| 保施高速 K18+850 段 | 1 | 9 | 9 | 8 |
| 保施高速 K18+850 段 | 1 | 10 | 10 | 8 |
| 保施高速 K18+850 段 | 1 | 8 | 8 | 8 |
| 保施高速 K18+850 段 | 1 | 15 | 15 | 8 |
| 保施高速 K18+850 段 | 1 | 11 | 11 | 8 |

### 6.3.3　保施高速 K18+850 段工后沉降 BP 模型预测结果

　　从 2017 年 10 月 16 日前和 2018 年 12 月 16 日保施高速 K18+850 段工后沉降 BP 模型预测结果可看出，位于挖方区的 C81、C82 和 C83 等监测点，由于表层有一松散铺层，因而在观测初期有一定沉降发生，到中后期曲线十分平缓，基本上没有沉降发生。位于填方区的 C85、C88 和 C91 等监测点沉降量随填方厚度增大，其沉降过程可分为瞬时沉降、主固结和次固结三个阶段，其中 C91 点的主固结与次固结的划分数为 2.42，对应时间为 2017 年 8 月 16 日。瞬时沉降阶段的月平均沉降速率为 1.346 cm/月，主固结期间沉降速率为 0.01 ~ 0.1 cm/月，次固结期间沉降速率小，但时间较长，致使次固结量所占比重较大。

# 第 7 章　顺层边坡稳定性分析及加固技术

## 7.1　顺层岩质边坡结构特征及破坏模式

### 7.1.1　不同类型边坡的结构特征分析

由于岩体边坡在悠久的地质历史环境中不断改造，岩体边坡中存在着大量的软弱结构面，包括裂隙面、岩层面及节理面等，它们主导着边坡的变形发展，使得完整岩石力学特性的作用居于次位。因此，与土体边坡不同，岩体边坡的破坏通常是沿着上述软弱结构面开始并发展的。另外，如果岩体边坡发生失稳，其破坏规模往往较大，在众多岩体边坡稳定性的影响因素中，岩体结构是最为直接和重要的一项。

不同类型的岩体结构元素在岩体内的排列及组合形式称为岩体结构。岩体结构主要决定着岩体强度及变形性质，因此，通常必须首先对岩体结构认识到位，才能够较为顺利地对岩体强度特性、变形特性及破坏机制展开研究，接着通过力学计算及相应的模型试验，获得相关的数据结果，最后才能进行实际工程的合理设计及防护。

#### 1. 岩体边坡的分类

谷德振按岩体结构的不同，将岩体划分为完整结构、块状结构、层状结构、碎裂结构和散体结构五大种类，与此对应，岩体边坡可被划分为完整岩体边坡、块状岩体边坡、层状岩体边坡、碎裂岩体边坡及散体岩体边坡五大种类。

各类岩体结构及相应边坡的主要特点总结如下。

1）完整结构

此类结构岩体内部节理裂隙发育较少且不贯通，具有较高的拉压强度。理想完整结构岩体边坡具有较强的稳定性，但是实际情况下，边坡长期受到构造应力及风化作用的影响，所以通常都会存在一定程度的节理发育，导致完整结构岩体边坡很少在自然界中存在。

2）块状结构

此类结构岩体基本呈块状或中厚层状，结构面弱发育。块状岩体边坡整体稳定性较好，局部稳定性受控于结构面及岩石整体的抗剪强度，其失稳模式多数为高陡边坡岩体沿结构面滑移崩塌。

3）层状结构

此类结构岩体又可成为板裂结构岩体，基本呈层状，结构面普遍存在，具有以软弱夹层及层间错动带为代表的贯穿性软弱结构面，使得岩体表现出不均匀性及不连续性等特点。层状岩体边坡的破坏形式主要受控于边坡坡角与岩层面倾角的相互关系，一般失稳破坏规模较大。

4）碎裂结构

此类结构岩体存在结构面发育，结构面具有短小且分布不规则的特点，切割岩体至较为破碎，岩块之间有咬合力作用。碎裂岩体边坡具有较差的稳定性，边坡坡角受控于岩块间的镶嵌状态及咬合力。

5）散体结构

此类结构岩体或者存在大量结构面，致使结构松散破碎，或者是由无规则小岩块及碎屑泥质物构成，极多软弱结构面布置成网。散体岩体边坡具有极差的稳定性，边坡坡角受控于岩体的抗剪能力，滑动面的形状近似圆弧形，所采用的计算方法基本上与土质边坡计算方法近似。

除了层状岩体边坡以外，人们对其他四类边坡都有比较早的接触，对它们的力学性能有一定程度的掌握，并且可以针对其稳定性进行基本的定量计算分析。对于层状岩体边坡而言，其自身稳定性问题较为复杂，现阶段国内外对其展开的专门研究还相对偏少。层状构造特性的岩体在世界上分布极其广泛，伴随人类工程活动的急速增多，使得层状岩体稳定性问题大量出现。因此，层状岩体的工程特性正确评价，对人类工程活动起到重要的指导作用。随着我国经济的飞速发展，愈来愈多的基础工程会在高山及崖谷的地区建设，由此产生的层状岩体边坡的稳定性问题愈加突出。所以，针对层状岩体边坡稳定性问题的深入研究和探讨有着十分重要的必要性。

### 2. 层状岩体边坡的分类

很多学者基于岩体结构特征、岩性及地质构造等条件的区别，根据实际工程的不同情况，分别对层状岩体边坡进行了较为详细的划分，如：孙广忠根据边坡倾向及走向与岩层产状的关系，将层状岩体边坡分为四大类，即水平层状边坡、顺层边坡、切层边坡及反倾边坡；姜德义基于高度公路边坡工程的现场勘察资料，同样将层状岩体边坡分为层状同向缓倾岩体边坡、层状同向陡倾岩体边坡、层状斜向结构岩体边坡及层状反向结构岩体边坡四大类；冯君根据边坡岩性特征及其组合关系，将顺层岩体边坡划分为五大类，分别是硬质岩顺层边坡、中等坚硬岩顺层边坡、硬质岩夹软质岩顺层边坡、软硬岩互层顺层边坡及软岩顺层边坡。目前，较为普遍的划分方法是基于坡面与边坡岩层倾角之间的关系，将层状岩体边坡划分的五大类别，即水平层状、缓倾顺层、陡倾顺层、近直立层状及反向层状，其结构特点和失稳破坏机理分述如下。

1）水平层状岩体边坡

水平层状岩体边坡的坡体内部优势结构面基本呈现水平或者近似水平的状态，并伴有细微的构造运动。此类边坡的岩层倾角通常在0°到5°范围内，而且岩层倾角小于其内摩擦角。此类边坡具有较高的整体稳定性，而且其稳定性的变化与边坡高度和坡角存在反比例关系。边坡顶部的变形破坏受控于水平拉应力的作用，而且早于坡面及坡脚处的变形破坏，同时会产生张裂隙并逐步发展扩大，直到形成上宽下窄的宏观垂直张裂隙，此张裂隙的深度及数量随着边坡高度及坡角的增大而增加。一般情况下，坡脚处会保持着较高的稳定性，但是当坡高及坡角增到足够大时，坡脚处也会出现压剪性的失稳变形。

2）缓倾顺层岩体边坡

缓倾顺层岩体边坡主要组成成分为较坚硬的层状岩石，边坡的倾向与走向同岩层的倾向与走向均一致，但边坡坡角大于岩层倾角（5°~15°），岩层结构面被坡面切断。因此，坡脚以上岩层具有了临空面的活动空间，当岩层间抗剪强度较弱时，边坡岩体在重力作用下，会产生岩层面的滑动，主滑带通常与岩层的产状保持一致，但是，与坡脚相交的岩层面通常不会发生滑动。此类边坡的失稳破坏过程通常可归纳为3个阶段，即顶部张拉→顺层滑动→底部剪切变形，属于渐进性破坏。

3）陡倾顺层岩体边坡

陡倾顺层岩体边坡主要组成成分同样是较坚硬的层状岩石，边坡的倾向和走向与岩层的倾向和走向基本一致，但是边坡坡角小于岩层倾角。因为岩层倾角比较陡，岩层结构面不会被坡面切断，且未出露于临空面，不具备向下滑动的空间，所以，边坡在一般条件下是稳定的，但是在某些特殊状况下，会在坡脚处因为发生应力集中而导致失稳破坏。① 边坡坡角较陡时，容易发生崩塌、倾倒及落石等破坏；② 如果岩层倾角十分接近边坡坡角，岩层面会慢慢向上隆起，并且发生滑脱及拉裂等现象；③ 岩层倾角大于岩体内摩擦角，上覆岩体具备沿岩层面向下滑动的条件，但是滑动面没有临空的空间，所以阻碍了下滑趋势，这就使得坡脚附近的岩层承受着纵向压应力的长期作用，因而岩层面会逐渐向上隆起，导致边坡发生溃屈破坏。

4）近直立层状岩体边坡

近直立层状岩体边坡的坡体内部优势结构面基本呈现直立或者近似直立的状态，边坡的倾向和走向与岩层的倾向和走向仍保持基本一致。此类边坡的岩层倾角通常在75°到90°范围内，而且岩层倾角大于其内摩擦角。当边坡岩体受到开挖卸荷作用时，其自重应力场会发生重分布，又因为此类边坡具有较小的水平向抗拉强度，边坡体会向临空面方向发展，导致坡顶处岩体沿岩层面出现开裂及张拉，直至发生倾倒破坏。

5）反向层状岩体边坡

反向层状岩体边坡倾向与岩层倾向相反，边坡走向与岩层走向基本一致。此类边坡的稳定性取决于反倾结构面的岩层厚度、发育程度、岩层倾角与坡角相互关系及软弱结构面强度等。随着开挖深度及坡角的不断增加，坡面处会出现不明显的压剪变形，但是坡脚处始终处于稳定状态，而且坡顶及坡体岩层都不会发生倾倒破坏。如果岩层倾角较陡，坡脚上部的软弱岩层会容易开裂，进而发生倾倒弯曲变形。随着岩层倾角、坡高及坡角的不断增大，在边坡开挖之后，会出现"复合褶皱"，包括坡面开裂及倾倒破坏等复杂变形，转折部位则会出现折断破坏。

### 7.1.2  顺层高陡边坡失稳典型案例统计

我国地震活动具有震源浅、强度大、频度高、分布广等特点，是受地震危害的重灾区，地震触发的岩体边坡失稳破坏是最为常见的地震次生灾害，特别是在山区和丘陵地区，地震诱发的边坡滑移和坍塌数量极多而且危害极大。

相对于边坡的静力问题，边坡在地震、机械振动及爆炸等荷载作用下的动力问题更为复杂。经过案例统计分析，外部影响因素，特别是地震因素是导致边坡失稳的重大诱因。统计汶川地震中典型顺层高陡边坡灾害，见表7-1。

表 7-1  汶川地震诱发典型顺层高陡边坡灾害

| 滑坡名称 | 滑坡描述 |
|---|---|
| 干磨坊滑坡 | 地震发生时，山体在地震作用下失稳形成滑坡，滑坡整体坍塌后堵塞金溪河形成堰塞湖 |
| 窝前滑坡 | 滑坡整个下滑时间约为 30 s，滑体长 360 m，平均宽度 216 m，高 120～170 m，体积约 1 200×10$^4$ m$^3$ |
| 唐家山滑坡 | 山体整体高速坍塌，整个下滑时间约为 30 s，滑动相对位移 900 m。滑坡体长 700.4 m，最大宽度 611.7 m，高 70～120 m。滑体前缘挤压隆起，中后段继续保持下滑趋势 |
| 天池乡滑坡 | 顶部山体在地震作用下产生滑坡，失稳后形成碎屑流在 1.7 km 长的沟槽内流通后冲入河谷，其前缘受阻后堆积物抬升高度约 30 m |
| 大竹坪滑坡 | 地震直接诱发滑坡，300 m 的岩体失稳后洒落至坡前缓坡平台，将平台完全掩埋 |
| 百花大桥滑坡 | 地震作用下，沿着滑动面发生边坡滑动，堵塞山脚公路，滑体前缘滑入岷江中 |
| 寿江大桥滑坡 | 边坡共 4 层岩土层，各岩层之间交界处形成滑面，边坡沿滑面发生严重滑坡 |

### 7.1.3　顺层高陡边坡失稳影响因素分析

　　震区顺层高陡边坡特殊的复杂性使其成为道路及水利水电等工程中较难治理的边坡类型，探究其稳定性的影响因素有着十分积极的意义。

　　边坡的稳定包括有两方面内容，分别是：工程施工前自然状态下的边坡稳定状态和施工过程中和工程结束后营运期内的边坡稳定性状态。以现有关于边坡稳定性的研究中对边坡稳定性影响因素的各类总结为基础，结合背景工程的地质勘查资料，将边坡稳定性的影响因素分为边坡结构因素、岩体强度因素、外载作用因素及其他因素。边坡结构因素包括岩体结构特征、地下水条件、结构面特性、地形地貌特征（边坡几何形状）及地质构造特征等；岩体强度因素主要包括岩体抗拉、抗压及抗剪强度参数；外载作用因素包括地震作用、爆破、重力作用及开挖卸荷效应等；其他因素包括风化作用、降水、施工工艺及气温影响等。经过归纳总结得出了震区边坡稳定性的主要影响因素结构图（图 7-1）。

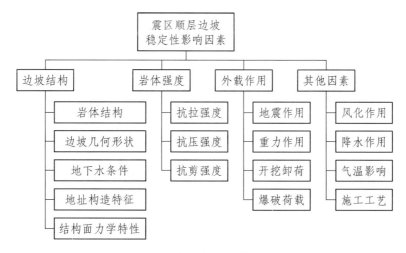

图 7-1　层岩体边坡稳定性主要影响因素

### 1. 岩体结构

　　从上述章节的内容可知，岩体结构面的产状、结构类型及其与边坡倾角的关系是顺层岩体边坡稳定性的控制性影响因素。就顺层岩体边坡的倾向而言，顺层岩体边坡的稳定性优于缓倾顺层岩体边坡；就顺层岩体边坡的走向而言，边坡岩体的临空程度受控于坡面走向与岩层面走向的相互关系。所以，如果坡面走向平行于顺层岩体边坡的不利倾向的岩层面。边坡的整体稳定性将会受到严重的影响。此外，边坡受多组结构面切割也会使边坡岩体沿结构面的自由度增多，导致滑移体形成的概率增大；同时地下水的渗透侵蚀作用使得边坡岩体强度逐渐减弱，进而影响边坡的整体稳定性。

## 2. 地下水作用

地下水作用对顺层边坡岩体稳定性的影响具有多面性及活跃性的特点。许多工程实例可以证明，大多数边坡岩体的变形破坏均与地下水作用有关。由于地下水的影响，顺层边坡岩体的自重会增大，从而造成重力的分力，即下滑力也增大，主要体现为静水压力及动水压力。其中，静水压力作用包括三方面内容，即作用于滑移体下部滑移面的静水压力，淹没边坡后坡面上的静水压力，岩体边坡后缘张拉裂缝富水后的静水压力。当顺层岩体边坡上部岩体为相对不透水结构时，地下水位的上升导致边坡岩体底部静水压力增大，使得构造出层面的有效应力减小，导致边坡的抗滑力逐渐减小，最终影响到顺层岩体边坡的整体稳定性。如果顺层岩体边坡上部岩体为透水结构，地下水位抬高时边坡岩体会在水力梯度的作用下形成动水压力。当动水压力方向平行于渗流方向且指向临空面时，将会对岩体边坡整体稳定性产生极为不利的影响。另外，地下水还具有侵蚀作用，会逐渐减弱顺层边坡的岩体强度，从而造成边坡的失稳破坏。

## 3. 地应力（岩体构造应力）作用

岩体应力是影响结构稳定和破坏机制一个重要的内部因素。顺层岩体边坡的应力分布十分复杂。如果假定顺层边坡岩体为弹性均质且各向同性的材料，边坡坡面附近岩层的应力通常较低，而坡顶附近岩层一般属于拉应力集中区域。坡脚附近岩层属于剪应力集中区域。就人工边坡来说，由于开挖卸荷作用的存在，边坡岩体的原始应力被释放引起边坡应力场的重新分布，进而导致岩体的变形破坏。以上所述可以证明，顺层岩体边坡的失稳变形与地应力有着一定程度的联系。

4. 岩性特征

岩体的结构类型、结构强度、抗风化能力及保持切坡高度的能力均受控于其岩性特征。因此，岩体的岩性特征是顺层边坡形成的物质基础，是边坡整体稳定性的直接影响因素。通常情况下，岩体根据强度的差别被分为软岩和硬岩两大类。其中：软岩边坡强度较弱，容易被风化侵蚀，使得边坡岩体出现较多节理及裂缝，削弱边坡的稳定性，极少可以形成较高的边坡体，即使形成较高的边坡体，也会因为极差的稳定性导致边坡的失稳破坏。硬岩边坡的强度较高，边坡岩体具有良好的完整性，整体稳定性较高，即使形成高陡边坡，发生滑坡的概率也会很低。软岩与硬岩互层的边坡，其岩层间会存在强烈的层间错动，软岩层在外力作用下易形成不稳定的软弱夹层，此类边坡的稳定性介于前两种边坡之间。由大量工程实例可知，边坡岩体的岩性特征较为复杂，存在许多岩性组合，各种组合形成的岩体边坡会具有不同的结构特性，从而会形成不同的边坡变形破坏模式。

5. 地质构造特征

大量工程实例证明，如果边坡所在区域地质构造较为复杂，此边坡则会具有较差的稳定性，容易发生失稳破坏。地质构造特征主要包括节理、断层和岩层产状三方面内容，分述如下：

（1）节理，指的是岩体受到大于其自身强度的构造应力作用，岩体内部形成的裂缝极小或无裂缝。岩体中节理广泛分布，会将岩体割裂成由许多岩块组成的裂隙体系，破坏边坡岩体的完整性。

（2）断层，指的是岩体在构造应力作用下内部出现的相对明显的位移变化，位移变化使岩体的连续性及完整性遭到破坏。断层的存在使得岩体遭到分割。此段时期内边坡的稳定性会因此变得相对较差而容易产生失稳变形。

（3）岩层产状，岩层产状对顺层岩体边坡的稳定性及其失稳破坏模式都有着十分重要的影响作用。在开挖卸荷作用完成后，边坡会形成临空面。由于顺层边坡的坡面走向与岩层走向基本保持一致。当岩层结构面出露于临空面时，就会容易造成顺层滑坡。当岩层倾角相对较缓时，岩体的下滑力相对较小。开挖后的边坡相对较稳定。大多数此类边坡具备普通边坡的失稳变形特征，也就是受节理裂缝及断层作用的小规模滑动变形，而少数此类边坡由于内部个别软弱层面的抗滑力极小而且受到地下水作用，会导致蠕滑型的顺层滑坡。当岩层倾角为中等倾角时，潜在滑移体的下滑力变大，顺层边坡以顺层滑动为主要破坏模式。当岩层倾角较陡，且边坡坡角等于岩层倾角时，边坡因为没有下滑空间而通常较为稳定，但是随着开挖的逐渐加剧，当边坡岩体相临空面的自重应力超过极限值时，则会发生倾倒破坏。

### 6. 地形地貌

顺层岩体边坡的地形地貌是对其整体稳定性影响较为显著的因素。边坡岩体在不利的地形地貌影响下，其坡顶附近易受拉应力而产生张拉裂隙，同时在坡脚附近出现剪应力集中现象，导致剪切破坏带的形成，降低边坡稳定性。

### 7. 地震作用

地震对边坡稳定性的影响很大，地震诱发作用下往往产生大规模边坡失稳，如汶川大地震触发了 15 000 多处滑坡。地震对顺层岩质边坡的破坏作用主要表现为：边坡岩体中的剪应力因地震波作用而增加，使得原生结构面、构造结构面和既有裂隙逐渐扩展延伸，甚至产生新的裂隙，边坡的承载能力和稳定性也会降低；地震产生的惯性力会对边坡形成下滑力，诱发滑坡体的出现；地震荷载作用在边坡中会造成位移、速度、加速度、应力和应变等响应的变化，而且不同力学性质的岩（土）体对地震的动力响应也会表现出不同的特征，这使得地震荷载作用边坡的稳定性分析更加复杂。

### 8. 爆破荷载

开挖时实施的机械爆破在某些情况下是影响顺层岩体边坡稳定性最

普遍的外部因素。因爆破动力产生的瞬间冲击作用，使得爆破源附近的边坡岩体在刹那间被急剧地压缩，而且因为爆破产生的冲击波向四周扩散，导致岩体介质发生变形，进而促使边坡岩体的剪应力增大。另外，当压缩波传播到边坡自由面时，被压缩的岩体逐渐向自由面方向运动扩张，进而造成自由面产生拉伸波，使得岩体受到拉力作用，又因为岩体内部抗拉强度远远小于其抗压强度，这就导致边坡自由面附近岩体节理及裂隙的张裂和扩张，或者有新的裂缝产生，从而造成该部分岩体抗剪强度的减小。当边坡岩体中含有软弱夹层或者填充有松散介质或水质的断层时，它们会在爆破的振动影响下发生液化。此外，爆破产生的剪切波还可能导致边坡岩层面间产生错动。因此，爆破荷载通过多种途径影响顺层岩体边坡的稳定性。

### 9. 其他因素

1）风化作用

长期暴露在外界的岩体内部会受到各类化学及物理的风化作用影响，出现强度减弱、容重减小及结构面破坏等不良现象，同时，在边坡岩体表面会产生大量次生矿物，岩体内部的原有节理及裂隙张开并扩展，而且会产生新的风化裂缝，对边坡岩体的整体完整性造成严重的威胁。相关研究表明，岩体的风化程度对边坡的整体稳定性有着直接的影响，岩体风化程度越高，顺层岩体边坡的稳定性越差。

2）时间效应

因为边坡岩体中会普遍存在有软弱夹层，而软弱夹层的抗剪强度通常会随剪应力作用时间的推移而减弱，所以，软弱夹层中的蠕滑变形更为突出，由此往往引起整个边坡的蠕滑变形。当蠕滑剪力大于岩层面的长期抗剪强度时，边坡就会发生不稳定蠕变，最终处于加速蠕变进而发生顺层剧滑的现象。

3）气象影响

顺层岩体边坡稳定性受气象影响明显。受降雨量的影响，在湿润地区边坡稳定性较比在干旱地区差；低温环境下的顺层岩体边坡表面风化速度加快，同时岩体内部的节理裂隙会因水的冻胀作用进一步扩展；此外，温差的大幅度变化会加快岩体的风化及破碎，造成边坡的稳定性不断变差。

4）施工工艺及顺序

爆破开挖、机械开挖或两者结合使边坡施工工艺及工序会对边坡稳定性造成不同程度的影响。开挖扰动使得岩体内部原始应力发生巨大变化，并引起岩体内部结构的较大变形，导致岩层间发生错动分离。

### 7.1.4 震区顺层岩质边坡的破坏模式

通过案例统计分析了高陡边坡的结构特征及影响因素，得出了震区顺层高陡边坡的几种典型破坏模式，并对其进行了类型划分。然后根据川渝地区的实际地质条件，选取了其中最常见的滑移-屈曲破坏进行详细探讨，为后面的理论、试验及数值分析奠定了基础。

#### 1. 顺层边坡破坏模式类型划分

不同岩性及构造特征的岩体，在不同应力条件下，会具有不同方式的变形破坏过程，其中时间效应及间隙水压力等的作用也各有不同。本书以岩体变形破坏的理论研究及模型试验为基础，综合大量的现场监测资料。在岩体变形破坏过程中定义若干个基本变形单元，岩体的变形机制及演化特性可以用这些基本变形单元的特定组合进行表征。定义基本的变形单元有四种，包括动荷载拉裂、累积荷载弯曲、惯性滑移和蠕变塑流，如表7-2所示。

表 7-2　岩体变形单元类型

| 类　　型 | 基本变形单元特性 |
| --- | --- |
| 动荷载拉裂 | 以动荷载拉应力为主产生的拉裂及以压应力为主产生的压致拉裂 |
| 累积荷载弯曲 | 根据受力特性分为累积荷载下的纵、横弯曲，根据支撑方式分为简支梁、外伸梁及悬臂梁弯曲等 |
| 惯性滑移 | 沿潜在滑移面的剪切蠕变或沿原结构面的惯性滑移 |
| 蠕变塑流 | 结构软弱层的压缩和向减压方向或临空面的蠕变及塑性流动 |

岩体的实际变形过程，不会单独存在上述四种基本变形单元，通常都是两个互为因果的基本单元主导岩体的变形破坏过程，而且能够反映出演化过程的力学机理。另外，由相关报道数据可知，每年由于边坡失稳破坏导致的各类交通事故非常之多，其中顺层岩体边坡的事故率占到总数的大部分比例。为了更好地减少和防止此类事故的发生，首先应对其破坏模式进行正确判断，然后利用现场勘查资料，并结合边坡失稳破坏的特征，分析和探讨出边坡失稳破坏的主要原因，最后制订并实施较为合理的防治方案，以确保边坡的稳定性。所以，在上述岩体基本变形单元理论的基础上，结合顺层岩体边坡工程特点及其变形力学机制，分析边坡岩体最终破坏可能存在的方式及其特性是十分有必要的。顺层岩体边坡主要有四种破坏模式，包括滑移-拉裂破坏、滑移-剪切破坏、弯曲-拉裂破坏和滑移-弯曲破坏，亦可由两种或两种以上基本破坏模式复合造成滑塌，并且某些组合破坏模式在发展演变过程中也可转化为另一种组合破坏模式。

1）滑移-拉裂破坏

此类破坏主要在缓、中等倾角（10°~40°）和变倾角顺层边坡中发育。在边坡开挖过程中，岩体内部原有结构应力及应变不断变化，当开挖卸荷作用结束后，临空面将在坡体出现，此时，在自重作用下，岩体会沿着软弱岩层面向下滑移。该滑移破坏的时间与顺层岩体边坡结构面的产状关系密切。当下滑力大于滑移面的实际抗阻力时，岩体会沿原方向继续滑移，同时在边坡后缘出现张拉裂隙造成边坡的拉裂破坏，若滑移面被揭露临空，岩体将快速滑落，其蠕变过程相当短暂。

2）滑移-剪切破坏

此类破坏主要发生在岩层倾角较大且倾角与坡角基本相等的边坡中。此类破坏与滑移-弯曲破坏基本类似，只是坡脚附近岩层受力原理有所差异。滑移-剪切破坏模式中，坡脚附近岩层因受到构造作用、节理发育或具有缓倾临空面的贯通性构造面的影响，坡脚支撑力遭到削弱，坡顶及中部岩体发生顺层滑移，坡脚附近岩层发生剪切变形。

3）弯曲-拉裂破坏

此类破坏主要发生在岩层倾角极陡的顺层边坡中，主要的变形破坏出现在边坡的前部，岩体多呈板状。随着边坡的开挖卸荷的不断作用，形成临空面，而前部板状岩体在重力弯矩作用下，向着临空面方向弯曲变形，并逐步向边坡后缘发展。随着时间的变化，已产生弯曲变形的岩体间相互错动并开始出现拉裂破坏，在岩体后缘产生弯拉裂隙，出现了与边坡走向平行的反坡台阶及槽沟，而在岩体弯曲剧烈的部位通常会出现横切梁板的折断。

4）滑移-弯曲破坏

此类破坏又称为溃屈破坏，主要出现在中、陡倾的顺层边坡中，以薄层状及强岩性的顺层岩体最为常见。当边坡滑移面的倾角大于该滑移面的内摩擦角时，上覆岩体具备沿滑移面向下滑动的条件，但是滑移面没有临空，使得岩体的下滑受到阻碍，导致坡脚附近岩层受到纵向压应力的持续作用，发生弯曲变形。随着压应力的逐渐增大，导致滑移面贯通，最终导致溃屈破坏。因此，该破坏模式可大体分为两个阶段，即弯曲变形阶段和滑移面贯通阶段。

## 2. 川渝地区顺层边坡典型破坏模式

川渝地区地壳运动活跃，地形崎岖陡峭，降水多，强度大，存在大量陡倾顺层岩体边坡。上述因素导致边坡岩体内部原始应力场及应变状态不断变化，边坡逐渐发生不同形式和规模的滑动和崩塌，甚至会在某些特定条件下发展成更为严重的变形失稳破坏。滑移-弯曲破坏（溃屈破坏）模式在此地区较为常见，亦是本书重点研究对象。

在总结前人研究成果的基础上，根据顺层溃屈破坏模式致灾因素，将其分为三种形式，即重力失稳型、压力失稳型和开挖卸荷型。

重力失稳型破坏的特点为：顺层边坡顶部的裂隙结构面大部分裸露，更容易遭到大气降水或者植被根系的侵蚀，此类作用慢慢向边坡内部发育，使得结构层间的裂隙逐渐贯通，导致边坡主结构面发展为滑移面；同时，边坡岩体的法向裂缝会将滑体分为几部分，使得下部滑体会受到上部滑体的重力荷载作用，进而出现弯曲变形，随着荷载作用的持续作用，最终导致溃屈破坏。

压力失稳型破坏的特点为：顺层边坡的顶部通常覆盖有较为松散且具有较大空隙的堆积体，随着风化作用的搬运与堆积以及降水作用的侵蚀，其对顺层岩体的荷载作用逐渐变大，造成边坡上部的层状岩体顺着层面发生蠕滑变形，进而对坡脚岩体产生挤压作用，造成溃屈破坏，最后使得边坡沿破坏带挤出而导致整体失稳破坏。

开挖卸荷型破坏的特点为：开挖坡角通常与岩层倾角相等，主控结构层面往往不会被割断外露在坡面上，滑移面下滑趋势在坡脚处受到阻碍，使得坡脚周围岩体受到较大的挤压力，同时又由于开挖作用削弱了坡脚处的承载能力，无法较好地承受来自边坡上部的下滑力，卸荷和风化作用较明显，使得边坡前部出现松弛现象，从而导致边坡处于欠稳定状态。

通过分析边坡岩体失稳时的受力状况可知，陡倾顺层岩体边坡的失稳变形会首先在坡顶处的顺层滑移区域出现，受到外界因素的不断影响，滑移体自重应力垂直于构造岩层面方向的分力逐渐减小，造成上覆岩体沿构造岩层面产生蠕滑变形，导致坡顶出现拉裂错动变形。随着坡顶岩体滑移的不断发展，滑移面会沿构造岩层面方向发生贯通，进而对下部边坡体造成挤压效应。下部受压区岩体受到沿滑移面方向的分力为最大主应力，而其垂直方向的分力为最小主应力，两者共同作用产生基本平行于滑移面的张裂缝，但是因为其下部的边坡岩体未出现临空面，致使整体的滑动趋势受到阻碍，坡脚处附近的岩层发生隆起或者弯曲变形，并伴有层间拉裂，最终的变形发展成为边坡岩体的剪切变形破坏。

顺层岩体边坡变形的整个演变过程大致可分为四个阶段，分述如下。

1）应力调整阶段

当边坡岩体受到重力、堆载或开挖扰动的影响后，岩体会向临空方向出现卸荷效应，使得坡面产生位移及变形，导致平行于构造岩层面的张拉裂隙的出现。随着开挖卸荷作用的不断深入，张拉裂隙慢慢向下发展，坡面会出现滑块体的脱落，破坏了坡脚附近岩层的完整性，使得岩体的强度迅速下降。

2）剪切错动阶段

陡倾顺层岩体边坡的滑移面多数在软弱夹层或强度较弱的结构面中产生。经过上一阶段应力场重分布，边坡中下部产生应力集中，同时作用有降雨等其他外力，其岩体强度逐渐降低。当滑移面的中下部岩体剪应力大于此处的实际抗剪强度时，岩体出现破坏。

3）挤压弯曲阶段

当拉裂缝隙出现之后，地下水不断下渗，滑移体中后部发生失稳，进而向下挤压阻滑段，造成滑移体两侧出现裂缝，并不断延伸，使得上部滑移面基本贯通。阻滑段因为受到挤压作用而产生向上隆起变形，而且在坡面前缘出现张拉裂缝。随着边坡变形的进一步发展，张拉裂缝慢慢延展至贯通，前部剪出口陆续出现，但是阻滑段的滑移面还未完全贯通。

4）溃屈破坏阶段

当边坡变形进一步加剧时，前部剪出口不断延展至与边坡两侧的滑坡边界相互贯通，边坡处于整体失稳破坏的状态。滑移带的岩体强度随着滑移距离的增大而逐渐减弱至残余强度，同时，抗滑力也逐渐减小，边坡滑移体由匀速滑移变为加速滑移。

## 7.1.5　顺层岩质边坡力学模型与溃屈破坏机制

经过上述内容的探讨及总结，可以看出随着基础交通领域的飞速发展，顺层岩体边坡失稳而导致的灾害愈加凸显出来，因此，深入探究和分析顺层岩质边坡的稳定性问题变得日益紧迫。如今，针对顺层岩体边坡失稳机理、破坏模式及防治方法方面的研究均获得了较大的进展，对于顺层岩体边被破坏模式的研究开始于岩体变形破坏的规律性，国内外众多学者及专家以不同的破坏模式为依据，提出了不同的计算方法，而且在顺层岩体边坡的滑动破坏的研究方面，平面滑动及楔形体滑动理论都已较为成熟，刚体极限平衡分析法及有限元等各类数值计算方法应用也较为普遍。对于顺层岩体边坡的溃屈破坏问题，其破坏机制较多地受控于结构面因素,如果采取极限平衡法来分析复杂结构面是很难实现的。霸王山边坡崩塌、三峡库区千江坪滑坡的铁西清坡及长江鸡筏子滑坡等灾害的发生已经十分突出地表征出顺层岩质边坡的溃屈破坏,由于此类破坏主要表现了顺层岩质边坡结构的几何变形特征,从而将人们对岩体失稳破坏的理解和认识从以往的材料强度研究延伸到结构承载能力判断的新层次,即当岩体结构发生(微)变形时,探究其结构内力的急速放大程度能否超过相应弹性恢复力的增长,进而造成几何变形的累进循环,直到结构完全失稳破坏。尽管有一些学者对此进行了一定程度的研究分析,但是并没有形成系统的、较为统一的知识体系,很难有效地应用到具体的边坡分析当中去,相关文献也尚不多见。

李荣强基于突变理论分析研究了顺层边坡的滑移,指出边坡失稳是一个复杂而漫长的过程,其失稳变形的全过程是从稳定缓慢的连续变形阶段慢慢过渡到突发的失稳阶段,其原因可总结为材料的破坏或结构的屈曲。

李维光对顺层边坡进行了受力研究,将其抽象简化为悬臂梁结构,并置于弹性地基上,给出结构失稳的力学模型。对力学模型在外力条件下的应力状态进行了计算分析,依据弹性理论计算得到悬臂梁在外力作用下的应力状态,接着,通过 Mohr-Coulomb 准则给出稳定性安全系数的判定公式,给出了顺层边坡处于极限平衡条件的受力情况。

蒋良潍等根据层状岩体边坡的地质形态及受力特点,对层状岩质板梁嵌固在下部阻滑段时,刚性基岩上覆弹性板的微弯曲模态与对应的边界条件,建立了从理论角度计算挠曲线的微分方程。

刘小丽等指出滑移-弯曲破坏是顺层岩体边坡失稳的一种典型模式,并采用弹性力学中的压杆理论对该边坡破坏模式进行了稳定性分析,假设边坡走向长度是无限延伸的,忽略了边坡实际走向长度对计算分析的作用;用四边简支的薄板屈曲失稳模型来简化顺层边坡的稳定性问题,将边坡沿走向的长度看作有限的,通过能量法计算分析了边坡的滑移-弯曲破坏问题,并得到了相关的计算公式。

从上述文献可以看出,目前对于顺层高陡边坡的溃屈破坏,大多是基于材料力学中的压杆稳定理论建立力学模型,假设边坡的长度是无限延伸,且按平面应变问题中弹性梁来进行分析计算的,而实际上,压杆稳定问题与顺层边坡的溃屈破坏是存在巨大区别的，原因如下：① 压杆稳定问题是由于外力大大超过杆件自身重力而产生的，而通常情况下其自重是忽略不计的，所以压杆失稳是轴向力大于临界承载力导致的，但是边坡溃屈则通常是由于重力或其他外载条件引起的。②自然界存在各种地质作用，在这些作用的影响下，一些大的节理、裂缝及断层会沿边坡长度方向出现，将边坡切割成不连续体，使其变为多个长度有限的边坡段，某些压杆梁的力学模型与此不符。③顺层高陡岩体大多具有板状特性，其结构的稳定与压杆稳定有很大的区别，梁柱的屈曲标志是结构丧失承载能力，而板状结构在达到临界荷载后仍可以承受压力的增大，所能承受的荷载能够远远大于结构的临界荷载。所以，对于顺层高陡边坡的失稳破坏，考虑其边坡长度的影响，根据实际情况将其抽象为长度有限的岩板模型进行研究会更加符合工程实际。而已有的相关研究中，通常采用的是薄板力学模型，基于传统板壳结构分析的横向刚度假定，并未考虑结构的横向剪切变形，但是，为了与工程实际相贴合，简化模型中岩板的厚度大多会超出薄板的适用范畴，因此，结构的横向剪切变形无法被忽略。目前，针对基于剪切模式的岩板失稳力学模型的研究相对较为缺乏。本书将顺层边坡简化为岩板结构，并考虑其横向剪切变形，建立以中面位移 $w$ 及中面转角 $\phi$、$\varphi$ 为独立变量的岩板小变形屈曲位移型控制微分方程。然后，利用双重三角级数法对单向受压及双向受压情况下四边简支岩板的位移型控制微分方程进行求解计算，获得相应条件下岩板力学模型小变形屈曲的临界荷载表达式，并对不同厚度情况下，临界荷载与岩板几何尺寸（长度 $a$ 及宽度 $b$）之间的相互关系及变化规律进行较为详细的分析及讨论，所得结果应用到顺层边坡受力状态的判定中，可为边坡稳定性的评价工作提供理论性借鉴。

脆性岩质顺层边坡力学模型与溃屈机制分析针对脆性岩层的失稳力学机制，当顺层边坡岩层倾角 $\alpha$ 大于 45°时，滑体岩层法向的黏结力远小于滑体岩层切向的作用力。顺层边坡的力学模型如图所示，其实质是岩板结构的溃屈问题。就顺层边坡发生溃屈破坏的过程来看，滑体层状结构在溃屈破坏的前期往往体现出岩板结构的屈曲特性。对于硬质岩体而言，由于其脆性较高，岩体发生屈曲一般意味着发生断裂，因此，可将顺层边坡滑体看作一个沿滑动面走向具有一定尺寸和厚度的岩板，应用板式结构小变形理论来进行分析其荷载判据。

由于顺层边坡发生失稳变形时，滑体岩层厚度比其坡长要小，而且边坡与岩层保持走向一致且岩层的变形量小，所以，可按小变形屈曲理论对其受力情况进行分析。另外，传统意义上的顺层边坡的地质力学模型往往只考虑了 $x$ 方向边长的作用，而忽略了 $y$ 方向边长的影响，而事实上，$y$ 方向边长与结构稳定性间必然存在很重要的相关性，所以，传统力学模型存在着一定缺陷。本书在建立顺层高陡边坡的失稳力学模型时，同时考虑到了滑体岩板两个方向（$x$ 方向及 $y$ 方向）的几何尺寸与结构稳定性的关系，并进行了如下假定：① 滑体层状岩板发生变形时引起的弯曲应力比板的中曲面的应力大，且由于滑体岩板的抗拉强度较低，通常情况下其变形要比厚度小很多，因此，可以按照弹性理论对其进行计算分析。② 边坡岩板只产生沿岩层面方向的表层滑动与弯曲，此时，表层的某一部位会向沿层面的外法线方向凸起，而不会向内法线方向凹陷，所以，未产生变形的底部岩层相对于变形岩层来说就相当于刚性的单面约束，其约束反力为被动力，当不考虑约束变形时，约束反力在上部岩层变形过程中不会做功；此外滑体岩板承载边的约束通常可以抽象为固定或者简支约束，如果滑体两侧固结性良好，可看作为固定约束，如果固结性较差，则可看作简支约束，而欠稳定顺层边坡的固结条件往往较差。综合上述原因，产生变形部分的滑体可以看作底边铰支、平面内四边简支的弹性岩板。③ 滑体岩板的中面指的是与地表及滑面等距离的层面，而为了使计算分析简化，假定滑体为等厚度岩板，其厚度设为 $h$，沿 $x$ 轴方向长度设为 $a$，沿 $y$ 轴方向宽度设为 $b$，弹性模量为 $E$。

此方法可为相关的边坡评价工作及边坡控制方法提供可靠的评价指标。

## 7.2　顺层边坡预加固方法研究

### 7.2.1　概　述

顺层岩质边坡发生失稳破坏，多数因为时间效应或外界环境的改变，使结构面强度参数降低，层面提供的抗滑力小于边坡的下滑力，边坡有沿着软弱结构面发生剪切滑动的趋势。若岩层层面倾角与边坡坡面坡角满足一定条件，边坡岩体很容易在重力作用下沿岩层层面发生整体或局部失稳破坏，进而可能造成损失或灾害。为了避免顺层岩质边坡发生失稳破坏，工程中采取合理的支挡、加固措施对边坡进行治理，通过锚杆、抗滑桩、挡墙等支挡结构对边坡进行加固，本质是改变边坡的力学条件，把力的不平衡转变为抗滑力与下滑力平衡来实现边坡稳定。这些传统的被动加固措施一方面不考虑坡体变形情况，另一方面不考虑层面抗剪强度的发挥，所以导致在实际设计中过于保守，抗滑桩尺寸比考虑坡体变形情况的要大，同时坡体一旦产生变形，锚杆会受剪切破坏丧失锚固能力。考虑坡体的变形情况和发挥层面自身的抗剪强度，本章提出两种针对顺层岩质边坡预加固的加固措施：让剪型锚杆结构、让压型抗滑桩结构及其施工方法。

## 7.2.2　顺层岩质边坡常用的加固措施

目前工程上对边坡传统加固的方式有很多，可分为直接加固和间接加固。直接加固一般采用抗滑桩、锚杆、抗滑挡墙等支挡结构直接对顺层岩质边坡进行加固，间接加固包括削坡减载、注浆加固、防排水工程等相对方便且节约成本的加固方法。

### 1. 直接加固

1）抗滑桩

抗滑桩是目前工程中常用的对顺层岩质边坡加固的一种支挡结构。抗滑桩自上而下分为悬臂段和嵌固段，滑动面或潜在滑动面以上的岩土侧压力作用在抗滑桩的悬臂段上，通过桩身传送到嵌固段，嵌固段嵌入到滑动面或潜在滑动面以下的稳定岩体中，依靠抗滑桩的被动抗力来维持边坡的稳定。抗滑桩对顺层岩质边坡的加固原理较为简单，施工也较为方便，目前已广泛应用于边坡工程治理当中。

抗滑桩按照施工方法可分为：打入桩、钻孔桩、挖孔桩；按照桩身材料可分为：木桩、钢管桩、钢筋混凝土桩；按照受力条件可分为：悬臂桩、锚索桩；按照结构形式可分为：排式单桩、排架桩等。采用抗滑桩对顺层岩质边坡进行加固治理时，依据勘察结果得到软弱夹层或潜在滑动面的位置布置抗滑桩。若软弱夹层或潜在滑动面出现在坡脚附近，抗滑桩一般布置在坡脚；若边坡较高且软弱夹层或潜在滑动面出现在半坡上，抗滑桩布置在半坡中。

2）锚　杆

Arfred Busch 于 1912 年使用锚杆对煤矿中的顶板进行加固，经过近百年的发展和改进，如今的锚杆以其结构简单、施工方便、成本低和对工程适应性强等特点已经在工程中得到了大量的应用。我国三峡工程大坝施工中使用了大量锚杆对开挖的边坡、岩壁进行加固。

锚杆作为受拉杆件，根据作用机理可分为拉力型锚杆和压力型锚杆，根据应力状态可分为预应力锚杆和非预应力锚杆。预应力锚杆主要由自由段和锚固段两部分组成，通过锚筋张拉设备张拉外露的锚筋，待张拉荷载达预定值后用锚夹具锁定，可以提供很高的轴向锚固力。当对顺层岩质边坡进行开挖施工后，岩体将沿着滑动面或潜在滑动面向临空面进行滑动，此时岩体错动引起锚杆受到拉应力作用，锚杆的轴力分布沿锚杆线性变化，在潜在滑动面处锚杆的轴力处于最大值状态，进而对顺层岩质边坡进行加固。

3）抗滑挡墙

针对坡高较低、小型顺层岩质边坡，工程中常采用抗滑挡墙对其进行加固治理。抗滑挡墙对顺层岩质边坡加固机理与抗滑桩类似，都具有施工简单、施工成本低等优点。采用抗滑挡墙对小型顺层岩质边坡加固时，一般由浆砌石块、混凝土等在边坡坡脚完成修筑，依靠挡墙自身重量来抵抗顺层岩质边坡滑体的下滑力。当顺层岩质边坡较高或潜在滑动面滑体较大时，单独的抗滑挡墙难以对顺层岩质边坡进行有效的加固，存在边坡失稳的风险。因此，对大型顺层岩质高边坡治理时，抗滑挡墙一般与抗滑桩等其他支挡结构联合对其进行加固。

4）预应力锚索抗滑桩

大型顺层岩质边坡下滑力较大，单独采用抗滑桩进行加固时，抗滑桩桩体横截面较大且嵌入到基岩等稳定岩体中的嵌入段较深，抗滑桩悬臂段承受岩体的下滑力较大，导致顺层岩质边坡加固效果不理想且工程成本较高。因此，一般采用抗滑桩与锚索联合对大型顺层岩质边坡进行加固，采用锚索与桩顶通过铰支连接。抗滑桩嵌固段嵌入到滑动面或潜在滑动面以下的稳定岩体中，锚索的锚固段锚固于稳定岩体中，通过锚索提供的拉力对桩顶位移进行控制。锚索与抗滑桩联合对大型顺层岩质边坡有较好的加固效果，同时减小抗滑桩的自重降低工程成本。

2. 间接加固

1）削坡减载

顺层岩质边坡加固治理工程中，削坡减载是相对方便且施工成本较低的一种加固措施。采用爆破或机械开挖等方法对顺层岩质边坡上部坡体进行削坡，减轻边坡上部荷载，进而间接地提高边坡稳定性。削坡减载也存在一定的缺点，当对边坡坡脚较缓、边坡较长顺层岩质边坡进行削坡减载时，削坡产生的清方量较大，需要较大的场地进行堆放。虽然削坡减载的施工费用比抗滑桩、锚杆施工费用低，但后期对弃渣的清理运输费用较高。因此，需要综合考虑施工的经济合理性，选择最佳的施工方案对顺层岩质边坡进行加固治理。

2）注浆加固

顺层岩质边坡中存在多组结构面，将岩体切割成不连续体。结构面自身抗剪强度较低，边坡失稳大多数是沿着结构面发生滑动。采用注浆对顺层岩质边坡加固主要是提高结构面的抗剪强度，进而提高边坡的稳定性。注浆浆液主要采用水泥砂浆，通过注浆，使浆液充填岩体间的间隙，一方面改善间隙中充填物的力学性质，另一方面浆液凝固后将岩体上下黏结起来，提高结构面自身的抗剪强度。同时浆液凝固后将岩体上下黏结起来，可以防止地下水和雨水对结构面产生的不良影响。一般来说，注浆加固常联合锚杆（索）对顺层岩质边坡进行加固。

3）防排水工程

水对顺层岩质边坡稳定性有重要的影响。地下水和雨水入侵到软弱结构面，会发生岩土体细小颗粒迁移，出现溶蚀现象，进而导致软弱夹层强度参数减弱。同时边坡中裂隙充满水后，产生静水压力，进而导致岩体自重增大，下滑力增大。因此，工程中会采用排水渠、截水沟等方式排出边坡中的水，避免雨在坡面上累积从而入渗到岩体中。在地下水较为发育的地带，设置排水孔降低地下水位，以减小静水压力。

### 7.2.3 基于变形的顺层岩质边坡预加固方法研究

针对山区顺层岩质边坡开挖导致的灾害，何思明等提出边坡开挖预加固的思想。预加固指的是为了确保岩质边坡开挖的稳定，防止边坡开挖过程中产生过大变形、失稳破坏等，在岩质边坡开挖前，首先对边坡进行稳定性评价，对不稳定或者不确定的岩质边坡在开挖之前，预先采取合理的加固、加固措施对边坡进行治理，再进行开挖。由于预先在边坡体内采取了相应的加固措施，在进行切坡开挖施工时，可以起到约束或控制边坡开挖引起的应力重分布、抑制边坡变形等作用，从而达到稳定边坡和防灾减灾的目的。

### 7.2.4 让剪型锚杆结构及其施工方法研究

锚杆是常用的顺层岩质边坡预加固措施之一，传统的锚杆由杆体和锚具两部分构成，可以提供很高的轴向锚固力，但是所能承受的垂直于锚固结构的剪切力很小且易被剪切破坏。因此，在顺层岩质边坡预加固设计计算中，通常不允许边坡岩体沿岩层层面发生变形，也就是不允许锚固结构承受剪应力，以免锚固结构被剪切破坏。

这种不允许边坡岩体变形的锚固结构预加固方法可能存在两个方面的问题：一是存在实际设计的锚固结构过于保守的情况。尽管岩层层面与岩石相比是力学上的弱面，但是其天然抗剪强度通常是很高的，不应该被忽略。岩层层面抗剪强度的发挥对坡体稳定是有利的，但抗剪强度的发挥需要岩层层面两侧岩体发生相对位移趋势甚至位移，这种锚固结构预加固方法因不允许边坡岩体变形而不能考虑岩层层面的抗剪强度，必然导致实际设计的锚固结构过于保守。二是存在锚固结构因被剪切破坏而丧失锚固能力的风险。顺层岩质边坡切坡开挖施工中，由于开挖卸荷作用，坡体发生变形是不可避免的。当坡体出现顺坡向的变形时，预设的锚固结构必然随之发生剪切变形，由于锚固结构的抗剪能力很低且允许的剪切变形很小，锚固结构容易因剪切变形或剪应力过大而损坏，从而丧失锚固能力。

鉴于此，本章提出一种适于顺层岩质边坡预加固的让剪型锚杆结构。这种锚杆结构沿长度方向自里向外由锚固段、自由段、锚具段和张拉段四部分组成。锚固段位于边坡潜在滑面以下的稳定岩体内，锚固段由锚筋和砂浆体组成，锚固段的横截面为圆形，锚筋被砂浆体包裹，并通过砂浆体与周围岩体接触界面的抗剪强度提供锚固力。自由段位于边坡潜在滑面以上的岩体内，与传统锚杆相比，让剪型锚固结构的自由段横截面为圆形，其直径明显大于锚固段的直径。自由段由锚筋和低压缩模量材料（如聚氨酯发泡材料）组成，锚筋预先经过无黏结处理，锚筋被低压缩模量材料包裹；低压缩模量材料具有压缩性高、韧性好、透水性低的特点，在外荷载作用下易变形、不易破坏。

让剪型锚杆属于预加固措施，需要在边坡开挖之前完成施工和安装，因此让剪型锚杆的施工方法对顺层岩质边坡锚固效果有较大的影响。让剪型锚杆的施工方法包括自由段钻孔、锚固段钻孔、清孔、锚筋及止浆塞安装、锚固段注浆、自由段注浆、锚具安装、张拉锁定等步骤，具体说明如下：

（1）锚孔施工：用岩石钻机施工自由段钻孔，直至钻孔深度等于自由段长度，且钻孔直径等于或略大于自由段直径，在自由段钻孔施工完成后需要更换适合的钻头，进行锚固段钻孔施工，从自由段钻孔底部开始钻进施工锚固段钻孔，直至钻孔深度略大于锚固段长度，且钻孔直径等于或略大于锚固段直径。

（2）清孔：用高压空气或水清除钻孔内的岩石碎屑等杂物。

（3）安装锚筋及止浆塞：把预先制作好的锚筋、注浆管、止浆塞等安装在已清孔的钻孔内。

（4）注浆：通过注浆管向锚固段钻孔内注入砂浆，直至注满。注浆施工时注意要控制好注浆压力，既能够确保注浆质量，又不能使止浆塞失效。通过注浆管在自由段钻孔内注入低压缩模量材料浆液，直至注满。

（5）安装锚具：清理钻孔孔口多余岩土体后，施工锚座、安装锚板和锚夹具。当具备张拉条件时，通过锚筋张拉设备张拉外露的锚筋，待张拉荷载达预定值后用锚夹具锁定。

让剪型锚杆自由段允许发生较大的横向变形，且自由段内产生的剪应力很小，锚筋的剪切变形也很小，从而实现了让剪效果。这种让剪型锚杆应用于顺层岩质边坡预加固时，允许潜在滑面以上岩体发生一定量的顺坡向剪切位移，锚固结构不会因此被剪切破坏，有利于岩层层面抗剪强度在坡体稳定中发挥作用。

## 7.2.5　让压型抗滑桩结构及其施工方法研究

在顺层岩质边坡加固中，常规的抗滑桩自上而下分为悬臂段和嵌固段，利用抗滑桩的支挡作用来限制坡体变形和保持坡体稳定。在对顺层岩质边坡进行加固时，由于抗滑桩的刚度大且允许的横向变形小，因此在进行抗滑桩侧向压力设计计算中不考虑被加固坡体变形的情况，同时不考虑岩层层面的抗剪强度对被加固坡体稳定的有利作用，这样就导致计算得到的抗滑桩侧向压力明显大于允许被加固坡体发生一定变形的情况，抗滑桩结构尺寸要大于考虑坡体变形情况。

实际上，顺层岩质边坡在失稳破坏前坡体已经发生了一定量的变形，若在坡体发生了一定变形但仍处于稳定状态时对坡体实施抗滑桩预加固，则作用于抗滑桩上的侧向压力会显著减小，需要的抗滑桩结构尺寸也会显著减小；同时，坡体发生一定量的变形，有利于岩层层面抗剪强度的发挥，此抗剪强度的发挥对坡体稳定是有利的。这种允许坡体一定变形的抗滑桩结构在成本上比不允许边坡变形的抗滑桩结构低。

为了使坡体在抗滑桩实施前就发生一定的变形值，以减小作用于抗滑桩上的侧向压力，通常采用的施工工序为：先切坡开挖部分坡体诱发预加固坡体产生一定变形，再施工抗滑桩，然后再施工剩余的切坡开挖工程。从这种施工工序来讲，由于在抗滑桩实施前已经进行了部分切坡开挖施工，因此不能算作真正意义上的预加固技术。另外，把切坡开挖施工分为两个阶段实施不便于施工组织，同时也提高了施工成本。

鉴于此，本章提出一种适于顺层岩质边坡预加固的让压型抗滑桩结构。这种让压型抗滑桩结构自上而下由嵌固段和悬臂段组成，嵌固段位于潜在滑面以下的稳定岩体中，悬臂段位于潜在滑面以上，悬臂段桩身与预加固坡体接触的侧面由低弹性模量材料（如聚氨酯发泡材料）制作让压层。

使用让压型抗滑桩对顺层岩质边坡进行预加固时，让压型抗滑桩的施工要在顺层岩质边坡切坡开挖施工之前，施工方法包括开挖抗滑桩桩孔、安装抗滑桩钢筋笼、安装让压层、灌注混凝土等步骤，具体说明如下：

（1）桩孔施工：按照设计的桩位、桩身截面形态及尺寸、桩身长度等采用人工或机械开挖抗滑桩桩孔。

（2）安装抗滑桩钢筋笼：将制作好的钢筋笼吊装至抗滑桩桩孔内或在抗滑桩桩孔内制作钢筋笼。

（3）安装让压层：在抗滑桩桩孔内、抗滑桩悬臂段与预加固坡体接触的侧面安装让压层。

（4）浇筑桩体：在已安装钢筋笼和让压层的抗滑桩桩孔内自孔底向上灌注混凝土，直至到达设计桩顶位置。

让压型抗滑桩中让压层采用低弹模材料制作，让压层压缩性较高，允许潜在滑面以上坡体发生一定量的顺坡向位移，有利于减小作用于抗滑桩的侧向压力，同时有利于岩层层面抗剪强度的发挥。同时对顺层岩质边坡的开挖施工仅需要在让压型抗滑桩施工后实施，不需要分为抗滑桩施工前开挖和施工后开挖两个阶段，进而真正实现了对顺层岩质边坡进行预加固。

## 7.3　顺层边坡加固设计方案优化

由于该边坡已经处于不稳定状态，因此需要对边坡采取加固措施，根据边坡的工程地质条件及边坡的破坏模式，对该边坡提出了两种加固方案，对两种加固方案进行设计计算，并分别对两种加固方案进行了颗粒流数值模拟。

### 7.3.1 滑坡推力计算

考虑边坡后缘出现张拉裂隙，有地表水从裂隙渗入坡体，从而产生静水压力计算模型如图 7-2 所示。

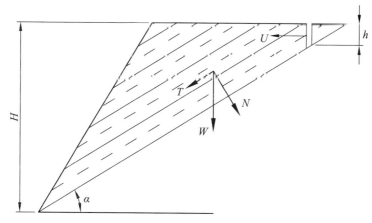

图 7-2　水渗入时顺层边坡滑坡推力计算模型

侧抗滑力 $R$ 和下滑力 $T$ 分别为

$$R = (W\cos\alpha - U\sin\alpha)\tan\varphi + cl \qquad (7\text{-}1)$$

$$T = W\sin\alpha + U\cos\alpha \qquad (7\text{-}2)$$

计算滑坡推力时需要增加一个安全系数来确保边坡安全，通常采用增大下滑力的方式，则下滑推力为

$$E = KW\sin\alpha + U\cos\alpha - (W\cos\alpha - U\sin\alpha)\tan\varphi - cl \qquad (7\text{-}3)$$

式中　$E$ —— 滑坡体下滑力（kN）；

$\quad\quad\ \ W$ —— 滑坡体总重量（kN）；

$\quad\quad\ \ U$ —— 滑面的静水压力（kN）；

$\alpha$ —— 滑动面与水平间的倾角（°）；

$l$ —— 滑动面长度（m）；

$c$ —— 滑动面的黏聚力值（kPa）；

$\varphi$ —— 滑动面的内摩擦角值（°）；

$K$ —— 安全系数，通常取值 1.05 ~ 1.25。

该边坡破坏模式属于滑移拉裂式破坏，则滑动面与水平间的倾角 $c$ = 24.7°；滑动面位于岩层底部，经计算边坡失稳的横向极限长度为 31.01 m，即 $l$ = 31.01 m；拉裂后缘深度为 $h$ = 3.06 m。

滑坡推力计算以单位长度的坡体作为计算单元。将各参数代入求得滑体自重和静水压力：

$$W = S \cdot \bar{r} \cdot 1 = 4\ 476.94\ \text{(kN)} \tag{7-4}$$

$$U = \frac{1}{2} rwh^2 = 46.21\ \text{(kN)} \tag{7-5}$$

将参数代入公式（7-1）、（7-2），得

$$R = (W \cos \alpha - U \sin \alpha) \tan \varphi + cl = 1\ 757.67\ \text{(kN)} \tag{7-6}$$

$$T = W \sin \alpha + U \cos \alpha = 1\ 912.57\ \text{(kN)} \tag{7-7}$$

取安全系数 $K$ = 1.25，则滑坡下滑推力 $E$ 为

$$E = KT - R = 533.26\ \text{(kN)} \tag{7-8}$$

### 7.3.2 微型桩加固设计与稳定性验算

微型桩加固技术是一种将注浆法与桩方法结合使用的技术，其特点是将滑坡坡体加固使其变为抗滑体来达到加固边坡的作用。

微型桩加固滑坡的作用：① 支挡作用：钢管和水泥浆体形成微型桩桩群，穿过滑动面嵌入滑床中阻止滑体移动，以达到增大抗滑力的目的。② 增阻作用：水泥浆液对滑带土具有黏聚作用，从而提高了滑带的强度。③ 挤密加固作用：水泥浆体对滑体进行充填、挤密，提高滑体的稳定性。④ 抗滑作用：通过注浆提高滑坡岩土体的强度，使其形成一个稳定的抗滑整体。

在实际工程中微型桩体系有不同的结构布置形式，可将其分为以下3种类型，如图7-3～7-5所示。

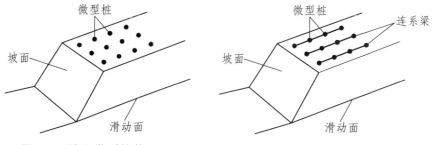

图7-3　独立微型桩体系图　　　图7-4　平面桁架微型桩体系

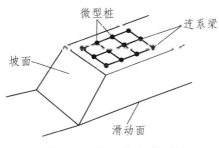

图7-5　平面桁架微型桩系

## 1. 设计内容

根据边坡的实际情况，提出了削坡+微型桩的加固方案，具体方案如下：

1）削　坡

由于边坡已经产生了后缘拉裂，且处于不稳定状态，故对边坡进行削坡处理，削坡高度为7 m。

2）微型桩设计

将微型桩布置在距坡面1 m处，微型桩桩间距1.2 m，排距1.2 m，梅花桩形布置，一共布置3排，走向垂直于边坡。设计微型桩的直径为 $d = 150$ mm，钻孔内放置外径107 mm、壁厚6 mm的热轧无缝钢管；孔内注入M30水泥砂浆。

## 2. 微型桩稳定性验算

1) 相邻桩间土体塑性变形的稳定性设计计算

如图 7-6、7-7 所示，微型桩的桩径 $D = 0.15\ \mathrm{m}$，桩中心间距 $D_1 = 1.2\ \mathrm{m}$，相邻微型桩的距离 $D_2 = 1.05\ \mathrm{m}$。$B = 1.2\ \mathrm{m}$，$h = 1.2\ \mathrm{m}$。

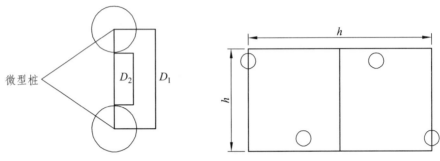

图 7-6　计算截面图

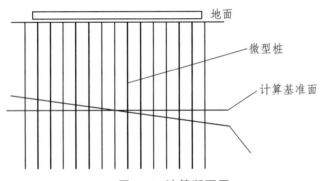

图 7-7　计算断面图

结构极限抗力：

$$R_\mathrm{t} = \frac{P_\mathrm{t} \times L}{2D_1}$$

$$P_\mathrm{t} = \frac{r \times 1}{k_\mathrm{p}} \left\{ D_1 \left(\frac{D_1}{D_2}\right)^{\left(\frac{k_\mathrm{p}L}{2\tan\varphi} + k_\mathrm{p} - 1\right) \cdot \mathrm{e}^{\left[\frac{D_1 - D_2}{D_2} k_\mathrm{p} \cdot \tan\varphi \cdot \tan\left(\frac{\pi}{7} + \frac{\varphi}{4}\right)\right]}} - D_2 \right\} \tag{7-9}$$

$$F_\mathrm{sf} = R_\mathrm{t} / (F - F_\mathrm{s})$$

式中　$R$——重度，取 $20\ \mathrm{kN/m^3}$；

$L$ —— 地面到计算基准面的距离，取 4.4 m；

$k_p$ —— 被动土压力系数；

$F_{sf}$ —— 微型桩的稳定系数；

$F$ —— 滑坡推力（kN/m）；

$F_s$ —— 桩前剩余下滑力（kN/m）。

经计算，$P_t$ = 116.37 kN/m，则 $R_t$ = 213.36 kN/m，则

$$F_{sf} = \frac{R_t}{F - F_s} = \frac{213.36}{131.06} = 1.63 ，满足要求$$

2）抗滑稳定性

边坡整体稳定所需要的抗滑力按微型桩全部承受剪力来考虑。

$$\left.\begin{array}{l} R_{fa} = n \cdot \tau_{fa} \\ \tau_{fa} = \beta\alpha[\tau]A_s \\ \beta\alpha = \sqrt[4]{E_s / E_t} \end{array}\right\} \qquad （7\text{-}10）$$

式中　$R_{fa}$ —— 微型桩的抗剪强度（MPa）；

　　　$n$ —— 每延米微型桩的数量，取 3；

　　　$\tau_{fa}$ —— 单桩抗剪强度（MPa）；

　　　$\beta\alpha$ —— 考虑钢管变形影响的折减系数；

　　　$E_s$，$E_t$ —— 岩土体及微型桩的弹性模量（MPa）；

　　　$\tau$ —— 钢管的抗剪强度，取 157 MPa；

　　　$A_s$ —— 钢管面积（cm$^2$）。

计算后可得：

$$\beta\alpha = \sqrt[4]{E_s / E_t} = 0.27$$
$$\tau_{fa} = \beta\alpha[\tau]A_s = 71.1 （kN）$$
$$R_{fa} = n \cdot \tau_{fa} = 2\,433 （kN）$$

结构安全系数 $F = \dfrac{243.3}{131.06 \times 1.2} = 1.55$ ，满足要求。

3）微型桩受力计算

首先根据地质勘察资料及计算基准面示意图，可以计算出垂直力 $N$、

水平力 $H$ 和弯矩 $M$，等价换算截面积和截面惯性矩，在此基础上计算得到基准面处微型桩的最大压应力。

$$A_{RRP} = mA_p S_2 + bh \qquad (7-11)$$

$$A_p = (n-1)A_s + A_c \qquad (7-12)$$

$$I_{RRP} = mA_p \sum X^2 + \frac{bh^3}{12} \qquad (7-13)$$

$$\sigma_{RRP} = \frac{N \times 10^3}{A_{RRP}} + \frac{M \times 10^5}{I_{RRP}} y \qquad (7-14)$$

式中  $A_{RRP}$ —— 计算基准面，微型桩组合的等价换算面积（$cm^2$）；

$A_p$ —— 微型桩的等价换算截面积（$cm^2$）；

$S_2$ —— 计算基准面内微型桩的根数；

$m$ —— 桩与周围岩土体的弹性模量比，取 200；

$n$ —— 钢管与砂浆的弹性模量比，取 15；

$b$，$h$ —— 微型桩布置的单位宽度与长度（$cm$）；

$A_s$ —— 钢管的截面积（$cm^2$）；

$A_c$ —— 微型桩的截面积（$cm^2$）；

$I_{RRP}$ —— 计算基准面，微型桩组合的等价换算界面惯性矩（$cm^4$）；

$X$ —— 计算基准面中和轴至各个微型桩的距离（$cm$）；

$N$ —— 作用于计算基准面上的垂直力（$kN$）；

$M$ —— 作用于计算基准面上的弯矩（$kN \cdot m$）；

$y$ —— 计算基准面中和轴至计算基准面边缘的距离（$cm$）。

桩承受的剩余下滑力：$E = 131.06$（$kN/m$）

水平力：$H = E \cdot \cos\varphi \cdot h = 141.36$ ($kN$)

垂直力：$N = G + (E \cdot \sin\varphi) \cdot h = 507.94$ ($kN$)

弯矩：$M = H \cdot h \cdot L / 2 = 373.19$ ($kN \cdot m$)

微型桩的等价换算截面积：

$$A_p = (n-1)A_s + A_c = 445.71 \ (cm^2) \qquad (7-15)$$

微型桩组合的等价换算面积：

$$A_{\text{RRP}} = mA_p S_2 + bh = 399\ 767\ (\text{cm}^2) \tag{7-16}$$

微型桩组合的等价换算界面惯性矩：

$$I_{\text{RRP}} = mA_p \sum X^2 + \frac{bh^3}{12} = 6.775 \times 10^9\ (\text{cm}^2) \tag{7-17}$$

桩受到的最大应力：

$$\sigma_{\text{RRP}} = \frac{N \times 10^3}{A_{\text{RRP}}} + \frac{M \times 10^5}{I_{\text{RRP}}} y = 2.47\ (\text{N/cm}^2) = 24.7\ (\text{kPa}) \tag{7-18}$$

岩土体压应力验算：

$$\sigma_{\text{RRP}} < f \tag{7-19}$$

式中　$f$——计算基准面处地基土的承载力的设计值，一般取 250 kPa，则

$$\sigma_{\text{RRP}} = 24.7\ \text{kPa} < f = 250\ \text{kPa} \tag{7-20}$$

作用于砂浆和钢管上的应力：

$$\sigma_{\text{R}} = m\sigma_{\text{RRP}} < f_1 \tag{7-21}$$

$$\sigma_{\text{SC}} = n\sigma_{\text{R}} < f_y' \tag{7-22}$$

式中　$\sigma_{\text{R}}$——作用于砂浆上的压应力（MPa）；

　　　$f_1$——砂浆的抗压强度设计值，取 30 MPa；

　　　$\sigma_{\text{SC}}$——作用于钢筋上的压应力（MPa）；

　　　$f_y'$——钢筋的抗压强度设计值，310 MPa。

$$\sigma_{\text{R}} = m\sigma_{\text{RRP}} = 4.97\ \text{MPa} < f_1 \tag{7-23}$$

$$\sigma_{\text{SC}} = n\sigma_{\text{R}} = 74.7\ \text{MPa} < f_y' \tag{7-24}$$

桩的设计长度 $L$ 包括两部分，分别是基准面以上的桩长 $L_0$ 和基准面以下的必要长度 $L_{r0}$，计算公式如下：

$$\left.\begin{array}{l} L = L_0 + L_{r0} \\[2mm] L_{r0} = \dfrac{\sigma_{\text{R}} A_{\text{C}}}{\pi D \tau_{r0} 10^2} \end{array}\right\} \tag{7-25}$$

式中 $L_0$——计算基准面以上桩的长度，取值 6.5 m；

$L_{r0}$——计算基准面以下桩的必要长度（m）；

$\tau_{r0}$——桩与计算基准面以下土的黏结力设计值，90 kPa；

$D$——微型桩的直径，150 mm。

$$L_{r0} = \frac{\sigma_R A_C}{\pi D \tau_{r0} \times 10^2} = 2.07 \text{ (m)} \tag{7-26}$$

因此，设计桩长 $L = 4.4 + 2.07 = 6.47$ m，取桩长为 7 m。按照相关文献中给出的经验公式，微型桩桩长为滑面以上的桩长与滑面以下微型桩的锚固经验长度 $L/3$ 之和来确定，$L_{r0} = 2.2$ m，$L = 6.6$ m，取桩长为 7 m。因此，确定微型桩的桩长为 7 m。

### 7.3.3 锚杆框架梁设计与稳定性验算

锚杆框架梁是一种新型的复合式支护方法，它是一种考虑了锚杆与加固边坡相互作用的边坡加固方法。其中：锚杆是通过黏结材料传递的岩土体变形而发生"被动"的受力来达到加固的目的；框架梁通过与锚杆连接形成整体结构，达到加固表层岩土体，增强边坡整体抗滑强度的目的。由于该加固方法具有治理效果好、施工简便、造价低、对环境影响较小等优点，因此被大量应用于边坡加固工程中。如图 7-8 所示为预应力锚杆框架梁构造图。

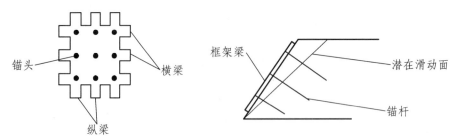

图 7-8　预应力锚杆框架梁构造图

锚杆框架梁这种结构的特点主要有：① 结构轻盈，占用面积小；② 受力合理；③ 使用范围广，适应性较强；④ 造型美观，配合周围环境起到美观作用。

### 1. 锚杆设计与验算

**1）锚固角的确定**

锚杆的安放角度确定需要综合考虑边坡的周围环境、锚固地层位置和施工方案，锚杆的安放角度以 13°～35°为宜。本书中滑面倾角 $\alpha = 24.7°$，内摩擦角 $\varphi = 19°$，实际工程中应根据锚固地层的位置选择合适的安设角度。研究表明，满足下式锚杆是最划算的：

$$\beta = 45° + \varphi/2 - \alpha = 45° + 9.5° - 24.7° = 29.7° \tag{7-27}$$

而满足下式时锚杆可以提供最大抗滑力：

$$\beta - \alpha - \psi = 5.7° \tag{7-28}$$

式中：$\beta$ 为锚杆倾角；$\alpha$ 为滑面倾角；$\varphi$ 为滑坡体内摩擦角。

根据其工程地形、施工特点在尽量节省工程成本的基础上，选取的锚固角为 20°。

**2）锚杆间距分析**

该工程滑坡体总高 17 m，坡率为 1∶0.75，坡面长度为 10 m，共布置 6 排锚杆，坡面分两级，每级高 7 m。纵梁的水平间距和垂直间距均为 3 m。

**3）锚固力的确定**

$$P = \frac{F}{\sin(\alpha + \beta)\tan\varphi + \cos(\alpha + \beta)} = \frac{533.26}{\sin 44.5°\tan 19° + \cos 44.5°} \tag{7-29}$$
$$= 557.39 \,(\text{kN/m})$$

式中  $P$ —— 设计锚固力；

$F$ —— 滑坡剩余下滑力，如果是主动土压力，要按主动土压力的 1.05～1.4 倍进行计算；

$\varphi$ —— 沿滑动面内摩擦角；

$\alpha$ —— 锚杆与滑动面相交处滑动面的倾角；

$\beta$ ——锚杆与水平面的夹角。

则单根锚固体设计锚固力 $N_t$ 为

$$N_t = \frac{P \times d}{N} = \frac{557.39 \times 3}{6} = 279.2 \ (kN) \qquad (7\text{-}30)$$

式中 $P$ ——单位宽度所需锚固力（kN）；

$d$ ——锚杆布置的间距（m）；

$N$ ——排数。

4）锚杆的锚筋设计

单根锚固体设计锚固力 $N_t$，则可以通过下式初步计算出达到设计锚固力所需要的锚筋截面：

$$A_c = \frac{K_t N_t}{f_{ptk}} = \frac{1.7 \times 279.2}{1\ 760} = 270.2 \ (mm^2) \qquad (7\text{-}31)$$

式中 $A_c$ ——锚筋截面面积；

$K_t$ ——锚杆体抗拉安全系数；

$N_t$ ——锚杆锚固力设计值；

$f_{ptk}$ ——锚筋抗拉强度设计值，一般取钢绞线，抗力强度为 335 MPa。

锚杆的根数：

$$n = A_c / (\pi r^2) = 270.2 / (3.14 \times 15.2 \times 15.2 / 4) = 1.49 \qquad (7\text{-}32)$$

取锚杆的根数为 2 根，锚杆孔为 150 mm 孔径。

5）锚杆锚固段长度的计算

锚杆的锚固段长度一般不宜大于 10 m，锚固段长度的计算可按下列两个公式计算，其中 $L_a$ 是按砂浆与锚杆的黏结强度计算的锚固长度，$L_b$ 是按砂浆与周围岩土体的黏结强度计算的锚固长度。

$$L_a = \frac{K \times N_t}{\pi \times n \times d \times \tau_a} = \frac{2 \times 270.2}{3.14 \times 5 \times 15.2 \times 3.5} = 0.645 \ (m) \qquad (7\text{-}33)$$

$$L_{\mathrm{b}} = \frac{K \times N_{\mathrm{t}}}{\pi \times d \times \tau_{\mathrm{b}}} = \frac{2 \times 270.2}{3.14 \times 150 \times 0.4} = 2.77 \ (\mathrm{m}) \tag{7-34}$$

式中　$L_{\mathrm{a}}$，$L_{\mathrm{b}}$ ——锚杆的锚固长度（m）；

　　　$K$ ——锚固体抗拔安全系数；

　　　$N_{\mathrm{t}}$ ——单根锚杆的设计锚固力（kN）；

　　　$n$ ——锚杆根数；

　　　$d$ ——锚杆的直径（mm）；

　　　$\tau_{\mathrm{a}}$ ——砂浆与锚杆黏结强度（MPa）；

　　　$\tau_{\mathrm{b}}$ ——锚固体与周围岩土间的黏结强度（MPa）。

取锚固段长度为 3 m。

6）锚杆结构设计

锚杆长度包括锚固段、自由段和张拉段三部分。自由段长度为框格梁顶至超过滑面以下不少于 1.5 m，且锚杆自由段长度不应小于 5 m，张拉段长度为锚头外预留的钢绞线张拉长度，一般预留 1.0 m。

最终得到的锚杆设计长度如表 7-3 所示。

表 7-3　各排锚杆长度计算成果

| 锚杆排数 | 自由段长度/m | 锚固段长度/m | 总长/m |
|---|---|---|---|
| 第一排 | 7.97 | 4 | 12.97 |
| 第二排 | 7.60 | 4 | 11.60 |
| 第三排 | 6.27 | 4 | 10.27 |
| 第四排 | 4.70 | 4 | 7.70 |
| 第五排 | 3.21 | 4 | 7.21 |
| 第六排 | 1.61 | 4 | 5.61 |

## 2. 框架梁设计与验算

1）计算框架梁弯矩和剪力

取框架梁的截面为 0.3 m×0.4 m。根据 Winkler 弹性地基梁理论，利用理正岩土软件对纵梁进行内力计算（图 7-9）。

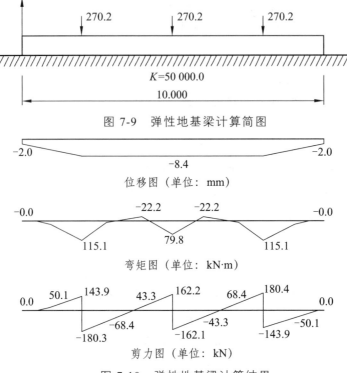

图 7-9 弹性地基梁计算简图

位移图（单位：mm）

弯矩图（单位：kN·m）

剪力图（单位：kN）

图 7-10 弹性地基梁计算结果

由计算得出，位移最大值 – 7.4 mm、最大正弯矩 115.1 kN/m，最大负弯矩为 – 22.2 kN/m、剪力最大值 – 170.3 kN，三根锚杆的作用点的剪力相差不大，该梁适合均匀配筋（图 7-10）。

2）横梁截面配筋计算

最大正弯矩计算框架梁底部钢筋配筋。

计算截面有效高度 $h_0$：

$$h_0 = h - a_s = 350 \ (\text{mm}) \tag{7-35}$$

式中：$h$ 是截面高度 400 mm；$a_s$ 是纵向受拉钢筋合力点至受拉边缘竖向距离，一般为混凝土最小保护层厚度加上 10 ~ 20 mm，$a_s$ 取 50 mm。

根据混凝土等级和钢筋型号确定相关参数。

混凝土选择为 C30，混凝土轴心抗压强度设计值 $f$ = 14.3 N/ mm$^2$ 和轴心抗拉强度设计值 $f$ = 1.43 N/ mm$^2$，普通钢筋抗拉强度设计值 $f_y$ = 300 N/ mm$^2$。混凝土受压区等效矩形应力图系数 $\alpha_1$ = 1，$\beta_1$ = 0.7，界限相对受压区高度 $\xi_b$ = 0.55，纵筋和腰筋选取 HRB335，箍筋选取 HPB300 型号。

计算截面抵抗矩系数 $a_s$：

$$a_s = \frac{M}{\alpha_1 f_c b h_0^2} = \frac{115.1 \times 10^6}{1 \times 14.3 \times 300 \times 350^2} = 0.219 \qquad (7\text{-}36)$$

相对受压区高度 $\xi$，又称配筋系数 $\xi = 1 - \sqrt{1 - 2a_s} = 0.25 < 0.55$，符合要求。

内力矩的内力臂系数 $r_s$：

$$r_s = \frac{1 + \sqrt{1 - 2a_s}}{2} = 0.775 \qquad (7\text{-}37)$$

纵向受拉钢筋的截面面积：

$$A_s = \frac{M}{f_y Z} = \frac{M}{f_y r_s h_0} = \frac{115.1 \times 10^6}{300 \times 0.775 \times 350} = 1\ 252.79\ (\text{mm}^2) \qquad (7\text{-}38)$$

选用 3Φ25，$A_s$ = 1 473 mm$^2$。

计算钢筋配筋率 $\rho$：

$$\rho = \frac{A_s}{b \times h_0} = \frac{1\ 473}{300 \times 350} = 1.4\% \qquad (7\text{-}39)$$

配筋率验算：$\rho = 1.4\% > \rho_{min} = 45 \frac{f_t}{f_y} = 45 \frac{1.43}{300} = 0.215\%$，且 $\rho > 0.2\%$，满足要求。

3）最大负弯矩计算梁截面顶部配筋面积

计算截面抵抗矩系数 $a_s$：

$$a_s = \frac{M}{\alpha_1 f_c b h_0} = \frac{22.2 \times 10^6}{1 \times 14.3 \times 300 \times 350^2} = 0.042 \qquad (7\text{-}40)$$

相对受压区高度 $\xi$，又称配筋系数 $\xi = 1 - \sqrt{1 - 2a_s} = 0.043 < 0.55$，符合要求。

内力矩的内力臂系数 $r_s$：

$$r_s = \frac{1 + \sqrt{1 - 2a_s}}{2} = 0.979 \tag{7-41}$$

纵向受拉钢筋的截面面积：

$$A_s = \frac{M}{f_y Z} = \frac{M}{f_y r_s h_0} = \frac{22.2 \times 10^6}{300 \times 0.979 \times 350} = 215.96\ (\text{mm}^2) \tag{7-42}$$

选用 $2\Phi25$，$A_s = 972\ \text{mm}^2$。

计算钢筋配筋率 $\rho$：

$$\rho = \frac{A_s}{b \times h_0} = \frac{972}{300 \times 350} = 0.935\% \tag{7-43}$$

配筋率验算 $\rho = 0.935\% > \rho_{\min} = 45\dfrac{f_t}{f_y} = 45\dfrac{1.43}{300} = 0.215\%$，且 $\rho > 0.2\%$，满足要求。

4）截面抗剪强度验算

$\dfrac{h_w}{b} = 1.17 < 4$（厚腹梁，也即一般梁），应满足

$$V = 170.3\ \text{kN} \leqslant 0.25\beta_c f_c b h_0 = 563.06\ \text{kN} \tag{7-44}$$

满足抗剪强度要求。

5）计算箍筋

集中荷载下的独立梁，混凝土剪压区受剪承载力最大值 $V_t$：

$$V_t = \frac{1.75}{\lambda + 1} f_t b h_0 = \frac{1.75}{1.5 + 1} \times 1.43 \times 300 \times 350 \tag{7-45}$$
$$= 105.12\ \text{kN} < 170.3\ \text{kN}$$

$V_t < V$ 剪力最大值时，采用计算配置箍筋。

令 $V = V_c$，则

$$V = a_{cv} f_t b h_0 + f_{yv} \frac{n A_{sv1}}{s} h_0 \qquad (7\text{-}46)$$

由上式求得 $\dfrac{n A_{sv1}}{s} = 0.716\ mm^2/mm$

最小配筋率 $\rho_{sv,min} = 0.24 \dfrac{f_t}{f_{yv}} = 0.114\%$

选配双肢 $\Phi7@100$，有

选配箍筋 $\dfrac{n A_{svl}}{s} = \dfrac{2 \times 50.3}{100} = 1.006\ mm^2/mm >$ 计算出的 $\dfrac{n A_{svl}}{s} = 0.712\ mm^2/mm$。

选配钢筋配筋率 $\rho_{sv} = \dfrac{n A_{svl}}{bs} - 0.34\% >$ 最小配筋率 $\rho_{sv,min} - 0.24 \dfrac{f_t}{f_{yv}} - 0.114\%$，满足配筋要求。

6）配置纵向构造钢筋（腰筋）

纵向构造钢筋又称腰筋。当梁的腹板高度，在梁的两个侧面应沿高度配置纵向构造钢筋，每侧纵向构造钢筋的截面面积不应小于腹板截面面积 $b_{h0}$ 的 0.1%，即 $105\ mm^2$，设置一根 $\Phi17$（$254.5\ mm^2$）可满足要求。如图 7-11。

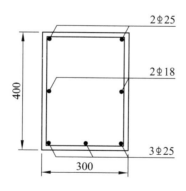

图 7-11 配筋结果图

### 7.3.4 微型桩加固方案颗粒流模拟

#### 1. 微型桩加固边坡模型建立及参数选取

微型桩采用一系列半径相同的颗粒来模拟,给每一个桩颗粒赋予平行黏结参数使其形成一个整体,使其相互联动,既可以承受弯矩,又可以承受剪力。建立微型桩模型过程如下:① 删除微型桩位置的颗粒。边坡模型建立后,利用命令 Delete 将边坡模型中桩位置处的颗粒删除。② 生成微型桩颗粒。使用 ball 命令在微型桩位置处生成 3 组桩颗粒。③ 初始化应力场。对生成微型桩后的模型多次循环,使其初始化应力场。

桩颗粒的直径为 0.15 m,边坡模型中共有 3 根桩,每根桩长均为 7 m,每根桩由 47 个颗粒组成。

表 7-4 微型桩的物理参数一览表

| 桩长 /m | 半径 /m | 截面惯性矩 /m⁴ | 杨氏模量 /GPa | 密度 / ( kg/m³ ) | 剪切模量 /GPa |
|---------|---------|-----------------|----------------|-------------------|----------------|
| 15 | 0.075 | $2.5 \times 10^{-5}$ | 27 | 2 500 | 11.6 |
| 20 | 0.075 | $2.5 \times 10^{-5}$ | 27 | 2 500 | 11.6 |

微型桩的物理参数如表 7-4 所示,采用二维抗滑桩折算理论,微型桩参数和 $PFC^{2D}$ 中颗粒参数可采用式(7-47)进行换算:

$$\left.\begin{array}{l} \overline{k_n} = \dfrac{E}{\overline{L}} \\[2mm] \overline{k_s} = \dfrac{G}{\overline{L}} \\[2mm] k_n = k_s = \dfrac{2nAE}{L} \end{array}\right\} \qquad (7\text{-}47)$$

式(7-47)中:$E$ 和 $G$ 分别是桩模型的弹性模量和剪切模量;$\overline{L}$ 为两颗粒间平行黏结的长度;$L$ 为抗滑桩长度;$A$ 为模型中桩身面积;$n$ 为平行黏结的个数,$n = |L/2R|$,$R$ 为桩身颗粒半径,双竖线为取整数;$\overline{k_n}, \overline{k_s}$,分别为颗粒间平行黏结的法向和切向刚度;$k_n, k_s$ 分别为颗粒法向刚度和切向刚度。

桩体用半径为 0.075 m 的圆盘来表示，密度取 2 400 kg/m³，法向刚度 $k_n = 1.3 \times 10^{-9}$ Pa，切向刚度 $k_s = 1.3 \times 10^{-9}$ Pa，摩擦系数取 1.0。桩体颗粒间设为平行黏结，平行黏结法向刚度 $\overline{k_n} = 9.3 \times 10^{9}$ Pa 和平行黏结切向刚度 $\overline{k_s} = 3.76 \times 10^{-9}$ Pa。为保证在计算过程中微型桩颗粒之间的平行黏结不发生破坏，取平行黏结拉张强度 $1 \times 10^{-7}$ Pa，平行黏结内聚力 $1 \times 10^{7}$ Pa，平行黏结摩擦角 0°。

### 2. 微型桩加固模拟结果分析

首先，对边坡施加重力作用，使用 Delete 命令删除边坡上部墙和各土层之间的分界墙，并使用 ix 命令锁定边坡两侧和底部的颗粒。循环 450 000 步后模型破坏并达到平衡状态，分别对未加固边坡和加固后边坡的位移场、速度场及裂纹扩展进行对比研究，分析微型桩的加固效果。

## 7.4 路基边坡防护技术及其适应性分析

### 7.4.1 工程防护

#### 1. 抹面与捶面

抹面、捶面是采用各种石灰混合料灰浆、水泥砂浆等对坡面进行防护的一种方法。可用于易风化的岩石边坡，防止其继续风化，抹面一般厚度 3~7 cm，有 6~7 年的使用寿命。因为混凝土容易干裂，可在其表面涂沥青覆盖。捶面一般厚度 10~15 cm，其比抹面防护层厚，可获得更高的强度，防护效果更好，使用寿命更长。抹面、捶面可就地取材，造价低廉，但要求边坡稳定，其不能负担荷载，耐久性差，手工作业，费时费工，现在已较少使用。

#### 2. 护面墙

护面墙适用于易风化的岩石边坡，可防止岩石风化、雨水冲蚀。护面墙可在不陡于 1∶0.5 的稳定边坡使用。护面墙分为实体、窗孔式、拱式等类型。施工现场缺少石料时，可使用混凝土建造护面墙，应根据边坡地质条件合理选用。

### 3. 干砌片石

干砌片石适用于土质和易风化岩质边坡。其在有大量开山石料可以利用的地段最为适合，在软土地基上的路堤护坡，使用干砌片石可适应地基沉降引起的路堤边坡变形。当水流冲刷明显时，使用干砌片石细小颗粒易被水流冲刷带走，从而引起较大的沉陷。其适用于 1∶1.25 的边坡，分为单层铺砌、双层铺砌和编格内铺石等几种形式，可根据现场情况选择具体形式。

### 4. 浆砌片石

浆砌片石使用水泥砂浆砌石，相较干砌片石具有更强的强度和更好的稳定性。浆砌片石的整体性可抗流水冲蚀，因此可用在流速达 4 ~ 6 m/s 的河堤。适用坡度缓于 1∶1 的边坡，如地基沉降严重路段不适于浆砌片石防护。使用浆砌片石护坡时应设置伸缩缝和泄水孔。若施工现场缺少石料，可使用混凝土建造，混凝土等级一般选 C15 ~ C25。

### 5. 喷水泥混凝土防护

当边坡岩石破损严重，岩质易风化时，对坡面喷水泥混凝土以防护坡面，其砂浆进入岩石缝隙，还可以加固边坡，使防护效果更好。其使用 C15 以上的水泥，还应添加水泥速凝剂，喷射水泥厚度为 10 ~ 15 cm。使用该防护技术时应设置伸缩缝和泄水孔。因为水泥干缩的特性，坡面容易产生细微的裂缝影响防护效果。在坡面加设一层钢筋网或土工格栅可增强强度，以降低水泥干缩对防护效果的影响。

工程防护几乎适用于各种类型的边坡，通过其封闭作用防止雨水冲刷和边坡表面的风化以及剥落、碎落，还可以阻止雨水进入岩层裂隙而造成碎落、坍塌，在坡面形成了一个加固层。其防护效果显著，形成强度迅速，但也有很多问题。第一，其圬工的防护形式，不能生长植物，无法恢复路域生态；第二，圬工防护材料及施工成本高昂，所用的材料耐久性差，防护寿命低，时间久后强度降低严重，影响防护效果，且后期养护成本高昂；第三，圬工防护视觉效果不好，容易产生视觉疲劳，且反射的阳光易使司机产生眩晕，影响行车安全，不能满足高速公路快捷舒适的要求。随着社会经济的发展，人民对环境保护的要求越来越多，强调与自然和谐发展，力图使固坡效益和生态效益完美结合，因此边坡防护技术也开始向生态防护技术转变。

## 7.4.2 生态防护技术

### 1. 液压喷播植草

将草种、保水剂、肥料等按比例与水混合，使用液压喷播机将混合物喷射到边坡上，以达到绿化坡面的目的，这种技术就是液压喷播植草技术。

（1）机械化施工，效率高，成本低。液压喷播使用机械化施工，极大地提高了施工效率。但是施工机械要求具有一定的行车条件，对于零星的边坡施工，无法发挥其机械化优势。

（2）草坪覆盖度大，成坪速度快，质量好。因为机械施工，草种和肥料喷播均匀，保证草种发芽和生长迅速，且含有染色剂，防止喷播遗漏、重复，成坪速度快，覆盖度大，草坪质量好。

### 2. 适用条件

各地区均可适用，满足水源条件时也可用于干旱、半干旱地区。一般适用于坡高每级不超过 10 m 的土质与全风化岩石稳定边坡。一般应用于坡率为 1：1.5 ~ 1：2.0 的边坡，坡率超过 1：1.15 时应结合其他防护技术一起使用。南方地区不限施工时间，北方地区一般应在春秋季节施工，施工时应注意暴雨冲刷，并做好防雨水侵蚀措施。

## 7.4.3 客土喷播植草

将客土加入纤维、侵蚀防止剂、肥料和种子的混合物中，按比调制充分搅拌，再通过专门的设备喷射到边坡表面上以恢复土壤和生态，这种技术被称为客土喷播。客土喷播从根本上对土壤进行了改良，解决了在土壤贫瘠、高硬度的坡面上恢复植被的难题。

### 1. 工艺特点

该技术人为地建立了一层客土层，为植被生长提供了良好的环境，可以实现乔、灌、草群落的合理配比，减少了后期养护。其抑制了岩体风化，抗雨水冲刷能力强，还可以跟挂网、骨架防护等搭配使用，还可应用在陡峭的边坡。

### 2. 适用条件

适用于各种土质、土石混合和强风化岩石边坡，坡率不大于 $1：1.0$。若与挂网、骨架防护等搭配使用，也可用于岩质陡坡。主要应用在湿润区和半湿润区，满足水源条件时也可用于干旱、半干旱地区。南方地区不限施工时间，北方地区一般应在春秋季节施工。施工时应注意暴雨冲刷，并做好防雨水侵蚀措施。

### 3. 客土厚度选择

土壤是植物生长的基础，边坡岩质情况决定喷播厚度及植物配置。

## 7.4.4　三维网植草

三维植被网是一种塑料网，其孔隙率可达 90%，内部可填充土壤、肥料和植物种子，将其固定在坡面，可实现植被恢复的目的。

### 1. 工艺特点

（1）固土性能优良。三维网内可以固定土壤、种子和肥料，保护其不被雨水冲蚀，且网垫可削弱雨滴的冲击力，有效地防止地表水冲刷坡面。

（2）网络加筋作用突出。植被根系和三维网、客土、边坡表面相互缠绕，加筋作用明显，增加坡面抗冲蚀能力。

（3）保温、保水作用好。三维网保温性能优良，可以有效地减小坡面温度波动，网垫还能保持坡面湿度，促进植被均匀生长，延长植物生长期。

（4）工程造价低。三维网施工简便、速度快，可极大地减少建设投资，后期养护工作简单，减少维护成本。

## 2. 适用条件

主要应用在湿润区和半湿润区，满足水源条件时也可用于干旱、半干旱地区。土质和强风化岩石边坡均可使用。适用坡率 1∶1.5 的边坡，当坡率大于 1∶1.0 时应慎用。要求每级高度不超过 10 m 的稳定边坡。南方地区不限施工时间，北方地区一般应在春秋季节施工。施工时应注意暴雨冲刷，并做好防雨水侵蚀措施。秋季施工要设计好植被越冬返青的肥料量。

## 3. 养　护

施工完成后，雾状喷洒浇水，少量多次，以早晚为宜。及时、适量追肥，防治病虫害。

## 7.4.5　植生袋绿化

植生袋是将植被种子跟肥料、保水剂等混合均匀，使用专用的机械以准确的配比撒在易降解的无纺布或木浆纸上，并通过特殊的工艺使其不易脱落，将植生袋铺设在边坡表面，可以达到植被恢复的目的。

## 1. 工艺特点

（1）植生袋种子和肥料数量精准、分布均匀，出苗率高，出苗整齐，成坪速度快。

（2）植生袋具有一定保水、保温作用，还能阻止雨水冲刷，提高种子发芽率和发芽速度。

（3）植生袋可工厂生产，体积小，质量轻，施工简便，省时省力。

（4）植生袋本身易降解，无污染，降解后可转化为肥料。

### 2. 适用条件

主要应用在湿润区和半湿润区，满足水源条件时也可用于干旱、半干旱地区；一般用于土质边坡，土石混合路堤边坡需经处理后采用；常用坡率 1：1.5～1：2.0，超过 1：1.25 时应考虑结合其他方法采用；一般不超过 10 m 的稳定边坡；北方地区一般应在春秋季节施工，施工时应注意暴雨冲刷，并做好防水侵蚀措施。秋季施工要设计好植被越冬返青的肥料量。

### 3. 养　护

施工完成后，雾状喷洒浇水，少量多次，以早晚为宜。及时、适量追肥，防治病虫害。

## 7.4.6　植生袋植草绿化

植生袋是一种外层为聚乙烯编织袋，内层为种子夹层的袋子，将其填入绿化基材码放在边坡上固定好，植物根系能互相缠绕渗透将边坡连接为一个整体，起到边坡防护、水土保持和植被恢复的功能。

### 1. 技术特点

植生袋的构造有利于植物生长，其能够保温保水，种子发芽率高，还可防止雨水冲蚀，后期养护方便。植生袋是降解材料，生态环保，其方便运输，施工工艺简单，不需要大型机械，但其需要大量人力，施工慢，成本高。

### 2. 适用条件

其适用各类边坡，坡比不陡于 1：0.5，对气候适应广泛。

### 7.4.7　土工格室植草

土工格室被广泛应用于路基加筋，后来尝试应用于边坡防护。土工格室植草是指将土工格室铺展在边坡表面并固定住，回填客土，再进行喷播施工，从而实现固土护坡和植被恢复的双重功能。

#### 1. 工艺特点

使用土工格室植草，解决了一些植被难以生长的区域绿化的难题，该技术具有高强度、低延伸性的特性。土工格室中间的空隙有利于坡面排水，防止坡面雨水冲刷，固土护坡效果好。土工格室填土可由人工施工，不需要大型机械。

#### 2. 适用条件

主要应用在湿润区和半湿润区，满足水源条件时也可用于干旱以及半干旱地区；一般应用于泥岩、灰岩、砂岩等岩质路堑边坡；其一般每级边坡高度不超过 10 m，要求边坡自身稳定且坡率不超过 1∶0.75；北方地区一般应在春秋季节施工，南方地区不限施工时间，施工时应注意防止暴雨冲刷，并做好相关防雨水侵蚀措施。秋季施工要额外设计好植被越冬返青的肥料量，保证植被冬季生长。

#### 3. 养　护

施工完成后，雾状喷洒浇水，少量多次，以早晚为宜。及时、适量追肥，防治病虫害。

### 7.4.8　厚层基材喷播

厚层基材喷播，是通过专门的喷播机将绿化基材跟植被种子混合喷射到提前挂网的坡面上，从而使不能生长植被的坡面恢复植被的技术。其绿化基材厚度最厚可达 17~20 cm，在各种防护技术里其基材厚度最厚，其绿化基材主要是由基质土、肥料、黏结剂、保水剂等按一定比例配制而成。

### 1. 工艺特点

（1）基质层厚。厚层基材喷播的基质层一般能达到 7~15 cm，能够容纳更多的水和养料，有利于植被的生长，更解决了岩石边坡、陡峭边坡植被恢复困难的问题。

（2）喷播效率高。使用机械化喷播，施工效率高，种子生长好。但是工艺复杂，成本较高。

（3）适用范围广。广泛适用于各种边坡，尤其是陡边坡和岩石边坡。对边坡平整度要求较低。

### 2. 基材喷射厚度

基材喷射厚度极大的影响防护效果，过薄不利于植被生长，过厚成本增加，且不利于自身稳定。其主要有边坡岩质、年降雨量和坡度决定，常用的喷射厚度建议值如表 7-5 所示。

表 7-5　常用喷射厚度建议

| 边坡岩质 | 年降雨量/ mm | 坡度 | 喷射厚度/ mm |
|---|---|---|---|
| 硬岩质边坡 | 600~900 | 1：0.3 | 10 |
| | | 1：0.5 | 10 |
| | 900~1 200 | 1：0.3 | 9 |
| | | 1：0.5 | 9 |
| | ≥1 200 | 1：0.3 | 7 |
| | | 1：0.5 | 7 |
| 软质岩边坡 | 600~900 | 1：0.75 | 7 |
| | 900~1200 | 1：0.75 | 7 |
| | ≥1 200 | 1：0.75 | 6 |
| 土石混合边坡 | 600~900 | 1：0.75 | 6 |
| | | 1：1.0 | 6 |
| | 900~1 200 | 1：0.75 | 5 |
| | | 1：1.0 | 5 |
| | ≥1 200 | 1：0.75 | 4 |
| | | 1：1.0 | 4 |
| 薄土质边坡 | 600~900 | <1：1.0 | 4 |
| | 900~1 200 | <1：1.0 | 3 |

### 3. 适用条件

主要应用在湿润区和半湿润区，满足水源条件时也可用于干旱、半干旱地区；广泛适用于各种边坡，尤其是陡边坡和岩石边坡；一般适用于坡度小于 1：0.5 的边坡，结合刚性框架也可以应用在更陡的边坡。北方地区一般应在春秋季节施工，施工时应注意暴雨冲刷，并做好防雨水侵蚀措施。秋季施工要设计好植被越冬返青的肥料量。

### 4. 养　护

施工完成后，雾状喷洒浇水，少量多次，以早晚为宜。及时、适量追肥，防治病虫害。

## 7.4.9　植物纤维毯

植物纤维毯防护技术是以植物纤维毯与植物结合的一种新型防护方式。其具有施工快、绿化快、保水固土、生态环保无污染等特点。在边坡表面裸露时，植物纤维毯可以起到护坡作用，控制地表侵蚀，为植物生长创造出稳定的环境，在理想条件下纤维毯降解后植被已经恢复，这时植物代替纤维发挥护坡作用。覆盖上纤维毯后可降低土壤水分蒸发，同时还能减缓土层温度变化幅度，在自身降解后还能给土壤施肥，能很好地提升植物的成活率以及促进植物的生长。除了这些生态效益方面的优点以外，它还有以下优点：

（1）植物纤维毯可废物利用。我国每年农业生产会产生大量的秸秆废料，以往都会就地焚烧，虽然能增加土地肥力，但燃烧过程中会产生大量污染。稻草、秸秆等农业废料都可以成为纤维毯的原材料。

（2）植物纤维毯可缩短工期。植物纤维毯施工铺设简单，且其可以在几乎不增加大型器械和额外投入的情况下就能全线同时施工，几乎没有任何其他技术能够像植物纤维毯这样，大大节省工期。

（3）植物纤维毯造价低。上文提过稻草、秸秆等农业废料都可以成为纤维毯的原材料，材料成本低，且生产制造简易，再加上施工方便、工期短，因此造价低。

（4）植物纤维毯技术保水固土，因此节约水资源，能减少后期的灌溉量，后期维护简单。

### 7.4.10 高陡边坡生态防护技术

修建高速公路时，在遇到地形极其复杂的山区时，高挖高填，形成许多坡度极大的高边坡和超高边坡，其坡度超过 1 : 0.5。高陡边坡由于其高度，边坡的深层可能存在稳定问题，防护时必须结合加固技术配合使用，且其坡面陡峭，浅层土体在坡面固定困难，容易滑移，且难以保留水分，影响植被生长，覆盖客土时要配合一些工程措施保证土体与边坡结合稳定，还要选取保水性好的客土和植物。上文中提到的边坡防护技术大多不能应用于这种高陡边坡，因此需要专门的防护技术对高陡边坡进行防护。

### 7.4.11 钢筋混凝土框架内填土植被护坡

在边坡表面使用混凝土形成框架，在框架内填入客土，使用一些工艺固定客土，使之能植草，达到防护边坡绿化坡面的目的，这种防护技术称之为钢筋混凝土框架植草护坡。其比骨架植草护坡有更强的加固作用，但工程造价更高，其可在各种边坡使用，但因经济因素，通常仅使用在高陡岩坡中。

对于该防护形式，如何将客土固定在框架内非常重要，现场情况不同，固土方法也不同。目前常用的固土方法有以下几种，如表 7-6 所示。

表 7-6 常用的钢筋混凝土框架内的固土方法

| 固土方法 | 施工方法 | 适用边坡 |
|---|---|---|
| 填空心六棱砖固土植草护坡 | 框架内填空心六棱砖,其孔内填土植草 | 1 : 0.3 |
| 设土工格室固土植草护坡 | 框架内使用土工格室固定客土,挂三维网喷播植草绿化 | 1 : 0.5 |
| 加筋固土植草护坡 | 框架内加筋后填土,再挂三维网喷播植草 | 1 : 1.5 |
| | 框架内加筋后填土,再喷播植草 | 1 : 0.75 |

### 7.4.12 预应力锚索框架地梁植被护坡

#### 1. 护坡原理及适用条件

当高陡岩石边坡的坡度大于 1：0.5 且稳定性很差时，只有采用预应力锚杆才能将钢筋混凝土框架地梁固定于坡面，其不但可以固定框架又能起到加固坡体的作用，然后在框架内植草护坡。建议配合厚层基材喷射护坡技术使用。

#### 2. 工艺特点

（1）预应力锚索对被锚固岩层的扰动小，其预应力对岩层施压，可以锚固边坡的不稳定岩层，既能稳固框架，又能稳定坡体。

（2）预应力锚索施工机械化程度高，具有效率高、进度快和施工安全等特点，在应急抢险中尤其具有优势。

#### 3. 养护要求

喷射完工两天后洒水，应使用机械喷洒，水流不能冲击坡面，坡面不能形成径流，且洒水时应避免高温时刻。

当边坡必须使用锚索固定岩体，但又不必用框架固定浅层，为了节省成本，只用地梁即可。坡面地梁之间可使用厚层基材喷射技术绿化坡面。

### 7.4.13 边坡防护小结

我国幅员辽阔，气候差异性大，生态环境复杂，山区岩质和地形多种多样，导致边坡类型极其多。在工程应用中进行边坡防护时，要根据实际情况，进行技术和经济比较，选取最合适的防护技术。因此必须分析评价各种防护技术的适用范围。

#### 1. 山区高速公路边坡特点

（1）呈带状分布，贯穿多个气候区域。高速公路一般里程极长，呈带状分布，因此可能穿越多个气候区域，在选择边坡防护技术时应充分考虑当地气候特点，因地制宜，获得较好的防护效果。

（2）景观破碎，降雨量不均匀。高速公路将当地完整的生态系统切割，使沿途景观破碎，不利于保护群落的多样性。山区地形复杂，海拔高低、山的阳面阴面都影响降雨量和日照，阳坡日照强度大，温差剧烈，都会影响植物生长，因此选择边坡防护技术时除了当地气候外还应考察边坡具体情况。

（3）高陡边坡多。山区高速公路深挖高填，产生很多高陡边坡，边坡陡峭，绿化困难，极易产生水土流失。

中国主要为湿润气候、半湿润气候、半干旱气候和干旱气候，降雨量的多少极大程度地影响生态防护技术的选取，同时影响植物种类的配比和养护方式，不同气候区域生态技术防护适用性评价如表7-7所示。

表7-7　不同气候区域生态技术防护评价表

| 气　候 | 年降水量/mm | 推荐生态防护技术 | 注意事项 |
|---|---|---|---|
| 湿润气候 | >700 | 植生袋 | 注意暴雨冲刷 |
| 半湿润气候 | 400～700 | 液压喷播技术 | 采用保墒技术，注意浇水 |
| 半干旱气候 | 200～400 | 客土喷播技术、厚基材喷播技术 | 采取保水、保墒措施 |
| 干旱气候 | <200 | 植生袋、植物纤维毯 | 采取保水、保墒措施 |

虽然气候条件影响防护方法选取，决定植被种类的选择，但山区地形复杂，海拔高低、山的阳面阴面都影响降雨量和日照，因此除了当地气候外还应考察边坡具体情况。

### 2. 过坡防护技术的影响因素

根据边坡防护工程实践经验，发现边坡坡比、坡高、坡面平整度、边坡岩质及其风化程度等是影响边坡生态防护技术选择的主要因素。

1）边坡坡比

边坡坡比对边坡稳定性影响极大，且过陡导致表层土壤不容易固定，坡面冲刷严重，极大程度地影响防护效果，因此必须选取能满足边坡坡比要求的防护技术。

本书参考《公路路基设计规范》（JTG D30—2015），结合防护工程技术特点，对边坡坡比分为四类，见表7-8。

表 7-8　基于坡比的边坡分类

| 边坡类别 | 坡　比 |
|---|---|
| 缓　坡 | ≤1：1.5 |
| 较缓边坡 | 1：1～1：1.5 |
| 较陡边坡 | 1：0.5～1：1 |
| 陡　坡 | ≥1：0.5 |

2）坡　高

坡高也对边坡稳定性影响很大，且过高的边坡会提高施工难度，影响防护质量。根据防护工程施工难度以及一般坡高分类，按坡高分成三类边坡，如表7-9所示。

表 7-9　边坡高度划分标准

| 边坡类型 | 坡　高 |
|---|---|
| 矮边坡 | ≤10 |
| 中高边坡 | 10～30 |
| 高边坡 | >30 |

3）坡面平整度

边坡坡面平整便于工程施工，若边坡平整度差会影响防护技术的实施。边坡平整度的划分主要有两大因素，坡面的相对高差以及对防护工程施工质量的影响。参考边坡防护工程施工经验，坡面平整度等级划分具体见表7-10。

表 7-10　坡面平整度划分

| 平整度等级 | 平整度特征 |
|---|---|
| 优 | 坡面高差≤10 cm，坡面无浮石 |
| 良 | 坡面高差10～20 cm，坡面基本没有浮石 |
| 合　格 | 坡面高差20～30 cm，能够保证防护工程施工质量的基本要求 |
| 差 | 坡面高差>30 cm，严重影响防护工程的施工质量 |

4) 边坡岩质及其风化程度

根据边坡土质跟岩体的成分，边坡岩质主要有三种组成形式，土质边坡、石质边坡、坡面土质下层岩石的双层边坡。边坡岩体的风化程度根据《岩土工程勘察规范》中的有关标准进行划分，具体划分标准见表7-11。

表 7-11　岩石风化程度等级划分

| 风化程度 | 野外特征 | 风化程度参数 | |
| --- | --- | --- | --- |
| | | $K_v$ | $K_f$ |
| 未风化 | 岩质新鲜，偶见风化痕迹，岩石组织结构未变 | 0.9~1.0 | 0.9~1.0 |
| 微风化 | 岩石结构基本未变，节理面有变色，有少量风化裂隙 | 0.7~0.9 | 0.7~0.9 |
| 中等风化 | 表面和沿节理面大部变色，但断口仍保持新鲜岩石特点，结构部分破坏，沿节理面有次生矿物，风化裂隙发育，岩体被切割成岩块。用镐难挖，岩芯钻方可钻进 | 0.6~0.7 | 0.4~0.7 |
| 强风化 | 颜色改变，唯岩块的断口中心尚保持原有颜色，结构大部分破坏，矿物成分显著变化，风化裂隙很发育，岩体破碎，用镐可挖，干钻不易钻进 | 0.4~0.6 | <0.4 |
| 全风化 | 颜色已全改变，结构基本破坏，但尚可辨认，有残余结构强度，可用镐挖，干钻可钻进 | 0.2~0.4 | |
| 残积风化 | 组织结构全部破坏，已风化成土状，用手可折断、捏碎，具可塑性 | <0.2 | |

注：（1）波速比 $K_v$ 为风化岩石与新鲜岩石压缩波速度之比。
　　（2）风化系数 $K_f$ 为风化岩石与新鲜岩石饱和单轴抗压强度之比。
　　（3）也可根据当地经验划分岩石风化程度。
　　（4）花岗岩类岩石，可采用标准贯入试验划分，$N>50$ 为强风化，$50>N>30$ 为全风化，$N<30$ 为残积土。
　　（5）泥岩和半成岩，可不进行风化程度划分。

3. 根据影响因素划分的边坡类型及相应防护

根据对边坡坡比、坡高、坡面平整度、边坡岩质及其风化程度的分析，参考山区边坡特点，以绿化难易程度为标准，可以分为四类边坡：

可直接绿化、可绿化、较难绿化、不宜绿化。各类边坡特点及推荐的生态防护技术如表 7-12。

表 7-12　基于边坡生态防护的边坡分类及推荐的生态防护技术

| 边坡分类 | 边坡特点 | | | | 选配坊工防护措施 | 推荐的生态防护技术 |
|---|---|---|---|---|---|---|
| | 坡比 | 坡高 | 坡面平整度 | 岩土性质及其风化程度 | | |
| 可直接绿化边坡 | ≤1：1.5 | ≤4 m | 优、良 | 土质边坡 | 裸坡 | 铺草皮、液压喷播植草、植生袋纤维毯 |
| 可绿化边坡 | 1：1～1：1.5 | ≤10 m | 优、良 | 土质边坡，强、全风化岩质边坡 | 裸坡、框架梁、骨架类、锚杆、锚索类 | 客土喷播、植生袋、土工格室植草、三维网 |
| 较难绿化边坡 | 1：0.5～1：1 | ≤30 m | 优、良 | 中等、强、全风化岩质边坡 | 裸坡、框架梁、骨架类、锚杆、锚索类 | 厚层基材喷播、植生袋 |
| 不宜绿化边坡 | ≥1：0.5 | >30 m | 合格、差 | 未风化、微风化岩质边坡 | 裸坡、完全坊工类、SNS | 藤蔓植物绿化 |

### 4. 各种生态防护技术的比较

1）生态恢复效果

从防护效果上对比，客土喷播、厚层基材喷播、三维网和植生袋等技术，因为加入了客土，改良了植被的生长环境，植被生长较好，因此能到达较好的生态恢复效果；其他技术，仅仅施肥，还得受到原生土壤的限制，如果土壤一般，得到的生态恢复效果也就一般。

2）施工工艺难易程度

对于能够充分利用机械施工、施工工艺简单的技术，都可以极大地降低工程造价。在工程实践中，厚层基材喷播技术的施工工艺比较复杂，液压喷播、客土喷播和三维网等施工难度适中，植生袋、植物纤维毯最为简易。

## 第8章

顺层边坡变形失稳机制

对边坡变形失稳机制的分析研究，一直以来备受工程技术人员的关注。一般地，通过对地质现象的观察和分析，研究边坡在一定地质环境条件下随时间推移产生时效变形的过程和伴随这一过程岩土体内部的破坏特征以及可能产生的变形失稳模式。基于这样的分析，研究岩土体边坡所处的变形状态、破坏的可能性、破坏的规模及潜在滑动面的产生和发展，进而对岩土体边坡的稳定性作出评价。

## 8.1 边坡结构

边坡结构有别于岩体结构，是针对边坡稳定性而言，指控制边坡稳定的主要因素与边坡关系的组合结构形式。岩体结构是指组成边坡的岩土体所具有的地质结构特征，某具体部位相同的岩体结构在不同的边坡形态下，其边坡结构可能有所不同。边坡结构可以按如下3个要素进行组合、分类并命名：① 边坡介质类型；② 控制性结构面倾角；③ 控制性结构面与边坡主临空面的倾向组合关系，如层状陡倾顺向边坡等。对于主要受岩土体强度控制的均质和似均质边坡，可只按边坡介质类型命名，如堆积体边坡等；对于结构复杂的大型高陡边坡，可以根据实际情况，采用上述三要素进行分类。

边坡介质类型分为：均质与似均质类介质、岩体介质。

均质与似均质类介质按组成物质可分为均质土、非均质混合材料和全风化岩体。均质土主要由第四系的坡积层、冲积层组成，组成物质均一，结构一般较松散；非均质混合材料主要是指堆积体，是在深切冲沟形成后，沟两侧及沟源岩体产生坍滑、崩塌，以及洪水坡积作用所形成的综合地质体，其组成物质主要为孤石、块石及碎石，在孤石、块石及碎石的空隙中充填细颗粒的砂质粉土，在堆积形成过程中可能压密及胶结、也可能较为疏松，并存在架空现象。全风化岩体组成物质单一，岩体结构呈散体状，疏松多孔。均质与似均质类介质组成的边坡，其稳定性主要受其底部接触面的抗剪强度、起伏情况及岩土体物质的组成、抗剪强度及水的作用影响。

岩体介质是指块体结构、层状结构、镶嵌碎裂结构等岩体。保施高速根据岩体中结构面的发育程度及性状、块体的嵌合情况、岩体风化卸荷作用程度、岩体蚀变程度等将岩体介质的结构类型划分为整体结构、块状结构、次块状结构、裂隙块状结构和镶嵌结构，其主要地质特征见表8-1，边坡稳定程度主要由结构面及其强度指标控制。对于层状介质还可按总厚度 75% 的岩层层厚 $d$ 分为厚层状（$d>1$ m）、中厚层状（$1$ m$\geq d \geq$ $0.2$ m）、薄层状（$d<0.2$ m）和互层状四个亚类。

岩体结构按结构面倾角 $\alpha$ 分为：缓倾（$\alpha \leq 30°$）、中倾（$30°<\alpha<60°$）、陡倾（$\alpha \geq 60°$）。

边坡结构按岩体走向与边坡主临空面倾向之间的夹角 $\delta$ 分为：顺向坡（$0°<\delta<30°$）、斜向坡（$30°\leq \delta<60°$）、横向坡（$60°\leq \delta<120°$）和逆向坡（$120°\leq \delta<180°$）。

表 8-1　岩体结构类型主要地质特征

| 岩体结构类型 | 主要地质特征 |
| --- | --- |
| 整体结构 | 微风化—新鲜片麻岩，夹少量片岩，片麻理、片理面结合力强。无Ⅳ级及其以上结构面。Ⅴ级结构面组数不超过2组，延伸短，闭合，或被长英质充填胶结。呈焊接状，面粗糙，无充填，刚性接触，间距大于 100 cm，岩体呈整体状态，地下水作用不明显。地震波纵波速度一般大于等于 5 000 m/s |
| 块状结构 | 微风化—新鲜片麻岩，夹片岩，片麻理，片理面结合力强。少见Ⅳ级结构面。Ⅴ级结构面一般有 2～3 组，以近东西向、近南北向陡倾角节理为主，闭合，或被长英质充填胶结，粗糙，无充填或有后期热液变质矿物充填，刚性接触，间距50～100 cm。可见少量滴水。地震波纵波速度一般大于等于 4 500 m/s |

| 岩体结构类型 | 主要地质特征 |
|---|---|
| 块状结构 | 大部分弱风化中、下段岩体,完整性较差的微风化—新鲜岩体,片麻理、片理面结合稍弱,片岩夹层仍较坚硬。Ⅳ级结构面较发育。Ⅴ级结构面一般有 3 组以上,间距 30~50 cm,近东西向和近南北向陡倾角节理延伸较长。结构面微张,并有高岭土化的铁、锰次生矿物充填,可见有渗水现象。地震波纵波速度一般为 4 500~4 000 m/s |
| 次块状结构 | 卸荷(卸荷裂隙张开小于 20 mm,延伸长大于 7 m)的微风化岩体,片麻理、片理面结合力稍弱,片岩夹层大部分软化,部分泥化。Ⅳ级结构面发育。Ⅴ级结构面一般有 3 组以上,间距 20~50 cm,近东西向和近南北向陡倾角节理延伸较长。结构面张开,并有高岭土化的长英质和铁、锰次生矿物和地表次生黄色黏土充填,可见有渗水、渗水现象。地震波纵波速度一般为 4 000~3 500 m/s |
| 裂隙块状结构 | 弱风化上段,完整性较差的弱风化中、下段岩体。作为夹层的片岩已大部分风化成软岩,部分泥化。Ⅳ、Ⅴ级结构面发育,结构面微张或张开,为泥和碎屑物所充填,节理间距 15~300 cm,岩体强度仍受结构面控制。雨季普遍有滴水现象。地震波纵波速度一般为 3 500~2 500 m/s |
| 镶嵌结构 | 断层影响带、节理密集带及蚀变岩带。Ⅳ、Ⅴ级结构面很发育、不规则、裂隙微张,多有泥膜充填,岩体间咬合力强,地下水活动强烈 |

## 8.2　稳定性影响因素

影响边坡稳定的因素十分复杂,归纳起来可分为内在因素和外在因素。内在因素包括:边坡岩土体类型、岩土体结构、地应力等;外在因素包括:水的作用、地震作用、边坡形态及人类活动等。

影响边坡稳定最根本的因素为内在因素,它们决定了边坡的变形失稳模式和规模,对边坡稳定性起着控制性作用。外在因素只有通过内在因素才能对边坡起破坏作用,促进边坡变形失稳的发生和发展,但当外在因素变化很大、时效性很强时,往往也会成为导致边坡失稳的直接诱因。

### 8.2.1　内在因素

**1. 岩土体类型**

岩土体类型按组成物质的不同和差异，宏观上可分为土质类和岩质类。土质类主要是由土、砂、碎石、块石、孤石及全风化岩体等组成的均质、非均质材料。岩质类按饱和单轴抗压强度可分为极坚硬岩（≥80 MPa）、坚硬岩（60～80 MPa）、中硬岩（30～60 MPa）、软岩（15～30 MPa）和极软岩（<15 MPa）。

土质类边坡的稳定性主要取决于土质类材料的抗剪强度。就材料本身而言，其抗剪强度的高低主要取决于黏粒（粉粒）、碎（块）石和孤石的含量：黏粒（粉粒）含量越高、碎（块）石和孤石含量越少，则抗剪强度越低；反之，则抗剪强度越高。因此，就材料强度而言，堆积体边坡的稳定性高于碎石质边坡，碎石质边坡的稳定性高于砾质土边坡，砾质土边坡的稳定性高于粉（黏）土边坡。

具有相同结构特征和岩体结构特征的岩质边坡，其边坡的稳定性随着岩质强度的增加而提高。

**2. 岩土体结构**

土质类边坡结构密实度也是影响土质类材料抗剪强度指标的重要因素。结构越疏松，抗剪强度指标就越低，边坡稳定性越差；结构越紧密，抗剪强度指标就越高，边坡稳定性越好。当边坡具有多元结构特征时，尤其是颗粒相对较细的物质分布在边坡的中下部时，该土层则可能成为制约边坡稳定的主导因素，即边坡稳定程度取决于该土层的物理力学指标。

岩体的结构类型一般可分为整体结构、块状（次块状、裂隙块状）结构、层状结构、镶嵌碎裂结构和碎裂结构。由于岩体强度较高，岩质边坡稳定性主要取决于边坡结构及岩体中结构面的性状和规模。

1）顺向坡

顺向坡是主要软弱结构面的走向与边坡走向平行或近平行、倾向一致的边坡。当结构面倾角小于坡角时，结构面在坡面上出露，边坡的稳定性最差，极易发生顺层滑坡。

2）逆向坡

逆向坡是主要软弱结构面的走向与边坡走向平行或近平行、倾向相反的边坡。这类边坡稳定条件较好，如果结构面陡倾，则有可能产生崩塌破坏和倾倒变形；如果下部有软岩，则更容易出现倾倒或蠕滑变形。

3）斜向坡

斜向坡是主要结构面与坡面走向成斜交关系，有可能出现楔体变形破坏的边坡。

4）横向坡

横向坡是主要软弱结构面走向与坡面走向近垂直的边坡。该类边坡稳定条件最好。

当岩体中存在结构面及其组合构成了对边坡稳定不利的分离块体时，结构面规模控制边坡变形失稳的规模，而结构面性状则控制边坡的稳定程度。由断层、顺层挤压错动面构成的分离块体，尤其是有连续断层泥分布时，稳定性最差，失稳规模最大；由成组节理裂隙构成的分离块体，由于节理裂隙延伸长度短小，组成大规模分离块体时，必定有部分岩体起抗滑作用，边坡稳定性主要取决于节理裂隙的连通率、张开程度、充填物性状、起伏差及岩体强度。

随着边坡岩体完整性的提高和卸荷松弛程度的减弱，边坡的稳定性增加。当坡体结构具备"上硬下软"的二元结构特征时，下部软弱夹层易被压缩，并产生蠕变，导致上部岩体（硬岩）拉裂，最终产生滑动或崩塌失稳。

3. 地应力

边坡所在地区岩体坚硬完整、地应力较高时，由于岸坡卸荷作用，应力重分布，表层岩体严重卸荷松弛，并改造或产生了陡倾角的拉张裂隙和顺坡中缓倾角剪切裂隙，岸（边）坡稳定条件较差，且一旦开挖触及较深部岩体时，必将引起有限变形问题，边坡岩体势必出现"葱皮"、卸荷松弛、岩爆等现象，进一步恶化边坡稳定条件。

### 8.2.2 外在因素

#### 1. 水的作用

水的作用包括地下水、地表水及大气降雨入渗、泄洪雨雾入渗等。

水对边坡稳定的影响十分显著，众多边坡的失稳多发生在降雨、暴雨后。水是边坡失稳的主要外在因素之一。水对边坡稳定的影响主要包括以下 3 个方面：

（1）水对软岩、极软岩、软弱夹层及土质类材料的细粒（尤其是黏、粉粒）部分有软化、泥化作用，使岩土体和结构面强度显著降低。

（2）产生动水压力和静水压力。由于雨水渗入、河水位上涨或水库蓄水等种种原因，地下水位上升，孔隙水压力提高，从而降低坡体的抗滑能力，造成边坡变形和破坏。电站运行期库水位迅速下降，边坡岩土体中的水排出较慢，坡体内会形成较大的静水压力，对边坡稳定不利；地下水从边坡岩土体排出的过程中，会形成动水压力，增加沿地下水渗流方向的滑动力，对边坡稳定不利。

（3）在具备丰富的松散物质来源、较大汇水面积及前缘地形坡度较陡的区域，土体基本处于饱水状态时，暴雨极有可能诱发形成泥石流。

#### 2. 地震作用

地震也是诱发边坡破坏的重要外在因素之一。地震对边坡稳定的影响主要表现在以下两个方面：① 在坡体内产生影响边坡稳定的附加应力，包括向上的和水平向的不利外力作用。② 引起岩土体结构松弛和强度降低，促进裂隙的产生和发展。

#### 3. 边坡形态

边坡形态主要指坡高、坡角、坡面形态、边坡临空程度及开挖体形等。

1）坡　高

随坡高增加，边坡内各处的应力值均呈线性增大，边坡稳定性降低。

2）坡　角

随坡角变陡，张力带的范围有所扩大，坡脚应力集中带最大剪应力也随之增高。坡底的宽度对坡脚的应力状态也有一定的影响，坡脚最大剪应力随底宽缩小而急剧增高。最大剪应力的增高将导致边坡稳定性降低。

3）坡面形态

边坡的平面形态对其应力状态也有明显的影响，平面形态上的凹形坡由于受到沿边坡走向方向的侧向支撑，应力集中程度明显减缓，稳定条件较好；凸形坡应力集中现象明显，稳定条件差。

4）边坡临空程度

边坡的临空面越多，变形程度越严重，这是由于一方面失去了部分阻滑力和空间效应，另一方面边坡岩土体更易卸荷松弛，使得边坡稳定性降低。

5）开挖体形

开挖体形复杂，将使应力重分布不利，可能在多个部位出现应力集中带，加剧边坡岩体的卸荷松弛，边坡失稳模式呈多样化，稳定性降低。因此，边坡开挖体形总体应平顺，并与周边协调衔接，以利于边坡稳定。

4. 人类活动

人为因素主要包括边坡的开挖顺序与支护顺序、开挖爆破、施工用水管理、边坡的加载、卸载等。

1）开挖顺序与支护顺序

合理的开挖顺序与及时的支护顺序（如对边坡稳定条件较差的部位采用间隔分段开挖、地下水丰富的地区或水对边坡稳定起控制作用的地段进行超前排水等），有利于边坡稳定。挖"神仙土"（掏坡脚）或支护严重滞后的行为，将进一步恶化边坡的稳定条件。

2）开挖爆破

开挖爆破对边坡稳定的影响作用与地震作用相似，但在以下两方面又有别于地震作用：① 爆破频数高；② 爆破振动频率低。失控的爆破对边坡稳定影响很大，如某工程场内公路施工中两次规模较大的塌方（塌方量近 $10 \times 10^4$ m³）均发生在爆破刚结束后。因此，为了有利于边坡的稳定，应实施有效的爆破控制，如预裂爆破，以合理的单耗、总起爆药量等进行控制。

3）施工用水管理

施工用水如果管理不善，乱排放的水将渗入边坡岩土体中，恶化边坡的稳定条件。因此，必须严格施工用水管理，合理排放，以确保边坡稳定。

4）卸载与加载

一方面，由于工程建设的需要，需在边坡上布置建筑物和堆（转）存建筑材料，在边坡上施加了外部荷载，使边坡稳定性降低。工程开挖的大量弃渣需堆放于渣场，渣场一般位于缓坡平台部位，下部边坡较陡时，大量堆渣增加的荷载将导致边坡变形失稳。如保施高速 K15+600 右岸滑坡体，由于滑坡底部公路的开挖，形成新的临空面，而滑坡顶部公路开挖时，往滑坡体上倾倒了大量的弃渣，在不断加载的情况下，滑坡体产生向临空方向的缓慢滑动变形。

渣场位于冲沟中时，如果乱堆放渣物，则存在渣物边坡的稳定问题，在汛期有可能形成泥石流。

此外，工程需要对边坡进行开挖或在缓坡地带（阻滑段）取土、取石，减小了阻滑段的阻滑力，也有可能导致边坡变形失稳。

## 8.3 顺层边坡失稳模式

国内外对边坡失稳模式的研究起步较早，研究成果相对成熟，认识也相对统一。虽然分类形式多种多样，但宏观上一般划分为滑动型、崩塌型和有限变形等。保施高速 K15+600 右岸边坡的岩土体结构类型复杂，变形失稳模式多样，种类齐全，如表 8-2 所示。

表 8-2　保施高速边坡主要变形失稳模式

| 变形失稳模式 | | | 形成条件 | 影响稳定的主要因素 | 典型边坡 |
|---|---|---|---|---|---|
| 滑动型 | 平面型滑动 | 单一滑面 | 倾向坡外的单一软弱面被切脚 | 软弱面的组成物质及强度 | 上游侧边坡 |
| | | 阶梯状滑面 | 近 SN 向顺坡向中缓倾角节理及近 SN 向和近 EW 向陡倾结构面发育 | 结构面延伸情况及性状、水的作用、地震或爆破产生的震动力等 | 3 号山梁、4 号山梁 |
| | | 折线型滑面 | 由陡、缓节理组（2~3 组）或坡顶张裂隙组合形成大块体、缓节理必须暴露于坡脚或破面 | 节理的性状、水的作用、地震或爆破产生的震动力等 | 3 号山梁、水垫塘边坡 |
| 滑动型 | 圆弧型滑动 | | 坡体为松散堆积物，坡度大于自然稳定坡角 | 岩土体物质组成、抗剪强度、水的作用 | H3、H7、堆积体中开挖的边坡、右岸砂石斜边坡 |
| | 楔形体滑动 | | 两组结构面切割形成楔形体，交线倾向坡外 | 结构面的组成物质及强度 | K18+500 边坡 |
| | 组合型滑动 | | 松散堆积物与下伏基岩接触面较平、且被切脚 | 接触面的抗剪强度和起伏情况 | 堆积体开挖的边坡、右岸砂石料边坡 |
| 崩塌型 | 倾倒型崩塌 | | 近 EW 或近 SN 向结构面发育（切割呈层状），且边坡与之近平行，陡开挖 | 临时或周期性作用的裂隙水压力、地震或爆破产生的振动力等 | K27+400 边坡 |
| | 滑移型崩塌 | | 结果面切割形成底部有倾向坡外斜面的块体 | 结构面性状、水的作用、地震影响 | 右岸缆机边坡 |
| 有限变形 | | | 岩体坚硬完整，地应力高 | 岩体的完整程度、地应力 | K36+700 边坡 |

### 8.3.1 滑动型

滑动型变形破坏是指坡体沿软弱带（结构面）或最大剪应力面产生滑移变形失稳。根据其力学机制，可分为推移式滑动和牵引式滑动；根据构成坡体物质结构特征的差异，可分为平面型滑动、圆弧型滑动、楔形体滑动和组合型滑动等 4 种类型。

#### 1. 平面型滑动

当某一结构面走向与边坡面走向近似平行、顺坡倾斜且倾角小于坡角，并存在侧向切割面和后缘拉裂面时，结构面在边坡上出露时，有可能沿该组结构面产生平面型滑动变形破坏。此类变形破坏主要发生在岩质边坡中。根据滑移面类型，平面型滑动又可分为顺层滑动和沿中缓倾角剪切裂隙、节理滑动。

##### 1）顺层滑动

以片理、片麻理方向的顺层挤压错动面为底滑面的变形破坏，即为顺层滑动破坏。由于组成底滑面的该类结构面延伸较长，其变形失稳规模主要取决于其倾角，倾角越缓，滑动体厚度越大，变形失稳规模就越大。保施高速 K15+600 附近地段，片麻理倾角一般为 70°~85°，故失稳以浅层滑动为主；坝址下游地段片麻理倾角逐渐变缓，在右岸砂石料加工系统地段，倾角只有 35°~40°，其失稳主要为深层滑动。例如：孔雀沟下游侧分布的古滑坡体，滑坡体厚度可达 40~50 m，属深层滑动；发生在保施高速 K22+000 段的滑坡，属浅表层滑动，该滑坡底滑面为顺片麻理结构面，产状为 N75°~80°W，NE∠60°~65°，山梁孤峰突出，两侧冲沟即为侧向切割面，顺片麻理结构面在边坡上部较平缓处出露，由于公路施工便道开挖，底滑面在便道内侧坡脚处出露，开挖爆破后即产生方量约 $10×10^4$ m³ 的塌方。

##### 2）沿中缓倾角剪切裂隙、节理滑动

以顺坡中缓倾角剪切裂隙、节理为底滑面，以拉张裂隙为后缘拉裂面的破坏，即为沿中缓倾角剪切裂隙、节理滑动。由于岸坡部位卸荷作

用强烈，一方面使岸坡岩体松弛，另一方面改造和产生了部分新裂隙。该类裂隙主要有两种类型：① 使陡倾角结构面张开，形成拉张裂隙；② 在河谷应力场拉、压、剪应力的综合作用下，改造原顺坡中缓倾角节理，形成剪切裂隙或剪切带。由于构成底滑面的结构面延伸长度相对较小，无论底滑面还是后缘拉裂面均是成组发育的节理、裂隙，因而其变形破坏具有牵引式、扩展式的特点，即在一般情况下，变形是从单一小块体破坏开始，逐渐向两侧扩展[图 8-1（a）]，向上发展[图 8-1（b）]。在一些特殊情况下，如强暴雨、地震和超常规爆破情况下，也可能一次发生较大范围和规模的破坏，这种破坏无论在倾向上或走向上，底滑面均呈现台坎状。保施高速 K15+600 横向呈台坎状，纵向凹凸相间的典型地貌特征在一定程度上反映了在岸坡形成过程中，上述两种破坏型式的综合作用。

沿中缓倾角剪切裂隙、节理的滑动，根据其失稳规模和稳定分析方法，可以概化为 3 个分析模式，即单一滑面、折线型滑面和阶梯状滑面。其中，大范围的整体失稳滑面主要为阶梯状滑面。

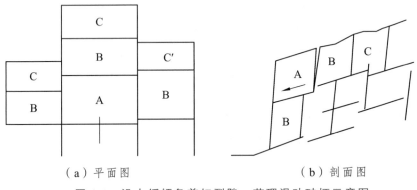

（a）平面图　　　　　　　　（b）剖面图

图 8-1　沿中缓倾角剪切裂隙、节理滑动破坏示意图

## 2. 圆弧型滑动

组成边坡的岩土体物质均一，其稳定程度受控于岩土体强度，而不受结构面强度控制，边坡中的破坏面沿松散堆积物内部的最大剪应力发生，这种破坏面近似为圆弧状，故称为圆弧型滑动。圆弧型滑动一般发

生在第四系覆盖层、强烈蚀变岩体、较大的断层破碎带或全风化岩体中。如保施公路场内Ⅰ段的CD段回头弯第四系坡积层中发生的滑坡（如图8-2），由于公路开挖，边坡前缘变陡，减小了阻滑力，产生滑动，后缘由于失去前缘土体的支撑作用，又产生滑动，在较短时间内连续发生5次滑移破坏，具牵引式特点。

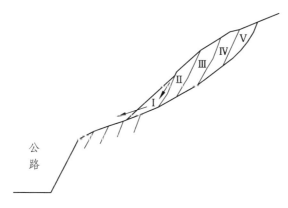

图 8-2　保施高速 K20+810 段滑坡剖面示意图

当构成边坡的岩土体物质颗粒大小混杂时，其中的孤石、块石会使破坏面发生局部转折，其变形破坏面近似圆弧状。在保施高速 K27+400 段边坡发生在堆积体中的破坏，即为似圆弧状破坏，滑坡体沿公路长 150～200 m，高 30～50 m，含有大量的孤石、块石。

### 3. 组合型滑动

组合型滑动是由两种或两种以上的滑动型组合形成的变形破坏。保施高速 K15+600 的组合型滑动破坏主要是滑体上部为圆弧型滑动、下部为平面型滑动的组合，这种组合有两种表现形式。

#### 1）堆积体边坡

在堆积体边坡中，颗粒相对较细的物质一般分布在边坡的底部，称为接触带土体。就材料本身而言，土质类边坡抗剪强度的高低主要取决于碎（块）石和孤石含量，碎（块）石和孤石越多，抗剪强度就越高。因此，接触带土体在堆积体内部抗剪强度相对较低。当堆积体发生变形时，一般首先是在堆积体内部产生圆弧型滑动破坏，当底滑面与接触带土体贯通后，即沿接触带土体产生平面型滑动。

2）上部为第四系覆盖层，下部为基岩的边坡

右岸砂石加工系统及混凝土拌和系统粗碎车间平台高程为1 130 m，其后侧边坡上部主要为坡积层，下部为风化岩体，风化岩体中顺片麻理错动面较发育。初期开挖过程中曾发生变形破坏，上部坡积层中为圆弧型滑动破坏，下部风化岩体中为沿顺片麻理错动面滑动（如图8-3）。

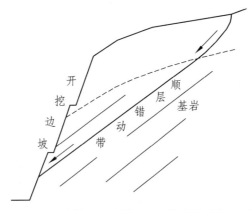

图8-3　右岸砂石料加工系统边坡破坏示意图

### 8.3.2　崩塌型

崩塌破坏发生在天然山坡的陡坡和高陡开挖边坡部位，在自重作用下产生瞬间塌落破坏。崩塌破坏主要发生在岩质边坡中，当松散堆积物在较陡开挖部位，或在库水作用下时也有可能发生崩塌破坏。按发生崩塌的机制，可分为倾倒型和滑移型两种崩塌破坏类型。

如图8-4所示，置于斜面上的岩块由两组

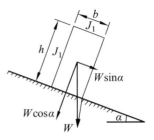

图8-4　斜面上岩块的几何要素

节理 $J_1$ 和 $J_2$ 切割形成，节理间距分别为岩块的底边长 $b$ 和高度 $h_0J_1$ 为近 SN 向或近 EW 向陡倾角节理，产状为 N0°～20°E、NW（SE）∠75°～80°或 N70°～85°W、NE∠75°～80°；$J_2$ 为倾向河谷[产状近 SN，E（W）∠32°～45°]或倾向冲沟的顺坡中缓倾角卸荷节理。节理间距比 $b/h$ 决定了岩块发生崩塌的形式。当 $b/h>1$ 时，岩块重力 $W$ 的矢量落于底边 $b$ 之内，如果斜面倾角 $\alpha$ 大于摩擦角 $\varphi$，岩块将产生滑移型崩塌；当 $b/h<1$ 时，岩块高而细，重力矢量 $W$ 在地质营力作用下可能落于底边 $b$ 之外，此时岩块将产生倾倒型崩塌。

### 1. 倾倒型崩塌

倾倒型崩塌破坏是天然山坡失稳的主要形式之一。按岩性或结构面组合与工程边坡的关系，倾倒型崩塌破坏主要有以下 3 种组合情况：

（1）边坡岩性分布存在下软上硬或软硬相间结构特征的地段，由于片岩、角闪斜长片麻岩和黑云花岗片麻岩抗风化能力的差异，较软弱的片岩和角闪斜长片麻岩全强风化岩体厚度相对较大，加之各类层间错动、断层的存在，在逆向坡软弱岩体易被压缩变形，从而导致上部岩体倾倒拉裂变形，进一步发展，则产生崩塌破坏。左岸砂石料加工系统、孔雀沟石料场Ⅲ料区，边坡上部岩性主要为黑云花岗片麻岩，下部为角闪斜长片麻岩夹黑云花岗片麻岩，其中还夹有多层片岩，浅部角闪斜长片麻岩和片岩多为全强风化（部分地段呈土状），片麻理总体产状为 N70°～80°W、NE∠55°～70°，发育有Ⅲ级结构面（$F_{23}$、$F_{15}$、$F_{18}$、$F_2$、挤压带 $G_1$ 等）和Ⅳ级结构面若干条，在边坡上表现为软硬相间，这些地段与片麻理走向近平行的边坡为逆向坡，易发生倾倒型崩塌破坏。

（2）岩层近直立的冲沟地段，如左岸饮水沟和右岸大椿树沟，片麻理产状近 EW 向直立，平行片麻理的结构面发育，Ⅱ级断层 $F_7$ 从沟中通过，由于冲沟深切，在地质营力作用下，冲沟两侧岩层均有不同程度的倾倒崩塌现象，边坡开挖揭露片麻理倾角仅为 20°～60°。在这些地段，近 EW 向的工程边坡有可能产生类似的倾倒型崩塌破坏。右岸大椿树沟 C 区高程 1 420 m 边坡开挖揭露的陡倾黑云花岗片麻岩岩层倾倒折断现象，在其上游近断层 $F_7$ 侧为全、强风化的角闪斜长片麻岩，由于 $F_7$ 的影响，岩体中Ⅳ、Ⅴ级结构面发育，局部密集发育，风化程度也相应较深。大椿树沟深切产生临空面，在适当的地质时期产生向大椿树沟的倾倒变形，继而产生崩塌。因临空面的空间限制，崩塌物位移量不大，主要表现为整体倾倒成层堆积。在倾倒过程中，由于层间错动差异，局部产生空洞，该地段倾倒变形岩体主要分布于 3 号山梁上游高程 1 300 m 以上部位，片麻理产状近 EW、走向陡倾 SW，而倾倒崩塌堆积主要分布于高程 1 410 m 以上，片麻理产状近 EW、走向倾向 SW∠40°～60°。左岸 2 号山梁也存在类似的黑云花岗片麻岩岩层向饮水沟侧倾倒崩塌的现象。

（3）近 SN 向节理密集发育地段，工程边坡近 SN 向陡开挖，则有可能产生倾倒型崩塌破坏，这种类型组合的倾倒型崩塌破坏。从天然地貌可以观察到，许多高陡峭壁就是近 SN 向节理裂隙倾倒崩塌形成的，山梁上游侧坡面（岸砂石系统上游地段）地貌，基岩裸露地段岩性为黑云花岗片麻岩，岩体中近 SN 向陡倾角节理发育，且间距一般为50～150 cm，在中缓坡面上未见连续滑移面，该地段岸坡的形成受结构面控制，主要为沿 SN 向陡倾角节理发生倾倒型崩塌破坏，局部形成陡壁。

### 2. 滑移型崩塌

滑移型崩塌破坏也是天然边坡失稳的主要形式之一。

滑移型崩塌破坏一般发生在顺坡中缓倾角节理发育不均匀的地段，如图 8-5 所示，边坡上发育有顺坡中缓倾角结构面和近 SN 向陡倾角结构面，随着变形的发展，裂面逐渐扩展，当裂面贯通后，就容易产生以近 SN 向陡倾角结构面为后缘拉裂面、近 EW 向陡倾结构面为侧向切割面、顺坡中缓倾角结构面为底滑面的滑移型崩塌破坏，在结构面连通率较好的地段，经常发展为扩展式的滑移型崩塌破坏。连通率相对较差的地段，如左岸 6 号梁下游侧高程 1 380 m 以上高线公路边坡开挖，在开挖爆破后发生塌方，即属于此类破坏。

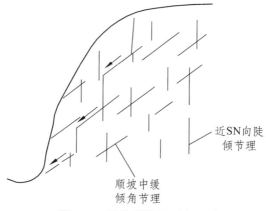

近SN向陡
倾节理

顺坡中缓
倾角节理

图 8-5　滑移型崩塌破坏示意图

### 8.3.3　有限变形

有限变形是指工程边坡开挖后，边坡岩体出现的卸荷应力释放和调整过程中产生的变形，变形发展到一定程度，在适当环境条件下会发生失稳破坏。有限变形破坏一般发生在岩石坚硬完整、地应力较高的地段。工程边坡开挖后，卸荷应力释放和调整，并表现为各种不同的形式，如"葱皮"现象、岩爆现象、结构松弛现象、结构面张开错位现象等。在一些开挖深度较大的地段，还会产生新的裂隙，如电站进水口开挖后，进水口间的岩柱由于应力释放产生新的近水平裂隙。

工程边坡开挖后，坡体出现不同程度的应力松弛现象。相同条件下，开挖强度越高，应力松弛现象越明显，应力松弛程度越大，对边坡稳定性影响也越大。变形破坏影响主要表现在以下两个方面：① 使松弛影响范围内的岩体产生卸荷回弹，导致边坡岩体松动，岩体结构发生一定程度的破坏；② 导致一定范围内的岩体松动变形，变形体范围内岩体质量降低，其中的结构面往往星网格状互相连通，且与外界（地表）有一定联系，成为地下水活动、风化等地质营力作用的通道，结构面参数明显降低，导致变形进一步产生和发展，并促使上部岩体变形进一步发展。

## 8.4　边坡稳定判据与分析方法

岩土强度理论与破坏判据从微观角度揭示了边坡岩土的变形失稳机

理，对于实际边坡工程，需依据基于岩土强度理论的概化力学模型分析计算成果或监测信息成果来做出稳定性评价。

### 8.4.1　边坡稳定判据

#### 1. 力学强度判据

常规的数值分析计算出边坡稳定性系数，当稳定系数小于 1 或某一临界值时，便认为边坡在力学强度方面是不稳定的。由于各种复杂效应的影响，不稳定边坡从力学概念上的失稳与实际产生滑动之间往往存在差别和时效问题，因此，用该判据预测边坡的滑动无实际指导意义，但可作为评价边坡长期稳定性的依据。

因此，基于岩土强度理论的力学强度判据主要用于分析评价边坡稳定安全度以及进行相应的加固设计，也可用于边坡岩土力学参数的反演分析。其应用主要针对滑动破坏失稳模式，亦可作为崩塌破坏模式的辅助参考。

保施高速边坡工程主要基于力学强度判据进行抗滑稳定性分析评价和加固设计。实践证明，这一简单易行、传统常规的稳定判据，在相关边界条件、计算分析方法以及参数取值合理的条件下，能较好地反映边坡的实际稳定程度，是边坡工程治理的重要稳定判据。

#### 2. 变形速率判据

随着边坡变形的发展，边坡自身抵抗变形的能力不断削弱，变形速率相应增大。当变形速率大于某一允许值时，破坏开始。但临界速率的确定，有赖于先进的理论体系和大量模型试验。同时，外力触发的短暂大变形可能在外力消失后又恢复至原来的量级，因此，变形速率判据存在不确定性。

变形速率判据主要是依据监测体系提供的统计信息和分析曲线，判定边坡某一时段所处的稳定状态(稳态或非稳态)以及变形发展阶段(发生、发展、加速或减缓、失稳或趋稳以及收敛稳定)。

保施高速边坡工程采用变形速率量化判据，在相关部位边坡的稳态判识、变形阶段评判等方面发挥了十分重要的作用，特别是用于判定饮水沟巨型堆积体蠕滑变形的产生、变形程度分区及其随加固措施实施稳定收敛的过程，以及保施高速 K27+400 段边坡的稳定性等方面取到了良好的效果。

### 3. 位移量与变形极限判据

边坡岩土材料所能承受的变形（位移）量是有限的，临界位移量同变形速率一样，与岩土类型、性质、坡形及坡体结构等因素相关，有赖于综合确定。

在部分分析中，根据边坡变形的时间序列作变形曲线，由变形曲线的发展端作时间轴的垂线，与时间轴交点的时间作为滑坡时间，这种确定方法相对简单，但不易准确；也有将变形序列建立数学模型，导数为无限大的时间作为滑坡时间，该方法的缺点在于变形量未达此标准时破坏早已发生。

位移总量既可用于边坡稳定程度的控制指标，又可用于对监测资料进行分析评判。这两个方面的作用均因边坡工程的复杂性而使得具体数值的确定极其困难，需获取大量统计样本，开展分类整理分析才能有所突破。当用于边坡稳定程度的控制指标时，计算分析中可通过施加支护措施模拟，视其效应变化量达到相应临界值时的变形总量来进行初步拟定，实际监测成果反分析确认修正后，可用于本边坡项目进行极限变形控制。

该判据适用于不同岩土类别及变形失稳模式，通用性较强，但指标难以量化，且不太可能统一。

保施高速边坡工程的监测成果分析评价综合考虑了位移总量与变形极限的影响，在相关部位边坡的稳态与变形发展阶段判识方面发挥了相应的作用，尤其对于饮水沟巨型堆积体蠕滑变形所处发展阶段、电站进水口岩质直立陡坡安全评价等，结合支护锚索的荷载变化与坡体变形的协调分析，提供了极为有效的重要依据。

### 4. 可靠度分析评价

从古典概率方法，经 Monte-Carlo 统计试验法、Rosenbluth 点估计法、

Miller 的傅里叶快速变换法，到一次二阶矩理论应用，实际工程中仍然较少采用可靠度分析评价方法。可靠度分析评价方法受制约的因素主要体现在与现行规程规范的相互协调、配套与标准取值方面，以及进行可靠度分析所需的大量资料难以取得。

与变形极限判据指标难以确定所不同的是，可靠度指标相对容易统一，其困难在于相关统计分析参数的取得需大量试验基础支撑。可靠度分析适用不同变形失稳模式的通用程度较高。

## 8.4.2 边坡稳定性分析方法

边坡工程的分析评价从纯经验判断开始，到逐步借助一定的量化分析手段作为重要的辅助参考，依据定性分析与定量计算成果进行评价和支护设计，目前已成为各行业、各工程普遍采用的方法。对于土质类边坡，其分析理论与计算模式相对较为成熟，并广为工程界所普遍接受；对于含有断续节理裂隙及结构面的岩质类边坡，由于节理裂隙和结构面的存在往往成为控制性的失稳要素，其分布规律的随机性、不连续性及由此带来的岩体各向异性、不均质性，常给计算分析及其假定模拟带来困难或形成偏差，较难得到共性的认同和工程界的广泛接受。

边坡工程的分析评价包括定性分析与定量评价两大部分，一般以定性分析评价为基础、视需要及边坡重要程度开展定量分析评价。

### 1. 定量及半定量分析

在大量收集边坡及所在地区地质资料的基础上，综合考虑影响边坡稳定的各种因素，通过工程地质类比或图解等分析方法，对边坡的稳定状况和发展趋势做出评估和预测。

1）工程地质类比

将已有的天然边坡或人工边坡的研究经验（包括稳定的或破坏的），用于所要研究边坡的稳定性分析，如坡比或计算参数的取值、处理措施等。

（1）自然边坡成因机制分析

自然边坡受岩性、地质构造、风化卸荷、地下水赋存状况、地震、气候条件、坡向等多因素影响，形成当前自然岸坡的相对稳定状态。根据边坡发育的地质环境、边坡形成过程中的各种破坏迹象及其基本规律和稳定性影响因素等进行综合分析，推断边坡演变的过程，对边坡稳定性的总体状况、趋势、变形破坏结果和区域性特征做出评价和预测。

成因机制分析重点研究和确定边坡在工程施工和运行期可能的变形失稳机理，其成果同时也是边坡稳定性分析计算的一个重要基础。对于边坡在工程施工和运行期的可能变形失稳机理的分析研究，要在查明边坡岩土结构特征和分析其成因机制与稳定现状的基础上，确定其外部因素的变化及引起边坡稳定条件的恶化情况，从而分析导致边坡的可能变形和失稳形式。成因机制分析方法更多地适用于土质类边坡及崩塌型岩质类边坡失稳模式。

保施高速边坡工程饮水沟堆积体，经过成因机制分析，判断堆积体形成经历了冲沟槽地形成、堆积、压密固结和再剥蚀阶段。据此，采用平面离散元与有限元法对堆积压密过程进行模拟计算分析，对于判断堆积体在天然状态下的稳定程度及其潜在的扩张式牵引变形模式起到了重要作用，同时也为力学参数反演分析考虑的基本条件与稳定系数反演取值奠定了量化分析的基础。

（2）相似工程经验类比

借鉴已建、在建工程的实践经验，即利用已有工程边坡的稳定性状况及其影响因素、有关研究成果等方面的经验，尤其是相似的已发生变形破坏的工程边坡，按相似性类比应用于所要研究边坡的稳定性分析。

该方法具有经验性和地区性特点，应用时必须全面分析已有边坡与所研究边坡两者之间的地貌、地层岩性、结构、水文地质、自然环境、变形主导因素及发育阶段等方面的相似性和差异性，同时还需考虑工程的规模、类型及其对边坡的特殊要求。

因此，采用工程地质类比法选取的经验值（查表法）存在局限性，仅适用于地质条件简单的中、小型边坡，或供地质宏观判断参考。

相似工程经验类比法受其区域局限性，在边坡工程中更多地适用于对同一地区边坡失稳潜在滑裂面的形状及最大可能失稳深度与范围的判识。

在保施高速边坡工程中，依据对天然状态山坡地貌特征与公路开挖边坡失稳形式的广泛调查分析，建立了保施高速边坡工程各部位的潜在变形失稳模式数据库，并得出主导性的岩质边坡阶梯状滑面控制可能滑动模式、可能失稳深度与范围主要位于强风化、强卸荷岩体中的结论，为计算分析模型的建立提供了重要依据。

2）图解分析

图解分析包括赤平极射投影、实体比例投影、摩擦圆等方法。该法应用于岩质类边坡的稳定分析时，可快速、直观地分辨出控制边坡的主要和次要结构面，确定边坡结构的稳定类型，判断不稳定块体的形状、规模及滑动方向；对于土质类边坡，尚有 Taylor 法、Bishop 法、转心膨响函数法等初步量化判断方法。

对岩质类边坡而言，最简单、快捷、直观的作图分析方法莫过于赤平极射投影图解法及实体比例投影图解法，它们是利用赤平投影的原理，通过作图来迅速直观地表示出边坡变形破坏的边界条件，分析不连续面的组合关系，可能失稳岩体的形态及其滑动方向等，进而评价边坡稳定性，并为力学计算提供信息。

（1）赤平极射投影图解法

赤平极射投影是利用一个球体作为投影工具，通过球心作一平面，这个平面通过球体的赤道，称为赤平面。从球体的一个极点 S 或 N（南极或北极）发出射线，称为极射。射线与赤平面的交点即为投影点。这种投影形式称为赤平极射投影。赤平极射投影的基本原理就是把物体放在球体的中心，将物体上各部分的位置赤投平面上，化立体为平面的一种投影。

从基本原理可知：赤平极射投影可以表示面的产状，也可以表示面与面交线的产状。作图时通常采用投影网（Wulff 投影网、Schmidt 投影网等），在室内整理资料可使用计算机应用程序进行结构面投影。

（2）实体比例投影图解法

根据地质资料编制赤平极射投影图，分析有无不利于边坡稳定的软弱结构面存在。如果有不利于稳定的软弱结构面存在，则可编制实体比例投影图进一步分析，为边坡稳定计算或图解提供可靠的边界条件。实体比例投影图是以赤平极射投影为基础，将不稳定岩体在水平投影面上作垂直投影，求得结构面在岩体中的空间分布位置。

图解法可根据坡形与结构面发育特征和优势产状，初步判断边坡的稳定性，但对于图解判定为不稳定的边坡，需进一步进行计算加以验证。

图解法主要适用于对岩质边坡进行的稳定性筛选评判，以精简定量分析工作量，使岩质边坡分析重点突出、抓住关键。

保施高速公路的开挖边坡，首先采用图解法进行了稳定性的定性判识，在此基础上，再对判定不稳与基本稳定的部位开展定量分析评价，在节省了大量计算分析工作量的同时，完成了对坝基开挖边坡的成功支护与治理。

3）模型分析

（1）历史模型法

历史模型分析是通过对河谷发展史的调查研究，结合边坡部位的具体地形地质条件，分析研究边坡的成因机制及其在自然状态下的稳定状况，并根据边坡在工程施工和运行期间外部因素的变化情况来预测其发展趋势。

该法在土质及堆积类边坡中应用较多。采用历史模型分析法开展了平面离散元与有限元对堆积压密过程的模拟计算分析，判断其天然稳定条件，并推测其具有牵引失稳的特点。

（2）模型试验法

边坡模型试验的方法主要有地质力学模型试验及离心模型试验。常见的地质力学模型试验成果的可靠性受到对原型和模型材料本构关系认识水平的制约，且代价较高。

土工离心模型试验用离心机提供的离心力重现原型应力，使得模型应力、应变与原型完全相等，故试验结果可以很逼真地重现原型特性。

在堆积体研究中，用代替法处理粗粒料，进行土工离心模型试验。试验不仅得出各种工况下堆积体的稳定状态，而且各种工况均表明，堆积体下部两侧基岩对堆积体稳定具有阻滑效应。这对研究治理方案具有指导意义。

### 2. 定量分析

边坡稳定性定量分析方法主要有极限平衡法、有限元法和数理统计分析法（概率与可靠度）等，其中极限平衡法因其物理力学概念清晰、操作简便而为工程界普遍采用与接受，是传统而经典的定量分析方法。

目前常用的稳定分析方法（特别是刚体极限平衡分析方法）主要是针对滑动型失稳模式。

对于崩塌型失稳模式，由 Goodman 和 Bray 提出，并由陈祖煜和汪小刚（1886）在条块形状与连通率考虑等方面做了改进的极限平衡法主要适用于外倾崩塌，与滑动模式分析方法的差别主要体现在条分尺寸及倾角取定与力矩平衡条件控制安全系数方面。

对于有限变形失稳模式，主要分析方法基于数值计算手段。岩土数值模拟一般分为连续介质模拟（有限元、边界元、显式有限差分法等）和非连续介质模拟（块体理论、离散元、刚体弹簧元、块体元、界面元、不连续变形分析方法等）两大类别。20 世纪 80 年代初，由石根华等开拓和发展的数值流形法在理论上初步实现了连续与非连续数值方法的统一。

边坡的变形和失稳是既受边坡基本地质条件内在因素的制约，又受各种外部环境条件和人类工程活动的影响，各种因素的相互叠加和影响，可能导致坡体的变形趋势随时间推移发生变化和向多重化发展，实际上是一个复杂的、随机的非确定性过程。

因此，对于相对单纯的滑动破坏机制而言，尚难以兼顾全面和系统完整，崩塌型与有限变形失稳破坏机制则将面临更多的问题。一方面，崩塌型与有限变形破坏常与滑动破坏伴随发生，形成倾滑复合与蠕变滑动，对相应的失稳模式除增加倾倒与变形分析内容外，一般均需同时进行抗滑稳定验算；另一方面，稳定性分析对滑动与倾倒而言，均系静力平衡或力矩平衡条件，相关内容可以推广和引申。

## 8.5  岩土体物理力学参数

### 8.5.1  常用方法

在边坡稳定性定量分析中，岩土体的物理力学参数往往直接控制着稳定系数和支护工程量。常规的获取参数的方法主要有试验法、经验法、工程地质类比法、反演分析法等。此外，当边坡稳定受成组结构面和岩桥共同控制时，仍常采用结构面连通率，即采用结构面和岩桥强度进行加权平均来求取潜在滑移面的综合抗剪强度。以下对两种参数获取方法进行简单介绍。

#### 1. 试验法

试验法一般可分为室内试验和现场试验两类。现场试验试件尺寸一般较大，多为（50~70）cm×（50~70）cm，它能保持岩土体的原始状态，并能反映结构面二、三级起伏差对强度的影响，但加工困难，周期长，试验费用相对较高。室内试验试件一般较小，多为扰动样，存在尺寸效应问题，但取样简单，可以开展各种不同工况下的试验，如三轴直剪试验、饱和固结快剪试验、饱和固结排水剪试验、慢剪试验等。室内试验由于试验周期短，费用相对较低，可以大量开展。目前，随着取样技术的发展，已具备取原状样的条件，且可在刚性伺服机上开展试验，能有效地确定有效正应力，控制剪切速度，试验成果较为真实可靠。

#### 2. 经验估算法

可根据一些经验公式，如利用 Hoek-Brown 强度准则确定岩体的综合抗剪强度。一般是在工程前期和缺乏试验的地区应用，该方法存在的问题是岩石强度权重偏大，应用在坚硬和极坚硬岩石中时，确定的抗剪强度常常偏高。

## 8.5.2 选择原则

对于一些不重要或者工程前期缺乏试验资料的边坡，可通过经验法和工程地质类比法，初步确定岩土体的物理力学参数，以此估算边坡的稳定性和支护工程量。对于一些已经失稳或正在变形的边坡，采用反演分析法来获取岩土体的物理力学参数是一种最有效的办法，但由于此时的抗剪强度已不是常规物理意义上的抗剪强度，而是岩土体抗剪强度参数、边界条件、地下水条件等因素的综合反映，因此，在应用时应严格注意条件的相似性。同时，应考虑在工程有效期内工作条件的可能变化趋势对强度参数的影响，并适当进行调整。对于一些重要的工程边坡，尤其是在施工详图阶段，岩土体物理力学参数的选择应以试验成果，尤其是现场试验成果为基本依据，由有经验的试验、地质、设计工程师共同分析研究影响岩土体物理力学参数的主要内在因素、外部条件后综合确定。

保施高速边坡高、陡、规模巨大，边坡稳定对工程安全运行至关重要。因此，有针对性地开展了大量现场和室内试验工作（见表8-3），采用多种方法进行校验，并对一些变形失稳边坡采用反演分析法进行复核，在此基础上综合确定岩土体的物理力学参数。

采用常规方法获得岩土体的物理力学参数后，通常是试验工程师根据试验的条件和自身经验提出试验建议值，地质工程师根据试验的代表性及其经验，并考虑一定的边界条件、环境条件，在试验建议值基础上提出地质建议值，设计工程师根据工程设计和运行等情况及其经验，在地质建议值基础上确定采用值。这种做法常常会造成参数与实际形成较大的偏差，其结果可能偏于保守，也可能偏于不安全。对于复杂的岩土体边坡工程，应由有经验的试验工程师、地质工程师和设计工程师在试验成果的基础上，共同对影响岩土体物理力学参数的主导因素（如试验条件、代表性边坡失稳机制、分析方法、工作环境条件和治理手段等）进行分析，综合选择，以便使采用的参数更接近实际。

表 8-3　保施高速岩石力学试验工作量一览表

| 设计阶段 | | 工程部位 | 预可研 坝址 | 可研 坝址 | 可研 地下厂房 | 招标设计 坝址 | 总计次数 |
|---|---|---|---|---|---|---|---|
| 现场试验 | 岩体变形试验 | 刚性承压板法 | 10 | 46 | 4 | 2 | 62 |
| | | 孔底刚性承压板法 | | | | 4 | 4 |
| | | 柔性承压板中心孔法 | 4 | 5 | | 2 | 11 |
| | | 钻孔弹模 | | 6 | 6 | 34 | 46 |
| | | 动静参数对比的声波 | 11 | 31 | 6 | 2 | 50 |
| | 岩体抗剪试验 | 混凝土/基岩接触面 | | 4 | | | 4 |
| | | 岩体/岩体 | 2 | 12 | | 2 | 16 |
| | | 结构面中型剪 | 7 | | | | 7 |
| | | 结构面原位剪 | 2 | 8 | | 6 | 16 |
| | 地应力测试 | 平面应力测试（孔径法） | 4 | 22 | | | 26 |
| | | 深孔平面应力测试（孔径法） | 2 | | | | 2 |
| | | 空间应力测试（三孔交汇法） | 2 | 3 | 4 | 8 | 17 |
| | | 空间应力测试（孔底法） | | | | 10 | 10 |
| 室内试验 | | 常规物理力学性能试验 | 51 | 31 | | | 82 |
| | | 岩石直剪试验 | | 15 | | | 15 |
| | | 常规三轴剪 | 8 | | | | 8 |
| | | 伺服刚性机三轴剪 | | 20 | | | 20 |

## 1. 试验条件及代表性

试验代表性是考查现场试验点和取样点的结构面、岩土体特征，以及代表潜在滑移面上结构面、岩土体性状的程度。土质类材料主要考查的是细颗粒、粗颗粒含量及其分布特征的相似程度。结构面主要考查其起伏、粗糙度、张开度、充填物性状以及泥的分布、含量等的相似程度。岩体则主要考查结构类型、风化、卸荷程度等的相似性。

试验条件是考查试验条件与边坡在正常运行期内工作环境条件的相似程度，如正应力、饱水程度、变形速率、剪切方向等，特别是正应力。根据莫尔-库仑定律，$\tau = \sigma_{有效} \tan \varphi + c$，$\sigma_{有效}$ 是指有效正应力，一般试验中，正应力 $\sigma$ 包括 $\sigma_{有效}$ 和 $\sigma_{水压力}$ 两部分，二者有一定的差异，目前只有在刚性伺服机上进行的试验可以确定有效正应力 $\sigma_{有效}$。此外，由于边坡在一般情况下，作用在潜在滑移面上的正应力比较低，尤其是边坡的浅表层稳定问题和浅层滑坡，稳定系数对 $c$ 值非常敏感。大量试验表明，$\tau = \sigma_{有效} \tan \varphi + c$ 只是在一定正应力范围内适用。当 $\sigma_{有效}$ 很低时，$\varphi$ 值较大、$c$ 值很小（尤其是对一些软弱夹层）；当 $\sigma_{有效}$ 很大时，$\tau$ 的增加主要是由于 $c$ 值的增加，而 $\varphi$ 值略有减小。保施高速曾在 $\sigma_{max} = 13$ MPa 时进行岩体抗剪试验，此时的 $c'$ 值较 $\sigma = 5 \sim 8$ MPa 时明显增加，而 $\varphi$ 值略有减小。

## 2. 变形失稳模式及分析方法

不论何种变形模式，在进行定量分析时，都必须对复杂岩土体做一定程度的概化和简化模拟，依靠参数综合取值等方式进行补偿，使之形成相对接近的强度等效或变形等效计算模型进行求解，因而参数的选择与变形失稳模式、分析方法相配套便显得尤为重要。

对有后缘拉裂面的岩质类和土质类边坡，后缘拉裂面附近位置对边坡稳定起作用的主要是岩土体结构面的抗拉强度，中部和前缘的稳定主要是摩擦强度起作用。滑移型崩塌破坏采用滑移模式进行计算时，后缘陡坡段主要是结构面或岩体的抗拉（抗剪）强度起稳定作用，而中下部主要是结构面和岩桥的摩擦强度对稳定起作用。倾倒型崩塌破坏通常有两种计算模式：① 抗倾覆稳定，底面强度主要是抗压强度；② 简化分析法，最终考虑沿折断面的阶梯状滑动，这种方法将破坏面简化为一般平面，分析计算时常考虑将"下阶梯""滑梯"之间的效应，简化成爬坡角效应，对于平面型滑移模式中的阶梯滑面的简化计算也是如此。具"二元结构特征"的压缩蠕变倾倒变形破坏边坡，当简化为滑移模式进行验算时，后缘部位也是岩体（结构面）抗拉强度起作用，下部是摩擦强度起作用。因此，在进行稳定计算时，应根据变形失稳模式、分析方法及破坏面上不同部位的破坏机理，分别选择不同的强度参数。对由节理和岩体共同对边坡稳定起控制作用的节理化岩质类边坡以及存在各向异性的土质类边坡进行有限单元法分析时，岩土体的物理力学参数应根据对边坡稳定起控制作用方向的参数进行选择。数理统计分析方法在目前条件下，可根据试验成果和经验确定基本值（代替值），并分析各种影响岩土体物理力学参数的影响程度，确定最可能的变化范围（代替标准差）。

### 3. 治理措施

治理措施宏观上可以分为排水、削坡减载、回填反压、主动支护、被动支护及固结灌浆等。削坡减载一方面因卸荷使岩土体结构变得松弛，土体饱水度增加，另一方面因正应力减小，使岩土体结构面强度降低。回填反压主要是增加荷载，对岩土体有压密固结作用，且正应力有所增加，经过一段时期后，岩土体强度有所增加。排水主要是减小土体软弱夹层的饱水度，对提高抗剪强度有利。主动支护（预应力锚索、锚杆）主动施加正应力，限制岩土体的变形。被动支护（锚洞、锚桩）由于开挖爆破影响，扰动岩土体结构，使之变得松弛，会降低岩土体的抗剪强度。固结灌浆对提高岩土体参数有利。

### 4. 边坡环境

边坡环境主要包括区域构造稳定条件（如地震、活动断裂）、地质条件（风化、卸荷、水文地质特征）、边界条件、水文气象，施工过程中的开挖爆破、加载、卸载、开挖顺序、支护时期及运行过程中的水文地质特征、泡水（饱水）、泄洪雨雾等，均对岩土体的物理力学参数有影响。

### 5. 流变的影响

在长期荷载作用下，岩土体（尤其是软弱夹层等）有可能产生流变效应，岩土体抗剪强度较峰值强度明显降低。

### 6. 变形阶段

对于正在变形和已经失稳的边坡，岩土体的力学参数应取残余强度进行支护设计，对于未产生变形的边坡，可以取峰值强度进行计算。

由于边坡岩土体结构特征的复杂性，影响边坡岩土体物理力学参数的因素众多，且这些因素均处于动态变化中，因而只有在充分分析这些因素的动态变化及其对岩土体物理力学参数的影响程度下，才能使边坡岩土体物理力学参数接近实际，达到边坡稳定评价符合客观实际，治理安全可靠、经济合理的目的。

# 第 9 章　顺层边坡信息化施工

## 9.1　概　述

### 9.1.1　顺层边坡工程信息化设计与施工

在地形地质条件复杂的丘陵及山区深挖方路堑边坡工程往往成为高等级公路建设的控制工程。由于公路边坡工程分散，现有的有限勘察手段不能较为全面地掌握场地工程地质条件，在施工开挖阶段所揭示的地质条件与勘察资料相比往往有很大的差别。高边坡工程本身非常复杂，其设计计算理论不成熟，很多设计是建立在工程类比和经验设计的基础之上，对边坡工程实施监测有利于加深对高边坡工程地质特征和变形破坏特点的认识，进行边坡的信息化设计施工。

边坡工程信息化设计与施工方法是目前设计和施工中的一种先进技术。它充分采用目前先进的勘察、计算、监测手段和施工工艺，利用从边坡的地质条件、监测获取信息反馈并修正边坡设计，指导施工。具体做法是：在初步地质调查与围岩分类的基础上，采用工程类比和理论分析相结合的方法进行预设计，初步选定高边坡加固与施工方案。然后，在高边坡开挖和加固过程中进行埋设仪器进行监测，作为判断边坡稳定性的依据；并且将施工期监测获取的信息反馈于边坡设计与施工，确认支护参数与施工措施或进行必要的调整。

在信息化设计施工中，监测具有无可替代的地位。监测不只是仪器的安装与数据的采集，监测对工程具有指导性意义在于对监测数据的分析，并从分析上得到与边坡设计、施工或边坡稳定性相关的信息，将这个信息又反馈到工程实践中，对设计与施工进行必要的调整，优化设计、检验施工的有效性、合理性，并指导施工。对监测数据分析的过程中又同时需要大量的其余信息与监测数据一同分析，如前期的勘察资料，施工过程中的坡面巡视情况，施工顺序、施工具体实施方法，以及与边坡工程相关的各类资料的收集，形成一个包含多方面信息的系统，而根据这个系统为基础进行的设计施工就可以称为信息化设计施工。对于边坡信息系统内所收集的各类信息资料需要进行及时、准确的分析，通过不同的分析手段来获得信息，分析的方法可以既包括对地质资料与监测数据等信息的综合经验判断，也可以通过数值模拟的手段进行力学分析，同样也可以采取统计学的方法进行相关因素的统计，还可以采用各类非线性的方法，如灰色理论、神经网络等方法对这些信息进行处理。对边坡信息的处理上，监测所得到的监测数据是目前相对于其他信息获得方法而言最可靠的边坡信息，监测分析得到的对边坡各类认识和判别应该作为其他信息分析方法的趋势指导，避免因为各种手段的适用性而造成的错误判断，因此监测应作为信息化设计施工不可或缺的环节。

## 9.1.2　岩土工程检测技术应用现状

岩土工程的失稳破坏都有从渐变到突变的过程，一般单凭人的直觉是难以发现的，必须依靠设置精密的监测仪器进行周密监测。为了做到这一步，首先要做出符合实际的监测设计，然后进行仪器选择。我国从20世纪80年代初开始，在科技攻关和工程实践方面对所存在的问题进行了广泛而深入的研究，监测设计和监测方法不断改进，在一些大型工程中深入研究了安全监测布置，一些考虑地质地貌条件、岩土工程技术性质，工程布置、监测空间和时间连续性的要求等因素的安全监测布置原则和方法相继提出，在充分研究了岩土工程安全监测仪器的使用和经验与效果、仪器种类和技术性能、质量评定标准的基础上，确认了一些选型用的仪器。对这些仪器的技术指标、适用条件、稳定性等也有了评定标准。安全监测仪器安装埋设与观测的标准化，程序化和质量控制措施也逐步形成和完善，并相继编制了各种建筑物安全监测规程、规范、指南和手册口。

进入20世纪90年代以来，岩土工程安全监测手段的硬件和软件迅速发展，监测范围不断扩大，监测自动化系统、数据处理和资料分析系统，安全预报系统也在不断完善。岩土工程设计采用新的可靠度设计理论与方法以来，安全监测成为必要的手段，成为提供设计依据、优化设计和可靠度评价不可缺少的手段，也成为工程设计、施工质量控制的重要手段。

在二滩、三峡、小浪底等大型工程的设计和施工中，采用了大批 20世纪 90 年的先进监测技术监测工程的设计和施工，观测资料整理分析和质量控制基本实现了标准化、自动化，监测技术水平有较大的提高。

### 9.1.3 高速公路边坡稳定性研究现状

边坡的稳定性的研究已有近百年的历史，早期对边坡稳定性的研究主要借助极限平衡理论，根据静力平衡条件计算边坡极限平衡状态下的整体稳定性，或者从边坡所处的地质条件及作用因素上进行类比分析。随着科技的不断发展，边坡稳定性研究的理论与方法更加成熟，特别是计算机的出现并不断发展，人们可以利用计算机定量或半定量地模拟边坡变形发展的全过程。一些新理论、新方法、新技术诸如破坏概率分析方法、信息论方法、模糊数学、灰色理论、损伤断裂力学理论、神经网络模型、数据库与专家系统和计算机仿真技术等被引入边坡稳定性研究，为定量评价和预测岩土边坡稳定性开辟了更为广阔的前景，边坡稳定性研究已步入系统工程分析研究阶段。从边坡工程研究发展历程可见，边坡工程研究历程也是边坡稳定性分析方法不断发展的历程。新的边坡稳定性分析方法不断出现，古老方法又不断改进，且逐步由定性向半定量、定量的方向发展。

当前公路边坡稳定性问题的研究相对于矿山、水电工程等岩土边坡稳定性的研究相对较少。与矿山、水电工程等岩土边坡相比，公路边坡具有其自身的特点，比如其边坡高度较小，一般不超过 90 m，无法与水电工程或矿山工程中的大型边坡几百米的高度相比。另外，公路边坡既有岩质边坡也有土质边坡，稳定性分析和治理方法随边坡类型的变化差别较大。我国公路系统实际上对边坡仍然采用自然坡角或者工程类比法来设计边坡，此种方法必须具备与工程条件大体一致的实际工程资料作参考，而且很多影响边坡稳定的因素难以定量化研究，具有很大的应用局限性。在边坡稳定性的理论分析中，极限平衡方法采用安全系数的定值法，由于计算参数的不确定性而无法确定可靠的安全系数，理论结果只能作为工程设计的参考。目前的数值分析方法包括有限元法、边界元法、离散元法、DDA方法、运动单元法等，但数值分析方法同样不能较好地被应用于解决边坡工程中出现的问题。其原因在于，数值分析方法对模型建立时要求合理的结构控制面的认识，要求清楚破坏的机理，对计算时所需要的岩体力学参数也需要有较准确的选取；否则数值模型计算出的结果不具备定量分析的意义。

### 9.1.4 信息化设计与施工方法发展现状

国内外目前对边坡稳定性的评价同设计与监测的结合远落后于隧道设计与监测的结合。在隧道设计中，1963年由Rabcavicz提出的新奥法（NATM）中围岩的监控量测有信息反馈为新奥法的一个重要环节。而边坡中监测与设计的结合仍然不够紧密，没有发挥出监测对边坡所处状态的动态评估的作用。

边坡信息化设计施工的内容广泛，它不仅包括信息的获得，也包括信息化的管理，还包括与边坡相关信息经过分析后的反馈。所谓的信息不只包括监测数据的分析，而且还包含与工程相关的资料、数据，施工过程中坡面巡视中发现的情况等，以及在这些基础上对边坡施工的处理措施等。

目前对边坡的信息化设计施工尚未有一个标准的规范，而信息化的广泛含义也使这项课题的研究成为一个复杂的系统工程，并且包含大量的子系统。要想系统地完善边坡信息化设计与施工方法，需要的是边坡监测与边坡勘察、设计、施工等所有子系统的完善并有机融合，合理决策，但从国内外而言，尚未有一个标准的范例作为参考，大部分的信息化设计施工只是针对单个工程，某一个具体问题提出的，边坡信息化设计施工尚未形成体系。

## 9.2 信息化施工的工作程序

### 9.2.1 公路边坡检测工程的目的与意义

边坡的失稳破坏，都有一个从渐变到突变的发展过程，很少在破坏前不显示出即将破坏的各种征兆：如变形量超过控制指标、变形加剧、坡体裂缝增大等。这些征兆，有些很难凭人的直觉和观察发现，如果能安装必要的精密仪器对坡体的变形进行监测，则可能在出现变形破坏的征兆时捕捉到坡体稳定性的异常信息，并对这些信息进行分析研究，在坡体最终破坏前对其进行处理，或及时预报滑坡险情，避免人员和设备的损失，这就是工程边坡安全监测的基本原理。

与水利水电工程比较，在我国的公路建设过程中，对监测工作的重视程度是远远不够的，目前尚无一定的监测规范和完善的监测技术要求。我国已修建的山区高等级公路中，几乎是"无路不坍、无路不垮"，特别是在雨季，公路的坍方、滑坡更为普遍。由于我国现阶段公路工程勘察设计的特点，许多地质问题特别是边坡的地质问题在勘察和设计阶段很难暴露出来，一旦施工，众多的滑坡、崩塌得以暴露，这些灾害有时会严重影响施工的安全和进度，造成巨大的损失。因此对山区高等级公路边坡正确认识和防治，已成为我国高等级公路建设中的重大地质工程技术问题。为解决这一地质工程问题，在山区公路工程的设计和施工过程中，重视监测技术的应用和监测信息反馈，可一定程度弥补勘察的不足，避免地质灾害的发生或减轻地质灾害带来的损失。

开挖边坡监测工作的目的根据具体的工程规模、性质、要求的不同会有一定差异，大体上可分为如下几个方面。

#### 1. 边坡稳定性评估与安全预警的需要

通过监测掌握边坡在空间上和时间上的位移动态，结合地质条件分析其位移机制和稳定性，确定其是否处于预计的稳定状态。监测成果可对边坡稳定性进行连续的评估，及时发现稳定性异常的迹象，进行险情预测预报，确保工程安全。另外，监测成果也可为工程竣工安全鉴定提供必需的、第一手的资料。边坡开挖将改变坡体的应力状态，局部岩体存在失稳的可能，且局部失稳也有可能转化为对边坡整体稳定性的威胁，开挖边坡的监测不仅是边坡本身安全的需要，也是对已出现的变形拉裂体和潜在不稳定岩体整体稳定性评估的需要。当坡体变形出现异常信息时，通过监测可掌握坡体的变形特征及规律，结合地质条件分析坡体位移的边界条件、规模、滑动方向、失稳方式等，预测预报坡体的变形发展趋势和灾害发生时间与危害程度，可及时采取防灾措施，避免或减少工程和人员设备损失。监测作为预报信息获取的一种有效手段，可为工程施工过程中的科学决策提供有力的技术支持。监测工作不仅能为工程施工期的坡体稳定性分析提供定量的数据，也可为工程运行期的安全及运行管理提供技术支持。

## 2. 信息化设计的需要

根据监测信息及时调整和修改边坡的支护设计，这一点对保施高速公路工程具有实际的应用价值。边坡的支护设计是工程设计的重要组成部分，对支护方式和支护工作量仍有许多可探讨的地方。在边坡支护设计中可考虑基本支护量和预留支护量，监测工作可与开挖和基本支护工作同时进行，监测信息的及时反馈、分析和风险评估可用来确定预留工作量是否有必要施工，从而使边坡支护设计达到经济合理与工程安全的统一，即最优化设计。

## 3. 评价与指导施工

通过分析观测的效应量（如位移）与施工原因量（如施工爆破震动、开挖台阶高度、开挖顺序、开挖方式、工序与进度等）和自然原因量（如降雨、水位、地震等）之间的关系，监测成果可用来指导施工，避免由于施工不当造成边坡失稳；同时监测成果还有助于分析工程事故的原因和责任，评价施工的合理性与施工方法的适应性。在工程的施工中，应重视开挖与支护的顺序，支护工作应紧跟开挖面及时进行，必要时应对支护体的工作状态进行监测（如锚杆应力、锚索荷载监测等），将坡体变形监测与支护体的工作状态监测结合，并使监测信息与施工单位共享，可推进信息化施工的实现。全过程的跟踪监测，可对施工过程中出现的险情及时提供预警，指导施工单位合理采用和调整施工工艺与步骤。监测成果还可评价支护结构的有效性和工作状态，便于选择更合理的支护手段。

4. 改进分析研究方法

根据观测成果反演分析有关坡体的各种特性参数，建立符合实际的边坡稳定分析计算模型和支护设计模型，并对边坡的长期稳定性及未来性态做出及时、有效的预测；积累工程实际资料，提高边坡设计的技术水平。此项监测目的实现必须紧密结合汤屯高速公路高边坡的稳定性研究，由相关专家指导并在地质、设计人员的配合下随工程进展逐步完成。

## 9.2.2  边坡监测技术方法与要求

针对边坡的监测技术，大体上可分为三大类。

### 1. 外部观测方法（外观法）

外观法包括精密大地测量技术、GPS 测量技术、近景摄影测量和INSAR 干涉雷达测量等，上述方法皆以坡体表面位移（包括水平位移测量和垂直位移测量）为观测对象，其中：精密大地测量技术最为成熟、精度最高，是目前广泛使用的最有效的外观方法；GPS 测量技术由于观测精度的不断提高，目前逐步进入实用阶段，有较乐观的发展前景；而近景摄影测量和 NSAR 干涉雷达测量主要由于精度较低，对变形较大的边坡可以作为探索性的研究手段，离工程实用还有一定差距。外观法（通常指大地测量方法）测点布置相对容易，可控制较大的区域并确定边坡地表的变形范围，能观测到坡体的绝对位移值，故在边坡监测中是常用的基本方法之一。

但外观法只能观测地表点的位移情况，对坡体内部的变形发展情况无法确定，不利于研究坡体的变形特征和为工程处理提供足够的设计依据；外观的监测精度相对（内观）较低，适应于监测坡体的大位移滑动，对于小变形其观测精度不理想；外观方法在观测时要求人员较多，野外作业及资料整理时间相对较长，不利于监测信息的及时反馈；外观工作的设备投入和观测费用明显高于内观；受通视条件和气象条件影响较大，与内观法比较误差相对较大，连续观测能力较差，难以实现自动化观测等。

### 2. 内部观测方法（内观法）

将仪器埋入坡体内部，监测坡体在工程实施过程中的各种物理量变化的方法。内观法仍以最直观的物理量——坡体变形作为主要的观测对象，常用的仪器有多点位移计、倾斜仪、测缝计、沉降仪、收敛计等，其最大的优点在于可了解坡体内部的变形分布，确定坡体的变形深度及加固处理的深度；另外，仪器的观测精度较高（可达 0.01 ~ 0.1 mm），可更早地探测到坡体变形的异常迹象，同时观测资料的规律性较好，可较好地对坡体的变形发展趋势做出预测预报。内观法可对影响坡体变形的相关因子和环境因素进行观测，如水位、渗压、应力变化、降雨、地温、地声、振动等，便于分析坡体变形的原因。内观法还可观测支护结构的受力状态（如采用钢筋计、锚索测力计、应变计、土压力计等），与变形观测成果进行综合分析，了解支护体的工作状态并评价支护的有效性等。由于传感器技术和自动化技术的发展，埋入式仪器大都可以实现集中遥测或自动化观测，观测周期短且可连续进行观测。由于上述优点，内观法目前已成为工程边坡监测的主要方法。但内观法的施工难度和技术要求较高，且测量的变形为相对于基准点的变形，仪器及电缆的保护工作量较大、损坏后更换困难等。

### 3. 巡视观察法

定期安排地质人员沿一定线路对边坡及可能影响的范围内进行巡视观察，观测坡面、地表附近建筑物、构筑物是否有裂缝、是否产生地面鼓胀、局部坍塌，仔细寻找发现其变形迹象及出现的地裂缝的发展变化，同时对地下水出露情况及其他异常情况进行观测。现场填写观测记录，对地裂缝等进行编录并注记于地形图上，分析变形的原因，努力捕捉其失稳滑动前兆。必要时对重要的建、构筑物裂缝、地裂缝，跨缝布设简易测缝计进行观测，并从地质出发对坡体稳定性做出宏观分析判断。裂缝、地下水调查及简易观测是巡视法的主要内容。简易观测方法包括骑缝式简易观测桩、粘贴式玻璃条、水泥砂浆条带、红油漆标记等，使用的工具和材料包括罗盘、地质锤、钢卷尺、水泥钉、塞尺、照相机、望远镜、红油漆等。巡视法有直观、可靠、方便的优点，可从宏观上发现坡体的稳定性异常信息，对更全面掌握坡体的变形特征很有帮助。但地质巡视只能观测坡体明显的异常现象，如较大的裂缝等，不可能观测到微小的坡体变形。从监测的角度出发，巡视只能作为补充而不能起主导作用。

各类监测方法各有其适用范围和优缺点。外观特别适宜变形较大的地方，且能控制较大的工程范围，作为发生异常事件后的一种有效的控制手段，可在坡体临滑前进行观测并给出滑坡预测。内观可探测到非常微小的坡体变形，及时发现坡体的稳定性异常迹象，可掌握坡体内部的变形特征，确定滑动面的位置、滑动方向，可进行连续的观测监控其变化发展过程，非常有利于分析坡体的变形破坏机理和有针对性地开展支护处理设计，这是外观方法不可能达到的。巡视观测法可控制较大的范围，结合地质的宏观判断也可对坡体的稳定性做出定性的结论，无论采用内观法或外观法，巡视观测法都是坡体稳定性监测的必要补充，有时也是非常直观和有效的。

### 9.2.3 边坡监测的特点与要求

#### 1. 监测的及时性

为满足信息化设计的要求并了解边坡稳定性状态的全过程，监测工作应在各个环节体现及时性原则：仪器应随边坡的开挖和支护过程及时埋设；监测资料应及时整理分析；监测信息应及时反馈等。

#### 2. 实施的灵活性

监测仪器应根据开挖揭露的地质条件变化在现场进行灵活的调整，

明确每一支仪器布置目的，在实施前应分析现场地质情况有针对性地调整仪器布置位置，故监测设计图件等不能视为一成不变的教条。

### 3. 专业化施工

监测工作不同于一般的土建施工，它要求监测队伍应有良好的专业素质；监测工作也不是简单的仪器埋设与观测读数，其核心应为监测成果的分析与研究，因此选择一支有较高理论分析水平、有丰富现场工作经验的专业化监测队伍，是保证监测工作达到实施目的的关键。

### 4. 监测施工的阶段性

监测工作按工程进度分为施工期与运行期监测，按变形过程控制分为三级监测，在实施过程中应按监测信息的反馈结果分阶段进行。在边坡的运行状态发生较大改变时，有必要对边坡的稳定性和监测布置重新审视，补充完善监测布置，以便转入运行期监测。在施工期，监测工作也可分阶段进行，如初期埋设仪器后在孔口部位进行人工观测，在开挖、支护施工完毕后接长电缆并引至某一方便位置进行集中观测，避免施工对监测设施的破坏。

### 5. 监测工作与设计、科研的结合

监测成果应与设计、科研工作紧密结合，应不断根据监测信息修改边坡分析研究模型和支护设计模型，调整分析方法与支护设计，使监测成果确实起到指导设计与施工的作用。

### 6. 监测工作与地质的结合

地质工作是监测布置的基础，同时监测成果也可深化对地质问题的认识。监测工作的主要技术人员应对地质条件有足够的认识，现场巡视应作为监测与地质的共同任务。为便于监测成果分析，对监测钻孔应取芯钻进并做地质编录，这也可作为对边坡的补充勘察。

## 9.2.4　边坡监测的基本原则

针对维（西）永（德）高速公路保山至施甸段的具体工程地质条件，考虑到监测工作的目的和意义，我们认为边坡监测工作应遵循如下原则。

### 1. 明确目的、突出重点、控制关键、兼顾全面

监测布置应以边坡的安全监测为主，兼顾设计、施工和科研的需要；以各边坡的整体稳定性监测为主，兼顾局部滑动楔体和软弱岩体部位的稳定性监测。监测设计不可能面面俱到，也不可能做到对坡体变形的全面控制，而应该突出重点，有的放矢，控制关键部位，兼顾其他方面。

在进行监测设计前，应首先分析各边坡的工程地质条件，确定其主要的变形和破坏模式以及需控制的关键部位，还应分析坡体的变形影响深度，估计其正常或异常状态下的变形量并预测其运行状况。监测设计应建立在边坡稳定性分析研究的基础上，尽可能做到有的放矢。

### 2. 技术先进、系统可靠、方便适用、经济合理

在确定了监测的重点和关键部位及主要的监测物理量后，应选择技术先进、系统可靠、方便适用、经济合理的观测手段和方法。对涉及整体稳定性的边坡监测，应考虑多种方法的结合，以便相互印证；对浅表部开挖边坡，估计初期阶段应力重分布引起的变形一般不会太大（如30 mm 以下），在Ⅰ级监测阶段，从技术的先进性和方法的适应性看，应以内部观测为主。

无论采用哪一种观测手段，系统的可靠与技术的先进是第一位的。系统的可靠首先应表现在仪器设备的可靠，而不能以仪器价格来支配仪器选定，因为不可靠的监测数据会造成对边坡稳定性的错误判断。在仪器选型时应了解所选仪器在已有工程的应用情况，选择历史较长、能保证仪器工作性能的制造厂家，仪器应有足够的准确性和长期的稳定性。仪器应适应施工现场较恶劣的环境，应操作方便、维护简单、经久耐用。仪器的量程根据分析及预测选取，同时应考虑仪器的分辨率、精度等是否满足要求。一个好的监测系统应能监控边坡稳定性变化的全过程，能

实现监测信息的及时反馈，这就要求监测系统在数据采集、传输、处理、分析、管理等方面皆有较高的自动化程度。

监测设计应考虑的另一个问题是实施的可能性和施工、安装、观测的方便，避免或减少对土建工程施工的干扰，如在可能情况下将仪器布置在各级马道上，便于钻孔、仪器安装与维护维修。有时方法可能看似先进，但实施的难度或对主体工程的影响大，实施的可能性就很小。有些方法看似简单，但非常直观和可靠，也是应在工程中采用的，如裂缝的简易观测等。

## 9.2.5　仪器工作原理

### 1. 多点位移计

用于观测边坡内部各测点沿钻孔轴线方向的位移，提供边坡表面和内部的位移分布，了解边坡在边坡开挖时的变形的大小及变化发展过程，经过连续的长期监测了解边坡的稳定性动态，评价边坡在施工期及运行期的稳定性。位移计不是由单个元件组成的，而是由几个部分组成的位移测量系统。

（1）锚固部分：锚头用于与边坡岩体锚固在一起以保证同步位移。在同一钻孔内可安装多个锚头，采用灌浆锚头，钻孔在仪器安装后用灌浆回填。

（2）位移传递部分：用测杆与锚头连接，将位移传递到孔口，此部分包括测杆和保护管。可采用连续的玻纤杆（直径为 1/4″）作为测杆，同时用 1/2″直径的聚乙烯管作为保护管。

（3）位移计测头组件：测头组件位于孔口，用于安装位移传感器并引出电缆，在测头组杆内安装一只热敏电阻温度计，测头组件应与孔壁牢固地结合成一体。

（4）位移传感器：位移传感器位于测头组件内并与测杆连接，用于将锚头的位移转换成频率信号输出。传感器的量程选用 90 mm。

将最深点锚头打入基岩，认为最深点锚头为不动点，并将各测点传感器与表筒连接，然后将表筒与坡体用砂浆连接在一起。当坡体变形时，表筒位置随坡体变化，而钢弦传感器的长度也发生变化，钢弦的振动频率随之变化，将传感器钢弦频率的电信号用读数仪读取数并按照率定资料转化成实际变形，即是边坡表面测点的变形。其他测点的变形是相对于表面测点的相对变形，与表面测点的变形进行换算，即可得到各测点与最深点（不动点）的相对位移。

## 2. 倾斜仪

测斜仪是通过测量测斜管轴线与铅垂线之间夹角变化量，来监测土、岩石和建筑物的侧向位移的高精度仪器。它可以测定钻孔内各个部位的水平位移，以判断岩体产生位移的部位、大小和方向，定期的观测可获得时间与位移及位移速率等关系，综合岩土边坡的卅挖、回填、建筑物的构筑等施工因素以及降雨、地下水位等相关因素与位移的关系，可以判断岩土边坡的稳定性及其影响因素，为设计、施工、工程处理提供依据，同时为预报险情提供参考资料。

监测系统由两大部分组成：

（1）仪器系统：一般由传感器探头、有深度标记的承重电缆和读数显示仪组成。从可靠性与技术先进性出发，选用带自动记录功能的双轴伺服加速度式倾斜仪。

（2）测斜导管：垂直埋设在需要监测部位的岩体里面，并与岩体连成一体，导管内壁有互成 90° 的两对凹槽，以便探头的滑轮能上下滑动并起定位作用。如果岩体产生位移，导管将随岩体一起变形。观测时，探头由导轮引导，用电缆垂向悬吊在测斜管内沿凹槽滑行。当探头以一定间距在导管内逐段滑动测量时，装在探头内的传感元件将每次测得的探头与垂线的夹角转换成电信号通过电缆传输到读数仪测出。设探头上、下两组导轮的距离为 $L$，传感元件测得的探头与锤线的夹角为 $\Delta\theta$，则相应两测段之间的水平挠度量为 $L\sin\Delta\theta$，如果逐段测试全孔，则它的总挠度量为 $\sum L\sin\Delta\theta$，多次观测，则总挠度量的变化值即代表位移，由于导管与岩体结合在一起，由此测得的导管的变形，也就代表了岩体的水平位移。

### 3. 锚索测力计

当采用锚索支护时应选择部分锚索，安装锚索测力计观测锚固荷载。支护荷载的变化可间接反映坡体的稳定性状态，也可评价支护效果等。在锚索测力计内有 4 个钢弦式传感器，当锚索张拉时锚垫板受到锚索荷载并传递给锚索测力计的铜圈，铜圈产生变形并使内部的传感器中的钢弦长度发生变化，钢弦振动频率发生变化，测读 4 个钢弦振动频率的电信号变化取平均值，并按率定资料转换为荷载即为锚索荷载。

## 9.2.6 边坡设计布置要求

边坡治理监测合理设计是获得有效监测数据的前提。在哪个部位，布置什么仪器，需要何种规格的仪器，都需要在监测设计阶段考虑到。

为满足和体现上述监测工作原则，在监测设计和仪器布置过程中应遵循如下具体的布置要求。

### 1. 按断面集中布置

对边坡或滑坡的监测常按断面（剖面）布置仪器，以便监测成果能结合地质资料进行分析研究，监测断面应选择地质条件较差、预计可能产生变形破坏的部位；仪器应布置在坡体的不同部位、不同高程，以便对坡体的稳定性在空间上进行整体控制；一般情况下对规模较大的重要边坡应布置多个监测断面，但应有主次之分，主要监测断面的仪器数量适当增加、监测项目应多些，次要监测断面以变形监测为主，仪器数量可适当减少。

### 2. 监测项目的选择

工程边坡的监测一般以位移（包括水平位移和垂直位移）作为主要的监测物理量，但在主要观测断面也应适当考虑对支护体和抗滑结构的监测，因支护结构的稳定也是边坡整体稳定的重要组成部分。锚索加固时，应观测锚索的预应力变化过程，一般观测锚索的数量占锚索总量的 3% ~ 5%；抗滑桩加固时，应对桩身位移、受力进行观测。为分析坡体变形及支护体受力调整的原因，应尽量搜集有关影响因素的定量数据，如降雨量、水位、开挖进尺、爆破震动等，必要时可适时开展渗压、渗流及爆破震动观测。

对开挖坡体的内部位移监测有钻孔倾斜仪和多点位移计两种主要的手段。倾斜仪对探测沿特定界面的滑动具有明显的优势，但观测工作必须在原位进行，数据处理工作量相对较大；多点位移计对探测坡体的卸荷变形和初期蠕变较为方便有效，但测点较少。对重要边坡的主要监测断面应考虑将此两种观测手段同时布置，以便观测成果的相互验证、校核。对一般边坡或非重点观测断面，应以多点位移计观测为主，辅助裂缝观测等手段。

### 3. 仪器埋设部位、深度的确定和测点布置

变形观测仪器的埋设位置应选在岩体性能较差、预计变形较大的地方，这些部位可根据坡体的地质条件、地形条件和变形破坏模式经分析、计算后确定，应避免在变形可能不显著的地方安装仪器，如坡脚、两面坡的相互支撑部位等受空间效应影响的地方（沿特定界面的滑动除外）。支护体的受力监测应选择在受力最大、最复杂的滑动面附近，锚索监测应选择在坡体变形大、锚索预应力可能损失或增加的部位，测缝计可安装在断层、破碎带、裂隙或坡面上已经出现的裂缝部位。

仪器观测的深度根据观测对象的具体变形模式和仪器埋设的意图确定：对滑坡或沿特定界面滑动的监测，观测深度应深入到滑面或稳定的岩层 5.0 m 以下；对卸荷变形的监测，一般应超过强卸荷带 5.0 ~ 9.0 m。

测点的布置应根据坡体内部的变形梯度来考虑，一般边坡表面的变形最大，随深度增加变形梯度降低。测点布置时应随深度增加逐步加大测点间距。

### 4. 仪器布置应避免施工的相互干扰

在设计时应考虑监测与主体工程之间的相互关系，如观测孔应安排在合适位置，避免观测孔之间以及观测孔与锚索孔等在空间上交叉，需在原位观测的孔位（如测斜孔）还应考虑观测通道的畅通。

## 9.3 监测工程的实施

### 9.3.1 监测仪器的检验率定

#### 1. 多点位移计的检查率定

多点位移计的主要电器部件为位移传感器。仪器出厂前，厂家对每支传感器皆进行了率定，并给出了率定报告，厂家的率定报告同时可起到仪器合格证的作用。多点位移计由几大部件组成，仪器运抵工地后应对各部件逐项进行检查。

1）仪器到货后的常规检查

资料的完备性检查：仪器的型号、尺寸是否与设计或订货的一致，仪器出厂时的率定卡片是否齐全，是否有仪器说明书，仪器上是否有铭牌，仪器的出厂编号是否与率定卡片一致等内容。

锚固部分的检查：检查锚头数量、型号；检查锚头与测杆的连接是否可靠；检查各锚头是否能正常工作；检查相关配件如密封环等是否完备。

测杆部分的检查：检查各测杆长度是否与定货一致，检查测杆与传感器的连接是否可靠，检查测杆及护管是否有损伤。

测头组件的检查：检查测头组件是否与定货一致，检查测头组件与传感器的连接与固定是否可靠，检查测头组件的引出电缆，检查测头组件内的热敏电阻温度计是否正常。

其他配件的检查：是否有专用的安装工具，是否有专用电缆接头，是否有备用螺钉、密封环等。

2）位移传感器的常规检查

仪器的外观检查：检查仪器外部有无损伤痕迹、锈斑；引出的电缆是否有损伤等。每套 BGKA-4 型位移计有一支传感器内置有热敏电阻，引出的电缆为 4 芯，其余传感器不带温度热敏电阻的引出电缆为 2 芯。

仪器的电阻检查：用万用表测量仪器的线路有无断线或短路；用欧姆表测定导线电阻是否合乎要求。在正常情况下，仪器引线之间的电阻为 $180\ \Omega \pm 9\ \Omega$。

仪器读数的常规检查：在运输过程中，传感器的滑动杆上有一尼龙扎带定零位，一般传感器在零点位置便有输出读数，部分传感器在滑动杆拉出 9 mm 左右便有输出读数，读数应在 1 600 个数值以上。个别仪器的读数可能会与上述数值有少量出入，一般不会对仪器质量有太大的影响，但测值明显偏高或偏低可能是仪器故障引起的。

防水密封性检查：本项检查将仪器浸泡在水中 8 h，检查其读数是否正常和稳定，无渗漏且读数正常的仪器为合格仪器。

稳定性检验（零点漂移检查）：将位移传感器的对中销子置于管上缺口，并放置在桌面上，在 72 h 内每 8 h 观测一次读数并记录，读数变化应小于 $\pm 0.25\%$FSR（即 $\pm 12$ 个数值内）。

## 2. 位移传感器的现场率定

### 1）率定设备与率定分级

主要率定设备和仪器：大应变计率定架、特制夹具、百分表和游标卡尺、磁性表座、频率计等。率定分级：在 90 mm 量程范围内分为 9 级，每级 9 mm。

### 2）率定过程

将位移传感器固定在大应变计率定架上的固定夹具上，将其移动轴与率定架活动的夹具连接好，安装好磁性表座及百分表，摇动率定架的手柄使传感器至满量程，然后反方向摇动手柄回零，重复 2 次后开始率定。按率定分级，从零点开始，摇动手柄使传感器的移动轴向外拉伸，每 9 mm 用频率计读取仪器的读数（读数值为 $f^2/900$，$f$ 为频率值）。当达到传感器的满量程后，反方向摇动手柄，使传感器的移动轴向内压缩。每 9 mm 用频率计读取仪器的读数到零点为止。退回零点后，保持 3 min，测取零点读数，然后按步骤进行下一个率定循环，位移传感器率定共进行两个拉、压循环。

3）率定结果的计算

位移传感器由振弦传感单元及经过热处理的弹簧组成，弹簧的一端连接在钢弦上，另一端连接在测杆（移动轴）上。当移动轴从传感器体中拉出时，弹簧伸长引起钢弦的拉力增加，从而引起其振动频率的变化，位移的变化与振动频率的平方成正比。按读数仪的显示，其读数值 $R$ 为 $f^2/900$，$f$ 为钢弦的自振频率值。故位移与读数之间的换算公式为

$$U_i = C \cdot (R_i - R_0) \tag{9-1}$$

式中　$U_i$——$i$ 时刻的位移值（mm）；

　　　$C$——率定系数（mm/digit）；

　　　$R_i$——$i$ 时的读数（digit）；

　　　$R_0$——初始读数值（digit）。

将两个拉压率定循环的读数与对应位移值在 $U\text{-}R$ 坐标系内，按率定过程可绘制 4 条校准曲线，将两次拉伸率定过程的读数平均，可得到进程平均校准曲线。将两次压缩率定过程的读数平均可得到回程平均校准曲线。

将两个率定循环的所有数据按最小二乘法回归，可得到位移传感器的工作特性直线：

$$R = a - b \cdot U \tag{9-2}$$

式中　$a$——最小二乘法直线的截距；

　　　$b$——最小二乘法直线的斜率。

在实际应用中，率定系数 $C = 1/b$。

将零点时的多次读数平均值得到零点输出读数 $R_0$，将满量程的多次读数平均得到满量程读数 $R_n$，则额定输出的读数差 $\Delta R$：

$$\Delta R = R_0 - R_n \tag{9-3}$$

4）位移传感器的现场验收标准

在现场检查的各项内容合格的情况下，位移传感器现场率定结果应满足如下验收标准：

分辨率：$\leqslant 0.05\%$FSR　　　　不重复度：$\leqslant 0.50\%$FSR

滞后误差：$\leqslant 0.50\%$FSR　　　　非直线度：$\leqslant 0.50\%$FSR

综合误差：≤1.00%FSR

另外，现场率定系数与厂家率定系数应进行比较，一般情况下，两者之间的差别小于3%。

### 3. 锚索测力计的常规检查

资料的完备性检查：仪器的型号、尺寸是否与设计或订货的一致；仪器出厂时的参数卡片是否齐全；是否有使用说明书；仪器上是否有铭牌，仪器的出厂编号是否与率定卡片一致等。

仪器的外观检查：仔细查看仪器外部有无损伤痕迹、锈斑；引出的电缆是否有损伤等。

仪器电阻检查：检查电缆的长度是否与订货的一致，用万用表测量仪器的线路有无断线和短路；用欧姆表测定传感器电阻是否合乎要求，红线、黑线、蓝线、黄线为传感器的导线，其导线电阻应为 $180\,\Omega \pm 9\,\Omega$ 左右（未考虑电缆的电阻，电缆的电阻为 $0.05\,\Omega/m$，两根电缆应乘以 2）；白线与绿线为用于测温的热敏电阻，两导线之间的电阻在 $25\,°C$ 时应为 $3\,000\,\Omega$。其他温度的电阻见厂家提供的对应表。

绝缘性检查：用兆欧表检查仪器的绝缘性，任何一根导线与屏蔽线之间的绝缘电阻皆应超过 $20\,M\Omega$。零点读数检查：厂家率定报告给出了锚索测力计空载时的读数。用读数仪测取各仪器的零点读数，在进行了不同的温度校正后，与厂家率定表的零点读数相比，读数差值应小于 25 个数值。防水密封性检查：将仪器浸泡在水中 8 h，检查其读数是否正常和稳定，无渗漏且读数正常的仪器为合格仪器。稳定性检验：将仪器在 72 h 内每 8 h 观测一次读数并记录温度，在扣除温度影响的读数变化应小于 $\pm 1.0\%$FSR。

## 9.3.2 监测仪器的安装

### 1. 多点位移计的安装

1）钻孔与要求

根据初步监测方案，多点位移计钻孔应取芯钻进，并对岩芯做详细地质编录。对本工程钻孔的一般要求如下：

孔径：孔口 1.0 m 左右用于测头组件的安装，孔径为 $\phi130$ mm，然后可减小孔径，终孔直径为 $\phi76$ mm。

孔深：孔深应大于最深锚固点 0.5～1.0 m。具体孔深根据监测方案确定。

孔位及孔向：在钻孔前应根据设计图计算仪器位置、坐标和高程，现场测放孔位。多点位移计的钻孔一般为近水平孔，为保证灌浆效果，应略向下倾斜 3°～5°，在钻孔完成后应重新测量钻孔的坐标及孔向。

钻孔岩芯采取率：钻芯采取率应大于 80%。

钻孔护壁措施：当孔内岩石破碎或冲洗液漏失严重时，必须采取回填灌浆措施护壁，然后重新扫孔钻进，以保证安装时灌浆锚固的效果。

地质编录及资料提交：对钻孔岩芯进行地质编录，提交岩芯素描图、钻孔标状图、岩芯彩色照片及钻孔工作班报表。

2）灌浆锚头式位移计的安装

在仪器安装前应检查钻孔的通畅情况及孔深，如不能满足要求时应重新扫孔。位移计的锚头及测杆部分可在室内预先组装完成，给现场安装带来方便。

灌浆锚头式位移计的安装步骤如下：

将捆扎成盘状的玻纤杆及护管锚头松开，使其伸直，将灌浆管与最深锚头及测杆并排布置并绑扎在一起。灌浆管长度大于钻孔深度 5.0 m。

将测头组件及传感器与测杆连接并调试初读数。

将组装好的仪器缓慢放入钻孔内，将电缆引出，将排气管插入孔内 1.5 m 左右，孔外预留 3.0～5.0 m 的排气管。

封孔：将孔口部位的测头组件与钻孔之间的间隙用速凝水泥回填并尽可能使其密实，待封孔水泥初凝后可开始灌浆。

将灌浆管和灌浆泵连接，按水灰比 1∶0.5 左右配置浓浆。为保证灌浆效果，采用低压灌浆，一般灌浆压力应控制为 0.2～0.5 MPa。待排气管排出浓浆后可暂停灌浆，15 min 后可再次灌浆。待排气管再次排出浓浆后，将灌浆管扎死闭浆。必要时还可从排气管再次给孔内注浆，以保证灌浆质量。

由专业测量人员测取孔口坐标。灌浆完成后 24 h 内，测取初读数。

3）测头组件及传感器的安装与调试

对于 4 点式位移计，测头组件上有 4 个孔用来安装传感器，并有相应的编号（1、2、3、4），测杆上亦有编号（1、2、3、4），其中 1#对应 5.0 m 处测点，2#对应 12.0 m 处测点，3#对应 21.0 m（23.0 m）处测点，4#对应 35.0 m（40.0 m）处测点；在安装传感器时，元件与测杆的编号应一一对应，并记录下传感器的出厂编号，以免引起混乱。

安装前传感器上的轴销应置于管口上的缺口位置（BGKA4 型定位销内置于传感器外筒中），防止移动轴的扭转。

在将传感器与测杆联结时，旋转传感器约 16 圈，使用 9#~32#螺丝锁紧传感器轴。

调试：将传感器电缆接到读数仪上，轻轻拉仪器管，让仪器轴销从管上缺口伸出。调试传感器，应使传感器位于其量程的 30%的位置上，其读数约在 3 500 个数值附近。

当元件读数处于合适的位置时，卡紧仪器有电缆的一端，并将电缆与测头组件的电缆联结。在所有传感器安装及调试过程中，应避免仪器移动轴发生旋转。安装上保护罩并密封，完成传感器的安装。

4）电缆的安装与保护

对于 4 点式位移计，仪器内有 1 支带温度热敏电阻的位移传感器为 4 芯线，另 3 支位移传感器为 2 芯线。故 4 点式位移计的引出电缆为 9 芯，并分为 5 组，每组标明有测点号 1#、2#、3#、4#、温度标记"T"。位移计测头组件上带有一定长度（3.0 m 左右）的电缆，以便于安装及初期观测。

所有电缆应穿入软管或铁管内保护，并沿坡面用膨胀螺钉固定，然后沿电缆走线浇注 15 cm×15 cm 混凝土条带，以免施工破坏。所有电缆应接长并引至坡脚路基附近位置，便于集中观测。

## 2. 测斜管的安装

### 1）钻孔及其要求

首先应熟悉观测布置及设计，在钻孔前要掌握孔位高程、坐标、孔深及孔径要求等，由测量队正确放点，孔位确定后，用地质钻机钻孔，要求钻孔尽可能垂直，钻孔铅垂度偏差应小于 $\pm 3°$。一般开孔孔径为 $\phi 130\ mm \sim 150\ mm$，终孔直径 $\phi 19\ mm$，终孔孔径应大于测斜管外径 30 mm，倾斜仪孔必须将岩芯尽量取全，并按钻探要求做地质编录。对于软弱夹层（尤其是可能产生滑动的软弱夹层）的产状、分布特点、厚度及物理力学性质应当查明。钻孔深度一般应超过最深位移带 5 m，深入稳定基岩内。

### 2）导管埋设前的准备

将所有导管进行检查：导管是否平直，两端是否平整，凹槽是否畅通，管接头是否能与导管顺利连接，并用毛巾将接头的灰尘擦掉，对于不合格的导管则应选出不用。

准备安装用零星材料：粘合剂（如 ABS 塑料粘合剂或 AB 胶等），拉芯不锈钢铆钉（规格 $\phi 4.0\ mm \times 9\ mm$，安装每个接头需 8 颗铆钉），钻头（ $\phi 4.0\ mm$ ），塑料粘胶带等；购买灌浆管（连续的塑料管，单根长度大于孔深约 5.0 m）。

准备安装工具及配件：导管孔底的堵头（可自行按导管规定设计加工），链子钳 2 把，钢绳（ $\phi 3.0\ mm$ ）若干米，模拟探头、罗盘、电钻和手摇钻各 1 把，拉铆枪 2 把，导向板 1 块。

孔底堵头的安装：将第一根导管内外灰尘擦掉，用粘胶剂涂在堵头上，将堵头塞入导管内，待胶凝固后用电钻在互相垂直的 4 个方向钻 4 个与铆钉规格相同的孔，用拉铆枪铆上铆钉，然后用防水胶带将结合处密封好。

### 3）导管的安装与埋设

将钢绳的一端从堵头预留孔中牵出成双股，通过钻架上的滑轮，卷在钻机的卷扬机上，将第一根导管逐渐放入钻孔内，至导管剩下 80 cm 左右高出孔口时用链子钳将导管卡在孔口的护壁钢管上。

用毛巾擦掉导管接头处的灰尘，涂上塑料粘合剂，将另一根导管的凹槽对准下部导管的凹槽插入下部导管的预接接头内，若接头为平接头，则需借助相应规格的导向板导向，以保证两导管的凹槽对准。

在管接头的 1/4 高度处避开凹槽用手电锤钻互相垂直的 4 个孔，钻孔规格与铆钉规格一致，在无电时可用手摇钻钻孔。

用拉铆枪将铆钉铆入钻孔内，将上、下导管铆接好，并在铆钉处涂上粘胶密封，进而将管接头处用塑料胶带密封，并将钢绳用细钢丝缠在导管上。

取下链子钳，将其卡在第二根导管 80 cm 左右的高度，在钻机配合下缓慢地放钢绳，使导管慢慢放入钻孔内。

用地质罗盘测定凹槽的方位，并进行调整，使某一凹槽的方向与设计的凹槽方位角或预定的主滑动方向相同（定为 A—A 向），并固定好导管，至此导管的安装完毕。

4）回填灌浆

导管安装完成后，按要求应将导管与钻孔之间的环状间隙用水泥回填。具体方法如下：

灌浆管可采用 $\phi$20 mm 的塑料管，将塑料管沿测斜导管与钻孔的环状间隙下放孔内，一直到距孔底 1.0 m 处为止。应缓慢下放灌浆管，以防止破坏测斜管的接头。为保证灌浆效果，可放置两根灌浆管，一根置于孔底，另一根置于钻孔中部。

按照设计要求，水灰比为 0.5 左右，用灌浆泵将浆液送入灌浆管内，由下而上进行灌浆。为了防止在灌浆时导管浮起，宜预先向导管内注入清水；当钻孔深度较大时，为防止灌浆管起拔困难，可采用边灌浆边拔管的方法，但不能将灌浆管拔出浆面，以保证灌浆质量。

水泥浆凝固后的弹性模量应与钻孔周围岩体的弹性模量接近。

灌浆完毕后，一般浆液经过一昼夜的沉淀，孔口下一定范围内将澄为清水，故可用人工灌浆对此段进行回填。

全部灌浆工作完成后，孔口一般应用 $\phi$127 mm 钢管套在导管外作保护，保护管长度 2~3 m，并在钢管上焊接盖板及挂钩，以便上锁保护。

采用保护箱保护，以防异物掉入导管内，并保护测斜管不受人为破坏。

孔内浆体凝固后，量测导槽的方位角，并记录孔口坐标、高程，对安装埋设过程中发生的问题应做详细记录。应用模拟探头对全孔再次探测，以了解导槽是否畅通及是否有浆液渗入导管内，并掌握测孔的实际观测深度。

### 3. 锚索测力计的安装

锚索测力计的安装过程应与预应力锚索的张拉一致，应使锚索测力计的安装基面与钻孔方向垂直，以保证观测成果能代表预应力锚索的受力特征。

在浇筑锚墩时，在锚墩内预埋一根 $\phi25$ 的硬塑管，用于穿埋仪器电缆；待锚墩浇好后，准备张拉锚索时，检查锚索测力计安装基面是否与钻孔方向垂直，出现垂直偏差可用楔形垫板进行校正；将锚墩上的承载垫板清理干净，不得有焊疤、焊渣及其他异物，使其与锚索测力计承载表面能平整地结合以便荷载均匀传递；将锚索测力计套在锚索上后，套上垫圈，垫圈的定位销必须安放在锚索测力计定位孔内；将锚板上面的杂物清理干净，由现场工作人员将锚索一根一根地穿入对应的孔中；在张拉锚索时，尽量使锚索测力计对中，以避免过大的偏心荷载，锚索张拉时宜分级加载，每级荷载稳定后，用读数仪测试读数并做记录；待张拉完后，将锚索、锚索测力计一同浇在混凝土内进行保护；将仪器电缆接长通过预埋于锚墩内的硬塑管引至适当位置便于观测。由专业测量人员测取仪器位置坐标并在安装过程中，应对主要过程或安装部位拍照片记录。图9-1为锚索测力计的安装示意图。

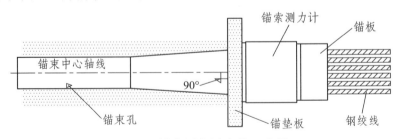

图9-1　锚索测力计安装示意图

## 9.4 高边坡信息化施工

### 9.4.1 锚索工程

预应力锚索是一种主动加固方法，它主动地利用岩体本身的强度去加固岩体，施工中不破坏原有边坡的整体性，是路堑高边坡治理的主要形式。锚索加固的机理是提供加固力。在锚索的信息化设计中，需要使用到通过监测所确定的变形底界来确定最优锚固角以及锚索长度，同时需要以变形底界为基础计算出接近实际的剩余下滑力。

在锚索设计中需要确定锚固段要深入基岩内，在以监测为基础的信息化设计施工中，变形的底界可以通过监测结合地质勘察以及工程地质分析确定。通过监测确定的滑带位置以及滑动影响带的厚度，可以确定锚索长度，以及合理的入射角，保证锚固段的正常受力。在 A 匝道边坡中，根据初期监测结果分析知道，滑移面深度在孔深 27 m 左右，滑移面的倾角大致为 45°，与坡面角度基本一致，在设计中入射角定为下倾20°基本能发挥锚索提供的最大锚固力，并将锚索深度初步定为 35m 是合适的。

通过在开挖施工期的监测分析发现在 B—B 剖面（边坡轴线部位）的 2、3 级台阶滑带影响深度随变形体的滑移变形而逐渐加深，其中 2，3，4 级高程上的锚索的内锚固段部分可能部分存在于变形体或变形影响带内，因此将 B—B 的 2，3，4 级锚索长度部分延长至 40 m，保证内锚固段的正常受力。

### 9.4.2 排水工程

A 匝道边坡采用了表面的截、排水沟与仰斜排水管排水的方法。

根据监测分析，该边坡对降雨敏感，降雨后 1～2 d 坡体变形速率高于无水时坡体变形速率。因此，考虑在裂缝后缘再设置一道排水沟，避免雨水顺后缘裂缝渗入坡体。

在仰斜排水管的布置上，最初的设计主要在 2、4 级台阶每隔 8 m 布置一排水管，且打入深度为 15 m 左右。在强降雨后坡体变形观测成果显示坡体变形又有所发展，经监测信息反馈，认为坡体积水引起部分仰斜管排水效果并不明显，根据实际的滑带位置，将仰斜管长度适度深长至 25 m 左右，使其打入深度能接近坡体内裂缝张开位置，使仰斜管最有效的排除坡内积水。另在 1、3 级台阶也布置上仰斜管，根据降雨后的坡面巡视，新增的仰斜管在坡面排水时起到了较好的排水作用。

### 9.4.3　抗滑桩工程

在抗滑桩设计时，首先要保证嵌固段要深入基岩。在信息化设计中，由于滑带位置已经明确地定出，抗滑桩的长度可以较准确地得到。通过监测分析与抗滑桩挖桩过程中对桩内岩体的编录，确定滑带位于抗滑桩孔口下 11 ~ 13 m，在设计中将抗滑桩定为 20 m 是可行的。当抗滑桩在施工完成后，通过多点位移计的监测成果可以发现，边坡变形已经基本得到抑制，抗滑桩起到了较好的抗滑作用。

## 第 10 章

**顺层边坡监测技术**

　　岩土工程监测是为研究岩土体及与岩土体相关的工程结构的稳定性与安全性，采用一定的技术手段安装或埋设仪器设备，对岩土体或工程结构物的稳定性状态及变化规律进行动态化测试的技术操作，是种综合性很强的应用技术。它以工程地质学、土力学、岩体力学、钢筋混凝土力学及土木工程设计理论和方法为理论基础，以仪器仪表、传感器技术、计算机与通信技术、大地测量技术、测试技术、信息科学等学科为技术支持，同时融合土木工程施工工艺和工程实践经验，以岩土体及工程结构和稳定性动态评估为主要目的综合应用技术。岩土工程监测意义重大，由于岩土体在各种力的作用和自然因素的影响下，其工作状态和安全状况随时都在变化，岩土体如果出现异常，而又不被人们及时掌握这种变化的情况和性质，任其险情发展，其后果将不堪设想。1978 年夏，香港半山区一座 27 层大楼，因边坡滑动，整座大楼塌滑到山脚下，沿途又切断一座大楼和一些房屋，造成人民生命财产的巨大损失。但是，如能在事前运用必要的有效观测手段对这些工程进行监测，及时发现问题，采取有效的措施，上述灾难就可避免。1981 年 8 月，黄河上游龙羊峡水电站遇到了 150 年一遇的特大洪水，依靠埋设在围堰混凝土心墙中的 48 支观测仪器，提供的测量数据，表明围堰工作正常，国家做出加高围堰 4 m 的抗洪政策，确保了工程安全施工和度汛。1985 年 6 月 12 日在长江三峡的新滩，发生大滑坡，2 000 万平方米堆积体连带新滩古镇一起滑入江中。可是险区的居民却全部提前安全撤出，无一伤亡，这全靠安全监测所做出的准确预报。从上述的例子可以看到岩土工程监测的重大意义。

## 10.1 概　述

　　边坡稳定性监测是对影响边坡稳定性的因素和表征稳定性变化的边

坡状况反复观测，以研究边坡稳定程度及变化规律，是评价边坡设计性能与破坏风险，使风险最小化的重要工具。

需要认识到，经济合理的边坡设计，绝非是不发生任何滑塌的保守设计（事实上也很难做到），而是允许适量滑塌甚至局部性一定规模滑塌的实用设计，但决不允许发生毫无预见的突发灾害性滑塌。但由于岩土体特性的不均匀性，地质条件和力学作用机理的复杂性，以及这些影响因素本身的不确定性，边坡变形失稳机理非常复杂，且灾害性滑塌难以准确预见，而边坡稳定性监测可为灾害征兆识别提供宏观观察结果，并为边坡安全防范、稳定性分析与评判、滑塌灾害预报与加固技术应用提供基础分析数据。

边坡稳定性监测的主要任务包括：

（1）描述边坡现状，调查边坡、滑坡区域工程水文地质情况。

（2）确定边坡变形影响范围，识别潜在滑体的破坏机制和滑塌模式。

（3）确定监测技术方案，建立边坡监测网（测点、测站）。

（4）实施工程监测，提供可靠的第一手变形、应力等数据。

（5）制定防灾减灾和减少危害的技术措施，甚至修改边坡设计。

（6）评价滑坡治理的工程效果。

边坡稳定性监测一般分为两级：Ⅰ级监测是对总体边坡进行全面、定期检测，目的是测定边坡初始状态，较早发现不稳定区段，以便对不稳定边坡进行进一步观测、研究，为修改设计和治理边坡积累资料；Ⅱ级监测是对不稳定边坡进行监测，目的是确定不稳定区域范围，研究边坡破坏模式及破坏过程，预测边坡破坏发展趋势，制订合理处治方案，防止意外滑坡。

## 10.2　顺层边坡位移监测

位移状态是边坡稳定性最直观、灵敏的反映，大量资料表明，除局部坍塌或大爆破引起的边坡破坏外，具有一定规模的滑坡从开始变形到最后破坏，均有明显的位移过程。视边坡条件不同，这一过程持续时间从几个月到几年不等，累计位移量从几分米到几米不等。通过边坡位移监测，可以争取足够的时间，以采取各种滑坡防治补救措施。

目前，边坡工程监测技术方面正由早期的人工皮尺简易工具监测手段过渡到仪器监测，并向着自动化、高精度及远程系统发展。早期，由于监测仪器和水平的限制，边坡安全监测一般采用宏观地质经验观测方法，即主要根据人工观测地表的变化特征、地下水的异变、周围动植物的异常等确定边坡的稳定状况；后期逐渐从定性向定量方向发展，开始出现了简易观测法，即在关键裂缝处通过做标记、树标杆等方法获取裂缝长度、宽度、深度的变化以及延伸方向；随着观测方法的发展进步和监测仪器的快速发展，深部监测、GPS、摄影测量等多种方法在边坡变形监测中得以应用。

为适应边坡工程的复杂监测条件，已开发了多类不同的监测仪器和监测方法，并逐渐从常规变形监测方法向变形监测新技术应用转变。常规变形监测方法一般包括位移计、收敛计、测斜类仪器、测缝计、沉降仪和大地测量技术，变形监测新技术包括数字化近景摄影测量、激光扫描测量、3S技术（包括地球信息系统、全球定位系统、遥感遥测系统）、光电技术（包括时域发射系统、分布式光纤测量系统）等，具体如表10-1所示。

表 10-1　边坡变形监测方法及仪器

| | 大地测量技术 | 水准仪、经纬仪、全站仪 |
|---|---|---|
| 常规变形监测方法 | 位移计 | 电阻式位移计、钢弦式位移计、引张线式水平位移计、变位计、滑动测微计、三向位移计 |
| | 收敛计 | 收敛计 |
| | 测斜类 | 伺服加速度计式测斜仪、电阻应变片式测斜仪、固定式测斜仪、测斜仪的数字技术及无线传输技术、倾角计 |
| | 测缝计 | 差动电阻式测缝计、二向及三向测缝计 |
| | 沉降仪 | 横梁管式沉降仪、电磁式沉降仪 |
| 变形监测新方法 | 数字化近景摄影测量 | 各系数码摄像系统 |
| | 三维激光扫描测量 | 激光扫描仪 |
| | 3S技术 | RS遥感遥测系统、GPS全球定位系统、GIS地球信息系统 |
| | 光电技术 | 时域反射系统、分布式光纤测量系统 |

总体看，边坡位移监测可分为边坡表面位移监测和边坡内部位移监测，其中边坡内部位移监测不仅有助于确定边坡的变形破坏模式，还有助于寻找可能存在的滑面位置等，在位移监测方案制订中应高度重视。相对而言，各主要监测方法中，边坡位移监测系统较易建立，且测值可靠，因此应用十分广泛。

为保证边坡位移监测的有效性和合理性，位移监测方案的设计原则应包括：（1）可靠性原则。（2）多层次原则。即采用多种手段进行监测，以便互相补充和校核；其次必要时应考虑表面和内部相结合的立体监测系统。（3）优先监测关键部位原则。（4）根据实际需要选择仪器种类、精度和量程的设计原则。（5）方便实用原则。（6）信息反馈高效的设计原则。（7）无干扰和少干扰的设计原则。（8）地质信息和仪器监测信息并重的设计原则。（9）有利于测点和仪器保护的设计原则。（10）经济合理的设计原则。

## 10.2.1 顺层边坡表面位移监测

边坡表面测点的位移可采用传统方法监测，即采用前方交会、极坐标、视准线等方法观测水平位移，水准测量或三角高程测量观测竖直位移；采用边角测量和摄影测量方法进行三维测量，同时测得水平和竖直位移；采用收敛计测量测点沿钢尺方向的相对位移，也是一种常用的监测方法。此外，多功能、高效率的光机电算一体化的大地测量新仪器、新技术，已逐渐成为表面位移监测中的重要监测手段。

以下介绍几种边坡表面位移监测常用设备及方法。

### 1. 收敛计

收敛计又称带式伸长计或卷尺式伸长计，可用于测量两个外露测点的相对位移，是一种简单有效、应用较为普遍的便携式仪器。在边坡表面位移监测中，主要用于监测固定在边坡及周边岩土体测点间的相对位移，可在施工期和竣工后定期观测边坡的表面位移。

收敛计主要由钢卷尺（高弹性工具钢）、百分表、测量拉力装置及与测点相连接的连接挂钩等部分组成。

## 2. 全站仪

全站仪是边坡表面监测中最常用的测量仪器，可用来测量布设在边坡表面的反光棱镜的三维坐标。典型的全站仪是以电子测距仪与电子经纬仪的组合作为基本单元。全站仪读数（距离/角度）通常在工程区域内相对所有棱镜的最高点布设的固定仪器平台上进行，根据读数可计算出棱镜位置及位移情况。

边坡表面位移监测中，全站仪的主要用途包括：

（1）放样测量。在实地上测定出所要求的点。

（2）偏心测量。测定测站至通视但无法设置棱镜的点或者测定测站至不通视点间的距离和角度。

（3）对边测量。在不搬动仪器的情况下，直接测量某一起始点与任意点间的斜距、平距和高差。

（4）悬高测量。对不能设置棱镜的目标高度的测量。

（5）后方交会测量。通过对多个已知点的测量定出测站点的坐标。

（6）面积计算。通过仪器内存中 3 个或多个点的坐标数据，计算出由这些点的连线封闭而形成的图形面积，所用坐标数据可以是测量所得，也可以手工输入，且这两种方法可交替进行。

## 3. 自动全站仪地表位移监测系统

自动全站仪又称测量机器人，是一种集自动目标识别、自动照准、自动测角与测距、自动目标跟踪、自动记录于一体的测量平台。

该监测方法只需在监测区域内布设一定数量的棱镜，在监测区域外放置测量机器人，即可定期自动完成目标识别、照准等测量工作，成本相对较低，监测精度可靠，且实施简单易行。

监测系统组成包括坐标系统、操纵器、换能器、计算机和控制器、闭路控制传感器、目标识别系统、目标捕获系统和集成传感器等八大部分。

## 4. 雷达监测系统

雷达技术是边坡表面位移监测的新技术，雷达是一种用于边坡表面位移监测的先进设备，无须利用反射镜即可测得 ± 0.1 mm 精度的位移。使用时系统生成图像，显示相对于整个边坡参考图像的空间变形，并可绘出图像中各点的变形。

雷达发出的信号自边坡顶部向底部，或从底部向顶部反复进行扫描，每一次扫描均采集相应数据，并可在浏览器上观察。比较两次扫描的数据可看出台阶表面的位移变化。

雷达监测系统主要由雷达、无线传输转发器、初级监测点及配套软件组成。主要部件有雷达天线、摄像头、雷达电器盒、雷达计算机、通信天线、车载电源及拖车等。

雷达监测系统能以毫米级精度对监测区域进行大范围快速扫描；雨雪、烟雾、灰尘的干扰和影响较小，可实现 24 h 实时监测；可在监测现场实现方便、快捷移动；监测位置选取灵活，能远距离对存在隐患的区域进行监测；无须在边坡稳定性隐患区域布设固定监测设备，即使发生事故，也不会造成设备损失；可对边坡事故进行全过程连续监测，并能在后期对事故地段继续监测、评估；由软件对监测数据进行分析处理，操作简便、直观，监测结果精确、可靠；软件自动预警，能以图像、声音、短信等多种途径发出报警信号。

## 5. GPS 与北斗导航监测系统 AGPS

GPS（Global Position System，全球定位系统）由空间部分（GPS 卫星星座）、地面控制部分（地面监控系统）、用户设备部分（GPS 信号接收机）等 3 部分组成，可进行全方位实时导航与定位，具有全天候、高精度、自动化、高效率等显著优点。采用双频接收机，可将 GPS 相位观测精度提高到毫米级。

1）空间部分

由 24 颗卫星组成（21 颗工作卫星，3 颗备用卫星），卫星的分布使得在全球任何地方、任何时间都可观测到 4 颗以上的卫星，并能在卫星中预存导航信息。但因大气摩擦等原因，随着时间的推移，导航精度会逐渐降低。

2）地面控制系统

由监测站（Monitor Station）、主控制站（Master Monitor Station）、地面天线（Ground Antenna）组成，主控制站位于美国科罗拉多州春田市（Colorado Spring）。地面控制站负责收集由卫星传回的信息，并计算卫星星历、相对距离、大气校正等数据。

3）用户设备部分

即 GPS 信号接收机，其主要功能是捕获到按一定卫星截止角所选择的待测卫星，并跟踪这些卫星的运行。当接收机捕获到跟踪的卫星信号后，就可测量出接收天线至卫星的伪距离和距离的变化率，解调出卫星轨道参数等数据。根据这些数据，接收机中的微处理计算机就可按定位解算方法进行定位计算，计算出用户所在地理位置的经纬度、高度、速度、时间等信息。接收机硬件和机内软件以及 GPS 数据的后处理软件包构成完整的 GPS 用户设备。GPS 定位的基本原理是采用空间距离后方交会的方法，将高速运动的卫星瞬间位置作为已知的起算数据，以 GPS 卫星和用户接收机天线之间距离（或距离差）的观测值为基础，确定待测点的位置。如图 10-1 所示，在地面待测点上安置 GPS 接收机，可以测定 GPS 信号到达接收机的时间，进而得到待测点的准确坐标。

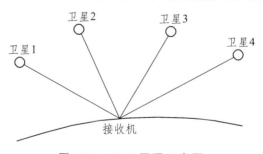

图 10-1　GPS 原理示意图

北斗卫星导航定位系统是我国自主研发的拥有自主知识产权的导航定位系统，也是目前世界上继美国的 GPS 和俄罗斯的 GLONASS 之后第三个投入运行的卫星导航定位系统，其具备定位导航与双向通信功能，无须其他通信系统支持或配合。北斗卫星导航定位系统采用与 GPS 系统相同的被动式定位原理，即北斗用户只需接收来自北斗卫星发送的导航定位信号，即可精确解算出全部所需参数。

基于北斗卫星导航定位系统的边坡监测系统，是将布设在边坡上的北斗终端所获取的信息，利用北斗系统的通信功能转送到数据解析处理子系统，再按照北斗系统的通信协议进行解析入库，数据综合管理子系统利用存储在数据库中的监测信息实现监测数据实时显示、历史监测数据统计分析等功能，整个系统的结构层次如图 10-2 所示。

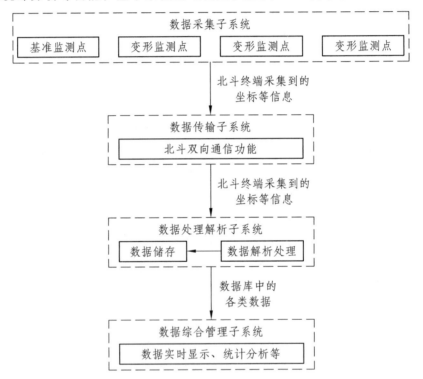

图 10-2 北斗导航监测系统结构示意图

北斗导航监测系统是实现对边坡的实时、全自动、高精度监测的有效手段，随着我国北斗导航系统的发展，将会提供更为精确的监测信息。

## 6. CCD 成像及三维激光扫描技术

CCD（Charge Coupled Device，电荷耦合器件）是一种可将光学信号转变成数字信号的微型图像传感器，结合无线收发模块用于边坡表面位移监测，可实现系统的远程控制，达到边坡监测过程数字化和无线化的目的。

CCD 是由光敏单元、输入结构和输出结构等组成的一体化光电转换器件，其突出特点是以电荷作为信号载体。当入射光照射到 CCD 光敏单元上时，光敏单元中将产生光电荷，其与光子流速率、光照时间、光敏单元面积成正比。根据以上原理，可通过光敏单元接收到的标靶发出的电荷大小判断入射光源的位置变化情况，再与设定好的初始状态进行比较，进而给出边坡的具体位移参数。

实际监测中首先将专用光源标靶固定在待测边坡表面某选定测点处，使标靶与边坡牢固结合，即可将边坡位移或震动转换成特定波长的光源位移或震动，再通过光学解析系统将待测信号解析至 CCD 传感器，传感器通过检测标靶在 CCD 上成像的中心坐标的变化即可精确绘制被测边坡位移对时间的响应曲线。

三维激光扫描技术又称实景复制技术，其核心是激光发射器、激光反射镜、激光自适应聚焦控制单元、CCD 技术和光机电自动传感装置。三维激光扫描技术能够快速、直接、高精度、非接触地获取研究对象表面空间三维数据，进而快速重构出边坡实体目标的三维模型及点、线、面、体、空间等各种制图数据，其独特的空间数据采集方式使其具有多方面的技术优势。与传统的测绘技术相比，三维激光扫描技术自动化提取信息程度高、表达对象细节信息能力强、受环境条件影响小、数据采集效率高。

三维激光扫描技术所获取的原始数据是由全离散的矢量距离点构成的，被称为"点云"。点云数据包含了大量的粗差和系统误差，不能被直接使用，此外，点云数据中还包含有大量的冗余信息，这些冗余信息对后续的三维建模和数据分析帮助不大，并且占用大量的存储空间。因此，该技术一般包括粗差剔除、模型拼接、参考系匹配、数据压缩、三维建模、应用分析等步骤。

在边坡表面位移监测中，三维激光扫描仪可在每个测站获取大量的点云数据，点云中每个点的位置信息均在扫描坐标系中以极坐标的形式描述。扫描前需在待扫描的边坡区域内布设"扫描控制点"，一般由 GPS 或者全站仪等传统测量手段获取控制点的大地坐标，将点云坐标转换为大地坐标，为边坡监测提供标准通用数据。获取数据后运用扫描数据处理软件进行坡体特征提取，生成边坡区域 DEM（Digital Elevation Model，数字高程模型），并用软件生成描述边坡形态的地形图，为边坡变形监测与灾害预报提供基础数据，如图 10-3 所示。

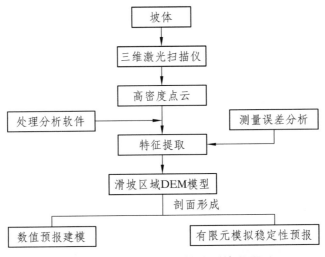

图 10-3　三维激光扫描监测流程图

### 7. 分布式光纤监测

光纤传感的基本原理是光纤中的光波参数，如光强、频率、波长、相位以及偏振态等会随外界信号参数的变化而变化，通过检测光纤中光波参数的变化可达到检测外界物理量的目的。

近年来兴起的光纤传感器具有抗电磁干扰、防水、抗腐蚀、耐久性长等特点。特别是分布式光纤传感器，其体积小、质量轻，便于铺设安装，将其植入监测对象中不存在匹配的问题，对监测对象的性能和力学参数等影响较小；光纤本身既是传感体又是信号传输介质，可实现对监测对象的远程分布式监测。分布式光纤传感技术最显著的优点就是可以测出光纤沿线任一点上的应变、温度和损伤信息等，实现对监测对象的全方位监测。

图 10-4 所示光纤网是若干个节点经由光纤或光缆连接而成的面状网络，通过特定的布设方法，可以仅凭一条光纤便将所有节点都连接起来，从而简化了数据线的接入问题。节点之间的光纤，也由于节点群的约束，对周围环境的变形非常敏感。

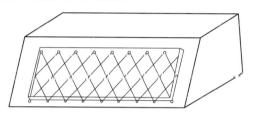

图 10-4　光纤传感网络布设示意图

根据边坡条件，节点被固定在土体表面以下一定位置（土质边坡），或直接附着在岩体表面（岩质边坡），固定方式可采取锚杆等方法。光纤或光缆通过专门的固定剂固定在节点上，将岩土体表面的各节点连接成网，用以监测边坡表面位移。

## 10.2.2　顺层边坡内部位移监测

监测边坡内部位移可确定边坡岩土体内破坏面（带）的位置及破坏情况，一般可通过钻孔或边坡内的排水坑道观测。主要装置有土体位移计和倾斜仪等。

### 1. 土体位移计

土体位移计可用于测量岩石、土体等的钻孔轴向变形，也可埋入边坡土体中（土质边坡），在边坡内部位移监测中广泛使用。土体位移计的主要测量器件是一个振弦式应变计，连同一个配有滑动杆的精密线性弹簧。随着滑动杆伸缩，传递器件、弹簧张力以及振弦张力都会发生变化。

张力变化量与拉伸量成正比。率定后可得出仪器的系数，该系数是振动频率和拉伸量的函数。

位移计的传感器固定在一个法兰端，通过一定长度的传递杆连至另一个法兰端。传感器和传递杆外套有一根给定长度（仪器长度）的塑料保护管（当仪器较长时则在中间增加伸缩节）来固定两个法兰端，确保连杆固定不动。当两法兰相对移动时，位移信号被传递杆传至传感器，由读数装置测得读数。通过选择不同的仪器长度和传感器的量程范围，可达到最佳灵敏度。若要达到最高分辨率，应选用仪器长度较大、量程较小的传感器；而针对变形较大的情况，应选择长度相对较短、量程较大的传感器。

### 2. 多点位移计

多点位移计可在同一钻孔中沿其长度方向设置不同深度的测点 3 ~ 6 个（国外可多达 10 点），测量各测点沿长度方向的位移，适用于边坡不同深度的位移监测。

多点位移计主要由锚头、传递杆、护管、支承架、护筒、传感器、护罩以及灌浆管（或压力水管）等部件组成。传感器可选用人工测读的机械式测微仪表，也可用远程传输的电测传感器，如线性电位器式位移计、差动电阻式位移计、振弦式位移计等。

钻孔中各锚固点岩体所产生的位移，经传递杆传到基准端，各点位移量均可在基准端进行量测。

### 3. 倾斜仪（倾角计）

倾斜仪可分为垂直测斜仪与水平测斜仪，通常在钻孔中测斜管内使用，通过测量测斜管轴线与铅垂线或水平线之间夹角变化量，监测土、岩石和建筑物的水平和垂直位移。倾斜仪又可分为活动型和固定型两种：活动型倾斜仪带有导向滑动轮，可在测斜管中逐段测出产生位移后轴线与铅垂线或水平线的夹角；固定型是把测斜仪固定在测斜管某个位置上，连续、自动、遥控测量监测仪器所在位置倾斜角的变化。

倾斜仪传感器形式有多种，如伺服加速度计式、MEMS（微机电系统）式、电位器式、振弦式、电感式、差动变压器式等。

1）伺服加速度计式倾斜仪

伺服加速度计式倾斜仪一般直接安装于工程结构上，或在任意垂直面或水平表面上用一个可调整的支架安装。

大多数倾斜仪均使用力平衡伺服加速度计，探头本身包括一个重力作用的垂摆，其位置传感器可以探测垂摆的位置，并且提供足够的伺服力使垂摆回到原来竖直时的零位置。从竖直零位置倾斜得越大，伺服力越大，因而摆块不能自由运动。伺服力的大小转变为电信号输出在读数装置上显示为倾斜量。

2）串联固定式倾斜仪

串联固定式倾斜仪由一连串 MEMS（微机电系统）倾斜传感器安装在一定长度的不锈钢管内并用万向节连接在一起。带有张力的弹性滑轮组使得每点都能与通用的测斜管导槽良好结合定位。安装在测斜管内的所有传感器用电缆引出后连接至终端箱或数据记录仪采集数据。

当地面运动导致测斜管一个或多个部位产生倾角变化，记录这些点的倾斜值，即可绘制出纵断面的偏移曲线。每支测斜仪传感器均包含一个热敏电阻以记录温度，用于温度校正。

#### 4. TDR 时域反射系统

TDR（Time Domain Reflection）监测系统主要由电脉冲信号发生器、传输（同轴电缆）、信号接收器等组成。TDR 技术实质上是电磁波理论的运用，其工作原理是同轴电缆受到剪切或拉伸作用时，受力区域几何特性的改变将引起该区域同轴电缆特性阻抗的变化，电磁波在其中的传播将发生反射与透射。

一个完整的 TDR 滑坡监测系统一般由同轴电缆、TDR 时域反射仪、数据记录仪、远程通信设备以及数据分析软件等几部分组成。在待监测的边坡上钻孔，并将同轴电缆安放在钻孔中，在钻孔中灌注水泥砂浆，使同轴电缆与周围岩土体紧密结合。由 TDR 时域反射仪激发电脉冲信号沿着同轴电缆从地表向下传播，边坡的位移和变形将使同轴电缆断裂或变形，从而引起同轴电缆阻抗发生变化，产生反射脉冲信号，反射信号在电缆的特性信号曲线上显示为一个脉冲峰尖，边坡变形的位置即能被精确确定。

TDR 系统价格低廉，检测时间短，提供数据较快捷（一般 3 ~ 5 min 可以测读一个数据），能实现遥测，安全性高。但由于 TDR 系统对无剪切作用不敏感，使得其在倾斜、滑坡移动量和移动方向的监测上存在不足，需同时配合其他监测方法进行弥补。

## 10.3  地下水监测

地下水作为影响边坡稳定性的一个重要因素，会降低不连续面的抗剪强度，对坡体产生浮托力，诱发和加速坡体的滑移，是边坡变形破坏和滑坡灾害的主要内在或触发原因之一。因此，地下水动态长期监测是边坡监测的重要内容，其中渗流压力、渗流量是重点监测项目。其主要目的有：

（1）检验稳定性计算和分析时所预测的状态，如果实际地下水状态与预测结果有较大差异，则应重新评价边坡稳定性。

（2）监测水压变化，预报不稳定坡体的破坏状态。

（3）对于露天矿而言，使用早期地下水压、水量的观测资料，可预测边坡向下延深过程中的地下水状态。

（4）检验疏干效果。

地下水监测通过布置满足一定规则的观测点来监测边坡岩土体渗流压力和渗流量等指标。观测点位置和深度可根据地质情况、边坡潜在滑动面位置、排水设备形式、可能产生渗透变形情况、渗水部位、汇集条件、渗流量大小并结合所采用的观测方法等因素确定。对于比较均匀的岩土体，一般布置 2 ~ 3 个基面，每个基面设 3 ~ 5 个测点；对于非均质且地质构造比较复杂的岩土体，应根据岩土体分布情况在每一不同岩土体相应深度处布置 2 ~ 3 个基面，每个基面布置 3 ~ 5 个测点，且尽量将测点设在强透水层中，以观测各层中渗流压力变化。在观测点位置布置相应监测设备，直接或间接得出该测点渗流压力。

## 10.3.1　地下水监测仪器简介

用于渗流压力观测的仪器可统称为孔隙水压力计，可用于边坡工程地下水流情况监测。水压计形式有多种，一般分为竖管式、水管式、气压式和电测式四大类。电测式又依传感器不同分为振弦式、电阻应变片式和压阻式等。国内多采用竖管式、水管式和振弦式孔隙水压力计。

各类孔隙水压力计的优缺点如表 10-2 所示。

表 10-2　各类孔隙水压力计性能比较表

| 水压计类型 | 优　点 | 缺　点 |
|---|---|---|
| 竖管式<br>测压管式 | 构造简单，观测方便，测值可靠，无须复杂的终端，观测设备；使用耐久，无锈蚀问题；有长期运行记录 | 埋设复杂，钻孔费用高，易受施工干扰破坏；存在冰冻问题；竖管套管要尽量竖直放置，易堵塞失效；有时响应较慢 |
| 水管式<br>双水管式 | 有长期使用记录，响应快，观测直观可靠；能利用观测井集中测量；双管式还可测出负孔隙压力；相对竖管式不易受施工干扰破坏 | 存在冰冻及与水有关的微生物滋生堵塞问题，要用脱气水定期排气，长期运行失效率达30%；要在下游设观测井，费用高，施工有干扰，高程不能高过测头位置 5~6 m |
| 振弦式 | 读数方便，维护简易，响应快，灵敏度高；能测负孔隙压力，能遥测实现自动化；测头高程与观测井高程无关，无冰冻问题；输出频率信号可长距离传输，电缆要求较低，使用寿命长 | 偶有零点漂移，有时会停振，对气压敏感，室外须有防雷击保护 |
| 电阻应变片式 | 响应快，灵敏度高；可长距离传输，以实现遥测自动化；加工制作简单，无冰冻问题；测头高程与观测井高程无关；能测负孔隙压力，适宜动态测量 | 对温度敏感，零点漂移可能较大；对温度电缆长度和连接方式的改变敏感；长期稳定性较差 |
| 气压式 | 测头高程与观测井高程无关，无冰冻问题；响应快，易于维护，测头费用低，可直接测出孔隙压力值 | 须防止湿气进入管内；使用时间较短，需熟练操作人员 |

振弦式水压计结构图，用于渗透系数小于 0.001 m/d 的含水岩体，各项性能均较为优异，主要部件用特殊钢材制造，适合各种恶劣环境使用。特别是在完善电缆保护措施后，可直接埋设在对仪器要求较高的碾压混凝土中。标准透水石是用带 50 μm 小孔的烧结不锈钢制成，以利于空气从渗压计空腔排出。

除上述各类水压计以外，还有一种光纤光栅渗压计，主要用于长期测量测压管、钻孔、堤坝、管道和压力容器里的液体及孔隙水压力，其性能较优异，主要部件均用特殊钢材制造，有足够的强度，适合各种恶劣环境安装使用。特别是在完善光缆保护措施后，可直接埋设在对仪器要求较高的碾压介质中。

仪器中有一个灵敏的不锈钢膜片，使用过程中，膜片上压力的变化引起膜片移动，该微小位移量可用光纤光栅元件测量，并传输到光纤光栅解调仪上，从而得到压力的变化情况。

为避免损坏传感器膜片，以过滤器（透水石）隔绝固体颗粒。标准透水石是 50 μm 孔径的烧结不锈钢，如需要也可使用高通气透水石。所有暴露零部件都用耐腐蚀的不锈钢制成，若安装正确，该装置寿命较长，但若在盐水环境中，膜片和外壳应采用特殊材料。

应当定期地对水压进行监测，并辅以边坡涌水量、降水量监测，绘制边坡地下水等水头线图。边坡渗流量的监测应根据渗水部位、汇集条件、渗流量大小并结合所采用的观测方法进行布置观测点。渗流量监测仪器主要有量水堰、量水堰渗流量仪和管口渗流量仪等。

监测周期视工程水文地质条件的类型而定，一般在雨季、不稳定迹象出现地段、疏干系统开始工作期应加密观测次数。监测资料较完整时，可分别绘制涌水量、水头、影响半径以及边坡渗出段高度随潜水面下降值的变化曲线等。

## 10.3.2　地下水监测注意事项

（1）地下水位观测点，应以长期观测钻孔为主。

（2）当边坡内同时存在多个含水层时，应分层观测水位。

（3）地下水位监测点应布置在有代表性的剖面上，特别是稳定条件不利区段。包括设计边坡最高、最陡处，岩性软弱或有不利方向的结构面，水文地质条件不利地段等。

（4）剖面线数量及每一剖面上水压力计个数取决于地下水对边坡稳定性影响的重要性、水文地质结构的复杂程度、工程规模等。

（5）对矿山边坡而言，随边坡施工的进行，潜水位可能不断下降，导致部分水压计失效，需增补新水压计，以跟踪监测地下水位。

## 10.4　结构物监测

某些具有滑动危险或已经失稳的边坡须采取适当的支护措施，且需在支护工程施工和运营时对支护结构进行监测。常用的支护结构有土钉、锚杆、预应力锚杆、抗滑桩、挡土墙等。

锚杆（锚索）荷载及挡土墙侧压力，一般采用测力计测量。常用的测力计有差动电阻式测力计、电阻应变测力计和钢弦测力计，可制成压缩式，也可制成拉伸式。测量结果及时绘制载荷-时间变化曲线，如果载荷变化，应及时分析产生变化的原因，为边坡支护方案的调整提供依据。

### 10.4.1　锚杆与土钉轴力监测

锚杆、土钉轴力量测的目的在于了解锚杆实际工作状态，结合位移量测，修正锚杆、土钉的设计参数。锚杆轴力量测传感器主要有振弦式锚杆测力计、差动电阻式锚杆测力计和电阻应变片式锚杆测力计。

（1）振弦式锚杆测力计。振弦式锚杆测力计主要有荷载盒式和锚杆式两种。荷载盒式测力计是由钢筒和布置在钢筒周边的 3 个或 6 个振弦式应变计组成，用应变计来测读作用在荷载盒上的荷载，然后把各应变计的读数取平均值，以减少不均匀和偏心荷载的影响。锚杆式测力计则由带中心孔的受力盒与分离式钢弦传感器组成，中心孔可配直径 10 ~ 200 mm、量程 15 ~ 4 500 kN 的锚杆进行应力监测，轴力由振弦式传感器的频率输出来测定。

（2）电阻应变片式锚杆测力计。电阻应变片式锚杆测力计是用一种高强度钢或不锈钢圆筒，沿周边粘贴 8 ~ 16 片高输出电阻应变片构成惠斯通全桥结构；当受荷载时，全桥输出阻值发生变化，用以测量其压缩或张拉的荷载。电阻应变片的上述布置可补偿温度影响和偏心加载。

用作监测的每根锚杆或土钉一般布置 3 ~ 5 个测点，观测锚杆受力状态和加固效果，了解应力沿杆体的分布规律。土钉或锚杆安装应力计时应符合安装技术要求。应力计采用螺纹或对焊和杆体连接。需要对焊的应力计，应在冷却下进行对焊，应力计与锚杆保持同轴。应力计安装前须进行标定。

### 10.4.2 预应力锚杆（索）监测

预应力锚杆（索）应力监测，其目的是分析锚杆的受力状态、锚固效果及预应力损失情况，因预应力的变化受到边坡变形和内在荷载变化的影响，通过监控锚固体系的预应力变化可以了解被加固边坡的变形与稳定情况。

在一般情况下，锚索测力计用于测量加载液压千斤顶上的力、荷载及锚索长期应力变化。锚索测力计属于负载传感器，常用于以下几方面：确认锚索测力计在测量锚索、岩石锚杆等过程中加在千斤顶上的液压荷载；提供对锚索、岩石锚杆及其他重型荷载的全过程监测；提供自动数据采集的电信号输出，以实现远程监测。

锚索测力计安装是在锚索施工前期进行的，其安装过程包括：测力计室内检定、现场安装、锚索张拉、孔口保护和建立观测站等。

（1）振弦式锚索测力计。振弦式锚索测力计用于锚索、岩石锚杆、锚栓或拱形支架的荷载以及其他重型荷载的测量。

振弦式锚索测力计本身为高强度合金钢圆筒，内置 3、4 或 6 只高精度钢弦式传感器。传感器可测量作用在锚索测力计上的总荷载，同时通过测读每只传感器，还可测量不均匀或偏心荷载。

（2）光纤光栅锚索测力计。光纤光栅锚索测力计用于锚索或锚杆应力测量，其外形结构、内部光纤光栅应变传感器。光栅与锚索测力计轴线平行，当荷载作用在锚索计上时，带动光栅产生压缩变形并导致光栅波长产生相应变化，从而获得应力变化。图 10-5 中结构为 4 光栅传感器型（不包含测温光栅），其他如 3 光栅或 6 光栅传感器结构与此类似。

由于光纤光栅具有对温度敏感的特性，一般光纤光栅锚索测力计内置有测温光栅，根据锚索测力计大小不同，通常有 4~7 条光纤光栅，其中一条用作测温以及温度补偿，其余几条用于应力测量。采用多根光栅的意义在于可在一定范围内消除偏心荷载的影响，以提高测量精度。

对于预应力锚杆的监测数量，永久性锚杆应为工程锚杆总量的 5%~10%，临时性锚杆应为工程锚杆总量的 3%，且均不得少于 3 根。

### 10.4.3 抗滑桩监测

抗滑桩是承受侧向荷载用于处治滑坡的支撑结构物，其穿过滑体在滑床的一定深度处锚固，发挥抵抗滑坡下滑力的作用。

抗滑桩监测主要包括两方面内容：一是监测抗滑桩的加固效果和受力状态，二是监测抗滑桩正面边坡坡体的下滑力和背面边坡坡体的抗滑力。

监测抗滑桩的受力状态常采用钢筋计和混凝土应力计。常用的钢筋计有振弦式和光纤光栅式等，其中，振弦式钢筋计与前述振弦式锚杆测力计相同。

（1）光纤光栅式钢筋计。光纤光栅钢筋计主要用来监测混凝土或其他结构中的钢筋应力，包括贴有光纤光栅的高强度钢体，焊接在两段钢筋端面之间。其一般用于焊接在钢筋混凝土结构的待测钢筋断面之间。

监测边坡下滑力及其分布可以在桩的正面和背面受力边界及桩的不同高度布置钢筋计，钢筋计应布置在受力最大、最复杂的主滑动面附近。

（2）混凝土应力计。混凝土应力计埋设在混凝土构筑物内，可直接测量混凝土内部拉、压应力。

应力计由一个微型振弦式压力盒和一个混凝土圆柱体串联构成。该混凝土圆柱与周围混凝土具有相同性质，但通过一根均匀多孔透水的塑料管材料与周围混凝土分离开，并由两个法兰将应力计与周围混凝土连接。该振弦式压力盒可克服结构混凝土因温度、湿度、负载等变化引起的弹性模量，收缩和膨胀变化引起的不确定应变变化，方便、准确地测量结构内部应力。

### 10.4.4 挡土墙监测

挡土墙是支撑边坡土体、防止土体变形失稳的构造物。受土压力作用，挡土墙破坏的主要表现形式为倾覆或墙体自身破坏。因此，对挡土墙的监测，主要观测墙背土压力变化及挡土墙位移，其中挡土墙位移可采用精密水准仪、经纬仪等测得。

土压力计按所采用传感器不同分为振弦式、光纤光栅式等，其结构外形基本相同，因传感器不同内部结构有相应改变。

图 10-5 所示振弦式土压力计可用来测量填土对挡土墙表面的界面接触压力，或称"接触式"土压力计。背板较厚，放于结构外表面，以减少任何点荷载的影响，避免使土压力计弯曲，感应板较薄，用于测量土压力。

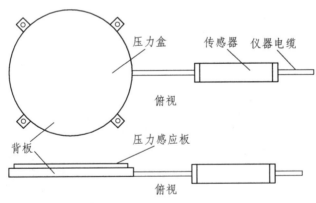

图 10-5　振弦式土压力计（压力盒）

挡土墙回填时，可在墙体结构中安装土压力计，也可直接在现有结构表面上安装土压力计。结构浇筑混凝土时，可用钢钉或焊接法将土压力计挂耳固定于模板上定位，感应面朝向模板，并使背板与混凝土充分结合。在要浇筑的模板内部布置电缆，多余电缆可卷起后置于保护箱体内，将电缆挂在附近钢筋上，以免浇筑混凝土和振捣时遭受损坏。

在原有结构上安装，则将挂耳用水泥钢钉、膨胀螺栓、绑扎丝等将土压计背板紧贴结构表面固定于结构上，不论结构表面是否光滑，都须在土压力计与结构表面之间垫入少量砂浆。顶出式压力盒，土压力计置于一圆盘内，圆盘靠在挡土墙开挖侧面并以一液压千斤顶顶住而压入，保证压力盒监测面与附近待测土体充分接触。振弦式土压力计长期稳定性好，结构牢固，操作方便，易实现自动化，在工程中得到广泛应用。

## 10.5　边坡安全监测预警

### 10.5.1　变形失稳发展程度与阶段划分及判识

边坡变形失稳是在各种内外因素共同作用下逐渐发展的，一般可划分为平稳、缓增启动、变形加速、失稳或收敛趋稳和变形稳定等阶段。变形加速后如果影响因素消失或采取了及时有效的工程措施，则将进入收敛趋稳阶段，达到新的稳定平衡；反之，则变形进一步加速发展，进入失稳破坏阶段。

边坡处于稳定状态时，各监测效应量随时间的变化均比较平缓。当边坡处于非稳态条件时，会以变形的方式进行调整，在变形缓增启动阶段，各监测效应量随时间的变化逐渐增加，规律开始趋向一致，此阶段时间长短不一，在后期一般出现变形异常拐点，但现象易被忽视，且较难发现。成果分析时应注意对各项资料进行相关分析，对数学模型在时间序列上适当后延，结合地质宏观调查和其他类似工程经验综合判识，力争及时捕捉到变形异常启动点。此阶段采取有针对性的工程处理措施是最佳时机，有效且经济。随着边坡变形的进一步发展，自身抵抗变形的能力不断削弱，时间效应上变形速率继续增大，此时各监测效应量随时间的变化斜率变陡或突变，出现加速突变点，进入变形加速阶段。在本阶段边坡局部开始出现宏观变形失稳迹象（诸如裂缝出现、局部坍塌等)，实施工程处理措施已错过最佳启动时机,工程治理难度有所加大,一般均直接进入抢险程序，导致工程造价增加。出现突变后边坡变形仍将持续发展一定阶段，若外部因素得以改变（例如雨季结束、工程措施有效实施等），则变形会逐渐趋缓，出现减速收敛点，进入变形收敛阶段，表明所采取的边坡治理措施有效且已逐步发挥作用，否则应重新审视措施的有效性。为满足边坡最终的稳定安全要求，在变形收敛阶段，一般尚需继续完善治理，随着有效的工程治理措施进一步发挥作用，边坡变形进一步收敛，出现收敛稳定点，步入新的稳定阶段。根据边坡的特性（如岩土性质），可能出现持续时间长短不一的时效变形。

如果变形得不到抑制，当变位总量或速率大于临界值时，边坡将失稳破坏，出现整体宏观失稳表象（如滑坡体前后缘裂缝贯通错台、侧缘形成并剪错、地下水出露点水体变混浊），甚至整体性塌滑或滑坡。

在对监测数据进行初步分析及定量正、反分析的基础上，必然要对边坡安全进行评价，这就涉及监测效应量的控制标准（即监控指标）问题。监控指标可通过监测量的数学模型、考虑一定的置信区间、构成实用的监控表达式求得，也可根据数学模型代入可能最不利原因量组合、推求出极限值来表达，还可以采用被监测对象的稳定、强度等安全度的反算来求出监测效应量的临界值。但由于边坡工程的复杂性和各种因素的不确定性，地质条件概化困难、失稳机理不同，目前边坡监控指标更多地局限在定性判据方面的研究，很难制定统一的失稳评判准则，且通用性较差。

### 1. 监测效应量判识

边坡失稳一般是个渐进过程，它总是在各种内外因素共同作用下，最终在边坡表部出现一些宏观的特征，通过巡视检查，可以作为判断边坡出现失稳的征兆之一。

（1）边坡滑动范围的前后缘裂缝贯通且有错台，侧缘形成且剪错变形。

（2）边坡滑动范围的前缘出现坍塌、滚石现象，湿地增多。

（3）边坡岩石发出响声，甚至冒气（似冒烟）。

（4）地下水出露点水体变混浊、地表水沿裂缝很快漏失、原有泉水干涸、新的泉水点出现等。

## 2. 变形总量

边坡处于非稳态条件时，会以变形的方式进行调整。变形增大时，支护锚索的荷载会增加，当荷载超过某个临界值后，锚索会失效。当失效的锚索较多时，锚固力明显减小，坡体会进入加速变形阶段，由锚索维系极限平衡状态的边坡存在变形总量控制。锚索在失效前所能承受的最大拉伸量，与锚索的荷载水平、可能的破坏方式及极限荷载的大小有很大的关系；对单根锚索，该值可以通过简单计算求取，但边坡进入加速阶段或失稳后，并不受单根锚索控制，而是全部锚索和加固结构的共同作用。单根锚索的失效不会导致坡体稳定性有明显变化，但一定数量的集中锚索逐步失效，则可能导致坡体失稳破坏。综合锚索结构的钢绞线强度、内锚段与外锚墩设计的安全指标，结合工程实践，在相应部位的锚索平均工作荷载实测值达到 $130\%P \sim 150\%P$ 时的边坡变形量反算指标，一定程度可以作为变形总量安全控制标准的量化参考。

## 3. 变形速率

随着边坡变形的发展，自身抵抗变形的能力不断削弱，时间效应上变形速率相应增大。当变形速率大于某一允许值时，破坏开始。临界变形速率的确定，有赖于先进的理论体系和大量模型试验进行估计。变形速率安全控制标准的量化，可在总量控制基础上，考虑时间效应进行分解设定，这其中必须考虑工程及施工特点。

## 4. 综合评判

1）斋藤法

该法是根据大量的边（滑）坡位移-时间蠕变曲线总结出的一种经验方法。将位移-时间曲线大体分为初始蠕变、均速蠕变和加速蠕变三个阶段，并基于加速蠕变阶段的资料提出预报模型。预报由如下方程表示：

$$\varepsilon - \varepsilon_0 = a\lg\frac{t_r - t_0}{t_r - t} \qquad (10\text{-}1)$$

式中：$\varepsilon$、$\varepsilon_0$ 分别为破坏时刻的位移和初始时刻的位移；$t_r$、$t_0$ 分别为破坏时刻和初始时刻；$a$ 为常数。

并按下式作图解预报：

$$t_r - t_1 = \frac{\frac{1}{2}(t_2 - t_1)^2}{(t_2 - t_1) - \frac{1}{2}(t_3 - t_1)} \tag{10-2}$$

因此强调，此法只对不受环境阻挡、无外力约束的崩塌性滑坡预报较准确。$t_0$、$t_1$、$t_2$ 一般由位移-时间曲线加速蠕变阶段图给出。应当强调的是，此法只对不受环境阻挡、无外力约束的崩塌性滑坡预报较准确。

2）黄金分割法

黄金分割是指事物的发展，由始至末可以按 0.618 与 0.382 的比例分成两个时段，中间的分割点称为黄金分割点，其规律称为黄金分割原理。客观世界的许多现象都在一定程度上服从这一规律。滑坡预报黄金分割原理步骤如下：

（1）对变形成分进行分离，通常由基本成分和外部触发成分两部分组成。基本成分按系统本身规律发展；外部触发成分包括降水、温差、振动和人为活动等，又包括可逆与不可逆两部分，当在变形中包含不可逆成分时，需要进行分离。

（2）由分离后成分绘制光滑曲线，一般采用滑动平均法。

（3）在初始端向外作趋势延伸，确定形变开始时间。

（4）确定加速发展开始时间 $t_b$。

（5）确定破坏时间 $t_c = t_b/0.618$。

## 10.5.2 预警机制及其组织机构

边坡一旦出现险情，为提高应急处理能力，减少边坡在抢险加固过程中突发灾害造成的危害，保证现场抢险加固人员及设备的安全，使灾害损失降低到最低限度，有必要建立预警机制及其组织机构。

预警机制一般根据边坡监控级别、安全等级、出险后危害程度等因素制定，建立警示巡查、安全警戒、停工、人员和设备撤离、事故处理、事故上报等分级预警机制。一旦确定启动预警机制，则首先应根据现场实际情况，安排相关人员进行 24 h 不间断警示巡查，检查表面裂缝、局部堤滑和地下水出露等情况；加强对预警区域的安全警戒，在危险区域设置警戒标志，实行交通管制，设立安全撤离通道；根据预警机构的指示，在险情发生前组织停工、人员和设备撤离等工作；在确保措施到位的情况下，出险后立即进行事故处理工作，包括抢救人员、封闭现场等善后工作；灾情发生后，根据预警组织机构的规定，上报相关对口单位。可先进行口头汇报，在 2～4 h 内形成简要书面报告、24～48 h 内形成详细书面报告报送。

预警组织机构按照职责和功能分级建立，一般应包括抢险领导小组、抢险指挥部和抢险预备队。抢险领导小组一般由建设管理单位牵头，由监理、施工、监测和设计等单位部门主要负责人共同组成，负责统一组织协调抢险、安全生产及安全撤离工作。抢险指挥部一般由相应部位的施工、监理单位主要负责人组成，负责抢险工程的实施、施工及安全撤离工作。抢险预备队一般由相应部位的施工单位负责组建，负责组织抢救灾情发生后的伤员及尚未撤离危险区域的人员和设备，确保损失降到最低。

根据边坡各项信息及时反馈后的综合判断及相应的预警机制，启动科学、合理、高效的预警体系。

# 第 11 章　隧道洞口段的特点和作用

## 11.1　隧道洞口段的特点

隧道结构由主体结构和附属结构两部分组成。主体结构是为了保持围岩体的稳定和行车安全而修建的人工永久建筑物，通常指洞身衬砌和洞门构造物。洞身衬砌的平、纵、横断面的形状由道路隧道的几何设计确定，衬砌断面的轴线形状和厚度由衬砌计算决定。在山体坡面有发生崩坍和落石可能时，往往需要接长洞身或修筑明洞。洞门的构造型式由多方面的因素决定，如洞口地形地貌、山体的稳定性、美观要求以及自然环境等。附属结构物是主体结构以外的其他建筑物，是为了运营管理、维护养护、给水排水、供蓄发电、通风、照明、通信、安全等而修建的构造物。隧道洞口段应结合地形、地质、洞口排水以及道路交叉等情况均设置长度不等的结构段。采用钢筋混凝土整体式衬砌结构，为保证洞口稳定性和减少洞口开挖，隧道洞口围岩段设置超前管棚作为辅助进洞措施。洞口位置本着"早进洞、晚出洞"的原则，并尽可能地降低洞口边坡及仰坡的开挖高度，以保证山体稳定，同时减小对洞口自然环境的破坏，根据"弱化人工痕迹，融入自然风貌"的理念，综合考虑地形、地质条件等因素，施工时遵循"管超前、严注浆、短开挖、强支护、快封闭、勤量测"十八字方针。

由于地形地貌及隧道走向对洞口段的限制，通常隧道洞口段具有如下特点：

（1）洞口段部位穿过山体表层，而山体表层岩石风化程度高，稳定性差。

（2）洞口段处于浅埋地段，并且围岩破碎软弱，隧道口部成洞较困难。

（3）隧道轴线与山体或岩层走向斜交时，山体对洞口段易形成偏压。

隧道洞口段是隧道施工的第一道工序，其施工方案和完成质量的好坏，直接影响到工程施工准备期限及下一步的施工。

在隧道工程中，洞口段埋深小，难以形成承载拱；洞口段围岩一般较为破碎，地质条件差，而边仰坡开挖又将破坏山体原有平衡。因此洞口段往往是地质条件最为复杂的地段，如果设计方案考虑不周，或施工方法选用不当，会导致隧道进洞困难，出现坡面崩塌、滑动、偏压、地表下沉、基础承载力不够等现象，影响邻近建（构）筑物。

因此洞口段施工，关键是以尽量不使围岩失稳的方法进行开挖，不得不在稳定性较差的山体处设置洞口时，必须首先稳定围岩再开挖洞口。

## 11.2 隧道洞口段位置的选择

洞口是隧道进出的咽喉和施工的主要通道，也是整个隧道的薄弱环节。洞口位置选择是否合理，将对隧道的施工工期、质量和安全有重大的影响。所以在隧道线路设计中，洞口位置的选择是一项很重要的工作。

决定隧道洞口位置时，应坚持"早进晚出"的原则，即隧道宜长不宜短，适当延长洞口隧道的长度，尽量避免对山体的大挖大刷，先做明洞段以便顺利进入暗洞施工阶段，反之出洞的时候就要晚一点，让隧道洞口周围的山体岩土及植被得到妥善保护，尽量维护原有的生态地貌。在隧道施工中，洞口段围岩一般比较破碎、地质条件较差，应遵循尽量减少对岩体扰动的原则，以提高洞口段岩体和边、仰坡的稳定性。

理想的洞口位置应选择地质条件良好，地势开阔，施工方便，施工造价合理之处。但在实际工程中难以完全满足这些要求，在选择隧道洞口位置时应综合考虑以下几个原则。

（1）洞口尽可能设在山体稳定、地质条件好、地下水不大丰富的地方。

洞口部分在地质上通常是不稳定的，应当考虑避开滑坡、崩塌、泥石流等不良地质地段。确定洞口位置时，对边、仰坡稳定应着重考虑，并结合洞外相关工程和施工难易，通过技术经济比较确定，以免造成难以整治的病害，危及施工和运营安全。

（2）洞口不宜设在垭口沟谷的中心或沟底低洼处，不要与水争路。

在一般情况下，垭口沟谷在地质构造上是最薄弱的一环，常会遇到断层带或褶曲带、冲积土等松散地质。此外，地面流水都汇集在沟底，再加上洞口路堑的开挖，破坏山体原有的平衡，更容易引起塌方，甚至不能进洞。所以洞口最好放在沟谷一侧，留出泄水通路。

（3）洞口应尽可能设在路线与地形等高线相垂直的地方。

施工中尽量使隧道正面进入山体，邻近建（构）筑物不致受到偏侧压力。傍山隧道，限于地形有时无法做到上述要求，只能斜交进洞时也应使交角不宜太小，而且要有相应的补救措施，如采用斜洞门或台阶式洞门。当地形等高线与线路中线斜交角为 45°～60°，地面横坡较陡，地质条件较好时，可采用斜交洞门，其端墙与线路的交角不应小于 45°，切忌隧道中线与地形等高线平行。

（4）洞口高程应在洪水水位以上。

当线路位于有可能被淹没的河滩边或水库回水影响范围内时，隧道洞口高程应在洪水水位以上，还要有一定的安全超高，以防洪水倒灌。

（5）洞口边坡及仰坡均不宜开挖过高。

为保证洞口的稳定和安全，边坡及仰坡均不宜开挖过高，不宜使山体扰动过大，尽量保持山体原有地貌，也不宜使开挖面暴露过大，洞口段至少应保证 2～3m 的覆盖土。

（6）洞口不宜设在有水沟或水渠横跨线路上。

若洞口附近遇有水沟或水渠横跨线路时，应慎重处理。当线路横沟进洞时，设置桥涵净空不宜太小，以免留下后患。当地形条件不适于设置桥涵时，应结合地形、地质情况、水流大小，经过技术经济比较，采取相应的工程措施，如扩大洞门墙顶水沟，将水引离隧道，或在洞顶做过水渡槽引接。当洞顶水沟流量大，对隧道施工和运营不利时，应结合地形、地质条件，改沟排放。

（7）洞口开挖尽量不刷动原生坡面。

若洞口前方岩壁陡立，基岩裸露，此时最好不刷动原生坡面，不挖动山体，尽量保持山体自然平衡及稳定，避免出现塌方。

（8）洞口宜有一定的施工场地。

隧道洞口段一般都在山地沟谷中，地势狭窄，而施工有许多工序是在洞外进行的，需要一定的场地，尤其是隧道的出渣场地。因此在选定洞口位置时，要综合考虑运输线路、材料堆放场、施工机械设施用地、生产生活用地等。

## 11.3 隧道洞口段的支护技术

在不良地质条件下的隧道洞口段施工前，将隧道洞口段预加固，使隧道洞口段施工在预加固结构的保护下进行开挖，对隧道洞口段施工安全施工质量有着重要作用。隧道洞口段预加固方法很多，主要有地表加固、洞内支护两大类。

### 11.3.1 隧道洞口段的地表加固

隧道洞口段，埋深较小而变化幅度较大，地质条件复杂，地层条件一般都很差，围岩不稳定，由于施工方法不当或辅助加固措施不足，经常造成地表坡面的破坏。常用的地表加固有以下几种。

#### 1. 直接加固法

直接加固法通过改变滑坡体的抗滑力及下滑力来改变滑动体滑动面上的平衡条件，主要是通过增加边坡的抗滑力来实现，如填土、地表锚杆、抗滑桩、挡墙、锚索等方法，其中地表锚杆施工方法是最为常用的方法。

#### 2. 间接加固法

间接加固法是以控制滑动因素、降低滑动力为目的。其中水的影响是极大的，它可以减小围岩强度，促进滑动，常采用防渗法和排水法，如防渗层、暗沟、疏干巷道等。间接加固法中还有排土法，它是通过减小滑坡体的下滑力来实现，即通过改变边坡的平衡条件，从而提高边坡的稳定性。应当注意的是，不是任何不稳定边坡经过排土法就能增加其稳定系数，这与排土方式有关，要具体分析。一般情况下，排土法和填土法是结合在一起使用的。

## 11.3.2 隧道洞口段的支护

隧道洞口段的支护，有超前管棚支护、超前小导管注浆、超前锚杆预支护等方法。

### 1. 超前管棚支护

超前管棚是沿开挖轮廓线周线，钻设与隧道轴线平行（或有微小角度）的钻孔，随后插入不同直径的钢管，并向管内注浆，固结管周边的围岩，并在预定的范围内形成棚架的支护体系，如图 11-1 所示。

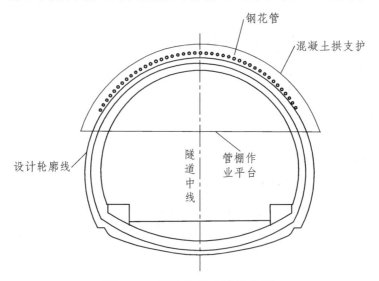

图 11-1　超前管棚支护示意图

超前管棚能提高管周围的抗剪强度，先行支护围岩，把因开挖引起的松弛控制在最小范围内，具有梁效应和加固围岩效应。

梁效应即为因钢管是先行施设，掘进时，钢管在以掌子面和后方的支撑支持下，形成梁式结构，防止围岩崩塌和松弛。加固围岩效应即为钢管插入后，压注水泥浆，加强钢管周边的围岩。在浅埋的情况下，地表有建（构）筑物存在时，为把隧道开挖的影响限制在最小限度内，要尽量防止围岩的松弛，采用管棚方法是一种有效的支护方法。

管棚可以有效地将隧道掘进工作面上的荷载，向掘进掌子面前后转移，起到抑制地面和土体竖向位移以及防止掘进过程中土体坍塌的作用，能较好地在不稳定地层中进行超前支护。在自稳能力差的软弱松散地层中开挖大断面隧道时，采用大管棚支护技术，能为复杂地层条件下创造安全良好的施工条件，是软弱松散地层控制地面沉降，确保施工安全的理想超前支护技术。国内一般采用这种预支护方法。但是采用大管棚支护技术必须有专用的施工配套设施，施工空间要求高，一次性投入较大。在钻孔中，钢管弯曲量随施工长度而增加，尤其是长度超过 30 m 后，弯曲会急剧增加，施工精度难以控制，在长距离采用管棚时往往要在适当位置重新设置管棚施工基地，采取搭接方法延长管棚段。

超前管棚主要适用于软弱地层、砂砾地层或软岩、岩堆、破碎带等易于崩塌、松弛、软化的地层。

### 2. 超前小导管注浆

注浆导管即超前注浆导管，它是沿初期支护外轮廓线，以一定仰角，向掌子面施打带注浆孔的小导管并进行注浆，充分填充土体空隙，形成一定厚度的结合体。在超前支护方法上，其作用类似于超前锚杆，纵向支撑松散的岩体，由后部的钢支撑和前方未开挖部分岩土体支撑掌子面附近的岩土体，起纵向梁作用。同时通过对导管内注浆和砂浆锚杆注浆，浆液进入岩土体的裂隙中，形成刚度较大的土层加固圈，提高岩土体的稳定性。这种方法对于裂隙发育的块状岩体效果较好。超前注浆导管对岩土体的注浆加固作用较超前锚杆效果要突出。

小导管注浆方法主要适用于自稳时间短的软弱破碎带、浅埋软弱围岩和严重偏压、砂层、砂卵石层、断层破碎带以及大面积淋水或者涌水的位置。对结构顶部处于亚黏土、粉细砂、中粗砂等地质松软、空隙较大的地层更为适用，效果明显。

## 3. 超前锚杆预支护

锚杆作为新奥法的主要支护手段之一，特别是：超前锚杆通过其轴向对围岩的作用力，能改善拱顶斜上方的围岩的受力结构。锚杆有悬吊作用、组合梁板作用、承载拱加强作用，如图 11-2 所示。

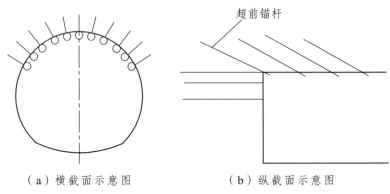

（a）横截面示意图　　　　　　（b）纵截面示意图

图 11-2　超前锚杆预锚固围岩示意图

悬吊作用即为锚杆是将围岩表面不稳定的岩体固定悬吊在深处坚固稳定的岩层上，使破碎的岩块不致掉落或者滑落，这是一种最简单的预期效果。组合梁板作用即为对于水平成层围岩，当没有锚杆时，层理面是分离的，呈薄层重合梁状态工作；当有锚杆张拉时，由于增大了层面间的摩擦，抗弯刚度增加，呈整体性的组合梁状态工作。显然，此时锚杆的张紧力是主要因素。承载拱加强作用即为对有节理、裂缝等围岩，按一定间排距安设锚杆，注浆后使节理裂隙得到充填和加固，形成一定厚度的承载拱，因而增大加固区围岩的强度。事实上，就是本身整体性较好的围岩，由于锚杆的张拉力作用，围岩也可成为有整体的准塑性结构，使岩体特性得以增强和改善。锚杆能限制约束围岩变形，并向围岩施加压力，在压力作用下使开挖后处于二维应力状态的洞室内表面附近围岩呈现三轴应力状态，壁面承受切向应力的能力增大，使围岩呈很好的稳定状态。锚杆的张力是靠杆体和喷混凝土传递给壁面形成内压，显然这种效果是增强作用的一部分。

其施工工艺为：

（1）超前锚杆的超前量、间排距、外插角等参数，应视围岩地质条件、施工断面大小、开挖循环进尺和施工条件而定。一般超前长度为循环进尺的 3～5 倍，宜采用 3～5 m 长，环向间距采用 0.3～1.0 m；外插角宜为 15°～25°；搭接长度宜为超前长度的 40%～60%，即大致形成双层或双排锚杆。

（2）超前锚杆宜用早强砂浆全黏结式锚杆，锚杆直径应大于 22 mm 的螺纹钢筋。

（3）超前锚杆的安装误差，一般要求孔位偏差不超过 11 cm、外插角不超过 1°～2°、锚入长度不小于设计长度的 86%。

（4）开挖时应注意保留前方有一定长度的锚固区，以使超前锚杆的前端有一个稳定的支点。其尾端应尽可能地多与系统锚杆及钢筋网焊接。若掌子面出现滑塌现象，则应及时喷射混凝土封闭开挖面，并尽快打入下一排锚杆，才能继续开挖。

（5）开挖后应及时喷射混凝土，并尽快封闭环形初期支护。

（6）开挖过程中应密切注意观察锚杆变形及喷射混凝土层的开裂、鼓起等情况，以掌握围岩动态变化，及时调整开挖及支护参数，如遇地下水，则可钻孔引排。

### 4. 钢拱架

钢拱架在工程中的作用主要是在短时间内给予围岩强有力的支护，约束围岩的位移，控制围岩塑性区的发展。从设计上看，国外较多地应用钢拱架支撑，而国内则钢拱架支撑和钢筋格栅拱架都有。钢拱架有以下特点：

（1）钢拱架的强度和刚度较高，安装后能立即承受较大的围岩形变压力和松动压力。

（2）钢拱架施工快速方便，在短时间内就给围岩强力支护，对深埋软弱围岩变形控制起到至关重要的作用，防止隧道围岩变形过大而发生破坏。

（3）钢、木拱架能按照隧道设计断面制作，其强力支护保证设计断面尺寸要求，围岩的稳定性和施工安全性也大大提高。

钢架类受围岩压力较大处，宜采用型钢钢架。根据开挖实际情况可适当调整搭接长度，从而实现与围岩的密贴，当钢架背后与围岩间空隙较大时，应采用混凝土预制块或补喷混凝土来填实。

施工拱部钢架时，应加强锁脚锚杆的施工质量，必要时应设拱脚支撑。下半断面采用中部拉槽左右相错开挖马口的方法时，每次拉槽不得超过两榀钢架，宜采取开挖一榀支护一榀的方式，严禁一次开挖多榀致使拱脚脱空。开挖完后及时接边墙段钢架，要求接头牢靠，底脚稳固。

钢支撑是将破碎、松动、坍塌的岩土作为荷载，钢支撑作为承载体，被动地承受荷载。其受力模式是荷载—结构型，结构计算也是按照地面结构的方法进行，完全没有考虑围岩的自承能力。实际中由于勘察、计算手段的限制，钢支撑在断面和数量上的选用往往根据经验，具有一定的盲目性。

### 5. 喷射混凝土

喷射混凝土是隧道施工中最基本的支护形式和方法之一，因其在隧道围岩表面上立即喷射一层混凝土，实现对开挖后的围岩快速封闭，与围岩表层岩体共同作用，且能渗入围岩裂隙，封闭节理，加固结构面，从而提高围岩整体性和自承、自稳能力，在隧道施工中被广泛使用。

混凝土喷层既有一定支护能力又有良好柔性的支护结构，施工中可以沿围岩表面施作成薄层，较厚的喷射混凝土可以分期完成。喷射混凝土能同锚杆结合使用，必要时喷层可设置纵向变形缝。喷射混凝土的良好柔性对于控制塑性流变围岩的初始变形显得特别重要，它容许围岩塑性区有一定发展，避开应力峰值，能充分发挥围岩的自支承能力和有效地利用支护结构支撑能力。

### 6. 钢筋网

钢筋网在软岩和土砂围岩中能够提高附着力，在膨胀性围岩中能够防止剥落、提高柔性，在节理和龟裂多的硬岩中能够提高抗剪性能和柔性。钢筋网支护一般同喷射混凝土一起施工，能防止收缩裂缝出现，或减少裂缝数量和限制裂缝宽度，使喷层应力得到均匀分布，改变其变形性能，增强锚喷支护的整体性，防止围岩局部破坏，增强喷层的柔性，提高支护的抗剪力和拉力等动载能力。

## 11.4　隧道洞口段的开挖技术

选择施工方法时，应以安全为前提，综合考虑隧道工程地质及水文条件、断面尺寸、埋深、施工机械装备、工期和经济的可行性等。隧道洞口段的施工方法主要有分部开挖法和台阶法。

### 11.4.1　分部开挖法

主要应用于软弱围岩中大跨度浅埋洞口段或Ⅱ-Ⅲ类围岩及一般土质围岩地段的隧道施工。特点是先固后挖，支护必须牢固可靠，施作及时，施工过程中还应加强中壁的支护，开挖仰拱时应采取措施，避免边墙受挤内移。施工中主要采用单侧壁导坑和双侧壁导坑两种形式。

（1）单侧壁导坑法（CRD法）。施工工序如图11-3所示，其中Ⅰ、Ⅱ、Ⅲ、Ⅳ表示施工顺序。

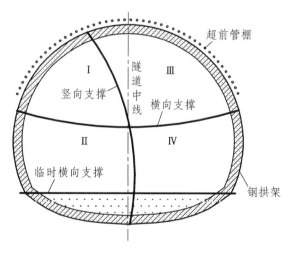

图 11-3　单侧壁导坑法施工示意图

该方法适用于围岩较差、跨度大、埋深浅、地表难于控制的隧道。

施工特点是单侧导坑超前，中壁和另侧正台阶施工，可降低拱顶和边墙的位移，但仰拱（仰拱是为改善上部支护结构受力条件而设置在隧道底部的反向拱形结构，是隧道结构的主要组成部分之一，它要将隧道上部的地层压力通过隧道边墙结构荷载有效地传递到地下，而且还能有效地抵抗隧道下部地层传来的反力，仰拱与二次衬砌构成隧道整体，增加结构稳定性）为薄弱环节，施工中易出现开裂，且围岩变化时不易调整施工方法。同时中壁墙拆除过程，容易出现初期支护结构的二次变形。

（2）双侧壁导坑法。适用于浅埋、跨度大、地表沉降量要求严格、围岩的自稳性特别差的隧道施工。特点是：对围岩扰动小，安全可靠，但工序复杂，速度慢，管线布置困难，造价高。施工时既要拉开工序，又要防止围岩交叉开挖近距离爆破振动的影响或暴露过久而松弛坍塌，故两侧壁导坑平行掘进时应保持适当的距离。在侧壁支撑拆除时，亦存在初期支护结构的二次变形问题。双侧壁法施工工序如图11-4所示，其中Ⅰ、Ⅱ、Ⅲ、Ⅳ、Ⅴ表示施工顺序。

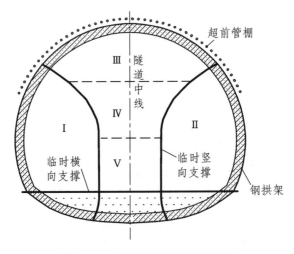

图 11-4　双侧壁法施工示意图

## 11.4.2　台阶法

适用于Ⅱ、Ⅲ围类围岩破碎带、节理裂隙发育地段。其特点是对施工设备要求不当,随着台阶长度的缩短,地表沉降及拱顶位移明显减小,根据现场围岩条件变化的情况,对台阶施工长度可进行调整。

(1)长台阶法。上台阶超前5倍洞跨,但不宜大于50 m。主要应用于隧道浅埋段、短隧道,围岩为Ⅲ类或介于Ⅲ和Ⅳ类之间的围岩,且有较多涌水的隧道施工。特点是施工干扰小,抬高开挖断面可较为准确地探明前沿地质情况,便于下台阶调整施工方法。

(2)短台阶法。上台阶超前小于5倍的洞跨,但大于5 m。主要应用于Ⅱ类围岩、介于Ⅱ类和Ⅲ类之间的围岩,涌水量较大的以及软弱偏压段或虽处浅埋段,工期要求不紧张的隧道施工。其特点是进尺较短、支护及时、可探明前沿地质情况,但施工干扰较大,倒翻石渣工作量大。

(3)微台阶法。上台阶超前不大于5 m(微台阶法的上台阶长度小于2 m)。主要适用于距离较近的双线隧道,或软弱浅埋段偏压段及受地表建(构)筑物影响较大的隧道施工。其特点是隧道稳定性明显增加,地表下沉、拱顶位移减小,围岩变坏时很容易变更施工方法,但施工干扰大,管线布置困难。

(4)留核心土法。由台阶法变化而来,主要应用于采用短台阶法开挖时,遇到涌水、掌子面坍塌等地带的隧道施工,或在遇到短距离围岩变化时可以采用,但工序增多,进尺短。比较侧壁导坑,其机械化程度较高,施工速度可加快,核心土及下部开挖在拱部初期支护下进行,施工安全性好。


## 11.5　边仰坡开挖支护技术

由于工程地质条件、水文地质条件及人为等因素影响,隧道施工过程中易出现各种各样的地质灾害,隧道工程和边坡密切相关,隧道洞口滑坡包括仰坡和边坡便是隧道施工中常见的地质灾害之一。隧道洞口的安全关系到隧道能否顺利进洞并进行安全施工,是隧道施工中的重中之重,因此,隧道洞口的边仰坡安全一直以来都受到了隧道工程师们的极大关注。

目前，隧道洞口段边坡支护的研究方法主要还是沿用工程地质中边坡支护的研究方法。长期以来，在隧道设计和施工中多采用极限平衡理论和有限元数值模拟计算分析洞门边坡的支护。隧道洞口段边坡的支护与隧道洞口段施工方法、洞门的结构形式、位置、埋深、地层岩性等众多因素有关，而且由于岩土体的复杂性，岩土力学尚具有半经验半理论的特点，在特殊地质条件下岩土体的变形机理仍未清楚，隧道边仰坡的破坏模式和破坏发展阶段等仍未十分明了。如今，在隧道边仰坡研究领域，随着数值方法的成熟，数值计算的结果可信度提高，应用有限元法计算边坡内部的应力，然后假定滑动面，考虑了土的应力应变关系，开辟了边坡支护分析的新途径。

采用极限平衡法分析，无论是采用条分法还是利用有限元法进行过程模拟，都要事先假定滑移面的位置，而事先假设的圆弧型滑面或者其他类型滑动面往往与实际边坡破坏面的形状不符，有限元强度折减法的优点是安全系数可以直接迭代得出，不需要假设滑裂面的位置和形式，通过折减的过程就可以得到。本书采用有限元强度折减法对某隧道洞口边坡开挖支护的安全系数进行分析。

## 11.5.1　边仰坡开挖稳定性研究现状

隧道洞口段一般处于受地表水侵蚀严重、风化裂隙发育的斜坡面上，加上在洞口段隧道埋深往往较浅，结构上部岩土体难以形成承载拱，所以洞口仰坡地表坡面容易受拉开裂、经地表水侵入，其稳定性就很难得到保证。隧道洞口段经常是引起坍塌、构筑物开裂破坏的地段之一。因此，洞口段边坡的稳定性是隧道设计和施工时必须认真对待的问题。

隧道洞口段边仰坡稳定性的研究方法主要还是沿用工程地质中边仰坡稳定的研究方法。长期以来，在隧道设计和施工中多采用极限平衡理论计算分析洞门边仰坡的稳定性。如《日本土木工程手册·隧道》规定覆盖土浅时用库仑土压公式深则用科默累尔公式。我国公路隧道自 20 世纪开始编制标准设计起，就将洞门结构视作挡土结构，采用条分法设计。《公路隧道设计规范》规定洞门可视作挡土墙，检算强度、稳定性及基底应力。

　　张梅等用利用存在软弱面的平面滑动理论编制计算机程序，对试刀山隧道洞口滑坡稳定性进行了分析；姚福海等，王振环等采用楔体分析法对导流洞洞口边坡进行了稳定安全系数计算，对边坡稳定性进行了评价；俞剑勇等详细讨论了引水洞进口段边坡工程地质特征，以岩体结构控制理论分析了岩体主要变形破坏模式，通过各种计算模型的建立，分别按平面问题和空间问题，对引水洞进口段边坡进行了稳定性分析计算，给出稳定量评价结果；孙红月、尚岳全、金云弼等采用块体极限平衡法对洞口岩石边坡进行了稳定性分析，对其稳定性进行了评价；徐明毅等采用三维刚体极限平衡法对保施高速边坡进行了分析，计算了边坡开挖成型后加固和不加固两种情况下的稳定安全系数；蒋楚生利用反算分析法来确定最危险滑面，对二郎山隧道出口滑坡进行计算分析；俞剑勇等、杨培忠等、李洪分别利用了不平衡推力传递系数法，对洞口段的高边坡进行了稳定性分析，为边坡的处理提供了理论指导；钱康、肖万春、土耳其 Kockar 等采用赤平投影分析法和极限平衡分析法对隧道洞口边坡进行了稳定性分析，计算出了洞口边坡的安全系数；邓念元采用多种方法监测了二滩水电站泄洪洞进口边坡的变形，通过分析找出了边坡变形的内在条件和外部环境；刘小兵将多种土质的圆弧破坏面转动平衡分析方法运用于隧道洞口边仰坡的稳定分析中，对各种影响因素进行综合评价，并根据瑞典条分法和简化毕肖普法编写程序，确定最危险滑动面，为确定洞口段工程措施提供了依据；沈怀至采用概率法，计算了不同破坏模式下，边坡发生失稳的概率；陶志平、高雄鹰针对目前国内常用的滑坡推力计算方法传递系数法存在的不足，提出了改进算法，改进的传递系数法同时考虑了滑体重量增加和滑面强度降低两个不利因素，较好地解决了目前强度储备法计算出的滑坡推力偏小和超载法力学含义不明确的问题；张庆飞等对于黄土地区隧道边仰坡，基于有限元强度折减法，通过比较边坡体的稳定安全系数，对隧道洞门结构修建后，路堑边坡的稳定性和不同洞门位置下边仰坡体的稳定性进行了分析和评价。此外，我国隧道建设者们还结合自身实践经验总结，得出了"早进晚出"的设计原则，尽量减少对原来洞口边坡的刷方，不破坏原边坡体的稳定性。

20 世纪 70 年代以来，随着计算机技术的发展及应用，数值模拟法越来越多地应用于隧道结构设计，尤其是在断面较大、地质条件复杂的情况下。邹启新等、林正伟等隧道洞口边坡进行了二维有限元分析，得出了边坡变形和应力的变化规律，对加固效果进行了评价；沈春勇等对江西柘林水电站进水口边坡建立了三维有限元模型，将计算结果与现场监测的变形量对比，数值基本一致；朱合华等、陈敏林等应用有限元软件法对洞口段隧道施工进行全过程三维弹塑性有限元模拟，分析了施工对隧道围岩变形的影响和施工中洞口边坡的稳定情况；祁生文等、徐卫亚等应用有限差分软件对洞口边坡在各种工况下的变形状况和稳定性进行了分析。

由于隧道洞口段边仰坡的稳定性与洞门的结构形式、位置、埋深、地层岩性及洞口段施工方法等众多因素有关，而传统的极限平衡计算方法对这些因素的模拟显得无能为力，所以数值模拟法将越来越多地应用于隧道洞口段的边坡稳定性研究中。

## 11.5.2  不同隧道洞口适合边仰坡类型

隧道边仰坡的设计构思是隧道设计的重要环节。公路隧道边仰坡结构目前有所突破和创新，如削竹式、墨镜式等，而且还将建筑学、园林学、桥梁美学的一些理论、原则和观点应用到边仰坡设计中，收到了景观美化的效果。人们对隧道边仰坡的绿化和景观美化往往是直观的，除了考虑其景观视觉方面的要求外，更为重要的是考虑其边仰坡及周边边仰坡的受力特征，能够支持山体、稳定边坡并承受该处地层的土压力。根据隧道边仰坡的类型，传统的隧道边仰坡主要分为一般隧道边仰坡、明边仰坡、特殊边仰坡三大类，但是都脱离不了端墙、柱墙和翼墙的原型。此外，目前运用的比较多的，特别是在山区和桥隧相连较多的地区，新型无端墙隧道门——削竹式隧道边仰坡，可以减少边仰坡附近的刷坡，甚至不刷坡。

### 1. 洞门框

洞门框又称洞口环框，即只镶饰隧道衬砌两端部分。它适用于隧道洞口仰坡极为坚固，岩层坚硬整体，节理不发育且无特殊排水要求时。其结构似一框形的洞门，厚度一般为 30 cm，以加固洞口。洞门框应与洞口环衬砌采用同一材料整体砌筑或衔接。

## 2. 端墙式洞门

端墙式洞门俗称一字式洞门，适用于自然山坡陡峭，洞口地形开阔，岩层较为坚硬完整，山体压力很小，开挖坡度为 1∶0.3～1∶0.5 的洞口地段。这种洞门具有结构简单、工程量小、施工简便的特点，在岩层较好时使用最为经济，也是最常见的一种洞门。当洞门顶排水条件较差，若横向山坡一侧较低时，宜开挖沟槽横向引排。

## 3. 柱式洞门

柱式洞门是从端墙式洞门发展起来的，它实际上也是一种端墙形式的洞门。当岩层有较大主动侧压力时，如仍像端墙式洞门那样采用同一厚度的端墙则过于安全、浪费污工。为此，区别受力大小，设计成横向不等厚，最厚部位即呈柱形的柱式洞门。柱式洞门适用于洞口地形较陡，岩层有较大侧压力的地段，或洞口处地位狭窄，设置翼墙无良好基础时，其仰坡开挖坡度一般为 1∶0.5～1∶0.75。此外，在城市、风景区或有建筑艺术装饰要求的地区，采用柱式洞门较为雄伟美观。柱式洞门工程量较翼墙式洞门大，造价较高，施工也较为复杂，是其缺点。还有柱式洞门两侧与路堑边坡接触处需嵌入岩层内以期稳固，其嵌入深度及形式可视岩石情况而定。

## 4. 翼墙式洞门

翼墙式洞门俗称八字式洞门，是在端墙式洞门两侧或一侧加设翼墙挡墙而成。翼墙起支撑端墙及保持路堑边坡稳定的作用，同时对减少洞口开挖高度和压缩端墙宽度均为有利。翼墙顶面一般与仰坡的延长面一致，其上设置水沟，将仰坡和洞顶汇集的地表水排至路堑侧沟。当路堑开挖坡度缓于 1∶0.75，岩层较差时，如采用端墙式洞门，由于边坡较缓，端墙宽度增加很多，相应须加大工程量，不经济，不如采用翼墙式洞门。由于翼墙和端墙很大一部分面积相接触，设计时考虑共同作用可以节省大量污工，且能增加洞门的抗滑和抗倾覆稳定性。因此，当地质条件较差，边仰坡较缓时，通常均采用翼墙式洞门。

### 5. 耳墙式洞门

耳墙式洞门即带有耳墙的翼墙式洞门，将翼墙式洞门端墙两侧各接出一个耳墙至边坡内，呈带耳墙的结构。这种洞门结构对于排泄仰、边坡地表汇水，阻挡洞顶风化落体，效果良好，并可大大减少对坡面的冲刷，洞口显得宽敞，结构样式美观，而且对于边、仰坡坡度不一致的洞口，设计时亦便于处理。

### 6. 台阶式洞门

傍山隧道洞口，地面横坡较陡，为了适应地形，减少开挖，多采用台阶式洞门。此种洞门一般配合偏压隧道衬砌使用，故亦称偏压隧道门。它在靠山侧通常需设置挡墙以降低边坡开挖高度。低山坡一侧，如地质较差，地面较高，也可采用短挡墙。

### 7. 斜洞门

当线路与隧道斜交时，如采用以上的几种正洞门，可能出现低山侧洞门端墙上部露空，或者高山侧因自然坡面陡而开挖很高。为了避免此种现象，通常将隧道门近于平行等高线设置，修建成斜交隧道门，简称斜洞门。由于洞门与线路的中线斜交，因而洞口环节衬砌跨度加大，受力复杂，为简化起见，此种洞门仅用于Ⅳ类或者Ⅳ类以上围岩、山体压力较小的洞口地段，并要求洞门端墙与线路的夹角不应小于45°。

### 8. 明洞门

明洞门主要配合明洞结构类型设计，明洞有拱形明洞和棚洞之分，相应明洞门也分为拱形明洞门和棚式明洞门两大类。棚式明洞门并不单独设置，通常即在棚洞洞口端横向顶梁上，加设端墙，以拦截落石，避免其坠入线路影响行车安全，故一般阐述的明洞门形式多是指拱形明洞门。

拱形明洞门可分为路堑式和半路堑式两类。路堑式明洞门有端墙式（常用柱式）和翼墙式两种，与一般的隧道洞门形式相类似。半路堑式明洞门多用于傍山线路，其山侧与原地层相接，为了适应傍山、横向面坡陡的地形，一般也多以台阶形式加高端墙，并在山侧设置挡墙支挡边坡，降低开挖高度。对外侧有覆盖填土的偏压明洞，为了支挡填土，设置较低的翼墙，并将洞门顶水沟的水经由翼墙顶引排。

### 9. 削竹式洞门

随着人们环境保护意识的日益提高，近年来出现结合隧道洞门绿化和景观效果的新型洞门结构，其中代表性的就是斜切式洞门，也叫削竹式洞门。目前这种洞门形式运用得非常多，特别是在山区和桥隧相连较多的地区。其洞门的结构形式就是衬砌结构伸到仰坡以外，可以形成突出的环框，也可以根据仰坡坡度选取削切坡度，减少洞口附近的刷坡，甚至不刷坡，保护周边环境。这种洞门造型美观，表现大方，符合我国隧道设计提出的"早进晚出"的原则，也成为新型隧道门研究的重要形式。主要有正削竹式隧道门、倒削竹式隧道门和弧形挡墙隧道门，都各有自身特点。正削竹式隧道门可以适应地形需要确定削切坡度，保护生态环境。倒削竹式隧道门可以适用于洞口地形险峻，围岩条件较好的地带。弧形挡墙隧道洞门，挡土挡水效果较好，两边的弧形挡墙与前方的路堑边坡挡土墙相连，形成整体。

## 11.5.3　隧道洞口边仰坡破坏模式

### 1. 岩质边坡的破坏机理及破坏模式

研究岩质边坡的破坏机理和模式，由于岩体结构包括结构面和结构体两要素，岩体中结构面的存在，是影响岩质边坡稳定性的重要因素之一。尤其在这些部位又常常是物理力学变动和物理化学作用的强烈反应地带，因此往往是有可能成为危及岩质边坡稳定性的严重隐患。岩体中结构面的存在，降低了岩体的整体强度，增大了岩体的变形性能，加强了流变力学特性和其他的时间效应，以及加深了岩体的不均匀性、各向异性和非连续性等性质。大量的岩质边坡工程失事证明，不稳定岩体往往是沿着一个适宜的结构面或多个结构面的组合边界的剪切滑移、张拉破裂和错动变形等而造成边坡岩体的失稳。

1）岩质边坡的破坏机理

岩质边坡和土质边坡在破坏模式上有很大的差别，在岩质边坡中可以看到各种类型的张裂缝。岩体沿着先前存在的或新的剪切面运动，可能会形成一个或多个线性或弓形张裂缝。在片节理的花岗岩或大体积的砂岩构成物中，弓形张裂缝先于岩体平板移动而分开，并且在层张拉断开处形成弓形。张裂缝的形成意味着先前通过岩体的拉应力来维持的抵抗力已经消失，而被逐渐增加的滑面的剪力取代。滑体刚开始时沿节理打开，并且从这些"释放表面"分离，在这种情况下，节理的打开取代在非节理材料中的新张裂缝形成，但是结果不同的是，由于释放的节理不能承受拉应力，所以不能增加滑面的剪应力。

2）岩质边坡的破坏模式

通过观察边坡岩体的外部特征，可以大概地推断出边坡的稳定程度以及其曾经发生的变化。虽然有些边坡可能是经过长时间的发展，逐渐破坏的，但大部分滑坡都可以通过观察到的现象推断其破坏模式。只有正确地判断边坡的破坏模式，才能采取合适的加固方法来治理边坡。

由于边坡岩体构造复杂多样，岩质边坡的破坏模式有许多种。在大部分岩石力学及岩石边坡稳定方面，岩质边坡的简化破坏形式主要分为平面破坏、楔体破坏和倾倒破坏。平面破坏和楔体破坏是比较常见的破坏形式，但是倾倒破坏是一种很重要的破坏形式。还有许多其他破坏形式，如侵蚀破坏、由于岩体松散解体而引起的破坏、溃屈破坏、断裂破坏等，而每一种又有许多不同的具体表现形式。另外，在岩体比较软弱和岩体节理异常发育或已经破碎如在废石堆中，也可发生圆弧破坏。

2. 土质边坡的破坏机理及破坏模式

在我国具有湿陷性的黄土约占 63.5 万平方千米，约占全国陆地总面积的 6.61%。这些地区因特定的干旱、半干旱环境，沟壑十分发育，地表被纵横交错的大小冲沟切割得支离破碎。土质形成冲沟的切割深度、宽度不等，使得其两侧的边坡也形态各异。黄土边坡往往具有较陡的坡度，常年受降水侵蚀及风化等因素的影响，裂隙发育，有的处于稳定状态，有的则由于存在不良地质体或人工改造，处于不稳定或潜在的不稳定状态。随着我国社会和经济的发展，越来越多的高速公路工程修建于黄土土质地区。因此，当线路穿过上述地段，在土质边坡上修筑隧道构筑物时，无论是对构筑物本身的安全耐久性，还是边坡的稳定性都有影响。由于线路通过处隧道的埋深、地层物理力学性质等的不同，对边坡的稳定性影响也各不相同。本节按照地层岩性，按不同破坏模式对土质边坡进行归类，分析其形成的原因和分布特征。

土质边坡因其所处的地形地貌、地层岩性及水文环境等的不同，失稳破坏的类型也不同，而经过开挖后形成高陡边坡，由于其应力调整，将发生一系列的变形。如果边坡设计合理，则变形向趋于稳定方向发展，即减速变形；如果其设计值不能满足黄土自稳要求，或边坡中存在诸如不利结构面、地下水等因素，变形进一步发展，将会使边坡处于不稳定状态，甚至破坏。因此有必要对黄土土质边坡的破坏模式进行总结分析，以期对边坡治理以及土质边坡隧道洞口的稳定分析提供必要的技术资料，土质边坡的破坏规律及模式主要有以下几种类型：滑塌模式、滑坡破坏模式、崩塌模式、坡面破坏模式、错落模式。

### 11.5.4　隧道边仰坡稳定性影响因素

影响边仰坡稳定性的基本因素是多种多样的，对于一个具体的隧道边坡，首先要从隧道所处地质的结构状况、力学特性出发，再结合具体的工程因素和自然因素等综合分析，寻求各因素的影响特点。主要有以下几个方面的影响：地质结构的影响、地应力的影响和其他因素的影响。

#### 1. 地质结构的影响

结构面的表面性质有粗糙起伏程度、含泥质充填物程度、"岩桥"（锁固段）所占的比例、表面硬度等。结构面部位往往是物理力学变动和物理化学作用的强烈反应地带，结构面的存在降低了岩体的整体强度，增大了岩体的变形性能，加强了流变力学特性和其他的时间效应，以及加深了岩体的不均匀性、各向异性和非连续性等性质。而且不同级别的结构面对岩质边坡稳定性的影响和作用不同，不稳定岩体往往是沿着一个适宜的结构面或多个结构面的组合边界的剪切滑移、张拉破裂和错动变形等而造成岩体边坡的失稳。对于地处土质地区的隧道，黄土怕水，这是目前很多从事黄土研究的专家学者们的共识。黄土边坡的破坏，无不与地表水的冲刷、侵蚀有关，大气降水是影响黄土边坡的最主要因素。而黄土自身的凝聚力对边坡稳定的影响最大，结构密实，强度较高，抗风化能力强的老黄土构成的边坡比新黄土边坡稳定得多。

## 2. 地应力的影响

地应力包括自重应力、地质构造应力、地震应力、温度应力以及有关物理化学作用所引起的应力等。而这些应力在长期的地质历史年代里，随环境条件的变化而变化，存在着一个相当复杂的初始地应力状态。由于隧道的开挖，工程活动形成的二次应力场的叠加、干扰和调整问题，破坏了边坡岩土体的相对平衡的应力状态，进而进一步加剧了岩体的物理力学状态的复杂性，初始应力状态重新分布，不仅表现在应力释放方面，而且表现在应力集中方面，这对于洞口处的边坡稳定是很不利的。

## 3. 其他因素的影响

大气降水及地下水的影响：在工程施工的过程中，由于隧道的开挖，可能破坏原有的稳定控制界面，将原有的控制界面带间的水流闭路系统破坏，形成渗流通道，使得界面上的黏性参数大幅降低，导致边坡的滑移破坏。大气降水是地下水的一种补给源，地下水相对比较稳定，可以传递静水压力并能在自重应力下移动，服从水力学定律。如果边坡上有黏土层，那么它是导致滑坡又是隔水层，边坡的稳定性将非常差。因此，除边坡的地质构造外，边坡的水文条件将是影响稳定性的重要因素。

气候和天气变化的影响：气候是各种气象要素的综合表现，气候要素经常对边坡稳定性系统产生影响。如果将岩土体强度的季节变化、大气降雨渗透部分的重量、雪载和风载、大气压力等纳入计算，则对之影响可做定量评价。气候对边坡影响最重要的因素是湿润条件和温度条件，亦即是水的影响。

植被的影响：在天然边坡上，植被几乎是产生滑坡的环境中必然存在的要素，在隧道的施工过程中，洞口部位原有植被的破坏，对于洞口边坡的稳定性分析将会产生一定的影响。

时间的影响：由于隧道洞口的开挖，洞口原有的围岩应力重分布，随着时间的增长，洞口边坡的应力应变将产生和时间有关的流变。其中对隧道仰坡稳定性影响较大的是岩体的蠕变，土的蠕变不仅与应力大小有关，还与温度有关，因此在实际工程中应该考虑这一因素。

### 11.5.5　隧道边仰坡义护技术

#### 1. 施工准备

隧道边仰坡治理的工艺流程为：测量放线→边坡开挖及修整→初喷约 4 cm 厚的混凝土封闭坡面→砂浆锚杆施工→钢筋网片施工→喷射混凝土施工→养护。

在工程施工前，首先对要开挖的边仰坡位置施工放样，对隧道中需要开挖的边仰坡部位进行表面土层松动以及人工清除石块的工作。同时，在开挖和修整边仰坡前，还应当结合地形设置截水沟，以有效地避免由于水流造成边仰坡塌方的事故。另外，由于采取喷射混凝土处理坡面，所以要准备好喷射混凝土所需的材料及设备，便于开挖边坡后及时采取喷射混凝土防护处理。

#### 2. 边仰坡开挖及修整

边仰坡的开挖施工是重要的施工环节之一。开挖施工前，应当掌握隧道的实际情况，结合设计参数对其采取分层分段开挖施工处理。同时，为了避免事故，应边开挖边防护，上层开挖面未做防护的情况下，不得继续开挖下层。对于隧道边仰坡开挖，禁止采取大爆破形式，可结合实际的地质条件选取光面爆破，人工配合进行边坡修整。根据工程经验，为了确保边坡岩体的完整性，尤其是对于临空设计坡面 3~5 m 范围内开挖的岩层，宜采取小药量爆破。为了避免爆破施工造成边坡岩层松动，应严格控制边坡上方的土体爆破。雨季进行边仰坡开挖施工时，应做好开挖坡面的防水处理。另外，对于开挖坡率等参数应当结合设计图纸要求，综合施工现场情况确定。边仰坡开挖完成后，结合边仰坡平台与坡面，搭设施工架来进行边仰坡钻孔、挂网、喷射混凝土。

### 3. 边仰坡防护施工

隧道边仰坡开挖完成后，应及时对其采取防护处理，通常的做法是：先封闭坡面，然后进行喷锚支护处理。在初喷混凝土处理后，应及时进行锚杆钻孔。应保证锚杆与岩面垂直。钻孔施工时，首先应根据设计图纸要求进行孔位标记，确保孔位偏差小于 15 mm，锚杆的外露长度和入岩深度应满足设计要求。在锚杆施工完成后，还应抽取锚杆数的 1%进行抗拔力试验。单根锚杆的最小锚固力不能小于设计值的 80%，28 d 抗拔力平均值应大于设计抗拔力。

锚杆施工完成后，进行混凝土喷射。从工程实施效果来看，为避免粉尘污染并提高喷射混凝土的质量，宜采用湿喷工艺。在混凝土中掺加速凝剂，掺量为水泥用量的 2%~4%。施工中，结合采用的施工工艺所需的凝结时间来合理定取出外加剂的最佳掺量，同时还应合理配置混凝土的配合比。

# 11.6 明洞施工关键技术

## 11.6.1 明洞施工常见质量通病与施工控制要点

隧道洞口工程施工除要给洞内施工创造条件外，还要稳固因隧道施工可能引起坡面出现失稳现象，尤其当洞口坡面存在较大规模滑动、坍塌、落石等可能时，必须采取相应的施工质量和安全措施，严格按照设计文件及规范要求即时安排工程防护设施，以免产生严重的工程事故。

一般包括洞外土石方开挖、截水沟修砌、边仰坡防护、洞口辅助施工措施、明洞及洞门修筑等工程。

1. 洞口工程及明洞工程施工中常见的质量通病

（1）边坡、仰坡防护施工一般采用锚喷防护，在施工中常见的质量通病：① 边坡及仰坡虽按自上而下开挖，但刷坡坡度未严格按设计要求进行，出现坡度较陡或较缓现象；② 锚杆数量、长度未严格按设计要求进行布置，存在少布置情况，且未严格按设计及规范要求进行注浆或不注浆；③ 某些隧道工程由于施工存在仓促性，拌和设备未进场的情况下，采用路拌法进行拌和，存在拌和不均匀，最终导致混凝土强度不符合设计要求的现象，且喷射混凝土采用干喷工艺施工。

（2）洞口施工辅助措施常采用超前长管棚进行施工，对后续进洞后控制围岩变形及地表下沉效果明显。在施工中，常出现以下质量通病：① 钻孔深度未严格施工至设计孔深；② 长管棚安装长度和数量未能按设计要求进行施工，存在数量和长度不足现象；钢管之间的连接未采用设计要求的连接方式，而是为了施工方便采用临时焊接；③ 对管棚注浆时，浆液未严格按设计要求进行拌和，随意性较大，导致水泥用量偏小，注浆质量达不到设计要求；④ 管棚注浆时，未严格按设计要求的注浆压力和注浆量进行控制便结束注浆工作。

（3）明洞混凝土施工存在常见质量问题：① 钢筋制作与安装工作中，常出现焊缝不饱满、长度不足现象；② 混凝土浇筑过程中，未按设计要求进行浇筑，且振捣不密实；③ 拆模后养生不到位或不进行养生，导致混凝土出现收缩裂纹。

（4）明洞回填常见质量通病：① 填料不符合设计要求；② 未严格进行分层回填，分层厚度较大；③ 碾压方法未不符合设计及规范要求，甚至出现不采用压实机械进行碾压，而采用挖掘机或装载等操作的行走方式进行碾压，导致压实度不足。

（5）质量意识不足：① 施工项目经理部部分施工管理技术人员质量意识不高，存在侥幸心思，或施工经验不足，未严格进行质量控制，使"三检"制度形同虚设，未严格执行；② 部分监理人员由于经验不足或责任心较差，未严格按设计要求进行验收，未进行巡视检查；或需要旁站的关键工作，如锚杆注浆、超前管棚注浆等未进行旁站监理，导致施工方的偷工减料行为有机可乘。

### 2. 质量控制要点

为避免出现质量问题，严格按设计及规范要求进行施工，须按以下要求进行质量控制。

1）明洞开挖控制要点

① 洞口开挖施工应避开雨季。② 采用明挖法施工时，应自上而下分阶段、分层进行开挖。第一阶段挖至设计临时成洞面，并视围岩情况，结合暗洞开挖方法，预留进洞台阶；第二阶段开挖其余部分，形成永久边仰坡。不得掏底开挖或上下重叠开挖。③ 洞口边、仰坡排水系统应在雨季之前完成。

2）锚喷加固质量控制要点

① 喷射混凝土施工不得采用干喷工艺；② 锚杆类型、规格、技术性能应满足设计要求，并且严格按规范要求进行注浆工作；③ 锚喷加固应按坡面开挖顺序由上至下分层实施；④ 喷射混凝土前，尽量将坡面平整，清除松动的岩石与浮土；⑤ 锚杆垂直坡面安置，也根据坡体的结构面组合实际情况，对其方向做适当调整，使锚杆能加固更多的岩石层面；⑥ 在进行第一次喷射混凝土后，即可铺设钢筋网，与喷射混凝土层密贴，并与锚杆连接牢靠，再进行后续喷射混凝土施工，混凝土层应覆盖钢筋网。

3）洞口辅助措施施工质量控制措施

① 洞口施工辅助工程措施所用钢管长度和钢管外径应满足设计要求；② 严格按设计及规范要求的环向间距、方向等布设参数布设超管棚钢管，以及锚固所用材料；③ 管棚注浆前认真分析围岩性质，可通过试验，选择合理的注浆设备和注浆工艺，确定合理的注浆初始压力、终止压力以及注浆量。在施工过程中应认真做好注浆记录，单孔注浆压力和

终止压力以及单孔实际注浆量必须真实。管棚的安装和注浆必须要有影像资料。

4）明洞衬砌施工质量控制措施

① 模板：台车模板长度和宽度均不宜过大。模板长度过大容易造成板块刚度不足，宽度过大不利于衬砌的弯曲过渡。长度一般可取 110 cm，最大不应超过 150 cm，其宽度一般为 50 cm，并配若干块较窄的模板，宽度为 30 cm。② 衬砌钢筋制作与安装：环向钢筋和纵向钢筋的交叉的每个节点均必须进行绑扎或焊接，建议采用绑扎；钢筋焊接搭接长度必须满足双面焊不小于 $5d$，单面焊不小于 $11d$（$d$ 为钢筋直径）。焊缝应满足设计要求；同一钢筋的两个焊缝间距离不应小于 1.5 m；相邻主筋的焊缝位置应错开，错开距离不应小于 1.0 m；钢筋制作的其他要求应符合相关规范的规定。③ 衬砌混凝土施工：混凝土配合比应通过试验进行确认，以应满足设计要求和施工要求。混凝土应采用混凝土搅拌运输车运输，确保在运送过程中不产生离析、撒落及混入杂物。混凝土衬砌应连续浇注，在初凝前完成浇注，混凝土由下至上分层、左右交替、从两侧向拱顶对称灌注。混凝土应采用振动器振捣密实，并应采取确实可靠的措施确保混凝土密实。振捣时，不得使模板、钢筋、防排水设施、预埋件等移位。④ 养生：应配备养护喷管，拆模前冲洗模板表面，拆模后喷淋混凝土表面，在寒冷地区应做好混凝土防寒保温工作；混凝土养护时间不低于 14 d。

5）明洞回填施工质量控制措施

① 在拱圈混凝土达到设计强度、拱墙背防水设施完成后，方可回填拱背土方。② 顶部回填土方应对称分层夯实，每层厚度不得大于 0.3 m，两侧回填的土面高差不得大于 0.5 m；底部应铺填 0.5～1.0 m 厚碎石并夯实；回填至拱顶后应分层满铺填筑，顶层回填材料宜采用黏土以利于隔水。明洞黏土隔水层应与边坡、仰坡搭接良好，封闭紧密。③ 先用人工填筑夯实回填至拱顶以上 1.0 m 后，方可使用机械回填施工。④ 明洞回填密实度要满足图纸要求。

### 3. 加强质量管理意识

（1）项目经理部在施工前，应分别对施工管理人员及作业班组进行技术交底，增加施工管理技术人员以及作业人员的质量意识。

（2）项目监理部应加强内部监理培训工作，使监理人员熟悉施工工艺流程、质量控制要点，以提高监理人员业务水平，严格按设计及规范严格进行监理。对责任心不强的监理人员，可予以通报批评、内部处罚、开除的处分。

## 11.6.2　明洞衬砌

小官市隧道进口端左幅 SFma 型、右幅 SFmb 型明洞钢筋采用钢筋棚集中加工、现场拼装施工，内模采用台车模板，外模使用木模板。衬砌施工前需在监理见证的情况下使用触探仪对仰拱基础进行地基承载力实验并做记录，若地基承载力小于 250 kPa，根据实际情况采取加固措施。

整个施工过程中，采取划区定人、定位、定时间的岗位责任制，既有利于操作人员熟悉自己所担负的操作位置、规范、工序、流程等工作，提高支护、衬砌效率，也可避免忙乱和相互干扰。按工序不同进行分类管理，可以大大提高施工效率。

## 11.6.3　钢筋制作安装

钢筋加工前除锈调直，按照设计图纸进行放样、试加工、拼装、焊接，根据最理想的效果进行批量生产。将加工完成的钢筋使用车辆运至洞口进行拼装、焊接。安装前，先用墨斗按 20 cm 间距弹出仰拱主筋布设线，其次进行仰拱双层 Φ22 主筋安装，而后安装同一环向 Φ22 主筋，Φ22 主筋须采用双面焊接方式连接，焊缝长度不小于 5$d$，使用钢筋沿隧道纵向将主筋点焊准确定位，防止主筋网架变形或偏移倾倒。及时沿隧道环向按 20 cm 间距绑扎拉筋，要求所有拉筋必须绑扎到位。按设计图纸安装洞门端墙预埋钢筋。以 4~5 块/m² 的密度安装保护层垫块，检验合格后进行模板安装。

## 11.6.4 模板工程

衬砌内模采用模板衬砌台车进行施工，台车长度为 11.5 m，台车上设有滚轮，可以在纵向长度为 24 m 长的 P43 钢轨上滑行，钢轨下每隔 80 cm 横向垫一根 20×20×100 型枕木，整个台车通过行车钢轨及枕木传力到地面上。通过电动系统和液压系统控制台车前后移动及升降，使台车就位，形成隧道标准衬砌断面；外模采用 5×20×400 跳板制作，外模支设过程中严格按照衬砌外弧施工，用钢筋穿孔拉结的方法加固外模。模板加固钢筋与衬砌钢筋牢固焊接，同时沿外模环向以 50 cm 每道的间距使用 Φ18 及以上规格钢筋加固，环向钢筋与穿孔钢筋有效焊接。明洞衬砌混凝土灌注厚度 0.6 m，一次浇筑成型。洞门端墙应在明洞衬砌施工后 7 d 且混凝土强度达到设计要求方可施工。

## 11.6.5 混凝土浇筑

### 1. 准备工作

（1）对中线、高程和断面尺寸都在灌筑前重新校核，精确测量隧道中线，严格控制拱顶、起拱线、水沟底面标高，按设计要求使衬砌模板台车就位。

（2）拱圈边墙的纵向端头外露的，立模时设置挡头板，挡头板必须与岩面紧密接触，防止跑浆。

（3）在立模前要严格将边墙脚的浮渣、淤泥积水清除干净，以防止基脚下剩余残渣引起下沉使拱部开裂。

（4）根据设计要求在将二次衬砌的模板台车范围内安装好预埋件。

### 2. 混凝土拌和、运输与浇筑

混凝土由商品混凝土公司集中拌和供应，4 辆混凝土罐车运输至现场。浇筑防水混凝土，根据图纸规定的级别和抗渗要求，通过试验配制报监理工程师批准。

浇筑混凝土前，检查开挖断面尺寸。隧道衬砌混凝土的浇筑方法和程序，必须经监理工程师批准。

明洞衬砌混凝土浇筑分三部分施工：① 仰拱拱圈 C30 混凝土采用罐车接溜槽放料方式浇筑；② 仰拱填充 C15 混凝土采用罐车接溜槽放料方式浇筑；③ 边墙及拱部 C30 防水混凝土采用 HBT60 型输送泵浇筑。仰拱必须先于衬砌浇筑前完成。

1）混凝土浇筑及施工要点

采用 HBT60 型输送泵浇筑时，采用先墙后拱法浇注，从模板预留窗口灌注入模，混凝土必须对称浇筑，高差不大于 50 cm，浇筑过程必须采用有效措施防止模板侧移、上浮、模板变形，并连续完成一模混凝土浇筑。振捣方式采用插入式振捣器振捣。浇筑混凝土时，自由倾落高度不宜超过 2 m，超过 2 m 需要使用简易溜槽辅助施工。

混凝土分层浇筑每层厚度 300 ~ 400 mm，相邻两层的间隔时间不超过 2 h；混凝土分层浇筑时，做到在下层混凝土初凝前浇筑上层混凝土，以免在振捣上层混凝土时，破坏下层混凝土初步形成的内部结构，而降低混凝土强度。

浇筑混凝土时，采取措施防止混凝土倾倒在模板外侧，如撒落或倒在模板外侧时，及时予以清除。

混凝土的振捣时间每点振捣时间以 20 ~ 30 s 为宜。振捣时，混凝土表面平整没有明显下沉，表面泛出水泥浆，不再有气泡冒出时，表明振捣恰到好处，停止振捣。

浇筑施工要不间断地进行，若必须终止则不超过混凝土初凝时间，否则做间歇灌筑处理。隧道衬砌禁止纵向施工缝。

混凝土施工前，将模板或上次施工混凝土残渣及粉尘清除干净，并洒水润湿。浇筑混凝土必须振捣密实，防止收缩开裂，振捣时不损坏防水层。

必须充分重视衬砌混凝土外观质量，模板表面光滑、不漏浆、不变形，挡头板与初喷混凝土缝隙必须嵌堵紧密，脱模剂必须采用优质的高效脱模油，混凝土外观一致，工作缝等结合良好。

2）衬砌拱圈施工

衬砌拱圈灌筑顺序必须从两侧拱脚向拱顶对称进行，混凝土输送一定高度后向另一边输送，以防止台车单边倾斜。衬砌拱圈封顶必须随拱圈灌筑及时进行，以有利于结构稳定。

3）养护与拆模

混凝土的相对湿度大于 80%时，不洒水养护；相对湿度为 80%~60%，洒水保养 7~14 d；相对湿度小于 60%时，洒水保养 14~21 d。

拆模时间：衬砌混凝土强度达到 5 MPa（常温下 18 h，5~11 ℃时 24 h）时即可拆模。

4）防衬砌混凝土开裂措施

（1）采用较大的骨灰比，降低水灰比，合理选用外加剂。

（2）合理确定分段灌筑长度及浇筑速度。

（3）混凝土拆模时，内外温差不得大于 20 ℃。

（4）加强养护，混凝土温度的变化速度不宜大于 5 ℃/h。

### 11.6.6　浆砌片石回填及挡墙

明洞衬砌强度达到设计要求 75%后及时进行洞口横向浆砌片石回填和洞身侧面重力式浆砌片石挡墙施工，浆砌片石强度均为 M7.5。

砌体石料必须质地坚硬、新鲜，不得有剥落层或裂纹，片石边长及厚度不小于 15 cm，卵形片石不得使用。石料从采石场专门开采，表面的泥垢等杂质,砌筑前应清洗干净。施工人员严格按照试验人员提供的配合比，用搅拌机拌制砂浆，砂浆应具有适当的和易性。砌筑时石料应大面朝下、平铺卧砌，坡脚坡顶等外路面应选用较大的石料，并加以修整。采用坐浆法并分层分段进行砌筑，砌石顺序为先砌角石，再砌面石，最后砌腹石，石块砌于砂浆之上，相邻各层砌石交错咬接，并保证石块固定就位，砂浆饱满，无空洞，粘结牢固。镶面石外露面必须进行修凿平整，凿痕方向统一并与水平线成45º，每 11 cm 有 3~4 道 5 mm 深凿痕，外露面四周稍作修凿，确保镶面石方正。砌筑完成在外露面统一勾凸缝，要求勾缝平顺，缝宽 3~4 cm、缝高 1 cm 为宜。浆砌片石及时养生。

### 11.6.7　明洞防排水及回填

#### 1. 防排水施工

明洞衬砌防水由两层 400 g/m² 规格的土工布夹一层 1.5 mmPVC 防水板组成，明暗洞交界处设环向排水管，渗水通过纵向排水管集中至隧道内排水沟排出。

先在明洞衬砌外铺装第一层土工布。标出土工布拱顶中线，防水卷材中线与拱顶中线一致，从拱顶向两拱脚、边墙对称铺设至高于排水沟底 20 cm 处并预留 30 cm 包裹纵向排水管，土工布搭接长度不小于 0.5 m，纵向、环向搭接头错开 1 m 以上，土工布应平整铺设，防止卷边、褶皱，用射钉固定，间距拱部 0.5 m、拱腰 0.7 m、边墙 1 m，凸凹处适当增加固定点。进行 PVC 防水板和第二层土工布铺装搭接，各层搭接头错开 1.5 m 以上，PVC 防水板搭接长度 11 cm。

制作并安装固定环向 DN75HDPE 单壁打孔波纹管，波纹管外包裹土工布防渣。贴防水层外固定 DN110HDPE 双壁孔波纹管，使用防水层土工布包裹，通过三通管连接纵向和环向波纹管，通过预埋倾斜的横向排水管连通至隧道内排水沟形成完整的排水通道。

#### 2. 明洞回填

（1）明洞回填应在洞外防水层施作完成且衬砌混凝土达到设计强度后施工。使用碎石土回填并设 0.5 m 厚黏土隔水层。

（2）回填碎石土应从结构两侧分层、同时对称填筑并夯实，层厚控制在 30 cm 内，回填至与拱顶平齐后再分层满铺压实，压实度不小于 83%，碎石土回填高度不低于洞顶 1 m，明洞回填土表面纵横坡可根据实际情况调整，不小于 5%，以利于表面纵横向排水。回填黏土隔水层按要求压实，隔水层应与边、仰坡搭接平顺、密封紧密，防止地表水下渗。反挖洞顶排水沟槽，砌筑 M7.5 浆砌片石洞顶排水沟，将坡顶、洞顶截水沟与洞口排水沟连成整体，将水排到排水渠，形成完善的明洞排水系统。

## 11.7 明洞及缓冲结构

### 11.7.1 明洞及缓冲结构施工

工艺流程见图 11-5。

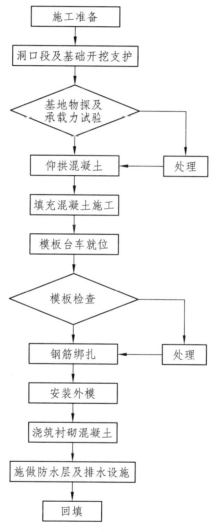

图 11-5 明洞及缓冲结构施工工艺流程图

隧道出口明洞及缓冲结构施工程序：施工准备→基础开挖→仰拱混凝土→仰拱回填→明洞衬砌及缓冲结构施工→防水层施工→明洞回填。

## 1. 缓冲结构基础开挖

（1）洞口缓冲结构应按现行相关规范进行施工，宜在少雨和气温较高季节进行施工。

（2）缓冲结构基础开挖过程中应避免对墙趾处持力岩土层的扰动，并应防止雨水浸泡基坑。

（3）缓冲结构基础开挖时应与洞口工程配合施工，采取临时支护措施保持基础与边坡稳定。并做好临时支护和排水措施。

（4）缓冲结构的结构形式必须符合设计要求。

（5）缓冲结构应采用移动台架施工。

（6）土方采用人工配合挖掘机进行，自卸汽车运至弃渣场，基坑底部预留 30 cm 左右的深度，人工清底、出渣。

（7）开挖的土石方应按要求在弃渣场倾倒、存放，严禁弃渣危及边坡及其他建筑物稳定的地点，并不得影响运输安全及周边环境保护的要求。

## 2. 钢筋绑扎

（1）钢筋绑扎施工前首先搭设作业台架，台架下部应能满足施工机械通过的要求。台架起着施工过程中临时固定钢筋骨架及作业人员活动平台的作用。

（2）钢筋按设计要求在洞外工厂化加工预制，运料车运输到现场，在作业台架上人工安装绑扎。

（3）绑扎钢筋的作业台架就位后，首先由测工根据模板台架的长度确定出不少于 3 个横断面的钢筋固定断面，每个横断面标出不少于 8 个定位点，然后由钢筋工在定位点处搭设固定钢筋的骨架。

（4）将钢筋预弯后，首先绑扎定位处的拱墙钢筋，然后以定位处的钢筋为模型，加密进行其他钢筋的绑扎。

（5）钢筋搭接长度必须符合新验标的要求。

（6）为确保钢筋绑扎质量，测量人员必须在钢筋绑扎前、内层钢筋绑扎前、作业平台移动前分三次进行纵向拉线对每根钢筋进行检查，确保钢筋位置准确。

（7）钢筋固定：钢筋绑扎过程中，为防止钢筋由于自重或混凝土灌注过程中发生变形，按照纵向间距 2 m、环向间距 2.5 m 的要求，将 T 形短钢筋同固定钢筋的骨架焊连，另一端与钢筋骨架主筋焊接，从而将整个钢筋网固定并加固，防止钢筋整体变形，从而确保钢筋的准确位置。

（8）保护层的控制：钢筋绑扎完成后，按中线标高进行轮廓尺寸检查，合格后于内层钢筋挂设 5 cm 厚砂浆垫块，以确保混凝土灌注后钢筋净保护层厚度。或者在内圈钢筋（紧邻模板台架的钢筋）拱部按照 110 cm、墙部 200 cm 的间距，梅花形焊接长度为 6 cm 的短钢筋头。短钢筋头直接支顶在模板台架的模板表面，使钢筋保护层厚度准确且一致。

（9）钢筋绑扎应采用专用台架，台架与模板台架同轨道，在模板台架准备好就位后，撤离钢筋台架，模板台架就位。

3. 模板台车就位

（1）模板台车组装好后严格检查前后断面尺寸，中线位置及两端是否在同一断面上，模板表面打磨是否光滑，有无铁锈，错台是否在允许范围内；模板台车就位时，严格控制拱顶标高、中线、起拱线尺寸、矮边墙中线尺寸和底面中线尺寸。

（2）台车中线、高程等符合要求后，由技术人员、质检工程师、现场领工员检查模板支撑和搭接对位情况，要求支撑稳固，接缝密贴，各杆件受力均匀。

（3）移动台车就位，涂脱模剂后，操作工人、技术人员到场，边调试边检查，模板顶到位后，先紧上部螺旋顶，再紧下部螺旋顶，直到准确就位。

（4）堵头板采用木板现场加工安设、加固，要求与模板台车弧形对应、密贴，所有板缝应严密不漏浆。

4. 施工缝及变形缝处理

（1）施工缝及变形缝表面先用钢刷将疏松、起皮、浮土等清理干净，使表面基本平整，干燥无杂物，涂刷洁面剂。

（2）施工缝及变形缝设中埋式止水带和背贴式止水带。中埋式止水带采用热熔对接法连接，钢筋夹固定。背贴式止水带应定位准确，要求止水带纵向轴线与施工缝对齐。背贴式止水带设置在隧道变形缝部位时，将止水带的两端不透水焊接防水板表面，焊接宽度不小于 4 cm，采用手工焊接。

（3）变形缝和施工缝附近的混凝土在振捣时应注意不得触及止水带。变形缝填塞沥青麻筋，外口用隔离纸和嵌缝材料进行封口处理。

5. 混凝土施工

（1）安装缓冲结构模板，模板安装必须保证断面尺寸满足设计要求。

（2）先安装外模，然后安装内模，模板安装要平顺、圆滑。

（3）混凝土采用自动计量的拌和站、搅拌输送车运输、混凝土泵送入模的机械化流水作业线，以保证混凝土的质量。

（4）混凝土灌注前应重点检查的各项尺寸、挡头加固、脱模剂的涂刷、预埋件位置及输送泵的接头、运转等是否符合要求。

（5）当工地昼夜平均气温连续 3 d 低于 5 ℃ 或最低气温低于 -3 ℃ 时，应采取冬期施工措施；当工地昼夜平均气温高于 30 ℃ 时，应采取夏期施工措施。

（6）混凝土采用泵送浇注工艺，由下至上分层、左右交替、对称灌注。泵送混凝土入仓自下而上，从已灌注段接头处向未灌注方向。混凝土浇注时的自由倾落高度不超过 1.5 m，否则加设串通或溜槽。

（7）两侧混凝土灌注面高差宜控制在 50 cm 以内，同时应合理控制混凝土浇注速度；混凝土不得直冲防水板板面流至浇筑位置，垂距应控制在 1.5 m 以内，以防混凝土离析。

（8）上层混凝土在下层混凝土初凝前完成振捣。振捣时，不得碰撞模板、钢筋和预埋件。插入式振动棒需变换其在混凝土中的位置时，应竖向缓慢拔出，不得在混凝土浇筑仓内平拖。泵送下料口应及时移动，不得用插入式振动棒平拖驱赶下料口处堆积的拌和物将其推向远处，振捣时间宜为 11 ~ 30 s。

（9）拆模时混凝土芯部与表层、表层与环境之间的温差不得大于 20 ℃，结构内外侧表面温差不得大于 15 ℃。混凝土内部开始降温前不得拆模。

（10）混凝土灌筑后应根据气候条件，11 h 内即应进行养护，养护时间应满足混凝土强度要求；当气温过低时不得进行洒水养护。

（11）混凝土养护的最低期限应符合相关规定，且不得中断。混凝土内部温度与表面温度之差、表面温度与环境温度之差不宜大于 20 ℃，养护用水温度与混凝土表面温度之差不得大于 15 ℃。

（12）拆除缓冲结构拱、墙模板时，混凝土强度不得低于 8 MPa，并应保证其表面及棱角不受损伤。

## 11.7.2 斜切式洞门施工

斜切式洞门施工工艺流程如图 11-6。

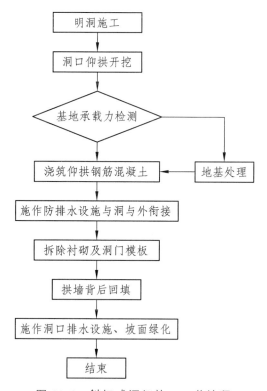

图 11-6 斜切式洞门施工工艺流程

洞门施工程序如下所述。

1. 仰拱施工

（1）结构按照"先仰拱，后拱墙"的顺序施工，仰拱浇筑利用栈桥维持洞内交通运输，衬砌钢筋由汽车运至洞口，利用作业平台焊接、安装；洞门仰拱混凝土一次成型，不留纵、横施工缝。

（2）缓冲结构洞门内模支撑系统采用钢模台车外加定型支架和模板施工。

2. 钢筋施工

（1）钢筋采用人工安装，钢筋的安装位置、间距、保护层及各部分钢筋大小、尺寸均按照施工图纸的规定进行。为确保混凝土保护层的必要厚度，在钢筋和模板之间设置强度不小于结构设计强度的混凝土垫块，垫块中埋设铁丝与钢筋扎紧，垫块位置相互错开，分散布置。各排钢筋之间用短钢筋支撑，以保证位置准确。

（2）模板安装牢固可靠，模板面做刮灰刷油处理。模板的制作与安装严格按照技术要求进行。模板安装完成后，全站仪测量安装精度，确保衬砌后混凝土结构尺寸。模板安装允许偏差应符合要求。

3. 施工缝处理

施工缝处注意设置橡胶及钢边止水带进行防水处理。

4. 混凝土施工

（1）二次衬砌混凝土采用强制式搅拌机以及自动计量的拌和站、搅拌输送车运输、混凝土泵送入模的机械流水作业线。

（2）混凝土浇筑时左右对称浇筑，左右高程不大于 50 cm，防止模板受力偏压变形。浇筑速度不大于 0.5 m/h。洞门边顶拱一次浇筑成型。浇筑混凝土时对称均匀上升浇筑，高差不超过 0.5 m。横向工作缝保持竖直，混凝土浇筑必须连续施工，洞门要求整体灌筑不得留施工缝，因此在混凝土浇筑要保证混凝土的生产及运输。安置止水带、止水条做防水处理。混凝土浇筑时要保证液压模板台车准确对位，模板支撑牢固，保证刚度，浇筑中不变形、不走移。混凝土振捣过程中，要加强检查模板支撑的稳定性和接缝的密合情况，防止混凝土在振捣过程中漏浆。

## 5. 混凝土养护

仰拱浇筑完成后，采用麻袋铺设洒水养护；拱墙浇筑完成后，采用洒水养护。混凝土结构带模养护时，应保证模板接缝处不致失水干燥。拆模后，应迅速采用塑料布或帆布等材料覆盖混凝土表面进行养护，养护时间不少于 14 d。养护期间，覆盖物应完好无损，其内表面应具有凝结水珠。若混凝土的表面温度与环境温度之差大于 15 ℃，或天气产生骤然降温时，还须对混凝土采取有效保温措施，直至混凝土内外温差重新满足要求，或混凝土强度达到设计要求为止。混凝土浇筑完毕后，混凝土养护的最低期限应符合规定。

## 6. 防水层施工

明洞防水层在明洞混凝土强度达到设计要求后拆除外模支架，采用人工按设计立即进行施作，在其外沿铺找平层，涂刷防水涂料后再铺设 EVA 塑料防水板，并根据实际情况表面涂 M11 水泥砂浆保护层。

## 7. 回　填

（1）防水层设置后，墙背填充采用夯填土，拱背用夯填土回填。墙背两侧回填时应两侧对称均匀同时进行，以保证回填的密实性和洞身的均匀受力。拱背回填土对称分层夯实，每层厚度不得大于 30 cm，其两侧回填的土面高度不得大于 50 cm，压实度大于 85%，回填至拱顶齐平后，立即分层满铺填筑至设计高程。由于回填量不大，采用人工配合小型压路机进行回填。

（2）在明洞背后土质边坡上，开凿成 1 m×0.75 m 台阶状，铺设碎石层。

# 第 12 章　隧道洞口段的施工关键技术

## 12.1　隧道洞口段施工原则与方法

### 12.1.1　施工原则

洞口开挖时须遵循如下原则：

（1）保障施工安全原则。隧道施工之前通过地质勘察来确定相关施工方案技术，但是勘察过程并不能完全反映出地质结构所有细节，使施工过程难免会遇到不可预料的问题。因此施工过程务须将各种潜在危险考虑全面，制订出全面的可动态调整管理的施工方案以适应外界不可估料的因素影响。

（2）施工方案合理可行原则。在制订开挖方案时，务须将各种潜在危险考虑全面，防止地勘结果未反映出来的安全隐患影响施工安全。制订方案时要考虑安全第一、保护生态、减少山体开挖、设备情况、技术手段水平等方面，并且要具有灵活性、可调节性、高机动性以适应施工过程环境因素的复杂变化。

（3）严格按照"十八字方针"施工原则。不论外部环境怎么变化，只要坚持"管超前，严注浆，短进尺，强支护，早封闭，勤量测"执行，就能控制好施工节奏，对施工难点灵活处理，及时调整，降低事故概率，保障施工安全。

（4）环境友好型施工原则。随着人类文明的进步，隧道施工理念也得到不断完善提升。保护生态环境，实现施工过程与自然环境和谐相处，得到愈来愈多人的关注。因此，使用预加固措施来减少山体开挖，这样既能保护生态环境降低植被破坏范围，又能保证岩体稳定与施工安全及后期的长效通行安全，成为符合现代化发展需求的先进施工理念的主流发展趋势。

### 12.1.2 洞口施工技术

（1）超前支护技术。其是施工前对边坡、洞口采取一定的加固措施使其后进行的开挖过程顺利实施。

（2）开挖施工方式。其实就是要选择合理的开挖方式进行洞口施工，要对岩体环境仔细考察，将岩体潜在安全危险考虑全面，进而使用最合适的开挖方式，保障施工安全。

（3）支护衬砌技术。其施作是在开挖之后，对开挖断面进行支护，以限制开挖面围岩位移，防止变形过大使破坏事故发生。

洞口施工这三大技术之间相互影响，相辅相成，相互应用，前者没有严格把控质量必然会影响后者施工，所以施工时务须环环相扣，保证三大技术施工每一步的质量，才能降低施工事故概率，保障开挖过程安全进行。

### 12.1.3 常用洞口辅助工法

在浅埋偏压岩体松散环境下，如果进行洞口施工则有非常大的概率产生坍塌、滑坡、破坏支护等施工事故，基于这种脆弱岩层条件，务须使用各种类超前支护措施来稳固岩体，方能开展进洞施工工作。与此同时，如前所述，随着人类文明的进步，隧道施工理念亦得到不断完善提升，保护生态环境，实现施工过程与自然环境和谐相处，得到愈来愈多人的关注，使用预加固措施来减少山体开挖，已经成为符合当前生态发展需求的先进施工理念。而这些辅助工法种类非常之多，大致上可以划分为地表预加固、掌子面预加固、水处理措施等。在地质环境脆弱时，三者通常会共同使用，以稳定岩体、掌子面等，使得开挖洞口安全高效进行。常用方法见表 12-1。

表 12-1　隧道洞口加固方法

| 情况 | 稳定掌子面 | 稳定地表 | 涌水处理 |
|---|---|---|---|
| 1 | 超前锚杆 | 排水 | 井口降水 |
| 2 | 小管棚 | 排水减压 | 超前小导管注浆 |
| 3 | 大管棚 | 填土反压 | 周边劈裂注浆 |
| 4 | 正面锚杆 | 地表锚杆 | 填充注浆 |
| 5 | 超前注浆 | 抗滑桩 | 排水注浆 |
| 6 | 掌子面喷射混凝土 | 挡墙 | 排水坑道 |
| 7 | 临时封闭仰拱 | 锚索 | |
| 8 | 预衬砌 | 注浆改良 | |
| 9 | 水平旋喷法 | | |

## 1. 地表预加固

为了保证进洞安全，务须使用多类辅助工法措施来稳固岩体。对于浅埋偏压岩体松散环境，经常采取使用抗滑桩、锚杆、旋喷桩等方法来加强地表稳定性，进而减小开挖时可能会产生的塌方滑坡等事故的概率。其实在大多数情况下锚杆会与喷混、钢筋网组合起来进行生态边坡防护，这种处理措施不仅稳固了松散岩层而且改善了边坡生态环境，还保障了洞口施工安全。地表注浆技术的使用能非常高效地处理岩层之中的渗水问题，其利用钻孔向岩层松散间隙压注砂浆，改善岩体整体性，降低渗水对稳定性的影响。而抗滑桩的作用在于强支护来限制岩层产生滑坡的概率，进而让进洞施工更顺利安全地进行。在面对地质环境差的很多情况，经常需要组合多种辅助措施共同使用来保障施工安全。

## 2. 围岩预加固

对于浅埋偏压岩体松散环境，有时采取十八字方针施工原则也未必能取得非常好的效果，是故为了加强岩体稳定性，降低开挖时可能会产生的塌方等事故概率。在施工之前务须使用多类辅助工法措施来稳固岩体，进而保障施工进洞安全。围岩的加固措施其种类非常多，一般都会根据实际需求来选择合适合理的措施。其各种类型措施的作用机理大致上可划分为三大类：一是加强围岩成拱效应作用，其目的是通过管棚大幅度地提高开挖后岩体自成拱效应作用的能力；二是对掌子面注浆，增强其稳定性，从而使开挖过程安全性大大增加；三是通过锚杆提升松散岩体之间的粘结能力，强化岩体整体性，使施工扰动的影响大大减少。其实在施工过程中，大多数情况下会组合多种加固措施综合使用，使围岩加固效果达到最好的程度，使洞口开挖顺利进行，使施工安全得到保障。

## 12.1.4 常用洞口施工开挖方法

在浅埋偏压岩体松散环境下，如果进行洞口施工有产生坍塌、滑坡、破坏支护等施工事故的大概率，基于这种脆弱岩层条件，务须使用多类合适的施工方式结合辅助工法，方能开展进洞施工工作。在这种不良环境下进行大断面施工更是要谨慎处理，慎重展开开挖施工，通常先要采取相关措施稳固地层，解决其脆弱松散及偏压问题而后在考虑施工，在选取施工方式方面也有非常多的工法可供选择，如双侧壁导坑法、三台阶法、中隔壁（CD）法、交叉中隔壁（CRD）法等都是处理大断面隧道开挖的好方式。其宗旨皆是使用分部开挖技巧来减小开挖面，配合支护体系进而使施工安全进行。

表 12-2 是上述几种施工方式在各个方面的比较。

表 12-2　几种开挖方法的比较

| 项　　目 | CD 法 | CRD 法 | 双侧壁导坑法 | 三台阶法 |
|---|---|---|---|---|
| 安全性 | 较安全 | 安全 | 安全 | 较安全 |
| 技术难度 | 较高 | 高 | 高 | 较低 |
| 施工工序 | 较多 | 多 | 多 | 较多 |
| 工程造价 | 较高 | 高 | 高 | 较高 |
| 掌子面稳定性 | 较好 | 好 | 好 | 较好 |
| 地表下沉 | 较小 | 小 | 小 | 较大 |
| 周边收敛控制 | 较好 | 好 | 好 | 较差 |
| 适用范围 | 地质条件较差，安全性要求高 | 地质条件较差，安全性要求高 | 跨度大、地质条件较差，安全性要求高 | 地质条件好 |

总而言之，隧道施工首要任务就是保障开挖过程围岩的稳定，不能保障其稳定，后续开挖过程只会寸步难行，并且极易发生破坏事故，影响施工安全性原则。在面对洞口岩体松散脆弱以及偏压环境，在施工时首要工作即是采取最佳的辅助工法进行围岩条件改善，以增强成拱能力以及强度稳定性能，使得后续洞口开挖能够安全顺利进行，洞口开挖时首要工作是采取最佳的施工方式保障开挖过程的安全性，以防方式选择不合理致使破坏事故现象产生。

## 12.2　隧道进洞方式及洞门边仰坡类型

洞口如咽喉。隧道洞口段是指隧道开挖可能给上坡地表面造成不良影响的洞口范围，每座隧道根据各自的围岩条件，其洞口段的范围有所不同。山区隧道所处位置地质条件大都复杂多变，特别是洞口段围岩一般较为破碎，多为严重风化的堆积体，且覆盖层一般较薄，若地形倾斜又容易造成浅埋偏压，在多数情况下还受到地表水的冲刷，因而是整座隧道的薄弱环节。洞口段施工包括进洞前的路堑施工、边仰坡处理、挡墙、洞口周围排水工程、洞口及进洞段衬砌等工程。

### 12.2.1　隧道进洞方式

隧道进洞是指明挖与暗挖衔接部分的施工条件。隧道建设中，洞口施工的传统方法一般是洞口边仰坡开挖、防护，达到一定的进洞条件后再进洞施工，这对洞口环境的破坏是非常严重的。一般情况下，隧道洞口所处的地质条件较差，岩石破碎、松散、风化严重、风化层深等，一般洞口边坡较缓，需要开挖大量土石方，大规模地开挖进洞也会破坏山体原有的平衡状态，极易产生坍塌、顺层滑动、古滑坡复活等现象。有些洞口采用接长明洞回填绿化的方法加以补救，但对于原生植被的破坏却是不可恢复的。隧道应尽量适应地形和地质条件，注重环境保护，避免高填深挖，直接切坡进洞，把隧道边坡挖得又陡又高，极不稳定，往往在雨季出现大垮大塌现象，有的甚至不可收拾，而需要补做庞大的边坡防护工程。这些进洞方法并没有实现真正意义上的"早进晚出"。

1. 传统进洞施工方法

进洞施工前应充分考虑地质和施工条件、埋深和断面尺寸、围岩级别、坡面情况、地下水及气候条件、施工进度与围岩承载拱形式的关系等因素，进行方案论证，多种方案比选确定方法，现在隧道施工实践中常采用的进洞方法有很多，以下为较常用的几种：

（1）明洞进洞是一种比较稳妥的进洞方法，但它仍然存在缺点。首先，明洞进洞的前期工作较多，明洞的修建基本上是按削坡，洞外拉槽，明洞底板灌注，洞身衬砌的过程进行。若完全按照先修明洞后进洞的做法，削坡工程量大，延长工期。其次，修建明洞，洞口开挖土石方工程量大，不利于边坡及围岩稳定，而且对于周边环境影响很大，所以在隧道建设中明洞进洞方式的应用不多。

（2）在隧道开挖轮廓线外围打一排钢管，管内注浆加强刚度，管外由扩散的浆液连成一整体，形成棚架。它作为软弱围岩浅埋段超前支护的一种手段，安全可靠。

管棚施工方法主要用于岩土体的成拱效果极差的岩土体地层，这种地层由于地层自重，产生较大的岩土体侧向压力，隧道内会发生纵向的坍塌，引起前方地层的陷落。为确保进洞的安全，首先在洞口部位施工管棚，采用直径较大的钢管超前布置在开挖的外轮廓线，超前的距离较大，形成纵向钢梁的作用，可以有效地减小由于岩土体自重产生的侧向压力，稳定前方地层。为了提高岩土体的自身稳定性，在钢管上预留注浆孔，管棚施工完成后，进行岩土体注浆，可以发挥岩土体的自身成拱作用，减小钢管的荷载，又能减小地下水对岩土体稳定性的影响。对于岩土体成拱作用极差的地层。这种方法非常有效，但是这种方法有施工周期长的缺点，提高施工周期是非常关键的工作。

（3）锚喷与格栅拱联合支护进洞，在隧道轮廓线的外侧安设几排水平密集锚杆进行预加固，从而形成一定厚度的承载拱，既可阻止仰坡的滑落，也可有效地承担地压。锚杆预加固完成后，在洞口架设格栅拱，要求将其焊接在锚杆上，并用喷混凝土将格栅支撑和仰坡之间的间隙灌填密实，从而使仰坡与格栅支撑联成一体。

锚喷与格栅拱联合的机理：锚喷使被裂隙分割的岩块体粘接起来，保持岩块体的咬合和镶嵌作用，通过提高岩块体的粘接力和摩擦力来有效地防止围岩松动，并避免或缓和应力集中现象的发生，而且给围岩表面以抗力和剪力，使围岩处于有利于稳定的三轴应力状态，并通过喷混凝土层自身的结构刚度，来阻止不稳定体的坍塌，在隧道开挖后，提高坡脚的稳定性。由于架设了格栅拱，顶板由悬臂变成了简支梁，进一步增加了稳定性。此法进洞速度快、效率高、工艺简单、成本低。

（4）注浆进洞小导管注浆施工法是一项在隧道工程施工中能加固围岩、防止渗水、增强稳定、提高安全性的技术。此法原理是通过所注浆液渗透、扩散到岩体孔隙和裂隙中，以改善和增强围岩的力学性能。注浆导管即超前注浆导管，在超前支护方法上其作用类似于超前锚杆，纵向支撑松散的岩体。通过对导管内注浆和砂浆锚杆注浆，浆液将进入岩土体的裂隙中，填补了岩土体中裂隙，起到了防水的作用，形成刚度较大的土层加固圈，在洞口周围形成止水、稳定的承载壳。同时，由于后部的钢支撑和前方未开挖部分岩土体支撑起中间部分的岩土体，起到纵向梁作用，提高了岩土体的稳定性。

这种方法对于裂隙发育的块状岩体效果为佳，超前注浆导管对岩土体的注浆加固作用较超前锚杆效果要突出，而且地下水往往会降低围岩等级，不易使岩体失稳坍塌，因此对于含水地层的支护加固效果尤其显著。此法具有起超前支护作用、工艺简单、安全可靠的优点。

### 2. 前置式洞口工法

目前大多数的隧道建设已经摒弃了传统方法而采取保护山坡自然进洞的方法进行隧道洞口施工，即不切坡进洞，而是在洞外不开挖山脚土体的情况下，采用开槽施工的方法先修接明洞，然后采用在明洞内暗洞施工，采用震动破碎或小型爆破进洞。这样可保全洞口山坡及原生植被，免遭破坏，减小洞口仰坡防护工程，这是保证仰坡稳定较为理想的方法。对于上下行分离式的公路隧道，不仅可以保护单个洞口的山坡和植被，更重要的还可以避免两洞间土埝的开挖，这既可保护两洞间土埝上的原生植被又可借助土埝维持两洞口山体的稳定，可谓一举两得。

前置式洞口施工工序一般应为洞顶及周边截水沟砌筑，完善排水系统仰坡开挖、防护（因开挖工作量较小，主要采用人工进行，以免机械的扰动）；套拱施工槽开挖、防护前置式洞口段套拱钢拱架架立就位、前置式洞口段套拱模板固定、混凝土浇注并养护、洞顶反压回填并覆土绿化、开挖前置式洞口段洞内预留山脚土体、暗洞段施工防水铺设、衬砌施工。

## 12.2.2 洞门结构形式及边仰坡类型

隧道洞门的设计构思是隧道设计的重要环节。公路隧道洞门结构目前有所突破和创新，如削竹式、墨镜式等，而且还将建筑学、园林学、桥梁美学的一些理论、原则和观点应用到洞口设计中，收到了景观美化的效果。人们对隧道洞口的绿化和景观美化往往是直观的，除了考虑其景观视觉方面的要求外，更为重要的是考虑其洞门及周边边仰坡的受力特征，能够支持山体、稳定边坡并承受该处地层的土压力。根据隧道洞口的类型，传统的隧道洞门主要分为一般隧道洞门、明洞门、特殊洞门三大类，但是都脱离不了端墙、柱墙和翼墙的原型。此外，目前运用得比较多的，特别是在山区和桥隧相连较多的地区，新型无端墙隧道门——削竹式隧道洞门，可以减少洞门附近的刷坡，甚至不刷坡。

根据隧道的具体情况，如洞口地形、地质，隧道围岩分布，衬砌类型，边仰坡的坡度等不同的情况和要求，洞门结构主要有以下几种形式。

### 1. 一般隧道门

1）洞门框

洞门框又称洞口环框，即只镶饰隧道衬砌两端部分。它适用于隧道洞口仰坡极为坚固，岩层坚硬整体，节理不发育且无特殊排水要求时。其结构似框形的洞门，厚度一般为 30 cm，厚度比较洞口环节衬砌的厚度为大，以加固洞口。洞门框应与洞口环衬砌采用同一材料整体砌筑或衔接。

2）端墙式洞门

墙式洞门俗称一字式洞门，适用于自然山坡陡峭，洞口地形开阔，岩层较为坚硬完整，山体压力很小，开挖坡度 1：0.3～1：0.5 的洞口地段。这种洞门具有结构简单、工程量小、施工简便的特点，在岩层较好时使用最为经济，也是最常见的一种洞门。唯洞门顶排水条件较差，若横向山坡一侧较低时，宜开挖沟槽横向引排。

3）柱式洞门

柱式洞门是从端墙式洞门发展起来的，它实际上也是一种端墙形式的洞门。当岩层有较大主动侧压力时，如仍像端墙式洞门那样采用同一厚度的端墙则过于安全、浪费污工。为此，区别受力大小，设计成横向不等厚，最厚部位即呈柱形的柱式洞门。柱式洞门适用于洞口地形较陡，岩层有较大侧压力的地段，或洞口处地位狭窄，设置翼墙无良好基础时，其仰坡开挖坡度一般为 1：0.5～1：0.75。此外，在城市、风景区或有建筑艺术装饰要求的地区，采用柱式洞门较为雄伟美观。柱式洞门工程量较翼墙式洞门大，造价较高，施工也较为复杂，是其缺点。还有柱式洞门两侧与路堑边坡接触处需嵌入岩层内以期稳固，其嵌入深度及形式可视岩石情况而定。

4）翼墙式洞门

翼墙式洞门俗称八字式洞门，是在端墙式洞门两侧或一侧加设翼墙（挡墙）而成。翼墙起支撑端墙及保持路堑边坡稳定的作用，同时对减少洞口开挖高度和压缩端墙宽度均为有利。翼墙顶面一般与仰坡的延长面一致，其上设置水沟，将仰坡和洞顶汇集的地表水排至路堑侧沟。当路堑开挖坡度较缓，岩层较差时，如采用端墙式洞门，由于边坡较缓，端墙宽度增加很多，相应须加大工程量，不经济，不如采用翼墙式洞门。由于翼墙和端墙很大一部分面积相接触，设计时考虑共同作用可以节省大量误工，且能增加洞门的抗滑和抗倾覆稳定性。因此，当地质条件较差，边仰坡较缓时，通常均采用翼墙式洞门。

5）耳墙式洞门

耳墙式洞门即带有耳墙的翼墙式洞门，将翼墙式洞门端墙两侧各接出一个耳墙至边坡内，呈带耳墙的结构。这种洞门结构对于排泄仰、边坡地表汇水，阻挡洞顶风化落体，效果良好，并可大大减少对坡面的冲刷，洞口显得宽敞，结构样式美观，而且对于边、仰坡坡度不一致的洞口，设计时亦便于处理。

6）台阶式洞门

傍山隧道洞口，地面横坡较陡，为了适应地形，减少开挖，多采用台阶式洞门。此种洞门一般配合偏压隧道衬砌使用，故亦称偏压隧道门。它在靠山侧通常需设置挡墙以降低边坡开挖高度。低山坡一侧，如地质较差，地面较高，也可采用短挡墙。

7）斜洞门

当线路与隧道斜交时，如采用以上的几种正洞门，可能出现低山侧洞门端墙上部露空，或者高山侧因自然坡面陡而开挖很高。为了避免此种现象，通常将隧道门近于平行等高线设置，修建成斜交隧道门，简称斜洞门。由于洞门与线路的中线斜交，因而洞口环节衬砌跨度加大，受力复杂，为简化起见，此种洞门仅用于Ⅳ类或者Ⅳ类以上围岩、山体压力较小的洞口地段，并要求洞门端墙与线路的夹角不应小于45°。

2. 明洞门

明洞门主要配合明洞结构类型设计，明洞有拱形明洞和棚洞之分，相应明洞门也分为拱形明洞门和棚式明洞门两大类。

棚式明洞门并不单独设置，通常即在棚洞洞口端横向顶梁上，加设端墙，以拦截落石，避免其坠入线路影响行车安全，故一般阐述的明洞门形式多是指拱形明洞门。

拱形明洞门可分为路堑式和半路堑式两类。路堑式明洞门有端墙式（常用柱式）和翼墙式两种，与一般的隧道洞门形式相类似。半路堑式明洞门多用于傍山线路，其山侧与原地层相接，为了适应傍山、横向面坡陡的地形，一般也多以台阶形式加高端墙，并在山侧设置挡墙支挡边坡，降低开挖高度。对外侧有覆盖填土的偏压明洞，为了支挡填土，设置较低的翼墙，并将洞门顶水沟的水经由翼墙顶引排。

### 3. 削竹式洞门

随着人们环境保护意识的日益提高，近年来出现结合隧道洞门绿化和景观效果的新型洞门结构，其中代表性的就是斜切式洞门，也叫削竹式洞门。目前这种洞门形式运用得非常多，特别是在山区和桥隧相连较多的地区。其洞门的结构形式就是衬砌结构伸到仰坡以外，可以形成突出的环框，也可以根据仰坡坡度选取削切坡度减少洞口附近的刷坡，甚至不刷坡，保护了周边环境。这种洞门造型美观，表现大方，符合我国隧道设计提出的"早进晚出"的原则，也成为新型隧道门研究的重要形式。主要有正削竹式隧道门、倒式隧道门和弧形挡墙隧道门，都各有自身特点：正削竹式隧道门可以适应地形需要确定削切坡度，保护生态环境；倒削竹式隧道门可以适用于洞口地形险峻，围岩条件较好的地带。弧形挡墙隧道洞门，挡土挡水效果较好，两边的弧形挡墙与前方的路堑边坡挡土墙相连，形成整体。

## 12.3　隧道洞门施工

随着国家基础设施建设的加快，公路建设中出现了较多的山区隧道。根据施工经验，山区隧道地质条件大都复杂多变，特别是洞口段围岩一般较为破碎，地质条件差，开挖边仰坡又破坏了山体原有平衡，因此洞口往往是地质条件极为复杂的地段。采取有效的施工方法实现顺利进洞，对于确保隧道施工和运营安全具有至关重要的作用。

### 12.3.1　隧道洞门的作用及主要形式

国内外工程技术人员都非常重视隧道洞口段的施工，许多国家的隧道设计、施工规范中，都对洞口段的设计与施工设有专门条款。近年来国外大多提倡隧道进洞顺延山坡坡度，尽量不扰动洞口段岩体的稳定性，采取无洞门的"趋自然状态"形式。国内设计和施工时着重强调"早进晚出"及"保持边仰坡稳定"，要求及时施作洞门，通常采用在预加固结构保护下进行施工。

隧道洞门的作用为保持洞口仰坡和路堑边坡的稳定，汇集和排除地面水流，便于进行建筑艺术处理。洞门的主要形式有：

（1）环框式洞门。将衬砌略伸出洞外，增大其厚度，形成洞口环框，适用于洞口石质坚硬、地形陡峻而无排水要求的场合。

（2）端墙式洞门。适用于地形开阔、地层基本稳定的洞口；其作用在于支护洞口仰坡，并将仰坡水流汇集排出。

（3）翼墙式洞门。在端墙的侧面加设翼墙而成，用以支撑端墙和保护路堑边坡的稳定，适用于地质条件较差的洞口；翼墙顶面和仰坡的延长面一致，其上设置水沟，将仰坡和洞顶汇集的地表水排入路堑边沟内。

（4）柱式洞门。当地形较陡，地质条件较差，且设置翼墙式洞门又受地形条件限制时，可在端墙中设置柱墩，以增加端墙的稳定性，这种洞门称为柱式洞门。它比较美观，适用于城郊、风景区或长大隧道的洞口。

（5）台阶式洞门。在傍山地区，为了降低仰坡的开挖高度，减少土石方开挖量，可将端墙顶部做成与地表坡度相适应的台阶状，称为台阶式洞门。

## 12.3.2　洞口段围岩预加固措施

洞口段围岩的自支护能力比较弱，有的甚至没有自支护能力。因此，在洞口段施工中最重要的是提高围岩的自支护能力，保证开挖及后续作业的进行。提高围岩自支护能力的基本方法是控制围岩的坍塌、松弛。洞口施工大多是在预加固的支护系统下进行的，尤其是在浅埋、破碎、滑坡、崩塌、软弱、地下水丰富并具有软弱夹层等极易发生滑移、坍塌的地段，更需要采取综合预加固措施。根据隧道设计原则"早进洞、晚出洞"和环境保护等要求，隧道洞口较多处于浅埋段。下面以浅埋隧道洞口为例来说明洞口段围岩常用的预加固措施。

浅埋隧道为埋深不足毛洞洞跨 2 倍的隧道或区段。国内外大量工程实例证明，覆盖层浅的隧道，其围岩难以自成拱，同时多数伴有地形偏压、表层软弱堆积物、风化带等对隧道开挖有很大影响的特殊问题，如地表易沉陷问题。如果对隧道变形控制不当，围岩就会很快松弛，产生张裂破坏，将造成直达地表面的塌陷。所以，浅埋隧道洞口段开挖时应重点控制围岩的变形，采用强度较高和刚度较大的初期支护，避免破坏围岩结构。

浅埋隧道洞口段的预加固措施主要有地表锚杆加固、抗滑桩、挡土墙、锚索（桩）、减载、填土反压、地表注浆、超前锚杆、大小管棚、预注浆、套拱、水平旋喷桩、锥形短桩加固隧底等方式。

在洞口段采用预加固措施时应注意以下几点：

（1）在围岩特别差的地段，本着"宁强勿弱"的原则，在确定施工方案前应优先对大管棚、水平高压旋喷法、小管棚等方法进行比选，避免采用一般加固措施带来的隐患。

（2）采用预加固措施后，施工中发现有边墙开裂、仰拱隆起现象，说明拱部加固后，边墙、仰拱受力增大，因此，施工中在进行拱部预加固的同时应加强边墙、仰拱支护强度，如增加锚杆的数量和长度、增设格栅钢架及先行施作仰拱等措施。

## 12.4 隧道进洞施工关键技术

### 12.4.1 洞口段基本开挖方法及比选

隧道洞口段基本开挖方法的确定取决诸多因素，如地质条件、地形条件、施工机具配备情况、隧道自身构造特点等。当围岩发生变化时，相应的施工方法要做适当调整或者变更，这样可以避免工程失误和减少工程投资。当前隧道洞口开挖方法有很多种类，总体上概括起来主要是台阶法和分部开挖法两大类。

1. 台阶法

1）台阶法开挖顺序

先上台阶开挖，等上台阶开挖到一定长度后同时再进行下台阶开挖，最后上、下台阶同时进行开挖。台阶的长度必须根据围岩地质条件、隧道断面跨度、初期支护形成闭合断面的时间要求、上部施工所需要空间大小等因素来确定。如果围岩条件较差，台阶长度可缩短，宜为 5~8 m。

2）台阶法施工程序

台阶法施工开挖施工工艺及施工现场见下框图、示意图及施工图（图 12-1、图 12-2）。

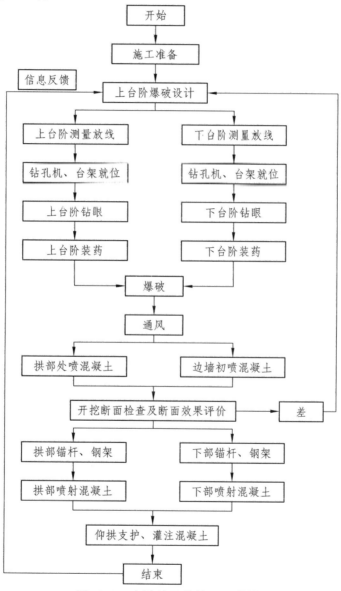

图 12-1　台阶法开挖施工工艺图

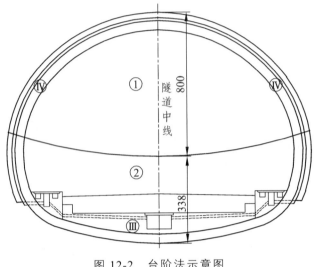

图 12-2　台阶法示意图

3）工艺改进

在软弱围岩中采用台阶法开挖，可以考虑与预留核心土、临时仰拱等方法相结合。在上台阶开挖时预留在核心土的支护下迅速完成拱部的开挖，再进行初期支护。在开挖好下部台阶时，设置好临时仰拱，以此对上部和两侧开挖及支护起到保护作用。

4）台阶法开挖优缺点

（1）台阶法的优点是作业面宽广且开挖速度较快，对掌子面的稳定性也提供了保证，关键是上部开挖支护后，下部作业就会相对较为安全。

（2）其缺点是采用台阶法开挖会增加对围岩的扰动次数，当上下台阶施工作业相互干扰时，应注意下台阶施工作业时对上台阶稳定性的影响。

2. 分部开挖法

分部开挖法是将隧道断面先分部开挖然后再逐步完成设计形状，通常是将某一部分超前开挖，也称为导坑超前开挖法。常见隧道洞口分部开挖方法包括环形开挖留核心土法、双侧壁导坑法和四步 CD 法。

1）环形开挖留核心土法

环形开挖留核心土法对一般土质或软弱围岩及断面较大的隧道施工较适应。开挖过程中开挖次序是环形拱部、上部核心土、下部台阶。

本方法的主要优点是：

（1）因为在掌子面开挖过程中上部的预留核心土能够支承开挖面，所以能够及时地对拱部施作初级支护，保证了掌子面的稳定安全。

（2）因为在拱部初级支护保护下进行预留核心土和下部开挖，所以现场施工安全得到保障。与台阶法相比，下台阶的长度可以适当加长，以减少上、下两部分施工干扰。与下边要介绍的双侧壁法相比，施工机械程度可相对提高，施工速度可加快。

2）双侧壁导坑法

双侧壁导坑法是分 4 块进行开挖：左、右两侧导坑，上部核心土，下台阶。在开挖时左、右侧导坑是要错开的，而错开的距离是依据一侧导坑的开挖对围岩扰动发生应力重分布不影响另一侧已成导坑的原则。

本方法的优缺点：双侧壁导坑法的每个分块在开挖后都能立刻自行闭合，所以在施工过程中几乎不会产生变形。但是其开挖断面时分块多，对围岩扰动大，初次支护闭合时间长，而且开挖进度较慢，成本也比较高。

### 3. 隧道洞口段开挖方法比选

施工方法的选择主要依据是地质条件、工期、结构类型、断面尺寸以及施工技术力量等综合考虑。开挖过程中也要考虑到当地质条件发生变化时，那么此种开挖方法就不适应了，应该变更为另一种开挖方法。合适的开挖方法对隧道洞口段的开挖是非常重要的，不仅可以减少对原来地层的扰动来提高施工过程中和开挖后洞口的安全，还可以很好地提高施工效率，减少工程投入，增加经济效益。现将各种方法的比较列于表 12-3。

表 12-3　施工方法比选

| 围岩条件 | Ⅳ级围岩 | 土质软弱围岩 | 浅埋软弱围岩 | 偏压 |
|---|---|---|---|---|
| 沉　降 | 一般 | 一般 | 较大 | 大 |
| 工　期 | 短 | 短 | 较短 | 长 |
| 防　水 | 好 | 好 | 好 | 效果差 |
| 初期支护 | 无 | 无 | 小 | 大 |
| 拆除量 | | | | |
| 造　价 | 低 | 低 | 偏高 | 高 |
| 施工机械 | 中大型 | 中型 | 中小型 | 小型 |
| 施工技术难度 | 低 | 高 | 较高 | 较高 |
| 施工工序 | 简单 | 多 | 较多 | 复杂 |
| 掌子面的稳定性 | 差 | 好 | 较好 | 较好 |
| 配合辅助支护措施 | 很容易 | 容易 | 一般 | 一般 |
| 对关键部位支护的有效性 | 一般 | 好 | 较好 | 较好 |

当隧道洞口段处于浅埋、强分化和软弱松散等复杂地层中时，可以采用以下施工方法：

（1）对于围岩级别较好的双线隧道洞口，一般是以台阶法为主，而不宜采用全断面施工。因为对大断面的隧道采用全断面开挖时，开挖对围岩的扰动很大，会导致围岩出现松动，导致发生地表开裂甚至发生局部坍塌的可能。并且很难进行结构支护，势必会增加工程的成本。

（2）在土质类地区的隧道洞口段，采用三台阶临时仰拱法比较适合。当工期不紧时，预留核心土法就比较安全适用，遇到特殊情况可采用 CD 法或双侧壁导坑法。

（3）当洞口处于浅埋段、破碎段、全风化地层时，最先考虑的应该是预留核心土法。当对地表沉降要求比较高或者开挖断面较大时，预先考虑 CD 法或双侧壁导坑法。

综上所述，结合保场隧道的工程地质状况及施工条件，此隧道采用双侧壁导坑法进行开挖。

### 12.4.2　洞口段主要支护方法机理

#### 1. 抗滑桩作用机理

抗滑桩也称作锚固桩,其作用原理是将桩穿过滑坡体的潜在滑动面,使其发挥桩与周围岩土的共同作用,抵抗下滑力达到稳定边坡的作用。在浅层和中厚层的滑坡中该处理措施是主要的支护措施。当滑坡体受到外界扰动下滑时就会受到抗滑桩的阻挡,保证了桩前滑体继续保持稳定状态。现今公路隧道建设中,抗滑桩作为治理隧道洞口滑坡的工程应用还比较少,有关抗滑桩的研究至今仍在继续和加强。

#### 2. 钢支撑作用机理

钢支撑是利用自身的刚度来支撑岩土体,起到控制岩土体变形的作用。一般在掌子面开挖完后或者施作仰拱时,按设计间距立即进行安装,架设后就能立即承载,稳定岩土体。多设立在软弱破碎围岩等需要立即控制围岩变形的场合。钢支撑在隧道开挖中有两种结构形式,其一是用钢筋做的格栅钢架,其二是用型钢做的工字钢,通常钢支撑是和混凝土、锚杆、钢筋网一起使用,从而保证了围岩的稳定。

#### 3. 旋喷桩加固机理

旋喷桩是利用钻机将旋喷注浆管及喷头钻置于桩底设计高程,将预先配制好的浆液通过高压发生装置使液流获得巨大能量后,再从注浆管边的喷嘴中高速地喷射出来,组成一股高压液流,从而使得土体破坏。在喷射的过程中,钻杆应该是边旋转边提升,使浆液与土体充分搅拌混合,最终形成一定直径的柱状固结体,使地基得到加固。适用于淤泥素填土等松散地基层。其具有能使之与周围土颗粒混掺,凝结,硬化而成桩,以加固松软地基的优点而被施工单位广泛采用。

#### 4. 管棚作用机理

隧道在开挖过程中势必会导致地表下沉和围岩松动,加上地层的自重应力,岩土体就会产生很大的侧向压力,从而导致隧道内会发生坍塌,进一步前方地层就会发生陷落。因此隧道在向前开挖时要沿开挖掌子面的上半断面周边施作厚壁钢管，构筑成临时承载棚，这样就能有效地减小岩土体的侧向压力，从而使得前方地层保持稳定。管棚支护在水平方向起支承拱的作用，在沿隧道中心线的方向起梁的作用，以改变岩体的完整性。在强风化的软弱围岩洞口，其超前支护加固岩土体的能力是极其明显的。

### 12.4.3 隧道进洞施工流程与关键技术

施工方法及安全技术措施：根据隧道进洞施工方法的特点采取"先排水掘进洞，短掘进多循环,早支护形成环强支撑，策安全勤监测，细分析速反馈，及时衬砌"的原则组织施工采用大管棚超前支护，上半断面预留核心土环形开挖、下半断面采用中间拉槽，左右马口预裂爆破,跟进开挖，挂网喷锚初期支护,辅以钢拱架加强支护，衬砌紧跟开挖面。为了使初期支护及早形成闭合环，防止衬砌下沉并保证结构的整体性，口拱超前衬砌施作。

施工工艺流程：上半断面预留核心土环形开挖→成洞面挂钢筋网片→插打锚杆→喷射混凝土→套拱施工→长管棚超前支护→上导坑开挖→挂钢筋网片→喷射混凝土→中空注浆锚杆初期支护→型钢支撑架→下导坑开挖→仰拱钢拱架与上部钢拱架闭合成环。

#### 1. 成洞面加固

隧道洞口工程选择在雨水比较少的旱季开始施工，在进行开挖过程中，边坡防护与边坡开挖同步进行，开挖到成洞面附近时预留核心土体，洞口成洞面加固挂网锚喷支护，采用长 5 m 间距为 1 m 梅花形Φ22 的加固锚杆，挂Φ6 的钢筋网片，网格间距为 20 cm×20 cm，然后喷射 11 cm 厚的 C20 混凝土支护。加固锚杆使松动区的节理裂隙、破裂面等得以联结，因而增大了锚固区围岩的强度，有助于裂隙岩体和松动区形成整体，成为"加固带"，预防洞顶围岩崩塌和坠石。

### 2. 长管棚超前支护施工

隧道洞顶覆盖层较薄山体严重偏压，为了保证进洞施工的安全，在进洞口先做套拱，采用片石混凝土做套拱基座，套拱内埋设 U25 型钢浇注 C20 混凝土，套拱作为长管棚的导向墙。长管棚长 30 m，环向间距 50 cm，共计 30 根管棚采用热轧无缝钢管壁厚 6 mm，节长 4 m 及 6 m。钻孔孔径比管棚钢管直径大 20~30 mm，钻孔顺序由高孔位向低孔位进行。钢管前端加工成尖锥状，尾部焊接加劲筋补强。有孔钢花管上入岩部分梅花形布置 11 mm 注浆孔，注浆孔间距 20 cm，交错布置。钢管方向与路线中线平行，钢管倾角为仰角 2°，超前长管棚注浆支护作为浅埋段施工辅助措施。

（1）长管棚施工方法如下：长管棚注浆水灰比 0.5∶1，浆液扩散半径不小于 0.5 m。注浆压力 0.5~1.2 m。管棚施工采用 C20 混凝土，套拱作为长管棚导向墙，套拱在洞口衬砌外轮廓线以外施作，套拱内埋设 U25 型钢，型钢与管棚钢管焊成整体。管棚套拱施工时要预留核心土，用钻机钻孔，并顶进长管棚钢管。管棚按设计位置施工，先打有孔钢花管，注浆后再打无孔钢管。无孔钢管可作为检查管，验查注浆质量。钢管接头采用丝扣连接，丝扣长要保证受力的均匀性，钢管接头纵向错开。

（2）长管棚超前支护在隧道施工过程中主要起梁的作用、壳的作用和改变地质条件的作用，从而克服隧道浅埋和偏压的不利因素。梁的作用表现为长管棚超前支护的结构，是一个沿隧道纵向的梁结构发挥一个刚性梁的效果，以保证安全、快速进洞施工。壳的作用表现为，长管棚超前支护在施工工作面前方，形成一个壳结构。结构的厚度和刚性可以保证隧道施工的工作面及周边岩石的稳定。改良地质条件的作用即长管棚将隧道施工工作面周围围岩的强度加以改善。

## 12.4.4 隧道进洞施工实例与分析

### 1. 工程实例概述

香格里拉至丽江高速公路第十一项目部古那湾 2 号隧道位于玉龙县龙蟠乡境内，与香格里拉经济技术开发区隔金沙江相望。古那湾 2 号隧道为分离式隧道，左右幅隧道间净距一般为 18～45 m，左幅长度 1 683.86 m，起讫里程 K84+386.04～K86+080，右幅长度 1 650 m，起讫里程 YK84+415～YK86+065，合计全长 3 343.86 m，单个隧道内轮廓净空宽度 11.00 m，净空高度 7.1 m。隧道进口轴线方向坡度 20°左右，整体地势比较平缓。隧道紧贴山脚洞口段的围岩为第四系全新统洪坡积层，主要由块石夹碎石土组成，呈中密或密实状，岩体多为散体或碎裂结构，稳定性极差，地下水丰富。所以，在制订这一隧道施工进洞计划方案时必须把施工安全作为首先考虑的因素。

## 2. 隧道进洞施工方案的选择

左洞原设计方案边、仰坡刷坡后挂网喷锚，在刷坡时发现左侧边坡多为碎砾石堆积体，自稳性极差，无法达到预期刷坡的高度，且雨水丰富，易诱发山体坍塌。但在洞口处施作明洞，则两侧土方开挖量较大，而且加大了对洞口周围土体的扰动，特别是左侧刷坡高度更高，若边仰坡防护不当，将引起洞口土体滑塌，以致施工周期延长，不利于尽早进洞。明拱暗墙法（即拱部明挖、墙部暗挖），则可避免在覆盖层较薄的条件下进行全部暗挖极易发生塌方的可能性，同时又可大大减少对洞口地表自然土体的扰动范围，所以，这是最适合隧道的施工进洞方案。这一进洞施工方案从洞口段开始，确定长 11 m 的范围，对这一范围内拱脚附近放坡明挖并及时对仰坡、边坡进行挂网锚喷防护，在紧靠掌子面 2 m 范围内架设拱部型钢钢架，并施作锁脚锚杆。由于洞口段地质条件较差，覆盖层仅有 2 m 左右，因此，采用了 40 m 长管棚超前预支护。对洞口明拱部分安置拱架及置模灌注混凝土。此后，并按洞口初始设计的环形结构向下进行台阶开挖、初期支护施作，直至二次衬砌封闭，最后在明洞拱顶进行回填植被，恢复原地貌。

## 3. 隧道进洞施工流程

在完成隧道进洞区域地质状况调查与进洞施工方案的选择、确定以后，进洞施工正式开始。隧道采用明拱暗墙法进行施工时，需要严格遵照一定的工艺流程步序来完成。采用明拱暗墙法的隧道进洞施工方案首先需要进行仰坡坡面支护，还要在上部断面区域进行明挖施工，而后对边坡坡面、成洞面进行同样的支护，接着对隧道洞口拱部环形区域做管棚施工。中台阶和下台阶按开挖、初期喷混凝土、安置拱架、锁脚锚杆的次序进行作业。最后在进洞区域做混凝土二次衬砌与防护施工。

### 4. 隧道进洞施工关键技术的分析与研究

当进洞施工步序确定之后，需要对整个隧道进洞的施工作业进行整理，在这个过程中常常会遇到各式各样的施工难点或是与实际地质条件发生冲突的情况，这就必须及时并合理调整施工材料和施工措施，以保证施工工程的质量与安全。下面对该施工方案几个关键技术及控制点进行分析与讨论。

1）设置洞顶截水沟

基于隧道施工区域水量丰富的情况，为确保明拱开挖施工过程中临时边仰坡的稳定，防止拱脚遭雨水浸泡的可能，在进洞施工前必须在边仰坡坡边以外 5m 处施作洞顶截水沟（选用浆砌片石），将地表水引至施工区域之外。

2）明拱开挖与边、仰坡的防护必须同期结合进行

隧道进洞中的明拱部分的施工必须与开挖、人工刷坡、挂网锚喷结合进行，这在避免左侧边坡的侧压力对隧道洞口产生挤压作用方面有显著的效果。

3）初期管棚套拱的施工

管棚套拱施工距离不宜过长，紧靠掌子面连续设立环形工字钢拱架，将拱架与明拱开挖时引入的边仰坡锚杆进行焊接固定，然后在环形拱架的端头和内部环形轮廓内安置木模板，浇注套拱混凝土，形成初期隧道进洞施工较为稳固的受力体系。

4）长管棚施工

长管棚施工采用Φ118 mm、40 m 长管，管的环向间距 30 cm，在隧道进洞施工实践中，最大的难题是长管棚的施工工艺。隧道进口处地层

为第四系全新统洪坡积层，主要由块石夹碎石土组成，作业中不但卡钻与坍孔现象十分严重，成孔困难，而且施工进度十分缓慢，将延长整个隧道的施工工期。作者认为过去一次成孔法的施工模式并不适用，需要采用麻花钻头冲孔及套管跟进的施工工艺。值得注意的关键技术要点如下：

（1）冲孔必须选择麻花钻头冲击钻相结合的方法，钻机从早先明拱暗墙施工中预留的孔口管进入，由此完成钻孔施工。

（2）钢管与钻杆必须在顶驱液动锤的作用下完成回转冲击，并经过孔口管钻入隧道顶部前端。

（3）顶进钢管必须保持一定倾角（实际操作时不小于 5°），以防止钢管端部进入隧道净空，造成侵限。

（4）钢管分段连接时要保证接头强度，且同一截面接头率不得大于50%。

（5）钻孔完成后应及时注浆，浆液采用水泥-水玻璃双液浆，水灰比1∶1，水玻璃浓度 40 °Bé（3~4 级波美度）；注浆压力 0.8~1.2 MPa，终压控制在 2.0 MPa；注浆顺序从两侧拱脚向拱部跳跃进行，务必保证钢管周边土体裂隙中浆液饱满，形成管棚固结体，具有一定强度，此举是保证周边土体稳定的重要举措。

（6）管棚施工结束后，采用短台阶法（预留核心土）进行隧道开挖，管棚搭接长度不得小于 2.5 m。

5）拱下暗挖及快速封闭成环

拱部混凝土灌注完成并达到一定强度后，墙部暗挖在拱的防护下采用短台阶法开挖，上台阶开挖环向进行预留核心土以稳定掌子面临空面土体。中、下台阶开挖时，须迅速做好上台阶拱脚处钢架的连接，并及时打设锁脚锚杆和注浆。横断面左右错开分步进行开挖和初期支护，及时封闭土体临空面，并做好注浆管的预埋，以便进行初期支护背后回填注浆，减少拱部沉降和土体侧向变形，各部循环进尺 1.5 m/d。暗挖进行时，实时进行监控量测，以便及时掌握支护变形。墙部开挖一定距离后，应及时施作墙部初期支护，紧接进行仰拱开挖和初期支护闭合，防止墙体脚部向内移动。应不失时机地及时完成二次衬砌的施工。保证同一横截面的初期支护和二次衬砌各自尽早封闭成环，对于抵抗周边土压具有十分重要的意义。

## 12.4.5 隧道洞口段施工方法

对于隧道施工来说，选择合理的施工方法对于隧道洞口防坍塌和施工安全具有重要的意义。在制订隧道洞口段方案时，应充分考虑地质和施工条件、埋深和断面尺寸、围岩类别、坡面情况、地表建筑物结构、地下水及气候条件、施工进度与围岩承载拱形式的关系、材料供应、队伍施工水平、方案经济性、工期要求、突发事件应对措施等因素，目前常用的施工方法有台阶法和分步开挖法。

### 1. 台阶法

台阶法多适用于Ⅱ、Ⅲ类软弱而节理发育的围岩中，根据上、下台阶保持距离的不同，又可分为长台阶法、短台阶法、微台阶法三种，在洞口段施工中常用长台阶法。长台阶法上下台阶距离保持在 50 m 以上。开挖断面变小有利于隧道的稳定，在上台阶进入较好的围岩后，加快下台阶的施工速度，变台阶法为全断面法。在公路隧道这种大断面隧道施工中，上下台阶可配置同类的较大型机械平行作业，下台阶可分左右两断面分别开挖，减少上下台阶施工中的相互干扰。当隧道较短时，可将上台阶挖通后，再挖下台阶。

### 2. 分步开挖法

分步开挖法中常用环形开挖留核心土法及单（双）侧壁导坑法。

环形开挖留核心土法：适用于一般土质或易坍塌的软弱围岩地段。上部留核心土有两个作用：其一支挡开挖面，保证开挖面稳定；其二可作为上部初期支护的工作平台。核心土及下部开挖在拱部初期支护下进行，施工较安全。

单（双）侧壁导坑法：适用于围岩稳定性较差，对地表下沉量要求严格，断面大时采用。在城市修建公路隧道应用较多。

## 12.4.6　隧道洞口段施工注意事项

（1）重视各项准备工作。进洞前施工单位制订完整的进洞方案（场地布置、预加固措施、施工方法等），方案经审核批准后开工，施工中不得随意变更方案。重点隧道配备专职地质技术人员，及时掌握地质变化情况，并提出施工建议。

（2）贯彻"早进晚出"原则，尽量减少对边仰坡的扰动，提倡"趋自然状态进洞"，尽早完成洞口周围排水系统。边仰坡处理与路基施工、场地布置、便道施工、桥涵工程统一安排。

（3）先固后挖，严格执行"先治水，管超前，严注浆，短开挖，弱爆破，强支护，早封闭，勤量测，抢做门"的27字方针。

（4）衬砌尽量先墙后拱，不提倡先拱后墙，有仰拱的必须先做仰拱，尽早成环。

（5）洞口段采用台阶法施工时，尽量缩短台阶长度以确保隧道稳定性。

（6）对于偏压、浅埋的多线隧道，优先采用双侧壁导坑法，在地表预加固措施到位的前提下，可考虑采用台阶法。

（7）拱部采取预加固措施的同时，加强对边墙及仰拱等部位的支护措施。

（8）尽早完成洞门，增强洞口段稳定性。

## 12.4.7　监控量测

隧道洞口段施工时，一般要进行地表监测和洞内监测。地表监测主要是利用水准仪观测地表有无下沉，观察隧道地表有无裂缝等；洞内监测项目通常有拱顶下沉、周边位移以及地质和支护状况观察等。

## 13.1　监控量测目的、原则、要求与方案

隧道的施工方法随着科技的进步而不断提升了其效率和安全性，不论使用何种方式进行施工均离不开监控量测的使用。新奥法可以说能够充分利用其围岩自承载能力已经是最优的施工方式，同时各种支护措施共同使用保证围岩稳定。而监控量测是能非常及时地对围岩位移数据信息进行反馈，科学地预判围岩破坏，及早对施工方法与支护方式等进行精确调整，以预防事故的发生，保障施工的安全。虽现在新奥法已经是非常成熟的施工方法，但是监控量测在施工过程当中的地位仍然是无可替代的。

1. 监控量测目的

（1）为施工方式选取提供科学的参考根据。

（2）为二衬施工提供最佳的参考时间。

（3）为支护措施提供参数调整的参考根据。

（4）为潜在围岩破坏威胁等事故提供预防作用。

2. 监控量测编制原则

（1）高效、适用原则。监控量测在施工过程当中是无可或缺的一个环节，是反馈围岩位移情况的一个首要技术手段，是判断施工方式可靠性的确切根据，动态管理施工过程，快速有效地指导工程施工，保障施工质量与安全。

（2）安全原则。断面开挖完成，务须在掌子面形成封闭层以保持稳定，大部分情况下喷射混凝土不得低于 40 mm。此外，监测部位务须在完成开挖 2 ~ 4 h 内布置妥当，同时进行第一次监测数据读取。一般监测

部位尽量贴近掌子面，以获取更全面的变形信息，保障施工安全。

（3）符合工程相应技术水平原则。小官市隧道施工时，对工程设备、仪器器具以及技术人员与施工方案，针对工程特点进行专业配备、业务培训，以应对各类突发状况。

3. 监控量测要求

（1）适用范围适用于保场隧道监控量测。

（2）监控量测手段使用精密电子水准仪、全站仪、数显收敛仪等仪器工具对小官市隧道地表下沉、拱顶竖向位移、水平收敛等必测内容进行监测。

（3）监控量测工作制度：

① 每当隧道开始动工前，由各工区根据各区段实际情况制订监测方案，按照规范要求并配合开挖进度布置测点。

② 每监测责任人全权主持日常监测事宜，按规范要求每天读取相应数据，及时分析处理并留存，如遇数据信息偏差过大及时进行复查。

③ 每日例行监测过程如遇异常突变，及时复查；复查无误立刻开启应急措施，并马上汇总资料向上级汇报具体情况。

④ 各工区总工接到监测异常情况后，应立马停止施工作业，保障现场安全问题，及时上报与监理联系解决，如需和设计、业主联系，可由项目部协调解决。

4. 监控量测实施方案

1）监控量测项目和程序

（1）监控量测必测项目

小官市隧道必测内容及仪器如表 13-1。

表 13-1　监控量测必测项目表

| 序号 | 监测项目 | 测量仪器 | 测试精度 | 备注 |
|------|----------|----------|----------|------|
| 1 | 洞、内外观察 | 现场观察、数码相机 | | |
| 2 | 衬砌前净空变化 | 收敛计、全站仪 | 0.1 mm | |

| 序号 | 监测项目 | 测量仪器 | 测试精度 | 备注 |
|---|---|---|---|---|
| 3 | 拱顶下沉 | 电子水准仪、钢挂尺、铟钢尺、全站仪 | 0.01 mm | |
| 4 | 地表沉降 | 电子水准仪、铟钢尺、全站仪 | 0.01 mm | 隧道浅埋段必测（$H_0 \leqslant 2b$） |
| 5 | 二次衬砌后净空变化 | 收敛计、全站仪 | 0.01 mm | |

注：$H_0$—隧道埋深；$b$—隧道最大开挖宽度。

（2）监控流程

小官市隧道监测流程如图 13-1 所示。

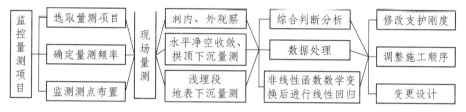

图 13-1 监控量测流程图

2）监控量测点布置

根据小官市隧道相关资料显示，影响隧道施工安全的因素很多，因此，监测过程当中其边坡地表沉降与洞口围岩位移是重点。观测范围和测点布置如图 13-2。

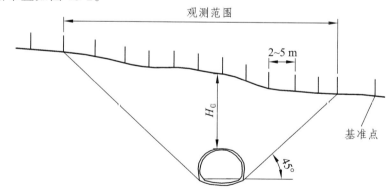

图 13-2 地表沉降监控量测观测范围示意图

3）监测频率要求

对于小官市隧道监测频率要求如表 13-2、13-3。

表 13-2　按距开挖面距离确定的监控量测频率表

| 监控量测断面距开挖面距离/m | 监控量测频率 |
|---|---|
| （0～1）B | 2 次/d |
| （1～2）B | 1 次/d |
| （2～5）B | 1 次/（2～3 d） |
| ＞5B | 1 次/7 d |

注：B 为隧道开挖宽度。

表 13-3　按位移速度确定的监控量测频率表

| 移动速度/（mm/d） | 监控量测频率 |
|---|---|
| ≥5 | 2 次/d |
| 1～5 | 1 次/d |
| 0.5～1 | 1 次/（2～3 d） |
| 0.2～0.5 | 1 次/3 d |
| ＜0.2 | 1 次/7 d |

4）围岩等级管理

围岩等级管理如表 13-4 所示。

表 13-4　围岩变形管理等级表

| 管理等级 | V 级围岩位移 | IV 级围岩位移 | III 级围岩位移 | 施工状态 |
|---|---|---|---|---|
| III | $U_0$<50 mm | $U_0$<30 mm | $U_0$<25 mm | 可正常施工 |
| II | 50 mm≤$U_0$≤110 mm | 30 mm≤$U_0$≤60 mm | 25 mm≤$U_0$≤50 mm | 应加强支护 |
| I | $U_0$>110 mm | $U_0$>60 mm | $U_0$>50 mm | 考虑采取特殊措施 |

注：$U_0$ 为实测位移值。

围岩位移速率评判标准：① 围岩位移速率连续超过 5.0 mm/d，即可判断该处围岩是急剧变形，此时须时刻关注变化，并加强初期支护。② 周边收敛速率低于 0.2 mm/d，拱顶下沉速率低于 0.15 mm/d，即可判断围岩基本稳定。

## 13.2 隧道洞口段监控量测数据分析

若能选择科学合理的监测数据的处理方法，就能更加准确可靠地预测相关信息，因此监测数据处理方法的选择尤为重要。目前主流的数据分析方法有人工神经网络理论、遗传算法、回归分析法等，不同方法各有优劣，且适用范围亦有差异。数据处理分析作为监控量测过程当中的核心环节，其关键作用是高效反馈围岩变化，整合施工信息管理，切实保障施工安全。基于此实，本章节通过回归分析法来对小官市隧道监测数据进行分析处理，掌握小官市隧道施工信息管理与安全状态。

回归分析计算过程监控量测过程当中，时间 $t$ 或开挖断面距离 $L$ 与地表沉降、围岩位移等数据都有某种函数关系，但是实际当中并不存在一种适用于每个隧道的函数，所以针对每个隧道都需要寻找出其相应的函数。小官市隧道也需要回归分析法计算出其相应的函数关系。回归分析法的核心思想是最小二乘法，也就是寻找一条曲线，使各已知点到这条曲线的偏差最小。由于偏差有正有负，为消除符号影响，则将差值平方相加，该平方和值最小则意味着偏差最小。监测信息处理时，常规情况下位移、应力等物理量皆为收敛量，则其函数为收敛函数，例如下面时间、应力数据 $(t_1, \sigma_1), (t_2, \sigma_2), (t_3, \sigma_3), \cdots, (t_n, \sigma_n)$，先假定收敛曲线为：

$$\sigma = f(t, a, b) \tag{13-1}$$

式中：$a$，$b$ 为未知参数。

将任一组数据 $(x_i, y_i)$ 带入方程即可解答出该点的残差 $\xi_i$，代数式表示为：

$$\xi_i = \sigma_i - \sigma = \sigma_i - f(t_i, a, b) \tag{13-2}$$

残差可正可负，为消除正负号影响，将其平方求和，表示为：

$$W = \sum \xi_i = \sum [\sigma_i - f(t_i, a, b)]^2 \tag{13-3}$$

按照最小二乘法理，当 $W$ 为最小时，偏差最小。要使 $W$ 最小，应满足

$$\frac{\partial W}{\partial a} = 0 , \quad \frac{\partial W}{\partial b} = 0 \tag{13-4}$$

式（13-4）中可求出未知参数 $a$，$b$ 值。

回归分析常数使用指数函数、对数函数和双曲线函数三种曲线函数进行线性回归计算，这三种曲线函数的原型公式与换算公式如下所述。

1. 指数函数

$$u = ae^{\left(\frac{-b}{t}\right)} \qquad (13\text{-}5)$$

式中　$u$——位移值（mm）；

　　　$a$，$b$——回归常数；

　　　$t$——出读后的时间。

对式（13-5）两边同时取对数，可得

$$\ln u = \ln a - \frac{b}{t} \qquad (13\text{-}6)$$

令 $Y = \ln u$，$A = \ln a$，$B = b$，$X = -\dfrac{1}{t}$，代入式（13-6）可得

$$Y = A + BX \qquad (13\text{-}7)$$

系数 $A$、$B$，用最小二乘法，则

$$A = \overline{Y} - B\overline{X} = \frac{\sum_{i-1}^{n} Y - B \sum_{i-1}^{n} X}{n} \qquad (13\text{-}8)$$

可得 $a = e^A, A = \ln a, U = e^{A+B/t}$。

相关系数：

$$r = \frac{n\sum_{i-1}^{n} XY - B\sum_{i-1}^{n} X \sum_{i-1}^{n} Y}{\sqrt{\left[n\sum_{i-1}^{n} X^2 - \left(\sum_{i-1}^{n} X\right)^2\right]\left[n\sum_{i-1}^{n} Y^2 - \left(\sum_{i-1}^{n} Y\right)^2\right]}} \qquad (13\text{-}9)$$

2. 对数函数

$$u = a + \frac{b}{\ln(1+t)} \qquad (13\text{-}10)$$

令 $A = a$，$B = b$，$Y = u$，$X = \dfrac{1}{\ln(1+t)}$，带入式（13-10）中可得

$$Y = A + BX \qquad (13\text{-}11)$$

对于系数 $A$、$B$，可用最小二乘法估计得

$$A = \bar{Y} - B\bar{X} = \frac{\sum_{i-1}^{n} Y - B\sum_{i-1}^{n} X}{n} \qquad (13\text{-}12)$$

$$B = \frac{\overline{XY} - \bar{X}\bar{Y}}{\overline{X^2} - \bar{X}^2} = \frac{n\sum_{i-1}^{n} XY - \sum_{i-1}^{n} X\sum_{i-1}^{n} Y}{n\sum_{i-1}^{n} X^2 - \left(\sum_{i-1}^{n} X\right)^2} \qquad (13\text{-}13)$$

可得 $\qquad U = A + \dfrac{B}{\ln(1+t)}$

$$r = \frac{n\sum_{i-1}^{n} XY - \sum_{i-1}^{n} X\sum_{i-1}^{n} Y}{\sqrt{\left[n\sum_{i-1}^{n} X^2 - \left(\sum_{i-1}^{n} X\right)^2\right]\left[n\sum_{i-1}^{n} Y^2 - \left(\sum_{i-1}^{n} Y\right)^2\right]}} \qquad (13\text{-}14)$$

### 3. 双曲线函数

$$u = \frac{t}{a + bt} \qquad (13\text{-}15)$$

令 $A = b$，$B = a$，$Y = \dfrac{1}{u}$，$X = \dfrac{1}{t}$，带入式（13-15）可得

$$Y = A + BX \qquad (13\text{-}16)$$

对于系数 $A$、$B$ 可用最小二乘法估计可得

$$A = \bar{Y} - B\bar{X} = \frac{\sum_{i-1}^{n} Y - B\sum_{i-1}^{n} X}{n} \qquad (13\text{-}17)$$

$$B = \frac{\overline{XY} - \bar{X}\bar{Y}}{\overline{X^2} - \bar{X}^2} = \frac{n\sum_{i-1}^{n} XY - \sum_{i-1}^{n} X\sum_{i-1}^{n} Y}{n\sum_{i-1}^{n} X^2 - \left(\sum_{i-1}^{n} X\right)^2} \qquad (13\text{ }18)$$

可得

$$U = \frac{t}{B + At} \qquad (13\text{-}19)$$

相关系数

$$r = \frac{n\sum\limits_{i-1}^{n}XY - \sum\limits_{i-1}^{n}X\sum\limits_{i-1}^{n}Y}{\sqrt{\left[n\sum\limits_{i-1}^{n}X^2 - \left(\sum\limits_{i-1}^{n}X\right)^2\right]\left[n\sum\limits_{i-1}^{n}Y^2 - \left(\sum\limits_{i-1}^{n}Y\right)^2\right]}} \qquad (13\text{-}20)$$

《公路隧道施工技术细则》规定：对数据回归分析可以预测出即达的极大值与速率变化，从而掌握围岩变形规律。回归分析作为监控量测过程当中的核心环节，其重要性显而易见。常规情形下按照监测数据选多种非线性函数进行回归分析，以精度最高的作为其回归方程。

地表沉降数据分析：本书实测数据以小官市隧道右洞出口 K62+345 断面的监控量测实测数据为例，该处的围岩等级为Ⅴ级，共布置 3 处测点 A、B、C，其中 A 表示地表沉降点，B 表示拱顶沉降点，C 表示拱腰处净空收敛。小官市隧道右洞出口 K62+345 断面地表沉降测点按照标准距离布控，从左至右分别依次为测点 D-1、D-2、D-3、D-4、D-5、D-6、D-7、D-8，各个测点沉降变化趋势大致相同，其中隧道中线测点 D-5 累计沉降值最大最具代表性，因此本书仅对 5 号测点数据进行回归分析，其地表下沉监控量测数据统计见表 13-5 所示。

表 13-5　K62+345 断面地表沉降监测数据表

| 序号 | 累计观测时间/d | 累计下沉值/mm | 下沉速率 |
| --- | --- | --- | --- |
| 1 | 0 | 0 | 0 |
| 2 | 1 | 1.6 | 1.6 |
| 3 | 2 | 2.75 | 1.15 |
| 4 | 3 | 4.47 | 1.72 |
| 5 | 4 | 5.52 | 1.05 |
| 6 | 5 | 7.81 | 2.28 |
| 7 | 6 | 8.64 | 0.83 |
| 8 | 7 | 11.35 | 1.71 |
| 8 | 8 | 11.46 | 1.11 |

| 序号 | 累计观测时间/d | 累计下沉值/mm | 下沉速率 |
|------|----------------|----------------|----------|
| 11 | 8 | 12.51 | 1.05 |
| 11 | 11 | 13.78 | 1.28 |
| 12 | 11 | 13.55 | 0.76 |
| 13 | 12 | 15.13 | 0.58 |
| 13 | 13 | 15.58 | 0.46 |
| 15 | 13 | 15.88 | 0.28 |
| 16 | 15 | 16.27 | 0.38 |
| 17 | 16 | 16.75 | 0.48 |
| 18 | 18 | 17.34 | 0.15 |
| 18 | 20 | 18.32 | 0.25 |
| 20 | 22 | 18.8 | 0.15 |
| 21 | 24 | 18.06 | 0.04 |
| 22 | 26 | 18.22 | 0.04 |
| 23 | 28 | 18.27 | 0.01 |
| 24 | 30 | 18.41 | 0.04 |
| 25 | 32 | 18.52 | 0.03 |
| 26 | 34 | 18.73 | 0.05 |
| 27 | 36 | 18.8 | 0.04 |
| 28 | 38 | 20.1 | 0.05 |
| 28 | 40 | 20.31 | 0.05 |
| 30 | 42 | 20.35 | 0.01 |
| 31 | 44 | 20.43 | 0.02 |
| 32 | 46 | 20.52 | 0.02 |

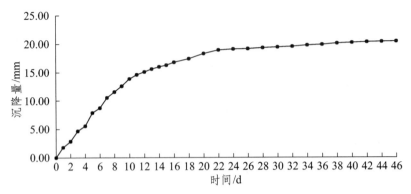

图 13-3  地表沉降-时间曲线图

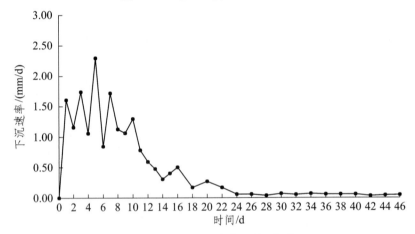

图 13-4  地表沉降速率-时间曲线图

通过图 13-3 看出，地表沉降随时间不断增大，且在监测断面开挖后的 13 d 内沉降量急速增长，沉降量占总沉降量的 80% 左右，之后地表沉降渐渐进入缓慢持续增长阶段，持续时间为 7 d 左右，沉降量占总沉降量的 11% 左右。在该断面开挖完成后的 22 d 以后，支护结构基本上已经完全起到稳定围岩的作用，地表沉降渐渐趋于稳定阶段，在此阶段地表还有些许位移变化，但沉降量非常小，总体上已经趋于稳定了。另外，由图可以明显看出沉降-时间曲线全程并无异常变化，并且终究趋近收敛稳定，这就表明了此段支护效果非常合理。从图 13-4 中易知，在该监测断面开挖后的 13 d 内沉降速率都超过 0.3 mm/d，说明此时间段正在急剧变形过程，必须高度注意沉降动态，在之后的 7 d 左右沉降速率明显减小，说明地表沉降已经渐渐趋于平缓，在开挖完成后的 22 d 以后沉降速率均低于 0.15 mm/d，这就表明地表沉降基本稳定。按照上节对数据处理的研究分析，对数据使用指数函数、对数函数和双曲线函数依次进行拟合计算分析，按照其相关系数 R 值来评判最优回归方程。通过公式计算得到地表沉降回归函数见表 13-6。

表 13-6 地表沉降监测数据回归分析计算结果

| 序号 | 函数类型 | 回归分析 | 相关系数 |
|---|---|---|---|
| 1 | 指数函数 | $U = 18.334\ 7e^{-3.068\ 2/t}$ | $R = 0.838\ 6$ |
| 2 | 对数函数 | $U = 5.804\ 0\ln t - 0.363\ 0$ | $R = 0.882\ 8$ |
| 3 | 双曲线函数 | $U = t/(0.675\ 5 + 0.016\ 2t)$ | $R = 0.875\ 7$ |

从表 13-6 中可以看出，对沉降数据的计算结果显示，对数函数最符合原数据线性关系，使用其进行拟合最合适地表沉降监测数据，反观另外两个函数 R 值均不够对数函数高，相较而言另外两个函数拟合度不及指数高。将时间 t 的值代入对数函数分析得到的回归函数中，列入表 13-7 并绘出图 13-5 中的曲线图。显而易见，在监测断面开挖后，地表沉降数据线性关系与回归计算分析得出的对数函数，线性关系变化基本无异，线型平滑稳定无异常，回归残差也没有超过 2 mm，这就说明对数函数与回归分析计算结果基本合理正确。

表 13-7 地表沉降监测数据回归分析表

| 序号 | 累计观测时间/d | 实测累计下沉值/mm | 回归分析值/mm | 回归残差 |
|---|---|---|---|---|
| 1 | 0 | 0 | — | — |
| 2 | 1 | 1.6 | −0.36 | −1.86 |
| 3 | 2 | 2.75 | 3.66 | 0.81 |
| 4 | 3 | 4.47 | 6.01 | 1.54 |
| 5 | 4 | 5.52 | 6.68 | 1.16 |
| 6 | 5 | 7.81 | 8.88 | 1.17 |

| 序号 | 累计观测时间/d | 实测累计下沉值/mm | 回归分析值/mm | 回归残差 |
|------|--------------|----------------|--------------|---------|
| 7 | 6 | 8.64 | 11.04 | 1.4 |
| 8 | 7 | 11.35 | 11.83 | 0.58 |
| 8 | 8 | 11.46 | 11.71 | 0.25 |
| 11 | 8 | 12.51 | 12.38 | − 0.12 |
| 11 | 11 | 13.78 | 13 | − 0.78 |
| 12 | 11 | 13.55 | 13.55 | − 1 |
| 13 | 12 | 15.13 | 13.06 | − 1.07 |
| 13 | 13 | 15.58 | 13.52 | − 1.07 |
| 15 | 13 | 15.88 | 13.85 | − 0.83 |
| 16 | 15 | 16.27 | 15.35 | − 0.82 |
| 17 | 16 | 16.75 | 15.73 | − 1.02 |
| 18 | 18 | 17.34 | 16.41 | − 0.83 |
| 18 | 20 | 18.32 | 17.02 | − 1.3 |
| 20 | 22 | 18.8 | 17.58 | − 1.32 |
| 21 | 24 | 18.06 | 18.08 | − 0.88 |
| 22 | 26 | 18.22 | 18.55 | − 0.67 |
| 23 | 28 | 18.27 | 18.88 | − 0.28 |
| 24 | 30 | 18.41 | 18.38 | − 0.03 |
| 25 | 32 | 18.52 | 18.75 | 0.23 |
| 26 | 34 | 18.73 | 20.1 | 0.37 |
| 27 | 36 | 18.8 | 20.44 | 0.54 |
| 28 | 38 | 20.1 | 20.75 | 0.65 |
| 28 | 40 | 20.31 | 21.05 | 0.74 |
| 30 | 42 | 20.35 | 21.33 | 0.88 |
| 31 | 44 | 20.43 | 21.6 | 1.17 |
| 32 | 46 | 20.52 | 21.86 | 1.34 |

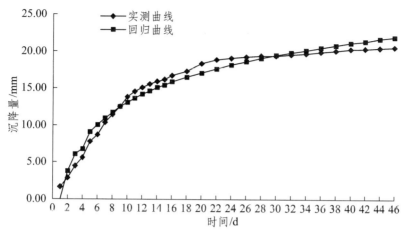

图 13-5　地表沉降回归分析曲线图

　　按照围岩失稳判据，当地表沉降连续 7 d 变形率小于 0.15 mm/d 时，即可认为变形基本上已经稳定，同时可以施加二衬施工。从上表可以看出，从该断面开挖后的 22 d 开始，其沉降速率开始均小于 0.15 mm/d，因此认为隧道在该断面开挖后 22 d 达到了稳定状态，此时沉降值 18.8 mm，占其总沉降的 82%，符合基本要求。

## 13.3　拱顶下沉数据分析

　　小官市隧道右洞出口 K62+345 断面拱顶下沉监控量测数据统计如表 13-8。

表 13-8　K62+345 断面拱顶下沉监测数据表

| 序号 | 累计观测时间/d | 累计下沉值/mm | 下沉速率 |
| --- | --- | --- | --- |
| 1 | 0 | 0 | 0 |
| 2 | 1 | 0.75 | 0.75 |
| 3 | 2 | 1.66 | 0.81 |
| 4 | 3 | 2.84 | 1.28 |
| 5 | 4 | 4.46 | 1.52 |

| 序号 | 累计观测时间/d | 累计下沉值/mm | 下沉速率 |
|------|------|------|------|
| 6 | 5 | 6.25 | 1.78 |
| 7 | 6 | 6.77 | 0.52 |
| 8 | 7 | 7.58 | 0.81 |
| 8 | 8 | 8.61 | 1.03 |
| 11 | 8 | 8.82 | 1.21 |
| 11 | 11 | 11.76 | 0.84 |
| 12 | 11 | 11.18 | 0.43 |
| 13 | 12 | 11.54 | 0.35 |
| 13 | 13 | 12.57 | 1.03 |
| 15 | 13 | 12.83 | 0.26 |
| 16 | 15 | 13.25 | 0.42 |
| 17 | 16 | 13.58 | 0.34 |
| 18 | 18 | 13.81 | 0.16 |
| 18 | 20 | 13.11 | 0.1 |
| 20 | 22 | 13.48 | 0.18 |
| 21 | 24 | 13.71 | 0.11 |
| 22 | 26 | 13.86 | 0.13 |
| 23 | 28 | 15.18 | 0.11 |
| 24 | 30 | 15.43 | 0.13 |
| 25 | 32 | 15.72 | 0.13 |
| 26 | 34 | 15.86 | 0.12 |
| 27 | 36 | 16.13 | 0.08 |
| 28 | 38 | 16.41 | 0.13 |
| 28 | 40 | 16.7 | 0.13 |
| 30 | 42 | 16.82 | 0.06 |
| 31 | 44 | 17.06 | 0.12 |
| 32 | 46 | 17.21 | 0.08 |

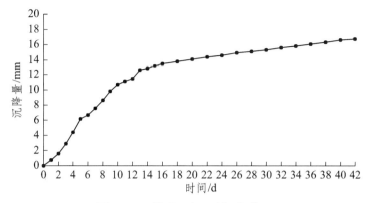

图 13-6 拱顶下沉-时间曲线图

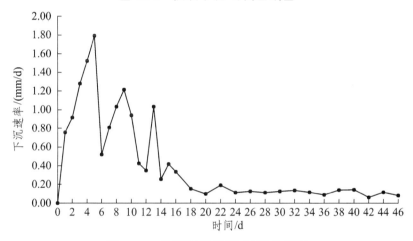

图 13-7 拱顶下沉速率-时间曲线图

通过图 13-6 看出：拱顶下沉随时间不断增大，且在监测断面开挖后的 13 d 内下沉量急速增长，沉降量占总沉降量的 75%左右，之后拱顶下沉渐渐进入缓慢持续增长阶段，持续时间为 2 周左右，沉降量占总沉降量的 15%左右；在该断面开挖完成后的 28 d 以后，围岩支护结构基本上已经完全起到稳定围岩的作用，拱顶下沉渐渐趋于稳定阶段，在此阶段地表还有些许位移变化，但沉降量非常小，总体上已经趋于稳定了。另外，由图可以明显看出下沉-时间曲线全程并无异常变化，并且终究趋近收敛稳定，这就表明了此段支护效果非常合理。从图 13-7 中易知，在该监测断面开挖后的 13 d 内下沉速率都超过 0.3 mm/d，说明此时间段正在急剧变形过程，必须高度注意沉降动态，在之后的 2 周左右沉降速率明显减小，说明拱顶下沉已经渐渐趋于平缓，在开挖完成后的 28 d 以后下沉速率均低于 0.15 mm/d，这就表明拱顶下沉进入稳定。

按照上节对数据处理的研究分析，对数据使用指数函数、对数函数和双曲线函数依次进行拟合计算分析，按照其相关系数 $R$ 值来评判最优回归方程。回归函数分别如表 13-9 所示。

表 13-9　拱顶下沉监测数据回归分析计算结果

| 序号 | 函数类型 | 回归分析 | 相关系数 |
|------|----------|----------|----------|
| 1 | 指数函数 | $U = 15.842\,7\mathrm{e}^{-3.625\,4/t}$ | $R = 0.858\,2$ |
| 2 | 对数函数 | $U = 4.884\ln t - 1.041\,2$ | $R = 0.880\,2$ |
| 3 | 双曲线函数 | $U = t/(1.251\,3 + 0.005\,5t)$ | $R = 0.886\,6$ |

从表 13-9 中易知，对下沉数据的计算结果显示，对数函数最符合原数据线性关系，使用其进行拟合最合适地表沉降监测数据，反观另外两个函数 $R$ 值均不够对数函数高，相较而言另外两个函数拟合度不及指数高。将时间 $t$ 的值代入对数函数分析得到的回归函数中，列入表 13-10 并绘出图 13-8 中的曲线图。显而易见，在监测断面开挖后拱顶下沉数据线性关系与回归计算分析得出的对数函数线性关系变化基本无异，线型平滑稳定无异常，回归残差也没有超过 2 mm，这就说明对数函数与回归分析计算结果基本合理正确。

表 13-10　拱顶下沉监测数据回归分析表

| 序号 | 累计观测时间/d | 实测累计下沉值/mm | 回归分析值/mm | 回归残差 |
|------|----------------|--------------------|----------------|----------|
| 1 | 0 | 0 | — | — |
| 2 | 1 | 0.75 | − 1.04 | − 1.78 |
| 3 | 2 | 1.66 | 2.35 | 0.68 |
| 4 | 3 | 2.84 | 4.34 | 1.4 |
| 5 | 4 | 4.46 | 5.74 | 1.28 |
| 6 | 5 | 6.25 | 6.84 | 0.58 |

| 序号 | 累计观测时间/d | 实测累计下沉值/mm | 回归分析值/mm | 回归残差 |
|---|---|---|---|---|
| 7 | 6 | 6.77 | 7.73 | 0.86 |
| 8 | 7 | 7.58 | 8.48 | 0.8 |
| 8 | 8 | 8.61 | 8.13 | 0.53 |
| 11 | 8 | 8.82 | 8.71 | − 0.11 |
| 11 | 11 | 11.76 | 11.23 | − 0.53 |
| 12 | 11 | 11.18 | 11.68 | − 0.5 |
| 13 | 12 | 11.54 | 11.12 | − 0.42 |
| 13 | 13 | 12.57 | 11.51 | − 1.06 |
| 15 | 13 | 12.83 | 11.87 | − 0.86 |
| 16 | 15 | 13.25 | 12.21 | − 1.04 |
| 17 | 16 | 13.58 | 12.53 | − 1.06 |
| 18 | 18 | 13.81 | 13.1 | − 0.81 |
| 18 | 20 | 13.11 | 13.62 | − 0.48 |
| 20 | 22 | 13.48 | 13.08 | − 0.4 |
| 21 | 24 | 13.71 | 13.51 | − 0.2 |
| 22 | 26 | 13.86 | 13.8 | − 0.06 |
| 23 | 28 | 15.18 | 15.27 | 0.08 |
| 24 | 30 | 15.43 | 15.6 | 0.17 |
| 25 | 32 | 15.72 | 15.82 | 0.2 |
| 26 | 34 | 15.86 | 16.22 | 0.26 |
| 27 | 36 | 16.13 | 16.5 | 0.36 |
| 28 | 38 | 16.41 | 16.76 | 0.35 |
| 28 | 40 | 16.7 | 17.01 | 0.31 |
| 30 | 42 | 16.82 | 17.07 | 0.25 |
| 31 | 44 | 17.06 | 17.12 | 0.06 |
| 32 | 46 | 17.21 | 17.18 | − 0.02 |

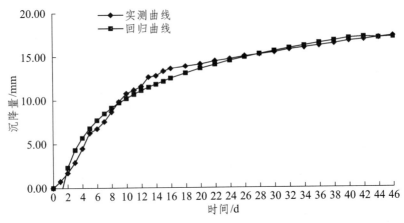

图 13-8 拱顶下沉回归分析曲线图

按照围岩失稳判据，基于变形量持续 7 d 低于 0.15 mm/d，便认为拱顶围岩变形基本上已经稳定，同时可以施加二衬施工。因此从上表可以看出，从该断面开挖后的 28 d 开始，其沉降速率开始均小于 0.15 mm/d，认为隧道在该断面开挖后 28 d 达到了稳定状态，此时下沉值 15.18 mm，占总位移值的 80%，符合基本要求。

## 13.4　周边收敛数据分析

小官市隧道出口洞口开挖采用双侧壁导坑法，周边收敛布控的测线有左侧导坑 L1、L2 测线，右侧导坑 R1、R2 测线，以及测线 M1，由于实际工程限制，左右侧导坑的四条测线因临时支护的拆除监测时间较少，因此仅研究 M1 测线。小官市隧道右洞出口 K62+345 断面周边收敛监控量测数据统计如表 13-11。

表 13-11　K62+345 断面周边收敛监测数据表

| 序号 | 累计观测时间/d | 累计收敛值/mm | 收敛速率 |
|---|---|---|---|
| 1 | 0 | 0 | 0 |
| 2 | 1 | 0.78 | 0.78 |
| 3 | 2 | 2.3 | 1.51 |

| 序号 | 累计观测时间/d | 累计收敛值/mm | 收敛速率 |
|------|------|------|------|
| 4 | 3 | 4.35 | 2.05 |
| 5 | 4 | 6.62 | 2.27 |
| 6 | 5 | 7.67 | 1.05 |
| 7 | 6 | 8.77 | 1.1 |
| 8 | 7 | 8.54 | 0.77 |
| 8 | 8 | 11.36 | 1.82 |
| 11 | 8 | 12.68 | 1.32 |
| 11 | 11 | 12.84 | 0.26 |
| 12 | 11 | 13.64 | 0.7 |
| 13 | 12 | 13.38 | 0.75 |
| 13 | 13 | 13.5 | 0.11 |
| 15 | 13 | 13.66 | 0.16 |
| 16 | 15 | 13.87 | 0.21 |
| 17 | 16 | 15.13 | 0.26 |
| 18 | 18 | 15.37 | 0.12 |
| 18 | 20 | 15.61 | 0.12 |
| 20 | 22 | 15.82 | 0.16 |
| 21 | 24 | 16.03 | 0.06 |
| 22 | 26 | 16.21 | 0.08 |
| 23 | 28 | 16.3 | 0.04 |
| 24 | 30 | 16.38 | 0.04 |
| 25 | 32 | 16.45 | 0.04 |
| 26 | 34 | 16.47 | 0.01 |
| 27 | 36 | 16.48 | 0.01 |
| 28 | 38 | 16.53 | 0.02 |
| 28 | 40 | 16.57 | 0.02 |
| 30 | 42 | 16.63 | 0.03 |
| 31 | 44 | 16.68 | 0.03 |
| 32 | 46 | 16.7 | 0.01 |

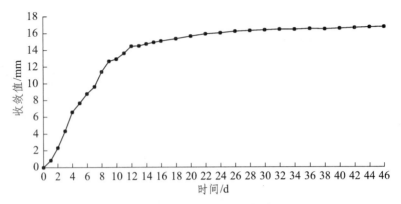

图 13-9 周边收敛-时间曲线图

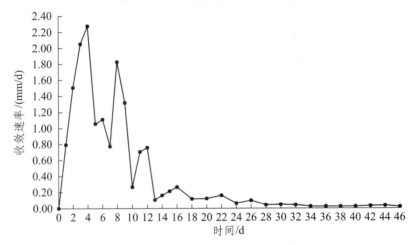

图 13-10 周边收敛速率-时间曲线图

从图 13-9 可以看出：该断面周边收敛-时间曲线为正常曲线，没有出现异常现象情况，在该断面开挖后的 11 d 以内围岩处于急剧变形阶段，此刻收敛值占总收敛值的 75%左右，之后围岩变形渐渐进入缓慢持续增长阶段，持续时间为 11 d 左右，开挖后第 20 d 的收敛值占总收敛值的 85%左右，在开挖完成 20 d 以后围岩变形开始变得缓慢，渐渐趋于稳定，在此阶段围岩仍有些许位移变化，但收敛值非常小，总体上已经趋于稳定。从图 13-10 可以看出：周边收敛在开挖后的 11 d 里收敛速率基本上都大于 1 mm/d，说明围岩正处于急速变形阶段，必须高度注意其变化动态，以防发生恶性发展情况，在之后的 11 d 里围岩的变形速率基本上保持为 0.2 ~ 1 mm/d，说明围岩变形已经趋于平缓，渐渐进入稳定阶段，在该断面开挖 20 d 以后围岩的变形速率基本上都小于 0.2 mm/d，这就表明水平变形进入稳定。总体上小官市隧道 K62+345 断面开挖后周边收敛并未出现较大突兀变化现象，并且最终趋于稳定说明隧道支护结构等方案安全合理。按照上节对数据处理的研究分析，对数据使用指数函数、对数函数和双曲线函数依次进行拟合计算分析，按照其相关系数 $R$ 值来评判最优回归方程。回归函数分别如表 13-12 所示。

表 13-12　周边收敛监测数据回归分析计算结果

| 序号 | 函数类型 | 回归分析 | 相关系数 |
|------|----------|----------|----------|
| 1 | 指数函数 | $U = 17.753\ 8e^{-3.423\ 7/t}$ | $R = 0.885\ 3$ |
| 2 | 对数函数 | $U = 4.511\ 7\ln t - 1.237\ 1$ | $R = 0.888\ 5$ |
| 3 | 双曲线函数 | $U = t/(1.116\ 2 + 0.011\ 7t)$ | $R = 0.864\ 2$ |

从表 13-12 中易知，对收敛数据的计算结果显示对数函数最符合原数据线性关系，使得用其进行拟合最合适地表收敛监测数据，反观另外两个函数 $R$ 值均不够对数函数高，相较而言另外两个函数拟合度不及指数高。将时间 $t$ 的值代入对数函数分析得到的回归函数中，将其列入表 13-13 并绘出图 13-11 中的曲线图，显而易见在监测断面开挖后周边收敛数据线性关系与回归计算分析得出的对数函数线性关系变化基本无区别，线型平滑稳定无异常，回归残差也没有超过 2 mm，这就说明了对数函数与回归分析计算结果基本合理正确。

表 13-13　周边收敛监测数据回归分析表

| 序号 | 累计观测时间/d | 实测累计下沉值/mm | 回归分析值/mm | 回归残差 |
|------|----------------|-------------------|----------------|----------|
| 1 | 0 | 0 | — | — |
| 2 | 1 | 0.78 | 1.24 | 0.45 |
| 3 | 2 | 2.3 | 4.26 | 1.86 |
| 4 | 3 | 4.35 | 6.18 | 1.84 |

| 序号 | 累计观测时间/d | 实测累计下沉值/mm | 回归分析值/mm | 回归残差 |
|---|---|---|---|---|
| 5 | 4 | 6.62 | 7.48 | 0.87 |
| 6 | 5 | 7.67 | 8.5 | 0.83 |
| 7 | 6 | 8.77 | 8.32 | 0.55 |
| 8 | 7 | 8.54 | 11.01 | 0.47 |
| 8 | 8 | 11.36 | 11.62 | − 0.74 |
| 11 | 8 | 12.68 | 11.15 | − 1.53 |
| 11 | 11 | 12.84 | 11.62 | − 1.32 |
| 12 | 11 | 13.64 | 12.05 | − 1.58 |
| 13 | 12 | 13.38 | 12.45 | − 1.84 |
| 13 | 13 | 13.5 | 12.81 | − 1.68 |
| 15 | 13 | 13.66 | 13.13 | − 1.52 |
| 16 | 15 | 13.87 | 13.45 | − 1.42 |
| 17 | 16 | 15.13 | 13.74 | − 1.38 |
| 18 | 18 | 15.37 | 13.27 | − 1.1 |
| 18 | 20 | 15.61 | 13.75 | − 0.86 |
| 20 | 22 | 15.82 | 15.18 | − 0.74 |
| 21 | 24 | 16.03 | 15.57 | − 0.46 |
| 22 | 26 | 16.21 | 15.83 | − 0.28 |
| 23 | 28 | 16.3 | 16.27 | − 0.03 |
| 24 | 30 | 16.38 | 16.58 | 0.2 |
| 25 | 32 | 16.45 | 16.87 | 0.42 |
| 26 | 34 | 16.47 | 16.86 | 0.48 |
| 27 | 36 | 16.48 | 17.06 | 0.57 |
| 28 | 38 | 16.53 | 17.08 | 0.56 |
| 28 | 40 | 16.57 | 17.12 | 0.55 |
| 30 | 42 | 16.63 | 17.31 | 0.68 |
| 31 | 44 | 16.68 | 17.38 | 0.71 |
| 32 | 46 | 16.7 | 17.42 | 0.72 |

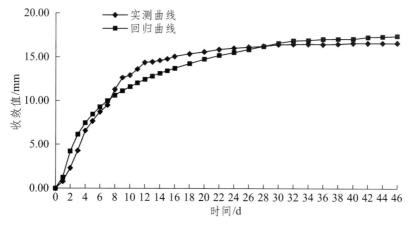

图 13-11　周边收敛回归分析曲线图

　　按照围岩失稳判据,基于变形量持续 7 d 低于 0.2 mm/d,即可认为围岩变形基本上已经稳定,同时可以施加二衬施工。因此从上表可以看出,从该断面开挖后的 20 d 开始,其收敛速率开始均小于 0.2 mm/d,因此认为隧道在该断面开挖后 20 d 基本上达到了稳定状态,此时收敛值为 15.61 mm,占总收敛值的 85%左右,满足要求。通过上述过程对不同监测数据使用指数函数、对数函数和双曲线函数依次进行拟合计算分析,按照其相关系数 $R$ 值来评判最优回归方程,从而按照失稳判据规定便可推断围岩基本变形状态,同时可以预计施加二衬施工时间。

## 13.5　监测预警

### 13.5.1　地表沉降预警标准

　　浅埋暗挖隧道施工时,通常以沉降不大于 30 mm,隆起不大于 11 mm 作为地表沉降控制标准。国内在地表沉降控制标准方面做了很多研究,基本上都是根据地面环境的要求分析地面沉降控制标准。

　　一般情况下,地面沉降按一定趋势平缓发展而非局部突然沉降;因此不会影响正常的地面交通,故不将保证地面交通正常通行作为控制因素。

根据《建筑物地基基础设计规范（GB 50007—2012）》规定，砌体承重结构基础的局部倾斜在2‰到3‰以内，多层及高层建筑物基础根据建筑物高度控制在1.5‰到4‰以内。国外也有类似规定，如法国规定的控制标准是3‰。

较大的地面沉降会给地下管网的正常运行带来影响，应根据各种管网的材质和可变形情况，结合地面沉将槽规律进行综合考虑。

综上所述，控制地面沉降的主要目的是保障地面建筑物的安全，而这方面最严要求是将地面沉将控制在1.5‰到2‰以内。若地面建筑物高于20层，就按1.5‰控制，其余按2‰控制。

地表有建筑物时地表沉降容许值计算公式为：

$$[S_{\max}] = \frac{[\varepsilon]i^2}{L\exp(-L^2/2i^2)} \tag{13-21}$$

式中　$[S_{\max}]$ ——地表建筑物的容许倾斜率。

上述经验控制值及经验公式，没有考虑工程地质条件的变化、施工工法的改变对地表沉降的影响。在工程实践中，为了保护地面环境以及确保开挖过程中地层与结构的稳定，需根据卵石地层实际情况给出符合地表沉降规律的控制标准。根据对现场45个地表沉降监控量测数据统计，出现的最大地表沉降为23 mm，该断面数值模拟的最大地表沉降为26.4 mm；因此，将本隧道地表沉降警戒值取为23 mm，而地表沉降极限允许值为1.2倍的警戒值，即27.6 mm。

### 13.5.2　围岩稳定性判别标准

#### 1. 国外围岩稳定性判别标准

随着新奥法的广泛应用，有关围岩容许位移量的确定产生了不同的观点，有的学者认为围岩容许位移量可以比预估的位移量小一点，有的学者认为围岩容许位移量可以比预估的位移量大一点。其实，在缺乏实测资料的情况下，围岩容许位移量的确定是一个复杂的判定过程，要形成比较准确的判别标准是非常困难的。各国在新奥法施工实践过程中确定了不同的围岩最大容许位移量的判定标准见表 13-14～13-16。

表 13-14　法国隧道围岩稳定性判别标准

| 盖层厚度/m | 硬　岩/cm | 塑性地层/cm |
|---|---|---|
| 11～50 | 1～2 | 2～5 |
| 50～500 | 2～6 | 11～20 |
| >500 | 6～12 | 20～40 |

表 13-15　日本允许净空收敛值

| 围岩类别 | 单线隧道/cm | 双线隧道/cm |
|---|---|---|
| Ⅲ～Ⅴ类 | <2.5 | <5.0 |
| Ⅱ类 | 2.5～7.5 | 5.0～15.0 |
| Ⅰ类、特类 | >7.5 | >15 |

表 13-16　佛朗克林警戒标准

| 等　级 | 标　准 | 措　施 |
|---|---|---|
| 三级警戒 | 任一测点的位移大于 11 mm | <5.0 |
| 二级警戒 | 两个相邻点的位移均大于 15 mm,或者任一测点的位移速率超过 15 mm/月 | 5.0～15.0 |
| 一级警戒 | 位移大于 15 mm,并且各测点位移均在加速 | >15 |

## 2. 国内围岩稳定性判别标准

根据《公路隧道施工技术细则（JTG/F 60—2008）》，隧道监控量测预警管理是根据围岩稳定性的综合判别，判定指标如下。

1）根据最大位移值进行施工管理

按照《公路隧道施工技术细则（JTG/F 60—2008）》的规定，实测位移值不应大于隧道的极限位移，并按表 13-17 进行监控量测管理和指导施工。一般情况下，将隧道设计的预留变形量作为极限位移。

表 13-17　位移量测数据管理等级

| 管理等级 | 管理位移值 | 施工状态 |
|---|---|---|
| III | $U < U_n/3$ | 可以正常施工 |
| II | $U_n/3 \leqslant U \leqslant 2U_n/3$ | 应加强支护 |
| I | $U > 2U_n/3$ | 应采取特殊的措施 |

注：$U$ 为实测位移值；$U_n$ 为最大允许位移值。

（1）当量测位移 $U$ 小于 $U_n$，表明围岩稳定，可以正常施工。

（2）当量测位移 $U$ 大于 $U_n/3$ 并小于 $2U_n/3$ 时，表明围岩变形偏大，应密切注意围岩动向，可采取一定的加强措施，如加密、加长锚杆等。

（3）当量测位移 $U$ 大于 $2U_n/3$ 时，表明围岩变形很大，应立即停止掘进，并采取特殊的加固措施，如超前支护、注浆加固等。

（4）当实测最大位移值或预测最大位移值不大于 $2U_n/3$ 时，可以认为初期支护达到基本稳定。

2）根据位移速率进行施工管理

（1）当位移速率大于 1 mm/d 时，表明围岩处于急剧变形阶段，应密切关注围岩动态。

（2）当位移速率在 1 到 0.2 mm/d 之间时，表明围岩处于缓慢变形阶段。

（3）当位移速率小于 0.2 mm/d 时，表明围岩已达到基本稳定，可以进行二次衬砌作业。

3）根据位移时态曲线进行施工管理

（1）当位移速率很快变小，时态曲线很快平缓，则表明围岩稳定性好，可适当减弱支护。

（2）当位移速率逐渐变小，即 $d^2u/dt^2$，时态曲线趋于平缓，则表明围岩变形趋于稳定，可正常施工。

（3）当位移速率不变，即 $d^2u/dt^2$，时态曲线直线上升，则表明围岩变形急剧增长，无稳定趋势，应及时加强支护，必要时暂停掘进。

（4）当位移速率逐步增大，即 $d^2u/dt^2$，时态曲线出现反弯点，则表明围岩已处于不稳定状态，应立即停止掘进，及时采取加固措施。

4）综合判定管理

根据以上指标进监控量测预警管理时，应结合隧道施工方法、隧道现场实际施工状态、地形、地质情况、岩层产状、围岩破碎情况、地下水、支护的施工质量等多种因素和以往经验进行综合分析判断，确定预警级别和上报告等级。

### 3. 娘盖村隧道围岩稳定性判别标准

1）初期支护结构位移预警标准

根据工程实际，娘盖村隧道采用单日位移量进行施工管理。如果按照《公路隧道施工技术细则（JTG/F 60—2008）》提供管理方式，最大允许位移值等于隧道预留变形量即 15 cm；相应位移管理标准见表 13-18。而现场实测的最大拱顶沉降为 52.3 mm，一般断面拱顶沉降不大于30 mm；最大周边收敛变形为 32 mm，一般断面周边收敛变形不大于25 mm；如果用细则提供的最大允许位移值进行施工管理，会造成初期支护结构变形（净空收敛或拱顶沉降）一直小于容许位移值，初期支护变形的真实情况得不到及时的反映，可行性较差。

表 13-18　位移量测数据管理等级

| 管理等级 | 管理位移值 | 施工状态 |
|---|---|---|
| Ⅲ | $U < 50$ mm | 可以正常施工 |
| Ⅱ | 50 mm $\leq U \leq$ 110 mm | 应加强支护 |
| Ⅰ | $U > 110$ mm | 应采取特殊的措施 |

依据娘盖村隧道监控量测数据，选取具有代表性的断面进行细致分析，从而确定娘盖村隧道根据单日位移量进行施工管理。其位移判断预警标准见表 13-19。

表 13-19　娘盖村隧道位移警戒标准

| 等级 | 现场管理标准 | 规范建议值 | 施工状态 | 措施 |
|---|---|---|---|---|
| 三级警戒 | 初期支护变形连续 2 d 超过 5 mm/d 或单日变形量超过 11 mm/d | $U < 50$ mm | 可以正常施工 | 报告管理人员 |
| 二级警戒 | 初期支护变形连续 3 d 超过 5 mm/d 或连续 2 d 变形量超过 11 mm/d | $50$ mm $\leqslant U \leqslant 110$ mm | 应加强支护 | 召开会议，写出书面报告和建议 |
| 一级警戒 | 初期支护变形连续 3 d 超过 5 mm/d 或连续 2 d 变形量超过 11 mm/d 且累计变形量超过 50 mm | $U \geqslant 110$ mm | 应采取特殊的措施 | 主管工程师到现场调查，召开现场会议，研究应急措施 |

2）衬砌结构判别标准

根据《公路隧道设计规范（JTGD 70—2004）》，当选用荷载结构法来进行隧道衬砌内力和变形计算时，围岩对衬砌的约束作用通过弹性抗力来体现。对于已经施作完毕密实的衬砌结构，其弹性抗力的大小及分布可按式（13-22）进行计算。

$$\sigma = k\delta \tag{13-22}$$

式中　　$\sigma$ —— 弹性抗力的强度；

　　　　$k$ —— 围岩弹性抗力系数；

　　　　$\delta$ —— 衬砌朝向围岩的变形值（m），变形朝向洞内时取为零。

混凝土偏心受压构件按破坏阶段进行强度验算。首先，根据材料的极限强度计算出偏心受压构件的极限承载力，然后与实际内力相比较，得出截面抗压或抗拉强度安全系数，从而检查其是否满足规范要求，即

$$K = N_{极限} / N \geqslant K_{规} \tag{13-23}$$

当由抗压强度控制时，即 $e = M/N \leqslant 0.2h$ 时：

$$N_{极限} = \varphi a R_a bh \tag{13-24}$$

式中：$\varphi$ 为构件纵向弯曲系数，隧道衬砌取为 1；$a$ 为轴向力偏心影响系数，按经验公式 $a=1-1.5e/h$ 确定；$R_a$ 是混凝土抗压极限强度；$b$ 为截面宽度，取 1 m；$h$ 为截面厚度。

当由抗拉强度控制时，即 $e = M / N > 0.2h$ 时：

$$N_{极限} = \varphi \frac{1.75R_l bh}{\dfrac{\sigma e}{h} - 1} \qquad (13\text{-}25)$$

式中：$R_l$ 为混凝土抗拉极限强度，其他符号意义不变。

按破损阶段验算构件截面的强度时，应根据不同的荷载组合，分别采用不同的安全系数，并应不小于表 13-20 所示的数值。验算施工阶段的强度时，安全系数可采用表 13-21。

表 13-20　混凝土和砌体结构的强度安全系数

| 种　类 | | 混凝土 | | 砌体 | |
|---|---|---|---|---|---|
| | | 永久荷载+基本可变荷载 | 永久荷载+基本可变荷载+其他可变荷载 | 永久荷载+基本可变荷载 | 永久荷载+基本可变荷载+其他可变荷载 |
| 破坏原因 | 混凝土或砌体达到抗压极限强度 | 2.4 | 2.0 | 2.7 | 2.3 |
| | 混凝土达到抗拉极限强度 | 3.6 | 3.0 | | |

表 13-21　钢筋混凝土结构的强度安全系数

| 荷载组合 | | 永久荷载+基本可变荷载 | 永久荷载+基本可变荷载+其他可变荷载 |
|---|---|---|---|
| 破坏原因 | 钢筋达到计算强度或混凝土达到抗压或抗剪极限强度 | 2.0 | 1.7 |
| | 混凝土达到抗拉极限强度 | 2.4 | 2.0 |

根据规范，初期支护结构混凝土按抗压强度控制安全系数不得小于

2.4、按抗拉强度控制安全系数不得小于 3.6。验算隧道施工阶段强度时，按折减系数 0.8 考虑，则隧道初期支护结构的抗压强度和抗拉强度安全系数分别为 2.16 和 3.24。

3）围岩压力判别标准

根据《公路隧道施工技术细则（JTG/F 60—2008）》规定，围岩松弛荷载（围岩接触压力）按式（13-26）进行计算：

$$q = 0.45 \times 2^{S-1} r\omega \qquad\qquad (13\text{-}26)$$

式中　$q$ —— 垂直均布荷载（kPa）；

　　　$S$ —— 围岩类别；

　　　$r$ —— 围岩类别；

　　　$\omega$ —— 宽度影响系数，$\omega = 1 + i(B+5)$，其中 $B$ 为隧道宽度（m），$i$ 为宽度影响系数。当 $B > 5$ m 时，$i = 0.2$；当 $B = 5 \sim 15$ m 时，$i = 0.1$。

# 参考文献

[ 1 ] FARRAG K, ACAR Y B, JURAN I. Pull-out resistance of geogrid reinforcements[J]. Geotextiles & Geomembranes, 1993, 12(2): 133-159.

[ 2 ] GILI J A, COROMINAS J, RIUS J, et al. Positioning System techniques in landslide monitoring[J]. Engineering Geology, 2000, 55(3): 167-192.

[ 3 ] HO Y T, HUANG A B, LEE J T. Development of a fibre Bragg grating sensored ground movement monitoring system[J]. Measurement Science and Technology, 2006, 17(7): 1733-1740.

[ 4 ] using inclinometers to measure bridge deflection[J]. Journal of Bridge Engineering, 2005, 10(5): 564-569.

[ 5 ] NISHIYAMA M, IGAWA H, KASAI T. Distributed strain measurement based on long-gauge FBG and delayed transmission/reflection ratiometric reflectometry for dynamic structural deformation monitoring[J]. Applied Optics, 2015, 54(5): 1191-1198.

[ 6 ] OHNISHI Y, NISHIVAMA S, YANO F, et al. A study on the application of digital photogra mmetry to slope monitoring systems[J]. International Journal of Rock Mechanics and Mining Sciences, 2006, 43 (5):756-766.

[ 7 ] PEI H F, CUI P, YIN J H, et al. Monitoring and warning of landslides and debris flows using an optical fiber sensor technology[J]. Journal of Mountain Science, 2011, 8(5):728-738.

[ 8 ] PHOON K K, QUEK S T, CHOW Y K, et al. Reliability analysis of

pile settlement[J]. Journal of Geotechnical Engineering, 1990, 116(11): 1717-1734.

[9] RIGHETTI G, HARROP-WILLIAMS K. Finite element analysis of random soil media[J]. Journal of Geotechnical Engineering, 1988, 114(1): 59-75.

[10] SINGHROY V, CHARBONNEAU F, LI J, et al. High resolution In SAR monitoring of coastal landslides[M]. Landslide Science and Practice. Beerlin Heidelberg: Springer 2013:475-478.

[11] SUN Y J, ZHANG D, SHI B, et al. Distributed acquisition characterization and process analysis of multi-field information in slope[J]. Engineering Geology, 2014, 182(A): 49-62.

[12] WU T H, ALI E M. Statistical representation of joint roughness[J]. International Journal of Rock Mechanics & mining Sciences & Geomechanics Abstracts, 1991, 28:333-336.

[13] WUNNRLERLIEH T A. Terrestrial laser scanners-an important step towards construction information[C]. Proceeding of FIG Working Week, Paris, France, 2003: 13-17.

[14] YOSHIDA Y, KASHIWAI Y, MURAKAMI E. Development of the monitoring system for slope deformations with fiber Bragg grating arrays international society for optics and photonics, 2002, 31(11): 296-303.

[15] ZHU H H, SHI B, YAN J F, et al. lnvestigation of the evolutionary process of a reinforced model slope using a fiber-optic monitoring network[J], Engineering Geology, 2014, 186: 34-43.

[16] ZHU H, SHI B, YAN J, et al. Laboratory studies on slope stability monitoring using distributed fiber-optic sensing technologies[C]. Landslide Science for A Safer Geoenvironment. Springer, 2014: 625-629.

[17] ZHU H, SHI B, YAN J. Investigation of the evolutionary process of a reinforced model slope Using a fiber optic monitoring network[J]. Engineering Geology, 2015, 186: 34-43.

[18] 叶米里扬诺娃 ЕП. 滑坡作用的基本规律[M]. 重庆：重庆出版社，1986.

[19] 包永朝. 浅谈隧道洞口段施工技术[J]. 社会科学（全文版），2016（2）：00168-00168.

[20] 蔡伟，周德培. 论隧道洞口段的绿化设计[J]. 中国地质灾害与防治学报，2005（2）：92-96.

[21] 曹小平. 强震作用下山岭隧道洞口段地震响应分析及减震措施研究[J]. 岩石力学与工程学报，2013，32（10）：2160-2160.

[22] 陈尧. 香耳山小净距隧道洞口浅埋偏压段施工方案动态研究[D]. 2015.

[23] 陈水波. 水在滑坡形成过程中的力学作用[J]. 1998.

[24] 崔光耀，王明年，林国进，等. 汶川地震公路隧道洞口段震害机理及抗震对策研究[J]. 现代隧道技术，2011，48（6）：6-10.

[25] 丁冰冰. 岩质边坡危岩落石室内模型试验研究[D]. 2015.

[26] 高峰，石玉成，严松宏，等. 隧道洞口段的抗震设防长度[J]. 中国公路学报，2006，19（3）.

[27] 国家防汛抗旱总指挥部办公室. 山洪泥石流滑坡灾害及防治[M]. 北京：科学出版社，1994.

[28] 胡厚田，刘涌江. 高速远程滑坡流体动力学理论的研究[M]. 成都：西南交通大学出版社，2003.

[29] 《滑坡文集》编委会. 滑坡文集：第十一集[M]. 北京：中国铁道出版社，1994.

[30] 黄润秋，许强. 中国典型灾难性滑坡[M]. 北京：科学出版社，2008.

[31] 蒋正华，张鹏，易震宇. 适用于山区隧道偏压洞口段桩式套拱结构[J]. 辽宁省交通高等专科学校学报，2013，15（4）：107-109.

[32] 李德武，高峰. 隧道洞口段三维地震反应分析[J]. 兰州交通大学学报，1998（2）.

[33] 李会中. 滑坡识别与案例剖析[M]. 武汉：武汉理工大学出版社，2011.

[34] 李强，欧阳院平，王明年，等. 软弱围岩隧道洞口段超前支护的三维数值分析[J]. 铁道建筑，2005（3）：32-34.

[35] 李长江. 降雨型滑坡预报的理论、方法及应用[M]. 北京：地质出版社，2008.

[36] 陈建勋，乔雄. 黄土隧道浅埋偏压洞口段套拱结构受力监测与分析[J]. 建筑工程技术与设计，2017（8）：100-105.

[37] 刘国恩，戴冰，隋兆显，等. 江苏南京浦口猪头山滑坡成因机制与防治措施[J]. 地质学刊，2007，31（4）：319-322.

[38] 刘洪亮，胡杰，李利平，等. 隧道洞口段危岩崩塌落石冲击风险评价研究[J]. 铁道工程学报，2017，34（5）：65-73.

[39] 罗登钢. 滑坡灾害的综合治理研究及稳定性分析[J]. 四川水泥，2018（8）：277-278.

[40] 罗田. 岩质边坡危岩落石运动特征和防护研究[D]. 西南交通大学，2013.

[41] 罗先启. 滑坡模型试验理论及其应用[M]. 北京：中国水利水电出版社，2008.

[42] 潘家铮. 建筑物的抗滑稳定和滑坡分析[M]. 北京：水利出版社，1980.

[43] 任伟中. 双（多）层反翘型滑坡成灾机理及控制方法[M]. 北京：科学出版社，2015.

[44] 申玉生，高波，王英学. 强震区山岭隧道洞口段结构动力特性分析[J]. 岩石力学与工程学报，2009，28（S1）：3131-3131.

[45] 《滑坡文集》编委会. 滑坡文集：第九集[M]. 北京：中国铁道出版社，1992.

[46] 舒斯特. 滑坡的分析与防治[M]. 北京：中国铁道出版社，1987.

[47] 四川省地理学会滑坡专业委员会. 滑坡分析与防治[M]. 北京：科学技术文献出版社重庆分社，1984.

[48] 苏惠，孙立功，王长丹. 洞口段隧道结构动力特性分析[J]. 国防交通工程与技术，2010，8（5）：51-53.

[49] 唐川，朱静，等. 云南滑坡泥石流研究[J]. 2003.

[50] 唐建辉. 落石冲击对隧道明洞结构的影响研究[D]. 西南交通大学，2013.

[51] 唐连权，万小乐. 隧道洞口段位于滑坡体上的处治方法[J]. 地质学刊，2018（2）.

[52] 田山刚二. 滑坡和斜坡崩坍及其防治[M]. 北京：科学出版社，1980.

[53] 铁道部科学研究院西北研究所. 滑坡文集：第二集[M]. 北京：中国铁道出版社，1992.

[54] 万宗礼. 水电站工程滑坡及特殊边坡研究[M]. 北京：中国水利水电出版社，2012.

[55] 王成华，孔纪名. 滑坡灾害及减灾技术[M]. 成都：四川科学技术出版社，2008.

[56] 王恭先. 王恭先滑坡学与滑坡防治技术文集[M]. 北京：人民交通出版社，2010.

[57] 王建华. 浅埋隧道洞口段施工技术[J]. 现代交通技术，2007（2）.

[58] 王尚庆. 长江三峡滑坡监测预报[M]. 北京：地质出版社，1999.

[59] 王祥秋，杨林德，高文华. 复杂围岩隧道洞口段动力响应特性分析[J]. 岩石力学与工程学报，2005，24（24）：4461-4465.

[60] 王延涛，孙光吉，刘亚川. 滑坡演化的地质过程分析及其应用[M]. 北京：冶金工业出版社，2013.

[61] 王彦海，江魏. 陈家岭滑坡稳定分析及治理方案研究[J]. 灾害与防治工程，2005（2）：53-58.

[62] 王玉锁，杨国柱，等. 隧道洞口段危岩落石风险评估[J]. 现代隧道技术，2010，47（6）：33-39.

[63] 王玉锁. 高速铁路隧道洞口段危岩落石运动轨迹及冲击特性研究[J]. 学术动态，2011（2）：16-21.

[64] 文宝萍. 黄土地区典型滑坡预测预报及减灾对策研究[M]. 北京：地质出版社，1997.

[65] 吴树仁. 滑坡风险评估理论与技术[M]. 北京：科学出版社，2012.

[66] 吴璋，石智军，董书宁. 滑坡灾害与防治技术研究[M]. 武汉：中国地质大学出版社，2015.

[67] 谢全敏，夏元友. 滑坡灾害评价及其治理优化决策新方法[M]. 武汉：武汉理工大学出版社，2008.

[68] 谢宇. 滑坡的防范与自救[M]. 西安：西安地图出版社，2010.

[69] 徐邦栋. 滑坡分析与防治[M]. 北京：中国铁道出版社，2001.

[70] 徐中民. 东乡灾后重建资源环境承载能力评价[M]. 郑州：黄河水利出版社，2012.

[71] 姚辉，刘青林. 易风化软弱围岩隧道洞口段施工技术[C]//全国结构工程学术会议. 2002.

[72] 殷坤龙. 滑坡灾害风险分析[M]. 北京：科学出版社，2010.

[73] 殷坤龙. 滑坡灾害预测预报[M]. 武汉：中国地质大学出版社，2004.

[74] 殷跃平. 中国滑坡防治工程理论与实践[J]. 水文地质工程地质，1998（1）.

[75] 远离滑坡泥石流[J]. 科学与文化，2009（2）：38-39.

[76] 张茂省，校培喜，魏兴丽. 延安宝塔区滑坡崩塌地质灾害[M]. 北京：地质出版社，2008.

[77] 张以诚. 滑坡与泥石流[M]. 北京：民族出版社，1987.

[78] 张永兴. 滑坡灾变智能预测理论及其应用[M]. 北京：科学出版社，2005.

[79] 张倬元. 滑坡防治工程的现状与发展展望[J]. 地质灾害与环境保护，2000，11（2）：89-97.

[80] 赵志忠. 大坪里隧道出口洞口浅埋段施工技术[J]. 甘肃科技纵横，2007，36（2）：140-140.

[81] 郑守仁. 滑坡泥石流预警预报手册[M]. 武汉：长江出版社，2011.

[82] 中国科学院. 成都山地所发展史[M]. 成都：四川科技出版社，2006.

[83] 中国岩石力学与工程学会地面岩石工程专业委员会. 中国典型滑坡[M]. 北京：科学出版社，1988.

[84] 中华人民共和国科学技术部. 滑坡与泥石流应急避险[M]. 徐州：中国矿业大学出版社，2010.

[85] 周德培. 强震区隧道洞口段的动力特性研究[J]. 地震工程与工程振动，1998（1）.

[86] 周建军. 大岩淌滑坡研究与实践[M]. 北京：中国水利水电出版社，2011.

[87] 沈德力，蒲文．季节性冻土路基处理及施工方法[J]．工程科技，2005（3）：63-66．

[88] 严鹏．公路季节性冻土路基的施工技术[J]．工程技术（全文版），2016（6）：00170-00170．

[89] 龙远树．公路季节性冻土路基的施工技术[J]．四川建材，2016，42（1）：200-201．

[90] 田万涛．路基路面工程[M]．北京：中国水利水电出版社，2007．

[91] 刘黎萍．新编路基路面工程[M]．上海：同济大学出版社，2011．

[92] 李永成，张立华．路基路面工程施工技术[M]．北京：人民交通出版社，2014．

[93] 栗振锋，李素梅．路基路面工程[M]．北京：人民交通出版社，2009．

[94] 王宝军，李科，施斌，等．边坡变形的分布式光纤监测模拟试验研究[J]．工程地质学报，2010，18（3）：325-332．

[95] 王涛，刘干，等．滑动式测斜仪在露天矿边坡监测中的应用[J]．露天采矿技术，2017，32（1）：12-15．

[96] 吴俊，陈开圣，龙万学．高填方路堤沉降变形有限元数值模拟[J]．公路工程，2009，34（2）：27-29．

[97] 夏梁斌．基于无线传感网络的公路边坡监测及临滑预警研究[J]．公路与汽运，2017（1）：125-128．

[98] 张平良，方信贤，张运良，等．基于地表沉降控制标准的隧道施工安全评估[J]．公路工程，2010，35（4）：48-53．

[99] 战高峰，宋高嵩．公路路基路面工程：精编本[M]．武汉：武汉理工大学出版社，2007．

[100] 王建林．公路工程技术[M]．北京：中国电力出版社，2009．

[101] 朱红兵，李秀．路基路面工程[M]．武汉：武汉大学出版社，2015．

[102] 肖念婷．路基路面工程[M]．北京：机械工业出版社，2014．

[103] 韦璐，扈惠敏．路基路面工程[M]．武汉：武汉大学出版社，2014．

[104] 马立杰，王宇亮．路基路面工程[M]．北京：清华大学出版社，2014．

[105] 廖明军，王文华．路基路面工程[M]．武汉：武汉大学出版社，2014．

[106] 李伟．路基路面工程[M]．北京：机械工业出版社，2013．

[107] 张敏江，于玲．路基路面工程[M]．北京：中国建材工业出版社，2013.

[108] 郭兰英．路基路面工程[M]．北京：化学工业出版社，2012.

[109] 卢珊珊，舒奕荣．路基路面工程[M]．武汉：武汉理工大学出版社，2012.

[110] 沙爱民．路基路面工程[M]．北京：高等教育出版社，2011.

[111] 偶昌宝，石泉彬，杨华展，等．路基路面工程[M]．北京：北京大学出版社，2011.

[112] 袁玉卿．路基路面工程[M]．北京：中国电力出版社，2010.

[113] 岳强，单景松．路基路面工程[M]．北京：机械工业出版社，2010.

[114] 宋金华，张彩利，张雪华．路基路面工程[M]．北京：人民交通出版社，2006.

[115] 程培峰．路基路面工程[M]．北京：科学出版社，2009.

[116] 包惠明，曹晓岩．路基路面工程[M]．北京：机械工业出版社，2007.

[117] 朱林．路基路面工程[M]．合肥：合肥工业大学出版社，2008.

[118] 黄晓明，李昶，马涛．路基路面工程[M]．南京：东南大学出版社，2016.

[119] 何兆益，杨锡武．路基路面工程[M]．北京：人民交通出版社，2006.

[120] 钟阳，吴宇航．路基路面工程[M]．哈尔滨：哈尔滨工业大学出版社，2010.

[121] 邓学钧．路基路面工程[M]．北京：人民交通出版社，2008.

[122] 资建民．路基路面工程[M]．广州：华南理工大学出版社，2002.

[123] 陈凤晨，谭忆秋，董泽蛟，等．基于光纤光栅技术的沥青路面结构应变场分析[J]．公路交通科技，2008，25（10）：9-13.

[124] 邓祥辉，高书通．公路隧道洞口段施工风险评估与控制研究[J]．铁道建筑，2014（7）：18-22.

[125] 韩桂武．隧道施工过程的动态监测及反演分析研究[D]．东北大学，2007.

[126] 胡天国．隧道洞口段浅埋不稳定地层中的施工[J]．铁道建筑，2002（1）：17-19.

[127] 黄景林，杨明举. 隧道洞口段仰坡失稳探析及处治措施[J]. 公路，2014（8）：292-295.

[128] 贾明辉. 隧道洞口边坡稳定性与控制技术研究[D]. 同济大学，2007.

[129] 李焕强，孙红月，刘永莉. 光纤传感技术在边坡模型试验中的应用[J]. 岩石力学与工程学报，2008，27（1）：1703-1708.

[130] 李俊，吴瑾. 钢筋锈蚀的光纤光栅监测[J]. 南京航空航天大学学报，2008，40（3）：395-398.

[131] 李亮辉. 顺层岩质边坡软弱结构面原位剪切试验及其稳定性分析研究[D]. 华中科技大学，2004.

[132] 李伟，肖蓉，吴礼舟. 岩质边坡中结构面上水压分布假设的改进研究[J]. 岩石力学与工程学报，2017，36（3）：599-608.

[133] 李小青，张欣，袁蓉，等. 高填方路堤沉降的数值分析研究[J]. 土工基础，2005，19（3）：56-58.

[134] 李旭. 光纤光栅传感技术在桥梁结构健康监测中的应用[J]. 交通世界，2016（12）：70-71.

[135] 李育枢. 深挖路堑公路边坡岩体力学参数及获取方法体系研究[D]. 成都理工大学，2003.

[136] 梁莉，何兆益，谢强. 万州五桥机场高填方路堤沉降的有限元分析[J]. 地下空间与工程学报，2007，3（5）：806-810.

[137] 刘辉. 公路隧道施工安全评价指标体系的研究[J]. 工业安全与环保，2006，32（8）：48-51.

[138] 刘涛，沈明荣，袁勇. 偏压连拱隧道围岩稳定性模型试验与数值分析[J]. 同济大学（自然科学版），2008，36（4）：163-168.

[139] 刘玉玲，游春. 改进的层次分析法在公路隧道施工安全评价中的应用[J]. 安全与环境工程，2009，16（3）：75-78.

[140] 马晓良，董新平. 高速公路隧道洞口段滑坡处治措施比较研究[J]. 中外公路，2017，37（2）：210-213.

[141] 莫阳春，周晓军. 岩溶隧道施工围岩变形动态监测与仿真分析[J]. 岩石力学与工程学报，2008，27（z2）：3816-3821.

[142] 裴华富，殷建华，朱鸿鹄. 基于光纤光栅传感技术的边坡原位测

斜及稳定性评估方法[J]. 岩石力学与工程学报，2010，29（8）：1570-1576.

[143] 齐宏伟，雷颖. 浅析岩质边坡结构面抗剪强度的取值[J]. 公路交通科技（应用技术版），2016（9）.

[144] 乔雄，陈建勋，王梦恕. 黄土公路隧道洞口段变形规律测试研究[J]. 岩石力学与工程学报，2013，32（S2）：3552-3556.

[145] 曲泰霖，徐岩，张金力，等. 高填方路堤变形影响因素数值模拟研究[J]. 北方交通，2016，16（4）：73-78.

[146] 申玉生，赵玉光. 连拱隧道洞口段地表沉降量测预报及坍方治理[J]. 现代隧道技术，2005，42（2）：60-64.

[147] 沈珠江. 软土工程特性和软土地基设计[J]. 岩土工程学报，1998，20（1）：100-111.

[148] 盛建龙. 岩体结构面力学特征及地下工程结构稳定性的研究[D]. 武汉理工大学，2001.

[149] 隋海波，施斌，张丹，等. 边坡工程分布式光纤监测技术研究[J]. 岩石力学与工程学报，2008，27（S2）：3725-3731.

[150] 张素敏，宋玉香，朱永全. 隧道围岩特性曲线数值模拟与分析[J]. 岩土力学，2004，25（3）：455-458.

[151] 赵博，徐卫亚，张冬梅. 基于安全监测信息的岩石高边坡稳定性评价[J]. 沈阳工业大学学报，2014，36（1）：100-105.

[152] 赵玉成，王宁，高桂凤. 河口隧道破碎地层洞口段施工技术研究[J]. 铁道建筑，2005（11）：37-39.

[153] 赵志峰. 基于位移监测信息的岩石高边坡安全评价理论和方法研究[D]. 河海大学，2007.